世界史卷

浙大史学精粹

刘国柱 主编

浙江大学出版社
ZHEJIANG UNIVERSITY PRESS

检视 · 总结 · 再出发

陈红民

展现在读者面前的,是浙江大学历史学系 2011 年底前在职教师的研究论文精选集粹。

浙江大学历史学系源远流长,其前身是 1928 年 8 月浙江大学文理学院创设的史学与政治学系(1936 年改称"史地系")。建系以来,有一批蜚声海内外的著名学者如张荫麟、陈乐素、谭其骧、向达、贺昌群、刘节、沈炼之、钱穆、方豪、张其昀、谷顾宜等先后在此执教,为历史学系的发展打下了良好的基础。

20 世纪 50 年代初期的高校院系调整,使浙江大学成为一所以工科为主体的学校,杭州大学历史系遂执浙江历史学科之牛耳,其综合实力位居全国地方高校前列,涌现出一批优势学科与知名学者。

中国古代史学科 1978 年获硕士点,1986 年获博士点,包括宋史、隋唐史、中西关系史、史学史以及中国历史地理等研究方向。宋史研究始终处于国内学术界的前列,为南方的宋史研究中心,先后有陈乐素、徐规、梁太济、杨渭生、龚延明、何忠礼、包伟民等学者,其中有五人担任过宋史研究会副会长。黄时鉴的元史和中西关系史研究影响很大,成果获教育部优秀成果二等奖。仓修良为中国历史文献研究会资深副会长,在史学史研究、方志学研究方面享有盛誉。孙达人的农民史研究、李凭的魏晋南北朝史研究、卢向前的隋唐史研究、倪士毅的浙江古代史研究、李志庭及阙维民的历史地理研究,均在史学界有较大影响。

中国近现代史学科 1982 年获硕士点,1993 年获博士点。其中郑云山、汪林茂、郭世佑等人的中国近代史研究,尤其是在浙江近代地方史、辛亥革命史方面的研究,成果卓著。金普森对于中国现代史、经济史(内外债)方面的研究,杨树标关于中华民国史、蒋介石、当代台湾史的研究,均具有较大影响,在史学界居领先地位。

世界史学科1979年获硕士点。世界地区国别史方面的法国史和德国史在国内史学界享有盛誉,其中法国史的研究实力雄厚,先后有沈炼之、楼均信、戴成均、郑德弟、沈坚、吕一民等学者,其中多人担任过中国法国史研究会副会长和秘书长,是国内有名的法国史研究中心之一。在德国史研究方面,丁建弘担任过中国德国史研究会会长。世界史前史研究在国内独树一帜,毛昭晰为这方面的知名专家,龚缨晏的研究也得到古代史学界的认可。王正平在史学理论研究、王渊明在欧洲人口史研究、杨杰在英国史研究方面所取得的成就,也为史学界所公认。

1998年,四校合并,以杭州大学历史系为主体组建了新的浙江大学历史学系,历史学科的发展进入新的阶段。

从1928年算起,浙江大学历史学系已走过80余年的历程,其间有春风得意的顺境,也有艰难曲折的逆境。然而,历史学系的教师们始终坚守学术本位,辛勤耕耘,教书育人,努力钻研,使历史学系形成了务实创新的鲜明特色。1994年被批准为国家文科基础学科人才培养和科学研究基地,2005年获得历史学一级学科博士点(下属的各二级学科均有博士授予权)和五个硕士点,并设有历史学博士后流动站,多年来为国家培育了大量史学研究的高级人才与社会各界的中坚力量。

目前,历史学系师资队伍精干,现有的33位专任教师均毕业于国内外名牌大学,不少人具有在国外著名高校或科研机构访问、进修的经历。本系教师的国际交流活动频繁,学术视野开阔,研究成果丰富,不仅承担了包括国家社科基金在内的多项科研项目,而且不少研究成果在学术界产生了重大影响,并获得了国家及省部级奖励。

中国史(包含古代史、近现代史)是浙江省重点学科。浙江大学是国内获得中国古代史博士点较早的高校,宋史、隋唐史、中西关系史以及中国历史地理等研究方向为本系的传统重点。尤其是本系学者利用地处杭州的区位优势,长期以来在宋史研究方面辛勤耕耘,拥有雄厚的研究实力,培育出了一大批优秀成果及研究人才,在全国处于同类研究的前列。近年来,中国古代史方向的教师在保持传统优势项目的基础之上,又从海外引进人才,开拓出江南区域明清史的新研究方向,组成创新团队,成果可期。

中国近现代史学科点主要包括中国近代史、中华民国史、中华人民共和国史等研究方向。在中国近代史方向,侧重于近代浙江社会的转型、学术史的研究。民国史研究方向,近年来,集中科研力量研究蒋介石及其与近代中国的关联课题,建立了国内唯一以蒋介石为研究对象的学术机构——蒋介石与近代中国研究中心,成为本学科点的优势特色之一。该中心成功举办了大陆地区第一次以蒋介石为主题的国际学术研讨会,在海内外产生很大的影响。中华人民共和国史研究方向,以浙江省为基点,主要着眼于当代中国"三农"(农业、农村、农民)问题、乡村社会变迁史等方面的研究。最近,历史学系又利用所收集的珍稀地方史料,建立了地方文献研究中心,将致力于对保存完整的晚清至民国期间司法档案进行综合研究,成果将陆续问世。此外,我们还有其他基于第一手资料的新增长点:五万卷绍兴商会档案的整理工作也已着手进行;知名美籍社会活动家陈香梅女士已将其全部中文档案捐献给浙江大学。

世界史获一级学科博士点,也是浙江省重点学科,主要包括法国史、美国史、日本史等研究方向。其中,法国史的研究始终是本学科的传统重点,研究实力雄厚,是国内有名的法国史研究中心之一。近年来,在法国近现代史方面,研究成果尤为显著。随着人才的引进,美国对外关系史、东亚区域史、西方史学理论与史学史等方向,成为世界史新的增长点。

为检验近年来的研究成果,我们特意选编了这套《浙大史学精粹》,分为中国古代史、中国近现代史、世界史三册,收入老师们近年来公开发表的学术论文。这套论文集虽然不够全面,但可以"管中窥豹",它能展示最近十年来历史学系老师们的关注重点与努力方向,看到他们是如何在保持传统优势学科的基础之上,不断与时俱进,发掘新史料、运用新方法、开拓新的研究领域的。

我们也正好利用编辑出版论文集,展示成果的机会,对历史学系近年来的科研做一个整体的检视,总结经验教训,砥砺前行,作为未来发展的坚强基石。

"沉舟侧畔千帆过,病树前头万木春。"我们相信,依靠全系教师自力更生,奋发图强,辅以学校有关繁荣人文社会科学的措施,浙江大学历史学系重振雄风、人才辈出、重大成果层出不穷的辉煌时刻,定在不远。

浙江大学世界史所简介

浙江大学世界史学科具有优良的学术传统,沈炼之、毛昭晰、楼均信、丁建弘等老一辈学者以其优异的学术成就,确立了浙江大学在法国史、德国史和中外关系史等领域国内的领先地位。浙江大学世界史学科的学者一直在中国法国史研究会、中国德国史研究会和中国中外关系史研究会等全国性学术团体担任会长、副会长、秘书长等重要职务

现在,沈坚、吕一民、戚印平、董小燕、刘国柱、陈新等中青年学者继往开来,在保持原有学科优势的前提下,继续拓展新的研究方向。目前,本专业具有以下特色:

师资队伍年龄及职称结构合理。在现有世界史学科队伍中,有教授7人、副教授4人、讲师4人。其中绝大多数学科带头人年龄在45—55岁之间,正值年富力强、出成果的黄金时期;青年学术骨干普遍受过系统的学术训练,并有在国外大学及科研机构访学的经历,这些青年学者均已在中国社会科学院的所刊上发表文章,发展势头良好。

研究方向特色明显。浙江大学世界史学科的研究方向集中在法国史、中外关系史与东亚区域史、美国外交史、西方史学理论与史学史四个方面。

法国史是浙江大学世界史学科的传统优势学科,在海内外享有较高的学术地位。本研究方向学术梯队合理、研究方向也比较稳定。在法国经济史、政治文化史等领域取得了丰硕成果,研究成果多次获得国家及省部级奖励;目前,本研究团队正在筹划六卷本《法国大通史》的编写工作,这一工作也得到了学校及国内同行的大力支持。

美国外交史是浙江大学世界史学科新的增长点,本研究方向的学科

队伍年轻、富有活力,研究方向也比较集中,现有三名研究人员及在站博士后均从事战后美国外交史研究。本研究方向的研究成果与当前国际政治结合较为紧密,研究成果对中国对美外交具有一定的借鉴意义。

中外关系史及东亚区域史也是浙江大学世界史学科的传统研究方向,该研究方向主要从事早期欧洲的世界地图研究、远东耶稣会史研究、东亚传统文化及不同文化间交流的研究。研究成果多次获得省部级的奖励,该研究方向的研究人员也是教育部重大课题"外国收藏 16—20 世纪来华传教士档案整理与研究"的主要参与者。

在外国史学史与史学理论研究方向,我们从复旦大学引进了"教育部新世纪优秀人才支持计划"入选者陈新教授,陈新教授在西方史学理论研究领域著述甚丰,在国内相关领域具有较大的影响;另一年轻学者朱晓罕博士在这一领域也崭露头角,2011 年争取到国家社科基金一项。

世界史已经成为一级学科,为世界史学科未来的发展提供了更为广阔的空间。在十七届六中全会上,中共中央又提出了文化大繁荣战略,而借鉴成功国家文化繁荣的经验,世界史研究工作者可以做出更大的贡献。在下一阶段,我们依然要以学科建设为中心。首先,要加大学科队伍建设的力度。一方面,争取引进高端人才,通过高端人才的引进,继续加强现有的研究方向或拓展新的研究方向;另一方面,重点加强后备力量的建设,为学科的长久良性发展奠定基础。其次,凝聚校内世界史及相关学科的力量,建立新的科研平台,并依托新的研究平台,争取拿到国家社科基金或教育部的重大课题,在发表高质量论文的基础上,出版在学术界及社会上能引起较大影响的精品。

目　录

沈坚

　　沈坚,男,1955年11月生,浙江湖州人。历史学博士,现任浙江大学人文学部党工委书记、学部副主任,兼任国家社会科学基金项目学科评审组专家,教育部高等学校教学指导委员会委员,中国法国史研究会副会长,中国欧洲学会法国分会副会长,浙江历史学会会长,《世界历史》编委等。1978年3月进入杭州大学历史系学习,1982年1月毕业,留校任教。1998年在华东师范大学获博士学位。曾多次应邀赴法访问研究和讲学。主要著作有《法国近代工业化新论》(专著)、《当代法国》(专著)、《文明的历程》(专著)、《法国通史简编》(合著)、《法兰西第三共和国兴衰史》(合著)、《发达国家的现代化道路》(合著)等,代表性论文有《记忆与历史的博弈:法国记忆史的建构》、《试论法兰西第三共和国政治中的稳定因素》、《关于法国近代经济发展若干问题的再思考》、《论近代法国的经济增长模式》、《法国史学的新进展》、《战后法国的工人阶级与社会冲突》、《文化改变城市》、《世俗化与法国天主教的现代定位》等。曾担任中央电视台大型政论片《大国崛起》法国篇的学术指导,曾应邀在凤凰电视台"世纪大讲堂"作讲座。曾被评为浙江省高等学校教学名师和全国优秀教师。

记忆与历史的博弈:法国记忆史的构建

　　20 世纪 70 年代中叶,法国在史学研究方面以勒高夫等人为代表提出了"新史学"的概念,陆续推出了《制作历史》、《新史学》等大型百科全书式的史论著作。在新史学的推动下,"记忆"成为历史研究的对象,因此逐渐形成关于记忆史的热点。到 20 世纪 90 年代甚至进入 21 世纪以后,记忆史则随着法国表征史的逐渐升温,依然保持着不减的风头,常常成为学术研讨会上讨论的主题。法国记忆史在选题和研究方法上均给人以许多启发,为此笔者不揣简陋,将关于这方面研究的点滴收获稍作亮相,以引起中国史学界的注意。

一　"记忆"的觉醒与记忆史的构建

　　"记忆"问题最早属于心理学范畴的问题,它在法国成为历史研究的热点,有其历史原因同时也有学科发展的原因。

　　最早引起法国人文社会科学界关注记忆问题的起因是第一次世界大战,残酷的战争给人们造成极大的心灵创伤,痛苦的经历长期留在人们的记忆里。法国的知识分子由此开始关心记忆问题。首先是文学家、哲学家和社会学家们的作品对此有所涉及,如普鲁斯特(Marcel Proust)和柏格森(Henri Bergson)等,曾师从柏格森、后又受杜尔凯姆(Émile Durkheim)影响的社会学家莫里斯·哈尔布瓦克(Maurice Halbwachs)于 1925 年出版了他的代表作《记忆的社会框架》(*Les cadres sociaux de* la mémoire)①，引入"集体记忆"概念，当时就引起学术眼光敏锐的历史学家的注意，马克·布洛克曾经写书评介绍②。哈尔布瓦克在 1950 年又出版《集体记忆》一书，对"集体记忆"概念作了进一步的阐发。③

然而，直到 20 世纪 70 年代中叶，"记忆"尚未引起历史学界的足够重视，历史著作的标题中也很少出现"记忆"一词。由雅克·勒高夫（Jacques Le Goff）和皮埃尔·诺拉（Pierre Nora）于 1974 年主编出版的《制作历史》④，聚焦历史学的"新问题"、"新方法"和"新对象"，却没有任何篇章专门涉及"记忆"问题。

从 20 世纪 70 年代晚期开始，"记忆"渐渐成为历史研究中的新宠。皮埃尔·诺拉在勒高夫主编的百科全书式的著作《新史学》中，专门写了"集体记忆"的词条，他认为，利用集体记忆的概念来研究历史"会使历史学的更新富有生命力"⑤，并且表示"集体记忆的分析能够而且应该成为想与时代同步之历史学的先锋"⑥。在随后的 20 多年的时间里，"记忆"一词频繁地出现在历史著作中，也大量出现在大众媒体上。作为法国记忆史学的先驱人物之一的菲力浦·茹塔尔（Philippe Joutard）在 1998 年写道，今天"记忆不仅是历史学最得宠的题目，而且在公共领域和政治界甚至有取代历史学的趋向"⑦。

记忆在历史研究领域和公共领域引起关注与法国 20 世纪 70 年代的历史背景有关。对此，许多法国记忆史方面的专家均有分析。皮埃尔·诺拉认为 70 年代中叶有三大时代因素引起法国人自身记忆的动荡，促进

---

① Maurice Halbwachs, *Les cadres sociaux de la mémoire*, Paris, Félix Alcan, 1925.

② Comte-rendu de Marc Bloch, "Mémoire collective, tradition et coutume à propos d'un livre récent", *Revue de synthèse historique*, T. XL(novelle série T. XIV), Paris, La Renaissance du livre, 1925. pp. 73-83, pp. 118-120.

③ Maurice Halbwachs, *La mémoire collective*, Paris, PUF, 1950, p. 204.

④ Jacques Le Goff et Pierre Nora, *Faire de l'histoire*, Paris, Gallimard, 1974, I. *Nouveaux problème*, 230p; II. *Nouvelles approches*, 252p; III, *Nouveaux objets*, p. 281.

⑤ Pierre Nora, "La mémoire collective", dans J. Le Goff (dir.), *La nouvelle histoire*, Paris, Retz-CEPL, 1978, p. 398.

⑥ Ibid., p. 401.

⑦ Philippe Joutard, "La tyrannie de la mémoire", *L'histoire*, N°221, Mai 1998, p. 98.

了"记忆"论题的研究,这三大因素是"经济快速增长结束,戴高乐主义、共产主义和革命观念消退,感觉到来自国外的压力"①。其实三大因素可以归纳为三个方面,即社会经济方面、意识形态方面和国际关系方面。法国从第二次世界大战以后经历了经济快速增长的30年,但从1973年起,由国际原油价格上涨触发的的世界经济衰退也影响到法国,大约在1975年,法国已经感受到一系列经济事件所带来的不利影响,法国人开始远离他们熟悉的生活环境。与经济发展相对应,法国传统社会在第二次世界大战后30多年的快速增长中改变了面貌,基督教和乡村的法国已经变成世俗化和工业化社会。法国历史学家芒德拉斯(Henri Mendras)甚至用《农民的终结》作为他一部著作的书名。② 克尔泽斯多夫·波米扬(Krzysztof Pomian)在他一篇动态考察记忆与历史关系的论文中还提到,经历过第二次世界大战的成年人,甚至当时最年轻者也进入退休年龄,"经常让他们有暇去收集他们的回忆"③。同时,法国以革命为轴心的意识形态也由于战后戴高乐主义和共产主义的对立在70年代逐渐淡化而失去往日的魅力。1970年戴高乐去世,使法国失去一位标志性的人物,在法国具有历史传统的共产主义运动受了索尔仁尼琴效应和斯大林主义的牵连,革命的思维定势受到质疑,弗朗索瓦·孚雷在《反思法国大革命》一书中明确提出"大革命结束了"④。在国际关系上,法国想要成为世界大国和强国的幻想也逐渐破灭。以法国"伟大"为己任的戴高乐主义逐渐褪色,1976年,经济学家雷蒙·巴尔(Raymond Barre)上台明显受到欧洲其他国家建议的影响,总统吉斯卡尔·德斯坦(Giscard d'Estaing)领导下的法国国际地位下降。皮埃尔·诺拉作为过来人回忆说:"这样广泛的震荡,我们难以摆脱,迫使我们要完全适应这样的痛苦,由此在接下来的

① Pierre Nora,"Les lieux de mémoire", dans Jean-Claude Ruano-Borbalan(cordonné),L'histoire aujourd'hui, Paris, Science Humaines Editions, 1999. p. 346.

② Henry Mendras, La fin des paysans, Paris, Armand Colin, 1967.

③ Krzysztof Pomian, "De l'histoire, partie de la mémoire, à la mémoire, objet d'histoire",Revue de Métaphysique et de Morale, Janvier-mars 1998, N°. 1, p. 65.

④ François Furet, Penser la Révolution française, Paris, Gallimard, 1978. 参见该书目录。

20 多年里推动了记忆的研究。"[1]

除了上述的历史背景之外,法国传统历史学面临的挑战和改革也使"记忆"的概念与"历史"分离,使记忆形成一块新的研究领地。

历史学在法国具有十分重要的和特殊的地位。在一部专门论述法国历史学发展的著作中,作者断言:"要成为法国人,首先就得认识法国历史。"[2]"对于法国人来说,求助于历史""那是一种激情"。[3] 根据 1983 年 8 月《快报》杂志所进行的调查,有 15％的法国人自称对历史着迷,有 52％的人宣称对历史感兴趣,这部分占据了被调查者的 2/3。[4] 在法国,历史长期以来与政治密切相关,并且在国家形成和民族意识的形成中发挥了重要作用。从中世纪的编年史到国王们授意编写的历史无不体现国家希望以此掌握民族记忆的意志,近代的梯叶里(Augustin Therry)和基佐(François Guizot)等人通过历史为资产阶级的近代国家正名,米什莱(Jules Michelet)则希望通过"唤醒过去"和沉睡的世界使民族历史更为完善,恢复"人民"的历史。19 世纪 70 年代以后,在法兰西第三共和国的天空下,历史高举"科学"和"实证"的旗帜,成为统一民族思想的重要工具,历史学本身也达到真正的高峰。历史专业化了,成为历史学家的专属领地,业余作家们几乎不再有发言权。历史的主线是法国历史上的英雄人物、重要时刻和事件。历史学家厄内斯特·拉维斯(Ernest Lavisse)及其著作成为这个时代的象征。正如皮埃尔·诺拉在一次访谈中所说的那样:"19 世纪晚期的实证主义史学是征服者的、世俗的和共和的综合体的表现,它与第三共和国的缔造者们的意识形态综合体相吻合。只要看一下拉维斯的小册子就可以了,这本小册子独霸天下几乎一直延续到 1914 年,其中看到的是最大范围的国家层面的记忆,好的和坏的国王、正直的科尔贝、邪恶的罗伯斯比尔、凶恶的德国人,简言之这是一种强烈诉求的

---

① Pierre Nora, "Les lieux de mémoire", dans Jean-Claude Ruano-Borbalan (cordonné), L 'histoire Aujourd'hui, p. 346.

② André Burguière (dir.), Histoire de la France : Choix culturel et mémoire, Paris, Seuil, 2000, p. 295.

③ Ibid., p. 296.

④ Ibid., p. 301.

记忆,甚至是可以称得上一种侵略性的诉求,甚至不惜对现实弄虚作假,比如对整个殖民历史的隐没,比如在最新版的拉维斯教科书中,论述到被德国占领的法国历史时,用很大篇幅来讲述戴高乐和抵抗运动,却对维希政权一字不提,对与德国的合作一字不提,甚至对贝当一字不提!"①从20世纪30年代起,法国《年鉴》学派对实证主义史学地位提出挑战,打破历史学自我封闭的藩篱,吸收邻近学科的研究方法,开辟了经济史与社会史相结合的研究道路。不过,年鉴学派很快从学院边缘走向主流,在史学界取得领导地位,它也成了新的范式。历史的专业化、历史学对科学性的强调、历史学家为国家服务和人类整体服务的诉求依然如故。

从20世纪70年代开始,在后现代理论思潮的冲击下,在1968年"五月风暴"后遗症的影响下,历史再一次面临变革,吉拉尔·诺瓦里耶尔(Gérard Noiriel)在《论历史"危机"》一书中列举出10多种新历史观,其中有法国在70年代末提出"新史学"的概念,接着有"语言转向"、"关键转折"、"新知识史"、"新文化史"、"新历史主义"、"观念的哲学史"、"另类社会史"、"新政治史"、"日常生活史"、"自我史"、"另类历史"等。② 人们寻找着新的历史范式和进路。与此同时,年轻一代史学工作者再次对学院派正统史学提出挑战。法国出现了与学院式史学对立的民间社团史学(histoire associative),而在国际上,美国出现了"公共史学"(public history),英国涌现出"历史工作室"(history workshop),德国则有"日常史"(alltagsgeschichte)等。这些史学的共同点就是主张一种"从下往上看"(vue d'en bas)的历史观,重视被传统历史学所忽视和排斥的下层群体和普通大众。与此相适应的是推动了新的研究方法,以前的历史以书写材料为主要依据,而这种另类史学则大量地以口述材料作为历史的重要资源,由此出现了"口述史"。大量的口述材料是口述者的亲身经历,由此与个人记忆和集体记忆产生了直接的联系,成为记忆史产生的重要动力。

---

① Pierre Nora, "Mémoire de l'historien, mémoire de l'histoire:Entretien avcec J.-B. Pontalis", *Nouvelle Revue de Psychanalyse*, Vol. 15, 1977, p. 224.

② Gérard Noiriel, *Sur la "crise" de l'histoire*, Paris, Edition Belin, 1996, p. 152.

在历史学界外部,随着大众媒体全方位的扩展,记录材料和技术的进步(录音和录像等),以前被历史压制着的声音通过媒体,以"记忆"的形式表现出来。许多被历史有意和无意消声的群体,如妇女、儿童、少数族裔、战争受害者、逐渐在现代社会消失的人群以"记忆"的名义发出他们的呼声。人们希望让"被遗忘者"复活,"人们谈论记忆,那是因为不再有记忆"。① 政治家们也步其后尘,为集体记忆推波助澜,共和国总统宣布1980年为"国家遗产年",掀起遗产保护的热潮。1981年,国家遗产办公室内部设立专门的处负责"民族文化遗产"保护,将遗产的概念推广到全部文化领域,涉及各种文化形式。

因此,"记忆"从20世纪70年代末开始,作为历史的叛逆者而产生,这种记忆的觉醒,表示出"历史—记忆"这对连体婴儿的解体。"记忆"不再愿意寄人篱下,不愿成为历史的附属品,它要与历史分离。由此,记忆成了被历史忽视的群体、事件、地点的代言人。在这种形势下,历史一度感受到来自记忆的压力,正如皮埃尔·诺拉在《新史学》的条目中所声称的那样:"自此历史的书写处在集体记忆的压力之下:对于'当前'历史来说,媒体构建的事件随即构成集体记忆,当前的历史是事件的继承者;对于本身称之为'科学的'历史来说,集体记忆决定了历史的趣向和好奇心。"②

然而,不久历史又将主动权抓在自己的手里,它的做法就是将记忆转化为历史研究新的对象,构建了被称为"记忆史"(histoire de la mémoire)的新领域。当记忆史基本正名以后,人们追认了一批记忆史的先驱,如乔治·迪比(Georges Duby)③、菲力浦·茹塔尔(Philippe Joutard)④、昂图

---

① Pierre Nora, *Les lieux de mémoire*, Paris, Gallimard, 1997, en trios volumes, Vol. 1, p. 25.

② Pierre Nora, "La mémoire collective", dans J. Le Goff (dir), *La nouvelle histoire*, Paris, Retz-CEPL, 1978, p. 400.

③ Georges Duby, *Le dimenche de Bouvines*, Paris, Gallimard, 1973.

④ Philippe Joutard, *La légende des camisards, une sensibilité au passé*, Paris, Gallimard, 1977.

瓦纳·普洛斯特(Antoine Prost)[1]等。从20世纪80年代起,有关记忆史的著作和论文大量涌现,下面列举一些有影响的著作,以便能让希望了解这方面研究的研究者对法国记忆史的论题有较全面的认识:弗朗索瓦丝·左那邦的《漫长的记忆。村庄里的时间和历史》(Françoise Zonabend, *La mémoire longue. Temps et histoire au village*, Paris, PUF, 1980, 314p)、伊夫·勒甘和让·梅特拉尔的《寻找一种集体记忆:吉伏尔的退休冶金工人》(Yves Lequin et Jean Metral, "Á la recherché d'une mémoire collective:les metallurgists retraités de Givors", *Annales ESC*, N°1, 1980, pp. 149-166)、菲力浦·茹塔尔的《过去传来的声音》(Philippe Joutard, *Ces voix qui nous viennent du passé*, Paris, Hachette, 1983, 268p.)、马克·费罗的《人们如何向孩子们讲述历史》和《处在监视下的历史》(Marc Ferro, *Comment on raconte l'histoire aux enfants à travers le monde entire*, Paris, Payot, 1983, 315p et *L'histoire sous surveillance*, Paris, Gallimard, 1985, 251p)、吉拉尔·纳梅的《为记忆而战:法国1945年至今的纪念活动》和《记忆和社会》(Gérard Namer, *Batailles pour la mémoire. La commemoration en France de 1945 à nos jours*, Paris, Papyrus, 1983, 213p et *Mémoire et société*, Paris, Méridiens Klincksieck, 1987, 219p)、皮埃尔·诺拉的《记忆场所》(Pierre Nora, *Les lieux de mémoire*, Paris, Gallimard, I, La République, 1984, 674p; II, La Nation, 3Vol. , 1986, 610, 622 et 665p; III, Les France, 3 Vol. , 1993, 988, 988 et 1034p)、亨利·卢索的《1944年至今的维希综合症》(Henry Rousso, *Le syndrome de Vichy de 1944 à nos jours*, Paris, Seuil, 1987, 323p)、雅克·勒高夫的《历史和记忆》(Jacques Le Goff, *Histoire et mémoire*, Paris, Gallimard, 1988, 409p)、让-克勒芒·马丹的《记忆中的旺代, 1800—1980》(Jean-Clément Martin, *La Vendée de la mémoire*, *1800—1980*, Paris, Le Seuil, 1989, 299p)、本扎明·斯托拉的《溃疡和遗

---

[1] Antoine Prost, *Les anciens combattants et la société française*, 1914—1939, 3 Vol. Paris, Presses de la FNSP, 1977.

忘：阿尔及利亚岁月的记忆》(Benjamin Stora, *La Gangrène et l'Oubli*.
La mémoire des année algériennes, Paris, La Découverte, 1991, 323p)、吕
赛特·瓦朗西的《记忆的寓言：三国王光荣之战》(Lucette Valensi, *Fa-
bles de la mémoire*. *La glorieuse bataille des trois rois*, Paris, Le Seuil,
1992, 312p)、克洛特·辛瑞的《维希、大学和犹太人。记忆的沉默》
(Claude Singer, *Vichy, l'université et les juifs*. *Les silences de la
mémoire*, Paris, Belles Lettres, 1992, 438p)、阿奈特·维维奥卡的《流放
和种族灭绝：记忆与遗忘之间》(Annette Wieviorka, *Déportation et
génocide: entre la mémoire et l'oubli*, Paris, Plon, 1992, 505p)、玛丽-克
莱尔·拉伐勃尔的《红线，共产主义记忆的社会学》(Marie-Claire Lava-
bre, *Le Fil rouge, sociologie de la mémoire comuniste*, Paris, Presse de
la PFNSP, 1994, 394p)等。笔者的罗列也仅仅只能局限于 20 世纪 90 年
代，进入 21 世纪后，带有"记忆"名称的著作越来越多，大量著作中的章节
也充满着"记忆"一词，这方面的学术论文层出不穷，已经不胜枚举。2008
年，法国社会科学高等研究院人文科学之家基金会、巴黎第一大学与中国
法国史研究会在上海联合举办研讨会，根据法方建议，研讨会的主题即是
"时间和记忆"，可以说，记忆史仍然是法国史学研究中的红角，①唯一重
要的变化是记忆史已经汇入涵盖面更广的"表征史"之中，它成为法国"表
征史"的重要组成部分。

在分析了法国记忆史构建的历史经过和罗列了法国记忆史的基本成
果以后，我们有必要对法国记忆史所采用的概念和研究方法作进一步深入
的探讨。

---

① 2010 年 2 月，趁在巴黎参加学术会议的间隙逛了下书店，书架上仍然有不少关于记忆
研究的历史著作：Alain Houziaux (sous dir.), *La mémoire, pour quoi faire*, Paris, Les Edition
de l'Atelier, 2006. Michel Vovelle, *Mémoires affrontées: protestants et catholiques face à la
Révolution dans les montagnes du Languedoc*, Rennes, Presses universitaires de Rennes, 2004.
409p. Enzo Traverso, *Le passé, modes d'emploi: histoire*, mémoire, politique, Paris, La Fab-
rique, 2005, p. 136.

二 成为历史研究对象的记忆:记忆史的概念和方法

在法国记忆史中,"记忆"(mémoire)是一个抽象的名词,指的是人们保留某些信息的能力和属性,它首先是属于人的精神和心理功能,人们借助于它可以将过去的印象和信息一如既往地在现实中还原。[①] 但法国记忆史研究的内容却是具体的,它涉及的就是记忆的实际内容,即法语中另一个关于记忆的词汇"souvenir"(英语对应的是"remembering"或"remembrance",最确实的汉语应该是"回忆",意指人们记忆的内容)。法国记忆史关注的重点不是个人的记忆,而是集体记忆。

如前所述,"集体记忆"的概念来自法国社会学家哈尔布瓦克,与传统心理学意义上的记忆概念不同,哈尔布瓦克更强调记忆的社会性。他认为,我们大部分的记忆具有社会意义。"通常正是在社会中,人们获得他们的记忆,回想起这些记忆,辨认出这些记忆,给这些记忆以正确的定位。……最常见的情况是我们唤醒记忆是为了回答别人的问题,或我们假设要回答别人的问题,此外在回答这些问题时,我们把自己置于他们的视角中,我们看问题就如我们是这一群体的一部分,或与他们处于同一群体之中。……最常见的是,当我回忆之时,是别人刺激了我的回忆,他们的回忆帮助了我的回忆,我的回忆有他回忆的支撑。""正是从这种意义上说,存在着集体记忆和记忆的社会框架。"[②]他还认为,即使是完全属于个人的记忆,它也不可能完全孤立和封闭。"一个人为了回想起他的过去,经常需要借助于别人的回忆。他通过他身外存在的、社会为他确定的参照点才能回忆起来。更有甚者,没有言词、思想这些工具,没有这些个人不能发明、只能借用他人的工具,个人的记忆便不能运行。"[③]

---

① Jacques Le Goff, *Histoire et mémoire*, Paris, Gallimard, 1988, p. 105.

② Maurice Halbwachs, *Les cadres sociaux de la mémoire*, Nouvelle édition, Paris, PUF, 1952, p. VI.

③ Maurice Halbwachs, *La mémoire collective*, Chapitre II : *mémoire collective et mémoire historique*, 2e édition, Paris, PUF, 1968. p. 36.

　　法国的历史学家们重新解读了哈尔布瓦克的观点。皮埃尔·诺拉在为《新史学》撰写的"集体记忆"这一词条时,提出了自己的定义。他认为,"如果从最为相近的意思来说,集体记忆就是具有身份认同的鲜活群体对过去的并被赋予神奇化的经历的回忆(souvenir),或是这些回忆的总和,不论这种回忆是有意识的还是无意识的。这一群体的认同是通过对过去的感情整合而成的"①。接着他列举了集体记忆的几个方面:对事件的回忆,这些事件或直接亲身经历,或间接通过书写的、实践的和口述的传统传承;活跃的记忆;得到机构和制度、各种仪式、历史著作不断维持的记忆;隐藏的和重新获得的记忆;如少数族裔的记忆;官方记忆,得到民族、家庭、宗教、政党营造的所有想象物的配合;没有记忆的记忆,地下的和亚历史的记忆(如犹太记忆)等。

　　吉拉尔·诺瓦里耶尔(Gérard Noiriel)在他所著《什么是当代史?》一书中将哈尔布瓦克所指的记忆分为三个层次②:第一层次,他称作为"个人回忆"(les souvenirs individuels),回忆者回忆的是自己亲历亲为的事。这种个人记忆与群体记忆有着辩证关系。哈尔布瓦克在《记忆的社会框架》中就曾写道:"个人是用群体的眼光来回忆的,而群体的记忆通过个人的记忆得以实现并表现出来。"③第二层为"集体记忆"(les mémoire collective),它的构成包括曾经历过相同事件的一群人的共同记忆,以及这些事件所遗留下的客观印痕。这一层面的东西包括共同经历的空间环境、与经历的事件相关的机构设置以及与此相关的文字和口头档案材料等。第三层称作为"传统",它是在相关事件的当事人消失以后才出现的,各种仪式、神话、集体的叙述、朝圣等代替了记忆的位置。通过这种解读,记忆概念所涵盖的内容进一步扩大。

　　雅克·勒高夫另辟蹊径,他不是对哈尔布瓦克的记忆概念作进一步的阐释,而是通过记忆的历史考察来揭示承载记忆媒介,由此对记忆功能

---

① Pierre Nora,"La mémoire collective",dans J. Le Goff (dir.), *La nouvelle histoire*, p. 398.

② Gérard Noiriel, *Qu'est-ce que l'histoire contemporaine?* Paris, Hachette, p. 198.

③ Maurice Halbwachs, *Les cadres sociaux de la mémoire*, édition électronique, p. 7.

所产生的影响进行论述。勒高夫在《历史和记忆》①一书中按人们的记忆形式划分世界的记忆史：1. 原始民族记忆，即"无文字记忆"、"野性记忆"，其中最主要的形式就是神话，尤其是民族起源的神话。此外还有口传谱、手艺经验等。2. 记忆飞跃期：从口传到书写记忆，即从史前到古典，其中有了纪念性的碑文。3. 中世纪记忆期：口传记忆与书写记忆平分秋色，编年史作为记忆出现。4. 文本记忆发展期：16 世纪以后，历史担当起记忆的角色。5. 当代记忆的膨胀：更多的记忆媒介。

必须指出，记忆史对记忆概念的借用是以强调记忆与历史的不同为出发点的。皮埃尔·诺拉曾明确表示："历史与记忆远非同义词，现今看来，它们是相对立的。"②根据多位法国历史学家的论述，③我们可以从中概括出，记忆与历史所具有的各自特征：

首先，记忆是鲜活的和生动的，它总是与活着的人联系在一起，它随着人们回忆与失忆的不断变换而处在永久的变动之中，在不知不觉中被扭曲和变形，并且极易受到利用和操纵；历史则是对一切已不在的事物或以往"死亡"的事物进行问题式的和不完全的重建；记忆是现在的过去，而历史是过去的复现。

其次，记忆总是主观的，它以自我为中心，总是可以用第一人称来指代——"我的"记忆和"我们的记忆"，它处在自我意识之中，寻求的是对自己感官的忠实，受制于人的信仰；历史一直以客观为自己的诉求，总是以非主体的面貌出现，历史作者不会将自己的作品说成"我的历史"，他希望这是放之四海而皆准的，揭示出历史的普遍性，历史追求的是真实，它受制于理性。

---

① Jacques Le Goff, *Histoire et mémoire*, Paris, Gallimard, 1988, 409p.

② Pierre Nora, *Les Lieux de Mémoire*, T1, Paris, "Quarto", Gallimard, p. 24.

③ Pierre Nora, "Entre mémoire et l'histoire", dans *Les Lieux de Mémoire*, T 1, pp. 23-43; Pierre Nora, "La mémoire collective", dans J. Le Goff (dir.), *La nouvelle histoire*, pp. 398-401; Krzysztof Pomian, "De l'histoire, partie de la mémoire, à la mémoire, objet d'histoire", *Revue de Métaphysique et de Morale*, janvier-mars 1998, N°. 1, pp. 63-110; Francois Dosse, "Entre histoire et mémoire: une histoire sociale de la mémoire", *Raison présente*, september 1998, pp. 5-24.

第三,记忆总是具体的、带有感情色彩的、复数的,有多少个体和群体就有多少种记忆,记忆与记忆之间充满着错位和冲突;历史带有抽象的批评意味,需要对问题进行分析和解释,需要冷静的思考,追求的是唯一。

第四,记忆与遗忘相辅相成,有记忆必有遗忘,记忆允许有缺口有断裂;历史则追求连续和完整,遗漏不是历史的美德;记忆对时间性并不敏感,它可以是跳跃式,不在乎因果联系,历史则完全关注因果链,强调时间的连续和次序。

法国的历史学家们还历史地和动态地考察了记忆与历史的关系。人类的记忆要早于历史而存在,当人们发明了书写,历史开始出现,但最初仅仅是记忆的一部分,但当书写在人类社会完全占据统治地位后,历史几乎成了记忆的代名词,成为记忆的代言人,"历史的记忆"(mémoire historique)①与记忆划上等号,成了"历史-记忆"(histoire-mémoire)的联合体,到了现代,记忆又想从历史的掌控中摆脱出来,人们甚至用"记忆的责任"(devoir de mémoire)来对抗历史的歪曲、隐瞒和遗忘。然而在历史把记忆作为历史研究的对象之后,记忆再次被历史所俘获。

与"记忆"概念相对应的是"遗忘"。法国一些从事记忆史研究的专家一直将"记忆、历史和遗忘"看作是与过去发生联系的三驾马车。② 人们认为,遗忘是记忆的另一面,不可分离。集体记忆收集着坚实的材料,而那些生活的碎片和不太有意义的事件就自然地进入遗忘的角落。"记忆的空洞"就如漏斗,不值得或不便记忆的"垃圾"就从此滑走。"集体记忆选择、勾画、建设着:记忆是工地,遗忘收集着建筑废料。"③因此遗忘是记忆选择的结果,也可以反映出记忆的另一侧面,沉默、无意识的压抑、消除、抵制、失忆,甚至谎言在心理学范围都是与记忆结合在一起考虑的,记忆与

---

① 人们常常译作"历史记忆",由于汉语的"历史记忆",既可理解为"带有历史意义的记忆",也可理解为"历史即记忆",因此本文采用"历史的记忆"的译法,根据皮埃尔·诺拉的定义,"历史的记忆"等同于历史,即历史学家们的集体记忆。

② Jean-Clément Martin, "Histoire, Mémoire et Oubli. Pour un autre régime d'historicité", *Revue d'histoire moderne et contemporaine*, T. 47e, No. 4, Oct.-Dec., 2000, pp. 783-804.

③ Lucette Valensi, "Silence, dénégation, affabulation: le souvenir d'une grande défaite dans la culture portugaise", *Annales ESC*, janvier-février 1991, n°1, p. 3.

遗忘就是一种对立统一。

　　法国的记忆史正是在这样的概念框架下构建的。从方法论上说,法国记忆史对记忆的研究不同于心理学对记忆的研究,除了心理学家们、精神病学家和精神分析学家们更多地关心个人记忆,而历史学家们更多地关注集体记忆以外,心理学家们研究主要关注记忆功能的研究,研究的时段往往是短暂的,方法上是实验和经验式的,记忆史对记忆的研究则注重长时段的记忆。同时,记忆史的研究受到 20 世纪 70 年代"语言转向"的影响,借助了许多认识论方面的理论,如现象学和解释学等。

　　记忆史研究的对象和领域非常宽泛。记忆史所研究的"记忆"涉及不久才发生但受到抑制的历史事件和被遗忘的社会和群体,如法国维希政权、阿尔及利亚战争、德国关于有关纳粹主义的历史大争论、苏联解体后的东欧国家、20 世纪一连串不幸的悲剧和挫折、消失或正在消失的农民群体和工人群体、各地区的物质遗产和非物质遗产、国家和地区的身份认同,因为这一切均是"过去呈现于现在"。记忆史也研究人们对过去的建构、传承和"保存",因此,对生活经历的记忆、对历史事件和历史人物的纪念活动、历史的记忆、历史的遗忘(有意和无意)、历史对过去事件的解释冲突、历史的政治操纵等也都被归入记忆史的研究的行列。记忆史还研究"记忆的载体",如档案和博物馆、历史性建筑、书籍、影像材料等。这种记忆的广谱化,大大拓展了历史研究的领域和视野,但它的不确定性也使得"记忆史"本身的身份变得不清晰起来,因此从 20 世纪 90 年代末起,记忆的泛化遭到许多专家的批评,人们提到了"记忆的滥用"[1]、"纠缠"[2]和"错用"[3]。

　　法国记忆史的研究路径可以总结出如下几个方面:

　　1. 自反式。研究记忆问题基本集中在两个问题,一是"人们记住了什么?"二是"这是谁的记忆?"依照记忆的特征,记忆是有个性的,记忆可以反

---

①　Stefan Todorov, *Les abus de la mémoire*, Paris, Arléa, 1998.

②　Henry Rousso, *La hantise du passé*, Paris, Textuel, 1998.

③　Marie-Claire Lavabre, "Usages et mésusages de la notion de mémoire", *Critique internationale* n° 7, avril 2000, pp. 48-57.

映个体的身份。记忆的内容与个体的感觉、价值判断和表达的语言相联系。同时,失去了记忆也就失去了个体身份的坐标。因此,完全可以说,"没有记忆,人就不能辨认自己,也就不再存在"①。因此从"记住什么"(记忆内容)入手,就可最终达到认识"记忆属于谁"(认识主体的身份和本质)。但是,要通过"什么"达到认识"谁"的目的,还必须了解记忆的内容是如何表达出来的问题,即回忆的方式问题。有些回忆是自然涌现的,或者是触景生情,有些回忆是人们刻意去追寻的,有些记忆内容自然遗忘,而有些记忆内容,人们是有意将它埋入记忆深处,甚至努力将之遗忘,这种表达方式也是记忆主体身份的体现。因此,记忆史研究从记忆的具体内容出发,通过观察它们的呈现方式,最后去认识记忆主体的内部本质和属性,即认识主体的身份(identité)。这就是法国哲学家李科称之为"自反式"(réflexif)的方式。② 这方面较为典型的范例就是法国史学家吕赛特·瓦朗西(Lucette Valensi)对发生在 16 世纪的一次葡萄牙与摩洛哥战争的记忆研究。③ 1578 年 8 月 4 日,葡萄牙国王塞巴斯蒂安与摩洛哥被废黜的国王联手发动对摩洛哥在位国王的进攻,被称为"三王之战"。战争只持续了一天,结果葡萄牙惨败,三王或死或下落不明。战争的失败使葡萄牙失去国王,也失去了贵族精华(几乎所有的贵族均参加了战争,伤亡惨重),还丧失了军队,它对北非和大西洋以外世界的扩张受挫,甚至数年后,葡萄牙被腓力二世统治的西班牙所吞并。而摩洛哥却由此强大到前所未有的程度。通过研究这一事件逐渐融入两国民族记忆的方式,吕赛特·瓦朗西揭示出该历史事件在战败国和战胜国产生不同的记忆。该事件在摩洛哥的记忆中埋藏得很深,人们并没有将它当作庆祝的对象,相关的资料也少见。一直到 1956 年摩洛哥重新独立后,为了弘扬民族精神,此事件才被重新回忆,对该事件的纪念也逐渐制度化。在葡萄牙,巨大的战争创伤首先给全民族带来极大的悲伤,然后人们开

① Krzysztof Pomian, "De l'histoire, partie de la mémoire, à la mémoire, objet d'histoire", *Revue de Métaphysique et de Morale*, janvier-mars 1998, N°. 1, p. 68.

② Paul Ricoeur, *La mémoire, l'histoire, l'oubli*, Paris, Seuil, 2000, p. 4.

③ Lucette Valensi, *Fables de la mémoire. La glorieuse bataille des trois rois*, Paris, Seuil, 1992; Lucette Valensi, "Silence, dénégation, affabulation:le souvenir d'une grande défaite dans la culture portugaise", *Annales ESC*, janvier-février 1991, n° 1, pp. 3-24.

始有意抑制和隐瞒这段痛苦的记忆,起初关于这一事件的记载几乎仅见于周边国家,法文、西班牙文、意大利文的文献均未译成葡萄牙文,这种沉默一直维持了近 30 年。然后人们才愿意通过重拾回忆来舔平伤口。由于葡萄牙人从来没有亲眼见到塞巴斯蒂安的尸体,因此围绕着这位国王的生死形成了许多传说,人们对这位国王回归的期待和希冀最终成为葡萄牙民族意识的重要组成部分,成为葡萄牙人的身份认同。记忆史的研究抛弃机械的因果分析方式,采用人类学、民族志学的研究方法,关注的重点放在个人能够迅速融入社会和集体层面的一些因素,如语言、意识、情感、感官和文化等。

2. 痕迹追寻。从凝聚着记忆的事件、地点、人物、仪式、群体入手,重点考察这些对象在历史上留下的痕迹,着眼点不是这些对象本身的真伪和意义,而是这些真伪和意义形成的轨迹,尤其是研究历史事件被集体记忆操纵、调整和修改的进程。我们可以以乔治·迪比所写的《布维纳的星期天》①为例略加展开。《布维纳的星期天》出版于 1973 年,远早于法国记忆史成型的时期,但它之所以被认定为记忆史的开山之作②是由于该书的第三篇章"传奇演变"(Légendaire)。该书聚焦的是法国历史上一场著名的战役"布维纳之战",在 1214 年 7 月 27 日星期天这个不该打仗的日子里(星期天为主日,基督徒应该休息),法国国王腓力二世("奥古斯都")被迫与被革除教籍的德意志皇帝奥托四世及其联军在弗兰德尔地区的布维纳桥边(马克河畔)进行了一场战役,结果奥托四世落荒而逃,联军中有多名大贵族被俘,与奥托四世结盟的英王"失地者"约翰放弃了对法国的领土要求,腓力二世由此巩固了已获得的领土,提升了王权的地位。迪比在该书的第一部分和第二部分叙述了事件本身和分析了事件的结构性问题以后,第三部分的重点放在这场战役在民族记忆中的演变上。首先,迪比分析了"布维纳之战"神话的形成,这场战役通过 13 世纪僧侣和编年史作家的描绘,成为"善"战胜"恶"、"上帝战胜魔鬼"的象征,并且逐

① Georges Duby, *Le dimenche de Bouvines*, Paris, Gallimard, 1973, p. 303.
② Jacques Le Goff, *Histoire et mémoire*, Paris, Gallimard, 1988, p. 173.

渐夸大为法国军队以一当十,甚至以一当百的胜利。然后,迪比指出在14世纪此战役逐渐被人遗忘,而从17世纪开始,此战役再次浮出水面。在19世纪和20世纪,从基佐到魏刚,战役得到不同的解读,最后该战役被赋予民族胜利的意义,成为法国人第一次战胜德国人的战役,在民族情感上,它变得比贞德更重要。1945年以后,这次战争的记忆又一次消失,因为欧洲需要和谐,并走向一体,德国不再成为敌人。勒高夫在分析迪比的研究方法时指出,迪比"首先将此事件看作是冰山一角,然后,他用社会学的方法审视这场战役和它留下的记忆,通过一系列对事件的纪念,追踪该记忆在整体精神重现运动中的命运"①。乔治·迪比在1984年该书的再版前言中也总结了他自己这部分的分析:"我的任务是观察一个事件如何被构建和被解构,因为归根结底,该事件仅仅以人们叙述的方式而存在,因为该事件确切地说是被那些将事件更名后进行散布者制造出来的;因此,我研究的是关于布维纳回忆的历史,是该事件被变着法地逐渐扭曲的历史(很少是无辜的),是记忆和遗忘的历史。"②这样的方法决定了记忆史大量集中在事件和人物史的研究方面,这是自法国年鉴学派之后法国史学的重要转向。

3. 回溯法(méthode rétrospective)。以当今关怀为立足点,公开地以现代问题为出发点,追溯以往,所从事的研究是为了满足现代人的现代要求。亨利·卢索(Henri Rousso)1987对有关维希政权的集体记忆所作的研究就是很好的例子。③ 有人认为该著作是"法国记忆史确立"的"决定性阶段"④。20世纪70年代,法国出现了对法国抵抗运动神话的反思。根据这一神话,维希政权是法国一小撮投降派创立的,他们是纳粹德国的应声虫和合作者,法国大部分人站在以戴高乐为代表的抵抗运动一边,戴高乐的自由法国才是法国正统的政权,抵抗运动是正统法国的延

---

① Jacques Le Goff, *Histoire et mémoire*, Paris, Gallimard, 1988, p.173.

② Georges Duby, *Féodalité*, Paris, Gallimard, 1996, p.831.

③ Henry Rousso, *Le Syndrome de Vichy, de 1944 à nos jours*, Paris, Seuil, 1987, p.323.

④ Christian Delacroix, François Dosse, Patrick Garcia, *Les courants historiques en France, 19e-20e siècle*, Paris, Armand Colin, 2002, p.268.

续，维希政权是不值得一提的插曲。然而，70 年代这种神话被修正派戳穿，新的观点认为最初大部分法国人支持维希政权，维希政权的一些措施也不完全是出于德国方面的压力，甚至在反犹方面也是如此，维希政权其实是法兰西第三共和国内部保守主义和新法西斯派力量的延续。由此在法国社会引起了激烈的辩论。卢索的著作并不介入这种孰黑孰白、孰是孰非和讨论，而是用非常冷静的眼光，从现实问题出发，回溯法国人对这段历史的记忆。作者依据 1945 年以来大量与维希政权相关的"再现"材料（如报刊、文学和史学作品、电影和电视等），分析了法国 1945 年以来有关维希政权的集体记忆：最初为"哀伤"期（1944—1954 年），主要表现为起诉"合作者"和戴高乐主张民族和解；第二阶段为"记忆抑制"期（1954—1971 年），法国人希望告别痛苦的过去，接受了戴高乐所营造的抵抗运动的神话；第三阶段为"明镜破碎"期（1971—1974 年），由 1971 年纪录片《悲伤与怜悯》上映和蓬皮杜总统对"合作分子"图维埃特赦所引起的争论打破平静，使维希记忆再次涌现；最后为"记忆困扰"期（1974 年以后），犹太人的记忆被唤醒，教会和法国国家公务员在维希时期的作用也受到责难。通过回溯，作者发现法国人关于维希时期的集体记忆始终是受现时的需要支配的。类似的研究还有关于共产党的集体记忆[1]，关于阿尔及利亚战争的集体记忆[2]，关于第二次世界大战期间被流放者的记忆[3]和被赶出大学校门的犹太人的记忆[4]，等等。就这方面来看，记忆史研究始终以近现代史为主，也就理所当然了。

① Marie-Claire Lavabre, *Le Fil rouge, sociologie de la mémoire communiste*, Paris, PFNSP, 1994,394p.

② Benjamin Stora, *La Gangrène et l'Oubli. La mémoire des année algériennes*, Paris, La Découverte,1991, 323p.

③ Annette Wieviorka, *Déportation et génocide:entre la mémoire et l'oubli*, Paris, Plon, 1992, 505p.

④ Claude Singer, *Vichy, l'université et les juifs. Les silences de la mémoire*,Paris, Les Belles Lettres, 1992, 438p.

三 《记忆场所》:历史和记忆之间

提到法国的记忆史,不能不提到由法国著名史学家皮埃尔·诺拉主编的鸿篇巨作《记忆场所》(*Les Lieux de Mémoire*),法国近年来论述法国史学研究流派的著作,提及法国记忆史均会以此书为例进行剖析。[①] 它也可以说是近二十年以来,法国史学界最有影响的历史著作之一,引起众多史学家的关注和评论。[②] 它与记忆史共同成长发展的心历路程、它的工作机制和特色、它所代表的研究范式都值得我们去近距离观察。

该书主编皮埃尔·诺拉(Pierre Nora)与出版界有着紧密的联系,他本人是法国伽利玛(Gallimard)出版社的编辑,同时也是法国有影响的学术刊物《争鸣》(*Le Débat*)的主编。他在学术圈里,也颇有影响,是法国社会科学高等研究院(Éocle des hautes etudes en scinces sociales)的台柱之一。从20世纪70年代起,皮埃尔·诺拉开始对年鉴学派历史学的研究范式进行反思,他本人是年鉴学派史学家们的朋友,但在史学思想上却始终保持着与年鉴学派的距离。他在1971年初与伽利玛出版社合作编辑一套历史丛书,起名为"历史丛库"("La bibliothèdes histoires",法语的"历史"一词采用复数形式),在这里他显然不同意年鉴学派"总体史"的观

[①] Gérard Noiriel, *Qu'est-ce que l'histoire contemporaine?* pp. 201-202; Christian Delacroix, François Dosse, Patrick Garcia, *Les courants historiques en France, 19e-20e siècle*, pp. 263-267.

[②] 笔者阅历所及,重要的评论就有:Paul Ricoeur, *La mémoire, l'hoitae, l'oubli*, pp. 522-535;Patrick Garcia, "Les lieux de mémoire, une poètique de la mémoire?", *Espaces Temp*, n°74/75,2000, pp. 122-142;Lucette Valensi, "Histoire nationale, histoire monumentale. *Les lieux de mémoire*", *Annales HSS*, n°6, novembre-décembre, 1995, pp. 1271-1277; Steven Englund, "de l'usage de la Nation par les historiens, et réciproquement" et "L'histoire des ages récents. Les France de Pierre Nora", *Politix*, n°26, 1994, pp. 141-168; Marie-Claire Lavabre, "Usages du passé, usages de la mémoire", *Revue française de science politique*, 3, juin 1994, pp. 480-493; Henry Rousso, "Un jeu de l'oie de l'identité français", *Vintième Siècle, revue d'histoire*, n°15, juillet-septembre 1987, pp. 151-154. 此外,还有两本杂志进行过专题讨论:"La nouvelle histoire de France. Les lieux de mémoire", *Magazine littérrande*, n°307,février 1993; "Mmémoire compares", *Le Débat*, n°78, janvier-février 1994.

点，在他看来，历史应该是复数的和小写的。1980年，他和马赛尔·高赛（Marcel Gauchet）一起创办了《争鸣》杂志，上面经常发表与年鉴学派观点相左的文章，其中引人注目的是在80年代初，在杂志上登载了普林斯顿大学教授（英国出生）劳伦斯·斯通（Lawrence Stone）的文章《回到叙述》（*Retour au Récit*）和意大利史学家卡洛·金斯伯格（Carlo Ginzburgr）的文章《符号、轨迹和线索：表征范式之根》（*Signes，traces，Pistes．Racines d'un Paradigme de l'indice*），为叙述史和微观史学正名，开启了对年鉴派史学质疑的先声。

1976年，皮埃尔·诺拉被任命为法国高等社会科学研究院"当代史"的主任研究员和这个研究所的负责人，开始关注记忆问题，他将"记忆场所"这一概念①引入到历史研究之中，构思和酝酿新的研究方向。1977年，他与法国心理学家让-贝尔特朗·蓬塔利斯（Jean-Bertrand Pontalis）进行了一次交谈，这次交谈以《历史学家的记忆，历史学的记忆》为题发表，在回答让-贝尔特朗·蓬塔利斯"当今历史学家的设想应该是什么"这一问题时，他提到历史学家要"将记忆从昏睡中驱赶出来，将社会为了让自身得以维持和保持永恒而需要的幻想激发出来"②。如前所述，1978年，皮埃尔·诺拉为《新史学》撰写"集体记忆"的条目，除了公开提出"集体记忆的分析能够而且应该成为想与时代同步之历史学的先锋"③以外，还提到了记忆的"场所"，第一次表述了"记忆场所"的要素。据他自己所述，在1978和1979年间，他萌发了请一些著名的史学家一起出版一套有关民族记忆"场所"（les lieux）著作的计划。④ 从1978年起至1981年三年时间

---

① 早在1975年，法国就有人在杂志上引用英国历史学家弗朗西丝·艾梅莉亚·雅特斯（Frances Amelia Yates）《记忆的艺术》（*The Art of Memory*）一书中的材料，提到了"记忆地点"：Gérard Blanchard，"Textes，images et lieux de mémoire"，*Communication et langages*，n° 28，1975，pp. 45-69.

② Pierre Nora，"Mémoire de l'historien，mémoire de l'histoire：Entretien avcec J. -B. Pontalis"，*Nouvelle revue de psychanalyse*，Vol. 15，1977，p. 231.

③ Pierre Nora，"Mémoire de l'historien，mémoire de l'histoire：Entretien avcec J. -B. Pontalis"，*Nouvelle revue de psychanalyse*，Vol. 15，1977，p. 401.

④ Jean-Claude Ruano-Borbalan（cordonné），*L 'histoire aujourd'hui*，Paris，Science Humaines Editions，1999. p. 343.

里,他在法国高等社会科学研究院主持定期的研讨会,参加研讨的专家成为这部著作的中坚力量。他原计划主编四卷,1984 年,《记忆场所》(*Les Lieux de Mémoire*)第一卷《共和国》(*La République*)出版,马上受到史学界和公众的欢迎。该书的第二部分他取名为《民族》(*La Nation*),计划出两卷,但由于选题和内容太多,在 1986 年出版时,增加为三卷。1992 年完成了最后一部分《统一多元的法兰西》(*Les France*),又是三卷,而且比起第二部分的三卷来,书更厚,内容更丰富。《记忆场所》全书最终出齐时为七卷本,共 6000 多页,该书成为集体记忆史研究成果的大检阅。

在长达近 10 年的酝酿和出版岁月中,有 103 多位法国历史学工作者参与撰写,差不多法国史学界的重量级人物都名列其中,如弗朗索瓦·孚雷(François Furet)、乔治·迪比(Georges Duby)、马赛尔·高赛(Marcel Gauchet)、安德烈·布尔吉埃尔(André Burguière)、雅克·勒高夫(Jacques Le Goff)、奥祖夫夫妇(Jacques et Mona Ozouf)、勒内·雷蒙(René Rémond)、艾马纽爱尔·勒鲁瓦·拉杜里(Emmanuel Le Roy Ladurie)、米歇尔·伏维尔(Michel Vovelle)、莫里斯·阿居隆(Michel Vovelle)、米歇尔·维诺克(Michel Winock)、昂图瓦纳·普洛斯特(Antoine Prost)、玛德莱娜·勒贝里埃(Madeleine Rebérioux)、罗杰·夏尔梯埃(Roger Chartier)、让-马利·梅耶(Jean-Marie Mayeur)、弗朗索瓦·卡隆(François Caron)、克里斯多夫·夏尔(Christophe Charle)、伊夫·勒甘(Yves Lequin)、菲力浦·茹塔尔(Philippe Joutard)、让-弗朗索瓦·西里纳利(Jean-François Sirinelli)、阿兰·科尔宾(Alain Corbin)、帕斯卡尔·奥里(Pascal Ory)、克尔泽斯托夫·波米扬(Krzysztof Pomian),等等,可以说创造了集体编写法国史学著作的新纪录。

参与编写的历史学家专长不一,擅长的领域涵盖了政治史、经济史、社会史、文化史和宗教史等。其中有现当代史专家,也有古代中世纪史的专家。他们治史方法、史学观点和政治立场也不尽相同:有年鉴学派和新史学的领军人物,也有代表法国史学新趋向的"记忆史"和"表征史"新人,还有坚持经济社会为主轴研究历史的老人,除此之外,还有一些跨学科的专家。全书采用条目式①的写作方法,每人负责撰写自己的条目,因此难免各行其是,良莠不齐。然而,皮埃尔·诺拉和他的核心团队起到中坚作用,保证了著作总体上在方法论、设计目标和行文风格的一致性。皮埃尔·诺拉除了担任组织调度工作、确定总体问题、选择关键条目外,本人直接撰写了 6 条条目以及全书各章节的序跋和过渡串联段落,在核心概念的定义上,全书的思考、目标和关联的定位上起了重要作用。② 皮埃尔·诺拉周边有非常重要的合作伙伴辅佐,如高赛、莫娜·奥佐夫、孚雷、波米扬等人,他们大多来自高等社会科学研究院、全国科研中心(CNRS)和政治研究机构,而非出自大学。

此书出版的跨度为 6 年。我们注意到,大部分的评论者都提到皮埃尔·诺拉在第一卷所表达的初衷到最后一卷出版时发生了"变调":本来想通过碎化的和独立的"记忆场所"的研究来破除民族神话,颠覆神圣化的法国史,对抗纪念式的历史,但到头来,仍然没有逃脱"民族"的魔咒,"记忆的场所"成了民族遗产,受到全民族的追捧,皮埃尔·诺拉的"记忆场所"演变为真正的整体法国史。试图破除纪念式神话的《记忆场所》,自己成了纪念式的神话,成了史学丰碑。总之,从反拉维斯走向新拉维斯。不过,仔细阅读全书,这种矛盾和悖论有它内在逻辑,作者最初的动机、他的设计、他的研究方法无不为这样的结局预设了道路。

皮埃尔·诺拉在第一卷的序言里明确地指出:"记忆场所的研究位于两大运动的交叉点上,这两大运动在现在和在法国赋予了这一研究的地位和意义:一方面是纯粹历史学的运动,历史学对自身进行反思的时刻;另一方面是历史进程,记忆传统的终结。"③他宣布"历史—记忆"联合体的告终,即记忆与历史决裂,以及传统史学(几乎和"历史—记忆"联合体

---

① 全书的结构参见本文最后的附录。

② 有人认为皮埃尔·诺拉的个人直接贡献占到全书的 7%(Patrick Garcia, "Les lieux de mémoire, une poètique de la mémoire", *Espaces Temps*, n°74/75,2000,pp.122-142.);在著作前两部分(前四册)出版之时,有人甚至认为他的直接贡献达到 10%(Steven Englund, "de l'usage de la Nation par les historiens,et réciproquement",*Politix*,n°26,1994,pp.143);

③ Pierre Nora,"Entre mémoire et l'histoire", dans *Les Lieux de Mémoire*, T. 1, "Quarto", Gallimard,p.28.

是同义词)走向没落。由此他还提到了"记忆被历史绑架"。他承认,"记忆场所"的概念完全出于"一种失落感,由此带有对已逝事物的怀旧的印记"。① 在使用了大量"终结"(fin)、"变化"(mutation, changement)和"不再"(ne plus)这些字眼的背后,仍然可以读出作者对民族情感失落的担忧:

> 民族不再是框住集体意识的统一框架。它的定义也不再引起争论,遗留的问题已由和平、繁荣和国土削减而得以解决。它所受到的威胁就是没有了任何威胁。随着"社会"上升替代了"民族",由"过去"和"历史"决定的正统性让位于由"未来"决定的正统性。"过去",人们只能认识它、尊敬它;"民族",人们为它服务;而"未来",需要人们去准备。三大名称各司其职。民族不再需要为之奋斗,它已经是既成事实;历史变成了社会科学;而记忆纯粹是个人现象。民族记忆由此成了"历史—记忆"联合体的最后体现。②

因此,主编者在更新历史的背景下仍然不忘拯救"民族记忆",通过"记忆场所"的研究,留住"残存"的民族记忆,找回正在失去的记忆,找回群体、民族和国家的认同感和归属感。在全书的结构上,主编者将之划分为三大部分:共和国、民族、法兰西。其核心仍然是民族,共和国是民族的现代形式,法兰西国家则是民族的缔造者。

本书的核心概念"记忆场所"也随着主编者加强民族身份认同倾向的日益明显而发生变化。当然,"记忆场所"的最初酝酿已经表现出它试图揭示主体"身份"的发展趋势。皮埃尔·诺拉对"记忆场所"第一次清晰的表达是在 1978 年他为《新史学》撰写的"集体记忆"的条目中。他写道:集体记忆的研究应该从"场所"(lieux)出发,

① Pierre Nora,"Comment écrire l'histoire de France", dans *Les Lieux de Mémoire*, T. 2, "Quarto", Gallimard, p. 2222.

② Pierre Nora,"Entre mémoire et l'histoire", dans *Les Lieux de Mémoire*, T1, p. 28.

这些场所是社会(不论是何种社会)、民族、家庭、种族、政党自愿寄放它们记忆内容的地方,是作为它们人格必要组成部分而可以找寻到它们记忆的地方:这些场所可以具有地名意义,如档案馆、图书馆和博物馆;场所也可以具有纪念性建筑的属性:如墓地或建筑物;场所也可以带有象征意义:如纪念性活动、朝圣活动、周年庆典或各种标志物;场所也具有功能属性:如教材、自传作品、协会,等等。这些场所有它们的历史。①

而且,他马上意识到:"进行这样的历史研究很快会改变词语的方向,从召唤场所的记忆转而召唤真正的记忆场所:国家、社会和政治集团、有共同历史经历的共同体……"②作者已经直接把国家和民族认定为"记忆的场所",而且认为这才是集体记忆研究最终指向的目标。如此,我们在《记忆场所》一书第三部分的序言中读到这样的句子,就不会觉得惊讶了:"用众多记忆场所来分解法国,就是将整个法国打造成为单一的记忆场所。"③

皮埃尔·诺位在1984年出版的《记忆场所》第一卷序言里对核心概念"记忆场所"又作了进一步的说明。他对可以确定为"记忆场所"的事物重新划分为三类:物质的、象征性的和功能性的。④ 它们之所以成为"记忆的场所"是由"记忆"和"历史"双重影响的结果,它不是记忆本身,也不属于历史,它处在记忆和历史之间。它要成为"记忆场所",首先要有"记忆的意愿",⑤这些"场所"是由记忆"凝聚"而成,记忆"寓身"于其中,⑥但记忆不是自发的,记忆的凝聚不是自然的行动,"人们必须创设档案、必须

---

① Pierre Nora,"La mémoire collective", dans J. Le Goff (dir.), *La nouvelle histoire*, p. 401.

② Iibd. , p. 401.

③ Pierre Nora,"Comment écrire l'histoire de France", dans *Les Lieux de Mémoire*,T. 2,"Quarto",p. 2224.

④ Pierre Nora,"Entre mémoire et l'histoire", dans *Les Lieux de Mémoire*,T1, p. 37.

⑤ Ibid. ,p. 37.

⑥ Ibid. ,p. 23.

维持周年庆、组成庆祝活动、致悼词、公证契约,等等"①。同时"记忆场所"的形成也必须有历史、时间和变化的介入。② 通过历史对记忆的"歪曲、转变、塑造和固化",造就了寓有记忆的"场所"。③ 因此,记忆场所不是消失得无影无踪或被完全遗忘的事物,它们是记忆的"残余","是没有仪式社会中的仪式,是去神圣化社会中的神圣之物",它们就如"记忆之海退潮时海滩上的贝壳,不完全是活的,也不完全死的"。④ "由于不再有记忆的环境(milieux de Mémoire),所以才有了记忆场所。"⑤皮埃尔·诺拉自己举例说,"共和历"之所以成为"记忆场所"是由于"共和历"最终被中止了,如果它如格里高利历那样还活到今天,它就不可能成为"记忆场所",然而,它又没有完全死亡,一些法国历史的关键日子和关键的事件仍然与它紧密相联,如萄月、热月和雾月等。在第一卷《共和国》中,我们看到了精彩纷呈的"记忆场所",其中有象征物,如三色旗、共和历等;也有功能性的事物,如儿童读物《两个小孩周游法国》《教育词典》等;还有真正的名符其实的地点或场所,如先贤祠;还有不少纪念活动,如 7 月 14 日等。

时隔两年,该书的《民族》卷出版。"民族"是比"共和国"时间更长、内涵更广、底蕴更深的概念。"记忆场所"的范围和入选标准由此也进一步扩大了,它们需要有一定的"系统性和层次性"。⑥ 因此,它又被细分三大部分:非物质、物质和理念。"记忆的场所"扩展到与民族相联系的所有参照物:如领土和疆域、法典、帝王居住和加冕之地、在民族形成中起巨大作用的历史学、物质遗产、风景,等等。不过,在方法论上,著作一如既往地通过揭示这些"记忆场所"的记忆痕迹,来透视法兰西民族的特性,即通过群体意识和群体无意识现象的分析,彰显意识主体的本质。在概念扩展的过程中,也出现了一些让读者感到意外和惊喜的条目。不妨简单介绍

---

① Pierre Nora,"Entre mémoire et l'histoire", dans *Les Lieux de Mémoire*, T1, p. 29.

② Ibid. , p38.

③ Ibid. , p. 29.

④ Ibid. ,pp. 28-29.

⑤ Ibid. , p. 23.

⑥ Pierre Nora,"Présentation"(1993),dans *Les Lieux de Mémoire*, T1. 571.

一二。其中有一条目为"士兵沙文"。众所周知,"沙文主义"一词来源于
拿破仑军队中的一位士兵沙文。然而作者经过抽丝剥茧的考证以后,发
现这位"士兵沙文"是虚无之人。那么这位虚无之人又如何成为一种流行
很广的意识形态的来源呢? 其中存在一些看似偶然的因素,如词典作者
的学生搞恶作剧、沙文成为戏剧人物、沙文得到官方的认可等,但作者从
中看到"士兵沙文"最后被塑造成"士兵加农夫"的形象是他得以流行的关
键。源自古罗马的理想公民观的"士兵加农夫",同样被法兰西民族所接
受,被弘扬爱国主义精神的政府所接受,但最后随着时代的发展而最终被
唾弃。另一条目为"街名",作者通过法国街道命名体系的变化,指出法国
街道命名随王权加强和中央集权统治的加强而得以纯净化和统一化,采
用了人名、历史事件名为主的命名体系,也称之为"百科全书式"的体系,
而这种以全国名人为主的命名体系,反映了法国对个人成就和荣耀的重
视。同时根据人名命名街道的统计和分析,发现以政治人物为名的街道
不仅所占比例多,而且占据了城市的主干道,由此揭示法国作为政治民族
的特性。再有一条值得一提的条目是"拜访大文豪",作者发现近代法国
作家中存在一种有趣现象,年轻作家会去拜访一些功成名就的大作家,而
且这种拜访随后形成拜访者的回忆录和访谈录。这种拜访甚至形成了完
整的链接,例如巴雷斯(Maurice Barrès)拜访勒南(《勒南家八日》,1888
年)、科克托(Jean Cocteau)拜访巴雷斯(《造访巴雷斯》,或《被糟蹋的婚
礼》,1921 年)、莫利斯·萨克斯(Maurice Sachs)拜访科克托(《幻想十
日》)等。作者对这种社会实践进行了"考古",指出了这种实践起源于作
家作为自由独立人的存在,并为社会所尊重。同时作者分析了"访问空
间",即文学空间与生活空间的转换,人们先从对文豪作品的想象和思考
转到与文豪的真实会面,而后又回归到文学空间,文豪成为拜访者文学创
作的借口。到新媒体(如电视采访)出现以后,这种拜访就成了"记忆场
所"了。作者认为,对"拜访大文豪"的研究就是要探究能够揭示法兰西民
族与它的知识祖辈们缔结的关系,他把"拜访"称之为"大文豪镜子中的法

兰西"①。

最后,《统一多元的法兰西》卷出版,全书大功告成。而此时"记忆场所"概念需要进一步扩张。作者不怕概念的不确定性和模糊,他认为,"它们的未定性不会阻碍它们结出丰硕成果,对它们作出判断的是它们的实际运用,它们的模糊性可以成为它们的力量"②。作者承认,"不可能处理所有法国的记忆场所,因为此书不是百科全书,也不是词典"。但他坚持,"在既定的框架内,必须讲究系统性和连贯性"。他提到,大部分明显的"记忆场所"已经提供出来,而"现在需要构建"记忆场所了。③ 它们是不是"记忆场所"取决于历史学家是否能够赋予它们记忆场所的意义,它们能够成为记忆场所,是因为这些"场所"能"说出比它们本身更多的东西"④。于是,"记忆场所"涵盖了法兰西国家的所有象征物和一切能表现法兰西特性的对立统一:民歌、民间故事、谚语、卢瓦尔河畔的城堡、巴黎和外省的关系、共产主义和戴高乐主义的关系,等等,记忆场所几乎涉及法兰西的方方面面。于是,《记忆场所》就成了一部新的法国通史,不过是完全另类的法国通史,作者称之为"第二层次"的法国史。何谓第二层次的历史?作者指出,这种历史着眼的"不是决定性的因素,而是这些因素的效应;不是记忆的行为,也不是纪念活动本身,而是这些行动的痕迹以及这些纪念活动的手法;不是事件本身,而是它们在时间上的构建、它们意义的淡化和浮现;不是真实的过去,而是它不断地被利用、使用和滥用,而是它不断施加在现实上的倾向;不是传统,而是传统形成和传承的方式。简言之,不是再生,不是重建,甚至不是重现,而是回忆"⑤。在这层意义上说,这就是法国在 20 世纪 90 年代兴起的表征史和象征史。

作者本来想从神圣化的历史和强迫性的记忆之间走出一条新路,即

---

① Oliver Nora, "La visite au grand écrivain", dans *Les Lieux de Mémoire*, T. 2. p. 2133.

② Pierre Nora;"Comment écrire l'histoire de France ", dans *Les Lieux de Mémoire*, T. 2. p. 2223.

③ Pierre Nora;"Comment écrire l'histoire de France ", dans *Les Lieux de Mémoire*, T. 2. p. 2221.

④ Ibid. ,p. 2222.

⑤ Ibid. ,p. 2229.

将记忆当成历史研究的对象，以解构神圣化的历史。但最终的结局仍然回到原点，历史以新的形式继续为民族神话服务。历史学家仍然无法摆脱"民族"的权杖。因此，本书也被许多评论家批评为"新拉维斯主义"。除此之外，作者也表现出操弄记忆的迹象，如最有理由成为"记忆场所"的拿破仑及波拿巴主义却不见踪影（唯一条目为"骨灰回归"），宗教所占的地位与它的重要性完全不成比例，等等。然而尽管如此，我们仍然不能否认它新的研究方法和新的学术视野，不能否认它对法国 20 世纪 90 年代史学更新的影响，不能否认它所取得的巨大成就。

此书出版后引起很大反响，第一卷刚出版就引起法国学术界的好评，然后才有后面两部分的扩容。为了使更多的读者能够方便地读到这部学术巨著，伽利玛出版社于 1997 年推出了浓缩版的《记忆场所》，共为三卷，4800 多页。浓缩版并没有减少文字内容，它只是减少了一些图像，将字号缩小。浓缩版以简装发行，虽然是厚厚的三大部，价格却不贵，学术著作也成了"流行"文学。该书还得到国际学术界的追捧，被译成多国文字出版。但由于篇幅之巨，却每一条目又独立成篇，因此各种译本都采用节选的做法。如 1997 年，美国哥伦比亚大学出版社抽译了 46 个条目，并重新编排成三卷，起名为"记忆的领地"（*Realms of Memory*）。此外，还有西班牙语、德语、意大利语等。"记忆场所"的概念迅速流行，1993 年被收入《大罗贝尔词典》（*Le Grand Robert de la langue française*）。人们甚至谈论"统一欧洲的记忆场所"[1]，谈论"德国的记忆场所"[2]，等等。笔者忽然想到，中国呢？中国是否也能梳理出自己的"记忆场所"，并通过这些场所的解读使我们更透彻地了解我们自己？或许那时我们也可以如皮埃尔·诺拉那样豪情满怀地说：我们"将这些'记忆场所'变成了我的法兰西，变成了每个人的法兰西，变成了所有人的法兰西。"[3]（将法兰西改成中国便是了）

---

[1] Gérard Bossuat,"Des lieux de mémoire pour l'Europe unie", *Vingtième Siècle. Revue d'histoire*,1999，Vol. 61，Numéro 1，pp. 56-69

[2] Etienne François, "Ecrire une histoire des lieux de mémoire allemands", *Matériaux pour l'histoire de notre temps*,1999，Vol. 55，Numéro 1. pp. 83-87.

[3] Pierre Nora:"Comment écrire l'histoire de France ", dans *Les Lieux de Mémoire*,T. 2. p. 2235.

附：

《记忆的场所》的目录

历史学

《法国大编年史》、艾田·帕斯基埃的《法国研究》、奥古斯丁·梯叶里的《法国历史通信》、拉维斯的《法国史》、《年鉴》的时代

风景

绘画的风景、文人的风景、纪德－让娜·维达尔·德·拉布拉什的《法国地图》

第二册　物质

领土

从封建地界到政治疆域、从国家疆域到民族疆域、国界的记忆:阿尔萨斯、六边形之国、北方和南方

国家

国家的象征、凡尔赛——君主影像、凡尔赛——功能和传说、民法典、法国全国统计、国家的记忆

遗产

遗产的概念、外省博物馆的诞生、亚历山大·勒努瓦和法国古迹博物馆、阿尔西斯·德·高蒙和文人社、基佐和记忆机构、梅里美和历史古迹监察署

第三册　理想

荣耀

"为祖国而死"、士兵沙文、骨灰回归、凡尔登、凡尔赛的博物馆、卢浮尔、光荣的死者、巴黎的雕塑、街名

词语

法兰西语言文学研究院、法兰西学院、"大学讲座、法庭、律师席"、波旁宫、学校经典、拜访大文豪、巴黎高师生、语言文库

结语:民族－记忆

统一多元的法兰西(卷)

前言:如何写法国史?（皮埃尔·诺拉）

第一册　冲突和分割

政治划分

法兰克人和高卢人、旧制度和法国大革命、天主教徒和不信教者、人民、红与白、法国人和外国人、维希、戴高乐主义者和共产主义者、右派和左派

宗教少数

保尔—罗亚尔修道院、沙漠博物馆、戈利高里、德雷福斯、德然希和科佩尔尼克

时空分割

海洋边界、森林、圣马洛—日内瓦之线、巴黎和外省、市中心和郊区、地区、省份、代际

第二册　传统

模式

土地、教堂钟楼、大教堂、宫廷、政府大部门机构、军队、自由职业：律师个案、企业、职业、费尔迪南·布吕诺的《法国语言史》

根源

地方、《布列塔尼民歌集》、"保卫方言文学社 Félibrige"、谚语、故事和歌曲、阿尔诺德·凡·日耐普的《法国民歌手册》

独特性

交谈、献殷勤、葡萄园和葡萄酒、饮食、咖啡、环法自行车赛、马赛尔·普鲁斯特的《追寻流逝的时光》

第三册　从档案到象征

登录

谱系、公证人研究、工人生活、工业时代、档案

名胜

拉斯科洞穴、高卢古城阿莱西亚（Alésia）、名城维泽雷（Vézelay）、巴黎圣母院、罗瓦尔河畔的城堡、蒙马特尔高地上的圣心教堂、埃菲尔铁塔

身份认同

高卢雄鸡、教会的长女、"自由、平等、博爱"、查理曼、贞德、笛卡尔、国王、国家、巴黎、法语的天才

结语：纪念的时代（皮埃尔·诺拉）

吕一民

　　吕一民,1957年8月出生于浙江金华,1978—1982年就读于北京大学历史系世界史专业,1982年考入杭州大学历史系,师从著名历史学家沈炼之教授研习法国史。1985年7月起留校任教(1998年四校合并后为浙江大学教师)。现为浙江大学人文学院历史系教授、博士生导师,兼任人文学院副院长。

　　长期从事法国近现代史的教学与科研工作。主要著作、译著(含主译)有《法国通史》、《20世纪法国知识分子的历程》、《知识分子的鸦片》、《公民的加冕礼:法国普选史》、《自由之声:19世纪法国公共知识界大观》、《法国史》(上、中、下)。曾主持完成国家社科基金项目《战后法国知识分子社会地位与作用的历史考察》等课题多项,目前作为首席专家和主持人分别承担的课题有教育部哲学社会科学研究重大课题攻关项目《法国大革命历史档案整理与研究》、国家社科基金项目《近现代法国公民权利与实践的历史考察》;多次获得省部级优秀社科成果二等奖。

　　曾于1989年10月赴法国巴黎第八大学历史系进修一年,此后又分别应巴黎政治学院20世纪欧洲史研究中心、巴黎第一大学勒努万(国际关系)研究所、法国高等社会科学研究院近现代中国研究中心等著名研究机构的邀请,以访问教授或高级访问学者的身份多次赴法访学。

法国知识分子史视野中的德雷福斯事件

当 19 世纪的帷幕即将落下的时候，法国发生了震惊世界的德雷福斯事件。对于这起在法国近现代史上占有突出地位的重大事件，长期以来，国外史学家，尤其是法国史学家已有相当深入、细致的研究，这方面的论著亦可谓是汗牛充栋。相形之下，我国学者对于德雷福斯事件的研究就显得较为薄弱。[①] 毋庸讳言，我国学者迄今的相关研究尚限于政治史的层面，而从社会文化史，特别是从知识分子史角度出发的研究仍属空白。笔者认为，德雷福斯事件是促成法国知识分子一词"诞生"，以及现代意义上的知识分子群体崛起的催生婆，且该事件还由于与法国知识分子的关系异常密切而被人称为"知识分子的事件"，因而，从知识分子史的视角出发，对作为法国知识分子史重要界标之一的德雷福斯事件进行审视极有必要。鉴此，本文拟在这方面作一番尝试。

一　德雷福斯事件与"知识分子"的"诞生"

众所周知，法文中的"知识分子"（intellectuel）一词"诞生"于德雷福斯事件时的法国。关于"知识分子"的诞生之事，原不应在论文中具体叙述，但鉴于国内不少学者，包括一些研究知识分子问题的名家似对此亦论之不多，且相关论述时有与史实不甚吻合的地方，使笔者感到仍有必要在

---

① 　至今为止，国内学者在这方面的研究成果屈指可数，主要有周剑卿编著的《19 世纪末法国的一起大冤案——德雷福斯事件》（商务印书馆 1980 年版）和楼均信主编的《法兰西第三共和国兴衰史》（人民出版社 1996 年版）的相关章节。

此对该词的诞生记重新梳理一番。

德雷福斯事件的爆发是由一个名叫阿尔弗雷德·德雷福斯的法籍犹太军官在 1894 年下半年被当作德国间谍蒙冤入狱引起的。起初,此事只不过是一起在法国当时到处弥漫着反犹排犹气氛的背景下出现的由军方制造的冤案。诚然,在事件发生后的最初几年,对事件真相有所了解、且富于正义感的新闻记者贝尔纳·拉扎尔(Bernard Lazare)与巴黎高等师范学院图书馆管理员吕西安·赫尔(Lucien Herr)等知识分子首先站出来为受害者伸张正义,但由于他们的影响力毕竟有限,因而他们的活动并未引起整个社会的广泛关注,而德雷福斯案件也没有演变为全国性的政治事件。德雷福斯案件之所以能演变为全国性的政治事件,这与在当时法国文坛声望隆隆的左拉的"介入"有着密切的关系。

德雷福斯蒙冤入狱的最初几年,左拉因埋头创作其具有人道主义倾向的三部曲《三个城市》,所以对德雷福斯案件既不清楚,也没兴趣。直到 1897 年 11 月,拉扎尔向他提供了各种可靠的材料之后,左拉才确信这是一桩蓄意制造的冤案。强烈的正义感和一个作家对社会的责任心使他不能袖手旁观。1897 年 12 月初,在一次纪念巴尔扎克的晚会上,左拉当众阐明了自己的观点,要求重审此案。与此同时,他还在《费加罗报》上连续发表了三篇文章。第一篇向主张重审此案的参议院副议长舍雷尔－凯斯特纳尔(Scheurer-Kestner)致敬,文章的结尾是:"真理在前进,没有任何东西能够阻挡它。"第二篇驳斥民族沙文主义者散布的谣言,他们污蔑为德雷福斯辩护的人都是被犹太财团收买的。第三篇揭露"无耻的报界",斥责他们每天向读者灌输反犹太人的仇恨情绪。这些文章发表后,反德雷福斯派人士纷纷到报社抗议,致使《费加罗报》不敢再发表左拉的文章。于是,左拉在 1897 年 12 月 14 日以小册子的形式印发了《致青年的信》,劝告那些盲从轻信的青年应该头脑清醒,不要被人利用。翌年 1 月 6 日,他又印发了第二本小册子《致法国的信》,信中写道:"我恳求你,法兰西,你应当仍然是伟大的法兰西,你应当幡然醒悟,不再迷失。"[1]1898 年 1 月

---

[1]　转引自 M. Winock, *Le siècle des intellectuels*, Paris, Seuil,1999,p. 26.

11 日,军事法庭在重审此案时做出的颠倒黑白的判决结果,使左拉怒不可遏。他夜以继日地赶写了一封致共和国总统费里克斯·富尔(Félix Faure)的公开信。公开信共一万余字,义正辞严,笔锋犀利。当此信 1 月 13 日在《震旦报》公开发表时,该报的主编、激进共和派政治家乔治·克雷孟梭突然心血来潮,给公开信冠上了"我控诉!"这样一个富于挑战性并将永载史册的通栏标题。

左拉在公开信中愤怒地控诉阻止德雷福斯案件重审的所有人是居心不良,蓄意制造冤案,谴责他们违反人道,违反正义,践踏法律。在信的后半部分,左拉甚至使用激烈的言辞,尖刻地点名指控那些参与制造冤案的将军们。值得一提的是,左拉在落笔时深知其言行会带来什么样的后果,知道军方人士会以诽谤罪将他推上法庭。尽管如此,他在信末仍坦然写道:"我正等候着。"①左拉的这封公开信在《震旦报》以头版的整个版面发表后,引起了强烈的反响,一些原先不甚关心此事的人,以及一些已对重审此案不抱希望的德雷福斯派分子纷纷站了出来,强烈要求重审德雷福斯案件。② 笔者认为,《我控诉!》标志着德雷福斯事件出现了伟大的转折。从政治史的角度来看,它标志着德雷福斯事件已演化为一桩全国性的政治事件;从知识分子史的角度来看,它标志着笔杆子终于要向枪杆子无畏地提出挑战了。

从左拉的公开信发表后的第二天起,《震旦报》连续二十多期在专栏中刊登了两则"抗议"(protestation)③,并征求签名支持。抗议书篇幅简

---

① Olivier Wieviorka et Christophe Prochasson, *La France aux XX siècle: documents d'histoire*, Paris, Seuil, 2004, pp. 128-132.

② 勃鲁姆关于此事的回忆清楚地说明了此信当时所产生的影响:当《震旦报》发表左拉的《我控诉!》时,"我正居住在卢森堡街边一幢楼房的一楼。我的寓所附近有一个售报亭,卖报人是格拉内(Granet)老爹。虽然我平时经常去该处买报,但却一直不知道这位售报人与我的牙医一样,也是德雷福斯派分子。我清楚地记得,正是在那个冬日的早晨,我才知道他也是个德雷福斯派分子。那天早晨,格拉内老爹在屋外一边敲打着我的房间的护窗板,一边喊道:'快,先生,快来看,快来看这篇左拉发表在《震旦报》的文章!'我急忙打开窗户,从格拉内老爹手里接过这张报纸。我越读此报,越觉得浑身充满力量。我觉得自己恢复了信心与勇气。干吧!事情并未结束。我们遭受的失败并非无可挽回。我们还可以斗争,我们还能够取得胜利。"参见 Léon Blum, *Souvenir sur l'Affaire*, Paris, Gallimard, 1981, pp. 117-118.

③ 并非如一些人所说的那样是一则"宣言"(manifeste)。

短,它日复一日地逐渐得到了数百名赞同者的签名支持。两则抗议书中更重要的一则宣称:"签名者们抗议1894年审讯中对法律形式的践踏,抗议围绕着艾斯特拉奇(Esterhazy,此人为受到军方包庇的真正的罪犯——笔者注)事件的种种见不得人的勾当,坚持要求重审。"①签名者基本上由大学里的师生或持有高等教育文凭的学者组成,此外还有作家与艺术家,另外还有一些自由职业者,如建筑师、律师、住院医生等。

尽管这些后来将被人称为"知识分子"的人已经为了一个共同的目标汇集在了一起,但是,"知识分子"(intellectuel)一词还没有问世。最早使用该词的仍是克雷孟梭这位激进共和派的斗士。克雷孟梭在最初的时候,与其他人一样,确信德雷福斯是为德国效劳的间谍,并曾以他惯用的激烈言辞痛斥"叛国者"。②他甚至还认为把德雷福斯发配到魔鬼岛的处罚实在太轻,因为那样就等于让他(指德雷福斯——笔者注)去了世外桃源。但是,当真相开始逐渐显露出来时,他便毅然为案件的复审而斗争。此后,他始终不懈地借助《震旦报》对军方和政府施加压力。特别是以"我控诉!"的通栏标题发表左拉的公开信之后,使《震旦报》和他本人进一步成为社会关注的焦点。1月23日,当他有感于在"抗议"上签名的人日益增多,提笔写出"来自各个地方的所有知识分子为了一种理念而汇集在一起,这难道不是一种征兆吗?"这句话的时候,出人意料地把"intellectuel"这一形容词作为名词来使用,并用斜体加以凸现。"知识分子"一词由此"诞生"。③需要指出的是,正如法国学者所普遍认为的那样,"知识分子"一词的"诞生"同时也意味着法国社会中现代意义上的知识分子群体的崛起。换言之,德雷福斯事件不仅为"知识分子"一词提供了"诞生"的语境,而且也促成了法国现代意义上的知识分子的"诞生"。

---

① P. Ory et Jean-François Sirinelli, *L'intellectuels en France:de l'affaire Dreyfus à nos jours*, Paris, Perrin, 2004, p.8.

② 夏伊勒:《第三共和国的崩溃》(上),尹元耀等译,南海出版公司,1990年,第53页。

③ 关于这方面的详细情况,可参看现任巴黎第一大学教授的克里斯托夫·夏尔在其国家博士论文基础上写成的权威著作《"知识分子"的诞生(1880—1900)》(Christophe Charle, Naissance des intellectuels,1800—1900, Paris,Ed. de Minuit,1990)。

二 德雷福斯事件与法国知识分子的首次分化和"内战"

如果说德雷福斯事件促成了法国知识分子的"诞生",那么,也正是这一事件直接导致了法国知识分子史上的首次分化与"内战"。

在德雷福斯司法案件逐渐演变成为全国性的德雷福斯事件之后,整个法国从上到下出现了两军对垒的局面。这两个公开对垒的派别就是修改判决派(即德雷福斯派)和反修改判决派(即反德雷福斯派)。前者主要由资产阶级共和派和一些新教徒、社会主义者及先进工人组成,后者则基本上由天主教徒、军国主义者、极端的民族主义者、君主主义者等组成。一般而言,前者体现的是革命的原则、理性主义、唯科学主义以及对正义与平等的热爱,后者支持与信奉的是宗教、军队、国家利益、对共和国的仇恨及等级观念。

令人瞩目的是,在两大营垒的公开对抗中,两派的知识分子始终活跃异常,处于斗争的最前列。他们不仅利用自己的学识充当了各自营垒的代言人,而且还不时凭借自己及其掌握的报刊在公众中的影响力,扮演起组织者的角色。一时间,他们的言论与行动成了法国乃至世界公众关注的焦点。也正是这一原因,不少法国史学家将德雷福斯事件称为"知识分子的事件"。[①] 由于德雷福斯事件中对立的双方展开了不可调和的、几近你死我活的斗争,处于斗争最前列的双方知识分子之间的对抗自然而然也就达到了白热化的程度。换言之,由于德雷福斯事件的影响,法国知识分子在"诞生"之初就出现了严重的分化,并展开了"内战"。

在德雷福斯派营垒中,知识分子的代表首推左拉。这位著名作家在发表《我控诉!》后不久,被军方以侮辱军队的罪名送上法庭。左拉受审时,许多军官在法庭内吆喝捣乱。当旁听者向左拉的辩护律师鼓掌时,他们竟然露出军刀加以威胁。法庭外,围聚着一群暴徒,扬言要痛殴左拉,

---

① P. Ory et Jean-François Sirinelli, *L'intellectuels en France:de l'affaire Dreyfus à nos jours*, p. 19.

把他扔到塞纳河里喂鱼。一些右派报刊也参加围攻和恫吓，其中一家报纸甚至宣称应该枪毙左拉。以总参谋长布瓦德福尔（Boideffre）为首的军方代表当庭以高级将领集体辞职威胁陪审团追究左拉的"罪责"。尽管如此，面对来自各方的压力，左拉在法庭上毫无惧色，并镇定自若地说道："我发誓，德雷福斯是无罪的！我以我的生命做保证。参众两院、内政和军事当局，发行量很大的报纸，被这些报纸毒化了的公众舆论似乎都反对我。我问心无愧。我一定会胜利！"左拉甚至还在法庭上充满自信地宣称："在这里，人们可以攻击我。但总有一天，法兰西将会因我帮助她拯救了声誉而感谢我。"[①]

在左拉被迫流亡国外之后，饶勒斯充当了德雷福斯派知识分子的领衔人物。饶勒斯认为，德雷福斯事件不只是事关一个军官是否有罪的斗争，而是全国进步势力同军队和教权派的反动势力之间的决战，是那些相信《人权宣言》原则的民主人士同那些否认《人权宣言》原则的反民主人士之间的决战，是那些拥护共和政体的人同反对共和政体的人之间的决战。为此，饶勒斯充满激情地为左拉一案写了一份证词。他在证词中愤怒地指出："在一个自称享有自由的国家里，无论是制定法律的地方还是执行法律的地方，都无法知道法律是否被人遵守，这真是咄咄怪事。"身为议员的饶勒斯还在议会发表演说指出："未来的民族罪人，不是那些现在及时指出错误的人，而是那些正在犯错误的人，他们过去是帝国保护下的宫廷将领，今天是共和国保护下的耶稣会将领。"[②]

在德雷福斯派营垒中堪与左拉、饶勒斯比肩的著名知识分子还有早已誉满文坛的大作家阿纳托尔·法朗士。法朗士在德雷福斯案件演变成为德雷福斯事件后，始终站在斗争的前列。在左拉发表公开信之后，法朗士即于第二天在《震旦报》的抗议书上带头签名。当法庭开庭审判左拉时，他又勇敢地出庭为左拉作证。此前，法朗士给人的印象是个温和的人道主义者。然而，在德雷福斯事件中他却一反常态，不顾一切地投入了激

---

① 楼均信主编：《法兰西第三共和国兴衰史》，人民出版社，1996年，第151页。
② 拉波波尔：《饶勒斯传》，陈祚敏等译，三联书店，1982年，第51页。

烈的斗争。如当左拉因发表《我控诉!》受到迫害、被褫夺荣誉团勋章时，法朗士亦毅然退回自己的勋章。为此，对他恨之入骨的反德雷福斯派文人给他起了个绰号叫"普鲁士先生"，并对他百般攻击。面对种种压力，法朗士仍毫不动摇，坚持斗争。法朗士在德雷福斯事件期间发表的多卷本小说《现代史话》中的《红宝石戒指》、《贝日莱先生在巴黎》均有关于德雷福斯事件的直接的议论，而其在 1901 年作为《现代史话》的压轴之作发表的《贝日莱先生在巴黎》中的主人公，那位原先头脑清醒但不问政治，后激于义愤参与德雷福斯事件斗争的大学教授贝日莱先生，更是堪称作者本人的化身。

除上述三人外，属于德雷福斯派营垒的重要知识分子还有拉扎尔、赫尔及青年诗人兼哲学家夏尔·佩居伊（Charles Péguy，一译贝玑）。拉扎尔利用其记者身份，千方百计地收集能证明德雷福斯无辜的证据，并把相关证据展现在那些他认为重要的知识界人士面前，使后者能积极投身于德雷福斯派的斗争。例如，左拉的"介入"在很大程度上就得归功于拉扎尔向前者提供了大量的材料。赫尔则借助于本人在巴黎高等师范学院图书馆工作的便利，尤其是自己与广大师生巴黎高等师范学院师生良好的人际关系，一方面努力说服、动员一些知识界的重要人士站在德雷福斯派的营垒，另一方面则发动大批青年学生参与这场斗争。饶勒斯与佩居伊、勃鲁姆就是在他的说服、动员下才积极参与到德雷福斯派的斗争的。也正因为如此，他被人誉为德雷福斯派最主要的"穿针引线者"。[1] 而佩居伊则利用自己在拉丁区的大学生中的较高的威望，把大批青年学子争取到德雷福斯派的营垒，继而又在 1900 年以"阐说真理"为目标，创办了《半月旬刊》（Cahiers de la Quinzaine）。在佩居伊的苦心经营下，《半月旬刊》在德雷福斯事件的后半期为德雷福斯派知识分子提供了一个重要的理论阵地。当时，饶勒斯、法朗士等德雷福斯派知识分子的代表人物均在该刊上发表过涉及德雷福斯事件的政论文或小说。[2]

---

[1]　J. Julliard et M. Winock, *Dictionnaire des intellectuels français*, Paris, Seuil, 2002, p. 709.
[2]　参见 D. Halévy, *Péguy et les Cahiers de la Quinzaine*, Paris, Grasset, 1979.

在反德雷福斯派营垒中,知识分子的首席代表是当时青年人最为崇拜的作家莫里斯·巴雷斯(Maurice Barrès)。巴雷斯于 1862 年出生在洛林省一个资产阶级家庭。1870 年普法战争爆发,年仅 8 岁的巴雷斯亲眼目睹了法国军队在战争中溃败,阿尔萨斯、洛林被割让给德国的屈辱场面。这一切在巴雷斯幼小的心灵里留下了很深的印象,并构成为他一生强烈的民族主义激情的源泉。1882 年,巴雷斯在从南锡的一所寄宿学校毕业后来到巴黎。在巴黎,他先学习法律,后转向文学创作,并以《自我崇拜》三部曲在文坛大放异彩。更有甚者,这些小说出版后,很快就赢得了大批青年读者,而他本人亦因此被这些青年人奉为心目中的"大师"。如后来被誉为"德雷福斯派第一人"的记者拉扎尔,当年曾是《自我崇拜》的入迷的读者。① 巴雷斯从 27 岁时开始从事政治活动,要求将普法战争后被德国人侵占的阿尔萨斯、洛林归还法国。不久,他从爱国主义立场出发,逐步转向狂热的民族主义。为此,他曾以《民族精力的小说》为总题目创作了一个三部曲,其中第一部《离乡背井的人》在 1897 年问世后,更使这位民族主义作家声名大噪。② 在德雷福斯事件的整个过程中,巴雷斯以其一系列极富煽动性的言论表明,他是反德雷福斯派最主要的宣传鼓动家。

此外,反德雷福斯派营垒中的重要知识分子还有鼓吹新保王主义,并很快成为"法兰西行动"首领的夏尔·莫拉斯(Charles Maurras),曾充当民族主义团体——爱国者同盟领导人的保尔·戴鲁莱德(Paul Déroulède),曾在 1886 年出版《犹太人的法国》,并以"如同巴黎统治着法国,犹太人统治着巴黎"之类耸人听闻的言论著称的狂热的反犹主义者爱德华·德律蒙(Edouard Drumont),其开设的专栏或创办的报刊曾在民众中颇具影响力,甚至曾被 1900 年出版的《大百科全书》誉为"法国记者

---

① 贝尔纳-亨利·雷威:《自由的冒险历程——法国知识分子之我见》,曼玲等译,中央编译出版社,2000 年,第 23 页。

② 年轻的勃鲁姆甚至曾在 1897 年 11 月 15 日出版的《白色评论》中如是写道:"如果巴雷斯未曾降临人世,如果他未曾写过东西,他的时代就会完全不同,而我们亦将完全不同。"参见 M. Winock, *Le Siècle de intellectuels*, Paris, Seuil, 1999, p.9.

中无可置疑的第一人"的亨利·罗什福尔（Henri Rochefort）等。①

在德雷福斯事件期间，两派知识分子均充分运用了发动请愿、征求签名、组织集会等后来在 20 世纪法国知识分子惯常使用的"介入"社会生活的手段来为自己的营垒效力，而且也已经充分表现出 20 世纪法国知识分子的另一个突出的特点，即充分利用自己控制的报刊与对手大打笔仗。当时，代表德雷福斯派观点的报刊主要有《震旦报》、《小共和国报》（*La Petite République*）、《白色评论》（*La Revue Blanche*）杂志及在该事件后期创刊的《人道报》（*L'Humanité*）等，代表反德雷福斯派观点的报刊主要有《日报》（*Le Journal*）、《自由言论报》（*La Libre Parole*）、《十字架报》（*La Croix*）、《法兰西行动报》（*L'Action Française*）、《朝圣者报》（*Le Pélerin*）、《不妥协者报》（*L'Intransigeant*）等。

尽管两大营垒的知识分子在进行社会动员与互打笔仗时各自使用的五花八门、蛊惑力极强的言论，往往使人眼花缭乱，无所适从，但我们若冷静地分析就会发现，这一时期法国知识分子的内战，很大程度上可归结为真理至上还是"民族利益"至上之争。换言之，这场"内战"也是"普遍主义"（1e universalisme）或"世界主义"（1e cosmopolitisme）与"民族主义"（1e nationalisme）之间的决战。

具体而言，在德雷福斯派知识分子眼中，"正义"、"平等"等观念或信仰是放之四海而皆准的，它们应当受到全人类的尊重，不论用何种理由去损害乃至践踏它们都属邪恶之举。因此，德雷福斯派知识分子在斗争中往往以代表全人类的身份或普遍真理的捍卫者的身份出场。而在反德雷福斯派知识分子看来，"民族利益"至高无上，为了更好地维护"民族利益"，付出再大的代价也是值得的。因而，反德雷福斯派知识分子往往把自己等同于民族利益的捍卫者。这方面的例子很多，在此，我们各举数例。

其一，左拉在《我控诉！》的结尾处曾这样写道："我只有一种激情，以

① P. Ory et Jean-François Sirinelli, *L'intellectuels en France: de l'affaire Dreyfus à nos jours*, p. 48.

全人类的名义看到光明;人类遭受了无穷的苦难,应该有权获得幸福。我的激动的抗议是我灵魂的呼声。"① 又如,德雷福斯派知识分子在斗争中始终坚持:真理就是真理,正义就是正义。当反德雷福斯派人士鼓吹重审及修改判决会损害国家和军队的荣誉时,德雷福斯派知识分子不容置疑地宣称:国家和军队的荣誉必须以真理为基础,而谎言恰恰会玷污这种荣誉。佩居伊在回忆此期斗争时写的一段话,真实而贴切地反映了德雷福斯派知识分子在充当"社会的良心"时的心境与追求:"对于真理和正义的热情,对于虚假事物的厌烦,对于谎言和不公正的憎恶,占据了我们的全部时间,并且耗尽了我们的全部精力。"②

其二,反德雷福斯派知识分子在坚持德雷福斯有罪的同时,竟然一再强调:即使德雷福斯无罪,也还是让他去遭受囚禁的折磨为好,因为这总比让国家赖以防卫的军队的威信和荣誉受到怀疑好得多。单个人的生命和荣誉比起民族的生命和荣誉来,又算得了什么呢?③ 在参与制造冤案的亨利上校因事情败露自杀之后,莫拉斯在君主主义者的报纸《法兰西报》(La Gazette de France)上竭力为亨利上校的欺骗行径辩护。他在文中写道,亨利制造伪证是"爱国主义"行为,这些伪证是"为了全国人民的利益和荣誉"而搞出来的。莫拉斯的弦外之音显然是,为了"全国人民的利益和荣誉"而冤枉一个犹太籍军官又算得了什么呢? 更有甚者,莫拉斯还荒唐地提出"替代假设":亨利的假文件是为了替代某份不宜公开的真文件,因为这份真文件如发表,就有跟德国发生战争的危险。④ 无独有偶,巴雷斯则宣称,亨利即便有罪,那他犯的也只是"爱国罪"。⑤ 更有甚者,反德雷福斯派作家保罗·莱奥托(Paul Léautaud)在为亨利上校的遗孀筹募的基金捐款时,公然写下了这样的附言:为了秩序,反对正义和

① Olivier Wieviorka et Christophe Prochasson, *La France aux XX siècle*: *documents d'histoire*, p.132.

② 夏伊勒:《第三共和国的崩溃》(上),第50页。

③ 夏伊勒:《第三共和国的崩溃》(上),第49页。

④ 楼均信主编:《法兰西第三共和国兴衰史》,第153页。

⑤ M. Winock, *Le siècle des intellectuels*, p.69.

真理！①

与此同时，我们还要看到，此期法国知识分子的"内战"，在一定程度上也可归结为"理智主义"（le intellectualisme，一译唯智主义）与"反理智主义"（l'anti-intellectualisme，一译反智主义）之间的斗争。这具体表现在当信奉前者的德雷福斯派知识分子凭借自己的学识积极介入社会生活时，反德雷福斯派的知识分子们（不过，当时他们并未认为自己是知识分子——笔者注）却对"知识分子"极尽讽刺、谩骂之能事。如克雷孟梭首次使用"知识分子"一词后仅一周，巴雷斯于1898年2月1日在影响及销售量远远大于《震旦报》的《日报》上发表专栏文章《知识分子的抗议》。他在文中公开地嘲笑德雷福斯派报刊"罪恶的自命不凡"，并在结语中刻薄地写道："总之，绰号叫知识分子的那些人，除了犹太人与新教徒外，大部分是蠢头蠢脑的家伙，其次是外国人，最后也有若干好的法国人。"②至于把德雷福斯派知识分子称为"思想贵族"（aristocrates de la pensée）、"已丧失种族本能与民族情感、受到毒化的有才智者"的言辞，更是充斥于反德雷福斯派的报刊中。③

三 德雷福斯事件与法国知识界的"左倾"

如果说，围绕着德雷福斯事件所展开的斗争及其结局在法国政治史的意义是重新拨正了共和国的方向，使法国政治向左转，那么，它在法国知识分子史上的意义是抑制住了极端民族主义思潮在法国知识界的影响，使法国知识界出现了向左转的倾向。

自布朗热运动以来，法兰西第三共和国的政治舞台呈现出日益右倾的状况。其突出的表现是极端民族主义思潮——一种唯一能够在当时把原先各自为政的反动保守势力：军国主义、君主主义、教权主义与反犹主

---

① 夏伊勒：《第三共和国的崩溃》（上），第49页。

② P. Ory et Jean-François Sirinelli, *L'intellectuels en France: de l'affaire Dreyfus à nos jours*, p. 9.

③ M. Winock,《*Esprit*》: *Des intellectuels dans la cité*, Paris, Seuil, 1996, p. 10.

义整合在一起的社会政治思潮的影响力日见扩大。与此相应,法国的社会文化界也日趋右倾。其最突出的表现是一个具有极端民族主义思想的知识分子群体在迅速地形成与崛起。这一知识分子群体的最初特征主要是军国主义的狂热、教权主义和反犹主义的倾向,以及对法国的衰落和议会制共和国的软弱无能的憎恶。其具体表现又可分为以下三个方面:

第一,这些对法国在普法战争中的失败耿耿于怀的民族主义分子为了对德报仇雪耻,对军队充满深深的敬仰之情。只要能维护军队的利益,他们甚至不惜牺牲一切(包括牺牲政治原则),由此,在他们身上已被深深地打上了军国主义的烙印。

第二,这些知识分子早就对议会制度极度地厌恶。早在布朗热运动期间,一些反动文人就多次对议会制共和国发起进攻,如德律蒙及其领导的"爱国者同盟"就是如此。德雷福斯事件为他们提供了新机会。通过各种蛊惑性极强的宣传,民族主义知识分子从中小资产阶级的广大阶层中获得了不少支持者,使自己的运动成为一种引人瞩目的城市运动。这一富于大众性与战斗性的知识分子群体,通过自己控制的组织"爱国者同盟"、"法兰西同盟"、"法兰西行动同盟"等,在大街上不断制造骚乱,同时,他们控制的各种报刊则日复一日、连篇累牍地谴责议会里的"骗子们"。也正是在反议会制共和国这一点上,法国原有的反动保守势力在这些民族知识分子身上找到了共同点。由此,复辟之心未绝的君主主义者及顽固保守的天主教徒与他们纠集在了一起。当然,这些民族主义知识分子本身的政治目标也并非全然一致。如巴雷斯主张建立专制集权的共和国,而莫拉斯则认为还是君主政体才能拯救法国。[1]

第三,这些知识分子开始与歇斯底里的排犹反犹思潮结合在一起。19世纪晚期,由于犹太人在法国的经济界,尤其是金融界拥有相当大的势力,犹太资本家与法国资本家集团经常发生尖锐的冲突,又由于不少犹太人在普法战争中英勇地为捍卫自己的新祖国——法国而战,使法国军队中出现了不少犹太籍军官,这又导致了很多法国军官的妒忌与不满,而

---

① 参见楼均信主编:《法兰西第三共和国兴衰史》,第157页。

19世纪最大的舞弊案"巴拿马丑闻"的爆发,更使一场新的反犹浪潮蔓延全国。其间,反犹主义知识分子的突出代表德律蒙耸人听闻地提出,种族上低劣并信奉原始宗教的犹太人已控制了法国。1886年,他先是抛出了小册子《犹太人的法国》,继而又创办了副标题是"为了法国人的法国"的《自由言论报》,将法国社会所有的弊端统统归罪于犹太人,呼吁将犹太人赶出法国。莫拉斯多次宣称,法国有"四个外来的毒害者",即新教徒、犹太人、共济会会员和归化为法国籍的外国人。巴雷斯则断言,法国自大革命以来发生的坏事都和犹太思想、新教思想以及外来思想有关。出于对犹太人的极度厌恶,巴雷斯后来甚至宣称,根据德雷福斯的种族和他的鼻子的形状,就可断定他是有罪的。[①]

毋庸讳言,在德雷福斯事件爆发前夕,这些具有极端民族主义思想的文人在法国知识界的影响不容低估。事实上,他们在当时的影响力甚至要超过后来加入德雷福斯派阵营的那些文人学士。因而,当时的法国知识界就整体而言已日趋右倾。也正是这一原因,在德雷福斯事件爆发之初,向来被认为执法国知识界之牛耳的法兰西学院的几乎所有院士都属于反德雷福斯派。然而,德雷福斯派知识分子在德雷福斯事件期间的英勇斗争及其胜利的结局,不仅有效地阻止了法国知识界向右滑的趋势,而且还成功地使其向左转。更有甚者,德雷福斯事件还使一大批法国知识分子进一步走上为社会主义或为人类的进步事业而奋斗的道路。这方面尤以饶勒斯和法朗士最为突出。

饶勒斯是一位集演说家、政治家、哲学家和历史学家于一身的才气横溢的知识分子。他出身于富裕的资产阶级家庭,1876年入著名的路易十四中学就读,1878年考入曾被罗曼·罗兰称为"人道主义修道院"的著名高等学府——巴黎高等师范学院,1881年在该校毕业,并与后来的法国哲学大师柏格森一起通过了法国大学和中学教师学衔的考试。1881年至1883年,他在阿尔比(塔尔纳)中学任哲学教员,随后去图鲁兹大学任讲师。1885年,他在年仅26岁时就首次当选为众议院议员。任期届满

---

① 贝尔纳-亨利·雷威:《自由的冒险历程——法国知识分子之我见》,第25页。

后,于 1889 年回到图鲁兹大学重掌教鞭,并开始撰写国家博士论文。饶勒斯从 1885 年首次当选为众议院议员时就开始加入社会主义运动,从那以后,他就一直站在为争取实现世俗的和社会的共和制而斗争的最前列。饶勒斯在德雷福斯事件的斗争中不顾个人安危,连续发表文章并多次发表演说,为德雷福斯作无罪辩护,与反动保守势力展开不屈的斗争,并进而完全信仰社会主义,最终形成了他的社会主义观。他认为,社会主义的理想是民主制和共和制发展的最后终结,认为社会主义的最好定义就是实现全部的权利、全部的正义,就是使人成为真正的人。他还强调自己的社会主义起源于法兰西,受法兰西精神的鼓舞,是法兰西性质的。由于饶勒斯积极支持和领导工人运动,努力争取改善工人的生活条件和工作条件,因而在工人群众中享有崇高的威望,同时也被其政敌恨之入骨。当时,攻击和诽谤饶勒斯的文章多得不可胜数。单单法国当时最大的资产阶级报纸《时代报》,每天就要发表一篇——多时数篇——攻击饶勒斯的文章。但是,即使是这样的一份报纸,在饶勒斯被人刺杀身亡时,也不得不承认他"思想极端敏锐","为人无比廉洁正直"。[①]

作为一位声名显赫的大作家,法朗士通过德雷福斯事件进一步走上了为人类的进步事业而奋斗的道路。在斗争过程中,法朗士虽然一度处于少数甚至孤立的地位,但他仍然无所畏惧地走在德雷福斯派的前列,使自己从一位名作家转变为国内外知名的进步人士。这一时期,法朗士在国内除了为德雷福斯伸张正义之外,开始积极同情无产阶级和劳动人民的事业,例如积极投身于在德雷福斯事件期间兴起的大规模的工人教育运动——"民间大学"运动(Le Mouvement des Universités populaires)。[②]法朗士还积极参与了此期法国的反教权主义的斗争,为法国最终实现政

---

① 参见法国总工会领导人儒奥(Jouhaux)在饶勒斯葬礼上的演说与右翼报纸《不妥协者报》的社长莱翁·贝尔比(Léon Bailby)在饶勒斯遇刺后在该报发表的文章《让·饶勒斯遇刺》,Olivier Wieviorka et Christophe Prochasson, *La France aux XX siècle:documents d'histoire*, pp. 213-214, pp. 211-212.

② J. Julliard et M. Winock, *Dictionnaire des intellectuels français*,pp. 1375-1376.

教分离做出了重要贡献。① 更为引人瞩目的是,法朗士在这一时期还开始走上了国际政治舞台,他积极地声援世纪之交被屠杀的亚美尼亚人民,主持为亚美尼亚孤儿募捐的义演,不遗余力地参加这方面的各种集会并发表演说。法朗士还积极支持俄国人民反对沙俄专制统治的斗争。1905年,沙皇政府因财政困难准备向法国借款时,法朗士作为刚成立的"俄国人民之友协会"的主席,立即组织集会表示抗议。在俄国当局宣布要秘密审讯高尔基的时候,以他为首的这一协会立即发表了呼吁书,迫使审讯延期。同时,法朗士也不放过一切机会来谴责殖民主义和种族主义。例如谴责法国殖民官员在刚果用炸药炸死黑人的行径,抗议罗马尼亚政府对犹太人的歧视和迫害,甚至还对欧洲列强对中国进行侵略的行为进行了抨击。②

由于德雷福斯派知识分子在使法国知识界向左转方面取得了令人瞩目的成就,因而,20世纪各个时期的法国左翼知识分子几乎无一例外地把德雷福斯派知识分子当作自己谱系中的英雄,并每每把自己视为他们的继承人。在这一过程中,有关德雷福斯派知识分子的"神话"也不断出现。不过,依笔者管见,虽然从长远看,德雷福斯派知识分子在使法国知识界向左转方面功绩显著,意义重大,但就较短的时段而言,我们似不应对此估计过高。因为在德雷福斯派取得斗争的最后胜利后不久,因战争威胁日益逼近,尤其是法德矛盾更形尖锐,因在德雷福斯事件中严重受挫而曾经有所收敛的原反德雷福斯派知识分子再度甚嚣尘上。由此,"一战"前夕与大战期间的法国知识界在这些人的兴风作浪下又重新向右逆转。

以上我们从法国知识分子史的角度对德雷福斯事件作了初步的考察。通过这一考察,我们注意到以下几点:第一,德雷福斯事件为法国"知识分子"(intellectuel)的"诞生"提供了时间与空间;第二,曾被世界各国

---

① 参见 J. Levaillant, *Essai sur l'évolution intellectuelle d'Anatole France*, Paris, Armand Colin, 1966.

② 参见吴岳添:《法朗士——人道主义斗士》,长春出版社,1995年,第121—128页。

的知识分子奉为楷模的 20 世纪法国的各代知识分子在充当"社会的良心","介入"社会生活中所采取的手段及表现出来的特点,大多可在德雷福斯事件期间的法国知识分子身上找到先例;第三,20 世纪法国知识分子史上的一些重要现象,如知识分子内部的"两极化"(bipolarisation)、普遍主义或世界主义与民族主义价值取向的持久对立、知识分子的话语霸权与反理智主义(后者实际上也可理解为反知识分子主义)之间的斗争,以及 20 世纪法国知识界突出的"左倾化"特征等,均发端于这一时期。凡此种种充分表明,德雷福斯事件是法国知识分子史上最重要的界标之一。

(本文曾发表在《浙江大学学报》(人文社会科学版)2001 年第一期,此次发表时除对注释等重新进行技术处理外,在文字上略有改动)

计翔翔

计翔翔,浙江大学人文学院教授,中国古代史和世界历史两个方向的博士生导师。浙江省历史学会副会长、浙江省历史教学研究会会长。

主要研究方向为世界文明史,中外文化交流,中国传统文化以及现代化、工业化、城市化等。

努力教书育人,曾获宝钢优秀教师奖、浙江大学首届教学名师奖、浙江省高校"三育人"先进个人、"良师益友"等荣誉。

近代法国城市化初探

    "城市化"（urbanization）通常有两种含义：一指某个地方随着人口的增加及建筑物的增多，整个地由村落发展为村镇，最后又形成为城市。这样，该地方就"城市化"了。持这种理解的学者，认为城市化古已有之，因而有"古代城市化"、"中世纪城市化"、"近现代城市化"等说法。另一个指某个地域随着其间新城市的兴起和城市规模的扩大，人口和经济力量日益集中到城市或城市地区，最后，总人口中城市人口居于优势地位。城市生活方式成为压倒一切的生活方式。这样，该地方就城市化了。持这种理解的学者，把城市化看作工业化开展以来世界性的社会历史运动，并认为城市化的结果乃是在城乡矛盾运动中城市处于绝对主导地位，它不仅表现为人口和经济力量向城市的"集中"，而且表现为城市的其他物质、精神文明向城市以外地区的"扩散"，使得乡村生活方式、思想观念"城市化"。因此，城市化是现代化的重要组成部分，也是工业社会的一大标志。一般来说，除了具体研究某一城市的形成史外，史学界通常按后一种含义来理解"城市化"。[①]

    城市化是历史的必然，但有多种模式。作为传统的农业国和早已拥有灿烂的城市文明的国家，法国城市化的历程有其独特性。

---

    ① 参阅《新编不列颠百科全书》（*The New Encyclopaedia Britania*）15 版"现代化与城市化"（"Modernization and Urbanization"）条，《中国大百科全书》"城市规划卷"和"地理学卷"中的"城市化"条。

一

近代法国的城市化与欧美其他资本主义国家比，起步迟，人口集中的速度较慢，进展又很平稳，直到近代结束，城市化的水平仍然不高。

当乡村人口持续向城市转移，从而造成城市人口增长不断超过乡村人口增长时，城市化开始了。据法国教授菲利普·潘什梅尔（P. Pinchemel）研究，法国城市化开始于 19 世纪 30 年代。[①] 而英国经济史家约翰·哈罗德·克拉潘（J. H. Clapham）分析，英国城市化的开始大致可确定在 1775 年。[②] 这样，两国城市化的起步相差有半个多世纪。德国和美国城市化的起始时间则还要晚于法国。

一般以一国城市人口超过乡村人口作为该国基本实现城市化的依据。达到如此标准，英国早在 19 世纪中期，德国在 1891 年，美国在 1920 年，法国则迟至 1931 年。从城市人口占全国总人口的 32% 左右提高到过半数，德国只花了 1/4 个世纪（1865—1890 年前后），美国花了 1/3 个世纪（1885—1920 年前后），英国花了半个世纪（1801—1850 年前后），法国却要半个多世纪（1876—1930 年前后）。[③] 因而，在近代主要资本主义国家的城市化中，英国属早熟型，德、美为后起急速型，法国则是后起缓慢型的典型。

法国城市化的基础比英、美、德国都好。最早的一批城市形成于高卢—罗马时代。中世纪时期，尤其在 11—14 世纪产生了第二批城市，16—17 世纪第三批城市又广泛兴起。至此，在法国广袤的土地上已形成了颇为稠密的城市网。19 世纪初，法国在尚未正式开始城市化时，已拥有 17 个 3 万以上居民的城市，在那儿居住了 1448600 人。当时海峡对岸的英

<hr>

① 菲利普·潘什梅尔：《法国》（上），上海译文出版社，1980 年，第 133 页。

② 克拉潘：《现代英国经济史》（上），商务印书馆，1974 年，第 211 页。

③ P. Lawless and F. Brown, *Urban Growth and Change in Britain*, NY: Harper & Row, 1980. p. 8; H. Holborn, *A History of Modern Germany 1840—1945*, London: Eyre and Spottis-woode, 1969, p. 370; *Statistical Abstract of the United States*, Washinton, 1984, p. 2; R. Price, *An Economic History of Modern France 1730—1914*, London: Macmillan 1978, p. 251.

国,城市化正如火如荼地进行,但同等规模的城市只有 15 个,在那儿居住了 1713000 人。因此,两国城市发展的差距并不悬殊。此后,巨大的变化发生了。到第一次世界大战前夕,居住在各国前 15 大城市中的居民,英国为 11139000 人,法国几乎仅及英国的一半(5711500 人)。随着英国城市化的实现,法国已被远远地甩在了后面。[1] 与美国比,法国城市化缓慢的特点更加明显。美国城市化的起点很低,19 世纪 60 年代前跟法国的差距很大(1860—1861 年,法国城市人口占全国的 28.9%,美国只有 19.8%),19 世纪后半期差距逐渐缩小,20 世纪初就赶上并很快超过了法国。[2]

近代法国城市化的进展逐年间几乎呈匀速状态。1846—1856 年城市人口占全国人口的比率提高 2.9 个百分点,1856—1866 年提高 3.2 个百分点,1866—1876 年提高 2 个百分点(其中非常重要的原因是普法战争失败后割让了城市化程度较高的阿尔萨斯及洛林的一部分),1876—1886 年提高了 3.5 个百分点,1886—1896 年提高 3 个百分点,1896—1906 年提高 3.1 个百分点。[3] 因此,除了 1866—1876 年因特殊原因外,这一时期的任何 10 年,城市人口比率的提高幅度都波动在 3 个百分点上下,非常平稳。其他欧美国家则不然。统一后的德国 19 世纪 70 年代城市人口比率提高 5.3 个百分点,80 年代只提高 1.1,90 年代为 11.9;20 世纪头 10 年为 5.6,起伏很是厉害。[4] 美国 19 世纪 40 年代和 50 年代城市人口比率均提高 4.5 个百分点,60 年代提高 5.9,70 年代只有 2.5,80 年代又达 6.9,90 年代为 4.6;20 世纪头 10 年为 6,增长幅度颇大,但不同年代间也很参差不齐。[5] 英国则为另一种情况,从 19 世纪初到 1871 年,城

① John and Muriel Lough, *An Introduction to 19th Century France*, Longman, 1978, pp. 12-13.

② *The Encyclopedia of American Economic History-Studies of Principal Movements and Ideas*, NY: Charles Scribners Sons, 1980, p. 1030.

③ John and Muriel Lough, *An Introduction to 19th Century France*, p. 13.

④ 克拉潘:《1815—1914 年法国和德国的经济发展》,商务印书馆,1965 年,第 314 页。

⑤ *Historical Statistics of the United States: Colonia Times to 1970*, Washinton, 1976, pp. 8-12.

市人口比率的增长不断加速,19 世纪头 10 年提高 2.8 个百分点,20 年代为 3.85,40 年代为 4.85,60 年代为 5.6。[①]

法国城市化进展平稳还表现在较长时间中各种类型城市发展的相对稳定上。在城市化重要时期的 19 世纪,法国最大城市的排列没有特别改变。1801—1911 年,前四大城市的次序毫无变动。前八大城市中,只是鲁昂由第 5 位降到第 11 位,圣太田挤入了第 8 位。同期英国除头号城市伦敦和第 5 大城市曼彻斯特仍坚守原位外,15 个最大城市的座次发生了彻底变化。[②]

近代法国城市化水平较低。首先,到近代结束时,法国还远未实现基本城市化。其次,长期来大城市成长缓慢,中小城市占据重要地位。除巴黎外,其他大城市屈指可数。而且,它们的人口增长速度也很慢。1911 年时,除马赛(只超过 3700 人)外,其他城市的居民数都还赶不上 110 年前的巴黎。[③] 到 20 世纪 30 年代,10 万以上居民的城市,美国有 93 个,英国 57 个,德国 56 个,法国却只有 17 个。[④] 整个近代,法国城市生活主要集中在小城市中。1911 年时,尚有 74％的城市人口居住在 2 万人以下的小城市里。[⑤]

近代法国城市化水平较低对 20 世纪上半期的发展影响很大。即使 20 世纪 50 年代初,尽管出现了许多新的小城市,大中城市也有所增加,但仅限于局部地区。从总体看,城市体系的基本格局仍没发生根本变化。

二

产业革命前,城市的兴建和扩展一直出于统治者的意志、军事或行政的需要、交通条件的改善、集市贸易的兴盛或农村财富及人口的增加等原

[①] P. Lawless and F. Brown, *Urban Growth and Change in Britain*, p. 8.

[②] John and Muriel Lough, *An Introduction to 19ᵗʰ Century France*, pp. 12-13.

[③] John and Muriel Lough, *An Introduction to 19ᵗʰ Century France*, pp. 12-13.

[④] 《新编剑桥世界近代史》第 12 卷,中国社会科学出版社,1987 年,第 19 页。

[⑤] C. Ambrosi, *La France 1870-1981*, Paris, Masson, 1981, p. 70.

因,因而,城市的发展缺乏自身内在的动力。古代和中世纪虽常有新城市出现,但也常有老城市萧条甚至消亡。那时历史发展的总趋势,是"城市乡村化"而不是相反。① 不管个别城市如何发达,城市在整体上从没取得过对乡村的优势。"在 1750 年前,所谓一个大城市,就是一个 5000 居民以上的地方。"②19 世纪初,据最乐观的估计,法国城市人口不会超过全国人口的 25%。③ 因此,这以前任何一次城市出现的高潮,都无法看作全国范围的城市化。

以产业革命为契机,城市化开始了。产业革命使人们以蒸汽和电力作动力,工业布局不再受地理环境的绝对影响。新诞生的工厂制度又令生产和资本大量集中。一座座工厂开办起来,吸收了日益增多的劳动力,而且需要一系列相应的服务设施。从这个角度说,此时"建立的每一个新工厂都含有工厂城市的萌芽"。从此,城市的发展从工业化生产中得到了强大的内在动力。产业革命通过经济的纽带,将城市化与最先进的生产方式联系了起来。"现代的历史是乡村城市化"。④

因此,研究法国城市化的状况,就很有必要研究其产业革命的特点。法国的产业革命及由此开始的工业化,不像欧美其他许多资本主义国家那样来势凶猛、突飞猛进,而是进展缓慢,过程时间较长,发展不充分,缺乏深刻的转变,从而导致工业化水平相对低下。这突出表现在长期来中小企业在工业生产中所占比重极大。19 世纪末,全国平均每家企业雇工只有 5.5 人,雇工千人以上的企业不到全部企业的 0.03%。1906 年,不到 10 人的小企业仍占企业总数的 59%,百人以上的企业只有总数的1/4。其时,28% 的工业劳动者在自己家中生产,32% 在雇工 1~10 人的企业。⑤

在产业革命基本完成后,传统工业仍然举足轻重,最大量的工业劳动

① 《马克思恩格斯全集》第 46 卷上,第 480 页。

② 保尔·芒图:《18 世纪产业革命》,商务印书馆,1983 年,第 294 页。

③ D. Johnson, *Britain and France*, *Ten Centuries*, Dawson & Son Ltd. , 1980, p. 193.

④ 《马克思恩格斯全集》第 2 卷,第 301 页;第 46 卷上,第 480 页。

⑤ F. Braudel et E. Labrousse, *Histoire Economique et Sociale de France*, Vol 4, Tome I, Presses universitaires de France, 1970—c1982, p. 465.

者还是集中在食品、纺织、服装、化妆、家具等行业。19 和 20 世纪之交，纺织工业职工占全体工业从业人员的 40%。[1] 传统产品，尤其是时装、丝绒、绸缎、首饰、香水、玩具等享有世界声誉。这类货物的出口量还逐年增大，1815 年占出口总额（不包括复出口，下同）的 2.1%，到 1905 年达到 10.8%。[2] 这表明，工业化并未彻底打破法国工业的传统结构。

中小企业和传统工业占优势，法国机械化程度低，现代化手段与传统手段长期并存。尤其在做工考究的奢侈品生产中，手工业的统治地位更显突出。绝大多数企业根本不用蒸汽或电气动力。19 世纪末，法国国民经济中使用的蒸汽机总功率只有英国的 1/12，跟美、德等国的差距更大。[3]

工业化不足，影响到城市的"吸引力"有欠强烈。吸引乡村人口向城镇转移的原因很多，但主要是为了得到较好的就业机会和较高的收入。法国工业化的状况，使得很多城市无法提供充分的就业机会，劳动力由农业部门向工业部门和服务业部门转移缓慢。19 世纪 40 年代，工业和服务业的劳动力合起来还远不到劳动力总数的一半。1866 年才勉强超过一半。[4] 直至 20 世纪初，法国工业部门的劳动力还只占 33%，远远落后于同期的英国（48%）和德国（40%）。[5] 近代法国城市化速度之缓慢也就不难理解。

由于工业化不足，城市格局长期来罕有重大突破。尽管城市规模不断扩大，但几乎很少建立新城市。法国现代工业的布局一般都承继自 17 和 18 世纪的工业布局，与之相应，现代城市的布局也有许多是工业化前遗留下来的。传统工业的长期优势使历史较悠久的城市往往拥有自己的特色产品，这些地名因而也常跟某些特殊产品相连结，例如巴黎时装、亚眠丝绒、加来花边、蒂埃刀剪、特鲁瓦针织、米约手套、阿朗松家用器具、瓦

---

① 米盖尔：《法国史》，商务印书馆，1985 年，第 458 页。

② *Tableau Général du Commerce et de la Navigation*，Paris，p. 57，p. 61.

③ 门德尔逊：《经济危机和周期的理论与历史》第 2 卷下，三联书店，1975 年，第 849 页。

④ F. Caron, *Histoire Economique de la France: XIXᵉ-XXᵉ Siècles*, Armand Colin, 1981, p.33.

⑤ *The Cambridge Economic History of Europe*, Cambridge University Press, Vol. 6, Tome I. 1965, p. 24.

朗斯首饰,等等。这些城市努力发展当地的名优特产,传统城市从而有所发展,但因缺乏与大工业的联系,发展毕竟有限。这与英国形成了对照。英国的工业化造成一大批新兴城市,它们分布在资源丰富、交通较方便、有利于发展现代工业的地方。有些经济学家甚至由此断言,英国之所以较迅速地实现城市化,一个有利条件就是它没有法国那样多比较老的城市的传统影响和束缚。[①]

法国工业化过程中重工业发展相对落后,也使得工业城市在数量和规模方面都很薄弱,严重不利于大城市的普遍兴起。除巴黎外,近代法国没有类似英、德等国高度的工业集中和城市集中,没有像英国兰开夏南部和德国鲁尔区那样人口密度极高的地区,也没有像英国的曼彻斯特或伯明翰和德国的杜塞尔多夫那样具有典型性的工业大城市。

普遍的工业化不足和产业革命后交通运输的发达,造成首位城市(Primate City)巴黎急剧膨胀。巴黎既是国家的首都,有大量政府设施,又是工商业繁华地区;既是传统的文化中心,又是交通枢纽,法国所有铁路干线几乎均以它为中心向四方伸展;随着产业革命的发展,外围郊区也逐渐成为化工、冶金、机械、纺织等中心。这样,巴黎地区的经济大大超越全国的整体水平。1800 年,巴黎居民占全国总人口的 2％,1910 年更达到 7.3％。[②] 这表明巴黎在法国社会生活中的主导地位不断加强。1801年,巴黎人口是法国第二大城市马赛的 492％,1911 年增大到 525％。同期伦敦人口从是英国第二大城市的 1155％减少到 454％。[③] 英国的状况表明,随着工业化的深入发展,巨大的现代工业城市发展极快,在人口数量方面迅速地缩小着跟综合性古老城市伦敦的差距。而法国的状况则表明,非工业化因素在造成巴黎与其他城市差距中所起的作用,远胜于工业化因素。

---

① K. J. 巴顿:《城市经济学》,商务印书馆,1986 年,第 17 页。

② 据乌尔拉尼斯主编《世界各国人口手册》计算,参见《世界各国人口手册》,四川人民出版社,1982 年,第 585 页。

③ 据前引 *An Introduction to 19ᵗʰ Century France* 第 12—13 页计算。

三

　　城市化是城市的"吸引"与乡村的"外推"合力作用的结果。乡村推力主要由于：(1)乡村地区生活条件贫困,农活累,劳动时间长,收入低,生活单调枯燥……这些促使乡村居民,主要是年轻人见异思迁,向城市转移;(2)农民失去在乡村生存的基本条件,被迫到城市另谋生路;(3)农业生产率的提高及农业内部结构的改变等,产生大量过剩劳动力,并将他们推向城市。对19世纪的资本主义国家来说,第一类状况带有普遍性。法国乡村状况与城市化关系的特殊性则存在于后两类中。

　　法国农民人均占有土地面积本来就小。1880年时,每一农业男劳力平均占有的农业土地(包括牧场),法、德相近,约为6公顷,英国为8公顷,美国为71公顷。[①] 而近代法国社会政治的演变又极大地发展了小土地制。法国史上没有出现过大规模的圈地运动。18世纪末的资产阶级大革命,比较彻底地解决了农民的土地问题,巩固的小农所有制普遍建立起来。接着,拿破仑又以法典的形式对此加以确认和保护。

　　资本主义制度下农民的分化不可避免。但19世纪法国高利贷事业极其发达。农民为保住一小块土地,只得在天灾人祸时以土地为抵押到处举债,放高利贷者为自身利益,也尽力将不能清偿债务的农民仍保留在小土地上。破产的小农紧紧依附于高利贷资本,他们跟土地分离的进程举步维艰。

　　法国历届资产阶级政府的政策,大抵致力于维护小商人、小企业主和小农的存在。19世纪后半期,严重的自然灾害和农业危机接连出现,这本会加速破产农民离开土地,但第三共和国(1870—1940)的统治者采取一系列措施,提高农产品价格,保护关税,适当减轻农民负担,终于使农业逐渐摆脱不景气状态,延缓了小农的分化。

　　长期来,小土地所有制在法国占着极大优势。1826到1908年的80多年中,法国小农占农户总数的比率只下降了6%,而小农土地占耕地总

---

　　① 奇波拉主编:《欧洲经济史》第3卷,商务印书馆,1989年,第373页。

面积的比率则下降了 10%。由此观之,小农户数相对稳定,小土地则有更趋缩小之势。也是那时,大农占农户总数的比率增加了 350%,但他们所占土地的比率只增加了 78%。因此,大农平均占有土地数也有缩小趋势。[①]

在法国大量农场中,小农场也占绝大多数。1892 年,全国的农场中,71% 面积在 5 公顷以下。[②] 据那年统计,所有农场平均雇工刚好为 3 人,但实际上不大可能超过 2 人。[③] 在近代的最后半个世纪中,法国典型的小农土地所有制和小农场,无论规模还是特征都缺乏显著变化。

城市化本质上是一种变农业人口、乡村人口为工业人口、城市人口的过程。但是,近代法国农民的小土地所有制增强了农民对土地的依附,限制了自由劳动力的形成,减弱了乡村的推力。一般而言,城市化过程中离开乡村的大量是农业工人、短工,而小农最不愿离开土地。因此,法国小农所有制特别发达地区,正是城市化的薄弱地区。

小农没有足够的经济力量进行技术改造。一旦有钱,他们也宁愿去购置田产。而土地被分割得太小也不宜于机械化。实践表明,农业现代化程度越高,腾出大批劳动力发展集中在城市的制造业和各种服务业的可能性也越大。近代法国农业现代化步履蹒跚,决定了农业中不可能产生大量过剩人口,农业劳动力的转移很是缓慢。19 世纪中期,农业劳动力占全部就业人口的 51.4%,20 世纪初仍居高不下(43.2%),严重影响了城市化进程。[④] 它的邻国德国,19 世纪后半期农业生产更集约而合理,过剩人口不断从农业地区外流。农业劳动力的比率,19 世纪中期(54.6%)还高于法国,1910 年(35.1%)则远低于法国。[⑤] 20 世纪初英国

[①] G. Duby, *Histoire de la France* Vol 3, Paris, Larousse, 1972, p. 17.

[②] T. Zeldin, *France, 1848—1945, Ambition and Love*, Oxford University Press, 1979, p. 184.

[③] 克拉潘:《1815—1914 年法国和德国的经济发展》,第 191 页。

[④] Weber, Peasants into Frenchmen, *The Modernization of Rural France, 1870—1914*, Longman, 1979, p. 116.

[⑤] W.G. Hoffmann, Das *Wachstum der Deutschen Wirtschaft seit der Mitte der 19. Jahrhunderts*, Berlin, 1965, p. 35.

的农业劳动力只占 9％。[1] 农业状况对城市化的影响由此可见。

近代法国农业的发展同样不平衡。各地区农业过剩人口的多寡也因此而不一致。一些地区的乡村人口离开老家进行国内迁徙,结果只是来到另一些地区的乡村,他们实现了地区的转移,但不是职业的转变或城乡关系的变迁。旺代、布列塔尼的农民经常到法国西南部乡村安家落户,西南部也有农民从那儿外迁。对此,经济学家们是这样看的:"离开布列塔尼乡村的,是过剩的人口;而离开西南部的,却是必要的劳动力。"[2]

但是,近代法国的农业毕竟处在进步中。第一次世界大战前夕,土豆的产量比一个世纪前增加了 440％,谷物增加了 140％。工业用甜菜也比 19 世纪 80 年代增加了 350％。1881—1911 年间,法国人口的增长不足 200 万,但其间城市人口的增长超过 400 万,农产品市场大为扩大。由于农业生产的相应发展,粮食进口数仍不大,粮食生产基本上适应了城市化的需要。英国跟它形成鲜明对照。随产业革命的开展,英国工农业的发展出现严重的不合拍。19 世纪末,进口小麦高达本国消费量的 79％,[3]粮食问题非依赖国外市场不可,给城市化增添了后顾之忧。

综上所述,19 世纪的法国,工农业的发展尽管都相对缓慢,技术改造有欠广泛深入,但客观上倒比较协调。这就使得城市的引力与乡村的推力大小不致太相悬殊,有利于城市化的"匀速直线运动"。

四

城市化的主要指标之一是城市人口的增长。它通过城市人口自然增长、乡村向城市移民及乡村地区划为城市等多种途径来实现。人口增长率越高,城市化的人口压力也越大,人口向城市的集中也就可能越迅速。因此,城市化的进程与人口状况同样有密切联系。

---

[1]　S. Kuznets, *Economic Growth of Nations*, Belknap Press of Harvard University Press, 1971, p. 252.

[2]　M. Reinhard et A. Armengand, *Histoire Générale de la Population Mondiale*, Paris, 1961, p. 267.

[3]　奇波拉主编:《欧洲经济史》,第 382 页。

19 世纪初,法国人口占全欧的 14.3%,远高于英国(5.8%),是欧洲人口最多的国家之一。一个世纪后,法国人口降到全欧的 8.9%,低于英国(9.2%)和德国(14.5%),成了人口相对不足的国家。[①]

造成近代法国人口增长缓慢的原因很多。战争的影响不言而喻。18 世纪末到 1815 年,法国经历了长达 1/4 个世纪的战争(国内战争和对外战争),不仅直接增加了人员死亡,而且造成男女性比失调。战争年代育龄人口的颠沛流离,也降低了出生率。在 1870—1871 年的普法战争中,法国又损失了 200 万人(包括割地造成的人口损失)。[②]

其次,法国上层建筑中的某些因素起有明显的导向作用。1804 年的《民法典》废除了嫡长权,确立了每个继承者同等分配遗产的权利(第 832 条),促使许多夫妇为避免财产的不断分割而节制生育。1914 年,75% 的家庭子女不到 3 个。《民法典》还限定子未满 25 岁,女未满 21 岁,非经父母同意不得结婚(第 148 条),这也有助于晚婚晚育。19 世纪末,36% 的法国男子结婚时年龄超过 35 岁。[③]

进入 19 世纪后,法国的出生率不断降低。19 世纪初为 33‰(德国 37‰,英国 33‰);19 世纪中期波动于 26.1‰～26.7‰之间(德国 36‰,英国 33‰);[④] 第一次世界大战前夕为 18.7‰(德国 29.5‰,英国 24.9‰),长期低于英、德等国。死亡率却比英、德等国高,1814 年为 29.5‰,第二帝国时期(1852—1870)为 23‰～24‰,第一次世界大战前夕为 17.7‰(此时英国为 13.8‰,德国 15‰)。[⑤] 相对低的出生率和相对高的死亡率导致自然增长率下降。20 世纪初,法国的自然增长率为 1.8‰,大大低于它的邻国——德国 14.9‰,英国 12.1‰。[⑥]

此外,国民的年龄分布跟人口增长也很有关系。1911 年时,法国 60

① 奇波拉主编:《欧洲经济史》,第 305 页。

② R. Fhilippe, *Histoire de la France*, Vol. 14 *La France de Napoléon* Ⅲ, 1975, p. 86.

③ C. Ambrosi, *La France* 1870—1981, p. 69.

④ R. Fhilippe, *Histoire de la France*, Vol. 13, p. 21 et Vol. 14, p. 86.

⑤ C. Ambrosi, *La France* 1870—1981, p. 69.

⑥ *The New Cambridge Modern History*, Vol. 13, Cambridge University Press, 1979, p. 108.

岁以上人口占总人口的 12.6％（德国 7.9％，英国 8.5％）。[①] 老龄人口的比率与非育龄人口的比率呈正比，它的增大当然严重影响了人口的增长。人口学家把 60 岁以上人口占全国人口的 12％以上作为人口老年时期。法国早在 1870 年就在世界上最早进入了人口老年时期，英国进入这一时期则在 60 年以后。[②]

正当法国处在工业化与城市化重要阶段时，人口增长日趋缓慢，这给"两化"进程带来了致命的影响。1780—1914 年，英国劳动力增加了 6 倍，急速增长的劳动力与急速增长的工业、城市相得益彰。而同期法国劳动力只增加了 360％。[③] 一些学者从人口学的角度指出，由于劳动力和需要赡养的人数都不多，法国工业化才进展缓慢，而这又影响到城市化水平不高。到近代结束时，法国平均每平方千米只有 74 人，为西欧诸国中人口密度较低者。当时城市化进展较迅速的比利时、英国、荷兰人口密度都很大（依次为每平方千米 259、239、171 人），德国的人口密度（120 人）也远高于法国。[④] 人口密度低，使法国人口过剩的矛盾并不突出，人口压力过弱，再加老龄人口比率增大，造成人口缺乏足够的活力（通常情况下移居城市的总是年纪较轻的人）。

各个地区的人口密度由于地理环境、交通条件、历史因素、经济发展等的差异而差距悬殊。第一次世界大战前夕，在 3 个有百万以上居民的省——塞纳、诺尔、加来海峡省，人口密度很高。塞纳省占了全国人口的 10％，密度为每平方千米 8664 人，是全国平均密度的 117 倍。该省也就成为法国城市化程度最高的省之一。当时居民总数少于 20 万的有 6 个省，其中人口密度最低的下阿尔卑斯省每平方千米只有 15.3 人，那些地方的城市化程度也特别低。人口分布的不平衡造成城市化程度的差异。在近代法国，有些地区城市很多，也较大，而许多地方根本不存在 2 万居民以上的城市。[⑤]

[①] 奇波拉主编：《欧洲经济史》，第 46 页。

[②] 邬沧萍主编：《世界人口》，中国人民大学出版社，1983 年，第 405—406 页。

[③] D. Johnson, *Britain and France*, *Ten Centuries*, p. 180.

[④] 奇波拉主编：《欧洲经济史》，第 22 页。

[⑤] F. Braudel et E. Labrousse, *Histoire Economique et Sociale de France* Vol. 4, Tome I, p. 104, p. 108.

　　法国的人口状况决定了在城市化中光吸收本国乡村地区的人口还不够,还须吸收相当部分的外国移民。近代法国出现了欧洲国家移民史上的罕见现象——迁入人口超过迁出人口。1800 年后的 1 个半世纪中,英国迁出超过迁入 800 万,德国超过 450 万,意大利超过 600 万,但法国却是迁入超过迁出 500 万。① 一般国家外流人员主要是乡村居民,但法国的移民中大量是原先居住在城市的工业家、经理、商人和自由职业者。这给法国的城市化带来了负作用。不过,外国移民入境对此作了补偿。1911 年,在法国的外国人共计 1159835 名,他们和已取得法国国籍的 253000 人合起来,占法国总人口的 3.3%。移民中积极人口的比率比当地人高得多,给工业化和城市化带来了有生力量。他们中的 43% 流向工业部门,45% 流向服务业部门,然而还有 12% 流向农业部门。② 这表明,20 世纪初法国乡村尽管过剩人口缓慢产生,但比率不高,而且乡村人口的相对不足现象也依然存在。近代法国城市化水平低由此也可以得到一些解释。

　　城市化必然带来许多社会问题。有些属于资本主义制度所固有,有些则属于新文明诞生时在所难免。城市化速度愈快,人口压力及各种弊病也就愈严重。近代法国城市发展的相对缓慢,使得城市的经济发展、各种设施及行政管理等不至于跟城市人口增长太相脱节,新的社会问题也就不像其他资本主义国家,尤其像近代英国那样异常尖锐突出。由此观之,适当放慢城市化的步伐,避免城市化过速、过度,是一定程度上缓解社会问题紧张的关键。达到这一目的的途径自然很多,而近代法国工农业两大部门的基本同步发展(尽管是自发的、低速度的)以及人口的低增长率都给了我们有益的启迪。

　　本文得到陈崇武教授的指正,特致谢。

(本文原发表于《世界历史》1992 年第 5 期)

---

　　① 菲利普·潘什梅尔:《法国》(上),上海译文出版社,1980 年,第 128 页。

　　② F. Braudel et E. Labrousse, *Histoire Economique et Sociale de France* Vol. 4, Tome I, pp. 104-105, p. 107.

董小燕

　　董小燕,女,历史学博士,浙江杭州人。现任浙江大学人文学院历史学系教授、博士生导师。主要从事西方历史与文化的教学与研究工作。

　　近年来主要讲授的相关课程:《西方文明史》、《西方现代化进程》、《西方政治制度》、《欧盟政治经济与外交》、《世界文明史》等。

　　主持多项省部级哲学社会科学研究课题,并获省部级优秀成果奖。近年主要科研成果:出版专著六部,在国内一级和核心刊物发表论文数十篇。相关著作包括《西方文明史纲》(浙江大学出版社);《西方文明:精神与制度的变迁》(学林出版社);《国际关系史》(浙江人民出版社)等。相关论文有《古希腊政治文化的特征与形成机制》、《略论拿破仑的政治个性》、《试论欧洲认同及其与民族意识的张力》等。

　　主要学术志趣:西方政治制度与政治文化、法国史

试论近代法国公共领域的形成及其特性

　　"公共领域"是源起于古代希腊和罗马的政治哲学理念,强调的是私人集合、平等交往和结社的重要性。公共领域的营造与运作,作为西方社会的重要政治传统,从古希腊城邦、罗马共和国的政治参与,到近代的马基雅维利、卢梭、黑格尔的政治理念,直至 20 世纪的汉娜·阿伦特的公民社会中的积极自由与消极自由的关系等,都极大地影响着西方政治社会的理论和实践。至今公共领域已成为现代社会的重要标志。

　　德国思想家哈贝马斯从历史的范畴将资产阶级的公共领域定义为一个由私人集合而成的公共空间。在现代社会中,公共领域有着无可替代的功能与作用。自哈贝马斯的名作《公共领域的结构转型》发表以来,"公共领域"及其诸问题日益成为欧美学界讨论的既重要又热门的话题。进入 21 世纪以来,随着我国经济市场化和政治民主化的新进展,公共领域也日益成为一种重要的社会力量。学术界与时俱进,更积极地关注"公共领域"的理论探讨与现实营造。可以认为,当代中国学界对"公共领域"的研究不仅流行于历史学、政治学、社会学、传播学等诸多学科领域,也出现在文学艺术的话语空间里。但若仔细审视,不难发现彼此间在概念内涵和学理要义上是存有歧义的。这固然与"公共领域"理论本身涉及广泛有关,但更深刻的缘由在于,"公共领域"与市民社会一样,表现为一种历史形态,在不同的历史语境和社会背景下具有各自不同的特质与功能。因此,历史地探讨公共领域就显得更为重要。

　　本文通过对大革命前后法国资产阶级公共领域源起与成因的历史探讨,说明法兰西公共领域的特性与在革命中的功能。试图在挖掘与提升法国史研究领域的基础上,更好地理解哈贝马斯等思想大师关于"公共领域"的原创性概念,切实把握西欧政治社会的内涵与实质,为促进当今中国民主政治的发展提供某种启迪与思路。

一　大革命前夕法国公共领域的形成

法国大革命是法国近代初期社会转型过程中各种社会力量的较量与冲突的集中表现,其间对法国影响深远的社会产物之一是现代公共领域的形成。

自中世纪以来,法国一直是欧洲历史的"中心",这不仅是因为其封建的社会发展具有典型性,更重要的是新经济的萌芽所带来的一系列变革在欧洲也具有样板意义。应该说,18世纪变革中的法国社会的一项具有深远影响的事件便是资产阶级公共领域的生成。

按照哈贝马斯的说法,资产阶级公共领域是介于公共权力领域与私人领域的一块中间地带,它不仅与国家权力相对立,而且是直接针对公共权力的批判空间,并在此基础上形成代表资产阶级利益的公共舆论或意见,进而对社会的进步与发展起助推作用。所以,作为市民阶级自我意识日益提升的产物,18世纪欧洲资产阶级公共领域生成的社会前提是市民阶级与公共权力(国家权力)的分离或对立。在法国,市民阶级与国家权力的关系及其演变是十分复杂的。首先是因为"市民阶级"本身在法国就是一个难以厘清的概念。一般来说,旧体制下的法国社会分为三个等级:僧侣、贵族和第三等级。从理论上讲,世俗人士只要没有贵族头衔,没有王族血统,无论多么富有、受过良好教育,都只能是第三等级。这样,大革命前夕第三等级群体不仅数量庞大,占全国人口的98%以上,而且结构复杂,有目不识丁的农民,穷得叮当响的"无套裤汉",也有学富五车的知识分子,家财万贯的暴发户。在国家重商主义政策鼓励下,一些贵族也开始从事生产经营,他们与资产阶级的利益日趋一致。社会阶层的分化与重组显然已不能用原有的三个等级的标准来衡量。事实上,至18世纪前半叶,法国在旧体制三个等级的边上,已孕育并形成了一种新的阶层:他们是医生、律师、学者、教授、富裕且受到良好教育的有教养的市民。这些人的志趣与爱好高雅,社会意识相对浓厚,"具有斗争性、宣传的热情、启导社会和改善人的命运的责任感,反对不平等的偏见"①。他们依据不同的观念价值与知识兴趣各自形成了交往圈子,一些人经常出入沙龙、咖啡馆,抨击社会,时评政治。由于他们发表的意见往往构成某种舆论,进而成为主宰舆论的社会优秀分子,他们是社会意见领袖。如重农学派的俱乐部、以狄德罗为核心的《百科全书》的合作者、霍尔巴赫男爵的小集团(沙龙)、贵族夫人的沙龙等。其中重农学派的经济学家们起初在魁奈的家里,后又改在米拉波侯爵和杜尔哥的家里聚会,先后持续了十几年。

大革命前,法国社会转型过程中的新阶层的出现,是近代新型公共领域形成的首要条件。一般地说,衡量公共领域的形成有两个主要标准。一是社会阶级成分中,出现了有财产的、受过教育的并利益大体一致的中上层知识分子群体。大革命时期的法国,这种新阶层主要由贵族出身的作家、哲学家、拿年俸的文人与知识分子组成。不过,正如前所述的那样,法国特殊的阶级分层状况,决定了早期法国的公共领域社会成分的非纯粹资产阶级性,如文人圈内的马蒙泰尔是清贫的成衣匠的儿子,纳戎出身平民,狄德罗、雷纳尔出身于城市中产阶级,爱尔维修、霍尔巴赫的父母都有爵位。公共领域中成员身份的复杂性,也决定了其结构与功能的复杂性。这里特别需要指出的是法国新阶层与政府的特殊关系。早在路易十四时期,王室就给文人发放年金,尽管不算慷慨,但基本能保证文人衣食无虞,也给他们带来了名望与尊敬。直到路易十六时代(18世纪60年代),王室的年金为知识分子提供了一种相对安逸的生活,同时也避免了受贵族显要人物任意摆布的可能性,从而获得了一定的独立。这种与王室(政府)的特殊关系使新阶层中一部分人(尤其是其中的上层)处境尴尬,日后在革命中表现得左右为难。另有一些人本身就有恒产,如孟德斯鸠拥有他的拉布莱德城堡的葡萄园种植业,孟德斯鸠还承认他的《论法的精神》的成功出版(18个月内印了22版)的好处在于"把我的名牌葡萄酒,大量销售给英国人"。爱尔维修、霍尔巴赫、拉瓦锡本人就是金融家,

① 王养冲编:《索布尔·法国大革命史论选》,华东师大出版社,1984年,第144页。

爱尔维修和拉瓦锡都曾任总包税官。更有一些靠出售书籍获得收益,如卢梭的《论人类不平等的起源和基础》卖了 25 个金路易,《致达兰贝尔关于戏剧的信》卖了 30 个金路易,《社会契约论》卖了 2200 个金路易,《爱弥尔》卖了 7000 个金路易。布封的《自然史》出版于 1749 年,作者从书商那里获得了每卷 15750 锂的稿酬。1777 年马蒙泰尔的《印加人或秘鲁帝国的毁灭》得了 6 万锂,1784 年博马舍《费加罗的婚礼》在 8 个月内就得了41000 锂。举那么多例子是想说明一点,即经济独立是判断独立的前提。1777 年政府颁布了一系列法令,承认著作家对与书商签订合同的文学作品享有所有权。从此,法国著作家在获得经济独立的同时,也获得了法定的社会地位。

另一个衡量公共领域形成的重要指标是,作为公众社会活动的"合意"的空间的出现并适当扩大。这里的"合意"有两层含义,对外部而言,没有一个强制的外在力量对此空间产生非理性的约束;对内部而言,公共"空间"成员之间相互平等,相互认同。可见,这里的"合意"即是思想独立与身份平等。我们认为,18 世纪中叶法国的资产阶级公共空间已经生成,这就是社会精英与思想精英们搭建于社会上层的较为独立的文学公共领域。它建构在一些新的社会基础之上,有自身的不同于旧制度的运作机制,如俱乐部、咖啡馆、沙龙、杂志、报刊等。其中,沙龙是聚谈交际、发表意见的主要场所,自由贵族和金融界出现了一些称为"Mecene"(意即爱好和乐于资助文学活动)的人,由他们或其夫人主持豪华的沙龙聚会。当时较有影响的沙龙有爱尔维修、霍尔巴赫、泰西埃夫人(Mme de Tencin)、杰佛琳夫人(Mme de Geoffrin)、德芳迪夫人(Mme de Deffand)等领衔的客厅。经常参加泰西埃夫人沙龙的就有丰塔内尔、达兰贝尔、孟德斯鸠、杜克洛、布封、格里姆、加利埃尼等[①]。以这些特定空间为载体,文人、著作家们自由地进行文学批评和文学创作,既不受政府的政令羁绊与权力淫威,也不受学术权威的限制,更不受资助人意图的制约(因为文

---

① Daniel Mornet, *Les origines intellectuelles de la Révolution francaise* 1715-1787, Lyon, La Manufacture, 1989 p. 152.

人们已开始拿年俸或出卖版权、与书商分成,成为独立职业者)。起先他们围绕着文学与艺术作品进行自由品评,引领时尚、培养爱好。随着社会问题的日益凸现、社会改革的日见迫切与日益临近,沙龙的话题便扩大到对宗教、社会与政治的批判,表达民主、个人主义与平等观念,形成了许多重要政治言论。比如,"文学年鉴"(L'Année littéraire)就经常发表杜克洛和其他约 20 多位作者的文章,以唤醒普遍理性。[1] 而修道院长阿拉里的阁楼俱乐部中汇集了据称是当时最有智慧的 20 多位成员,讨论各种问题,"圣皮埃尔修道院长就是在那里提出了自己的人道主义思想和关于改革的创造性方案"[2]。

大革命前夕,不仅在巴黎,外省的各种公共性聚集也相当普遍[3]。在这些诸如沙龙、各种协会等机构内部,社会各等级、各阶层的成员以平等的身份交往。"在妇女沙龙里,无论贵族的,还是市民、亲王、伯爵子弟和钟表匠、小商人子弟相互交往。沙龙里的杰出人物不再是替其庇护人效力;意见不受经济条件限制。"[4]因为成员身份平等,交往给彼此带来了愉悦,也带来了利益:上流社会的人培养了他们的智力,形成了他们的爱好,作家与哲学家则得到了尊重。由此,这一"合意"空间造就的公共领域也就有了重大的意义:第一,每个成员以平等的身份介入,意味着无形中否定了法国现实社会中以等级划分为基础的旧的社会秩序。第二,每个人都可以平等地在这个发言空间内表达自己的意愿、见解,既有助于新思想的诞生,也会对现实社会的变革运作产生影响,震撼世界的法国大革命就是由这个空间的知识分子发动与引领的。正如 1750 年杜克洛在他的《论本世纪的习俗》中所说的:"从长远看,思想家培育公众舆论;这种舆论迟早要制服或推翻各式各样的专制主义。"[5]法国大革命的修正派的代表人

---

① Daniel Mornet, *Les origines intellectuelles de la Révolution francaise* 1715-1787, Lyon, La Manufacture, 1989 p. 155.

② 乔治·杜比:《法国史》,旦一民等译,商务印书馆,2010 年,第 800 页。

③ 参见 Daniel Mornet, *Les origines intellectuelles de la Révolution francaise* 1715-1787, pp. 175-176.

④ 哈贝马斯:《公共领域的结构转型》,学林出版社,1999 年,第 39 页。

⑤ 王养冲编:《索布尔·法国大革命史论选》,华东师大出版社,1984 年,第 147 页。

物多伊尔也承认:"到了 18 世纪 70 年代,公共舆论已对政治颇具影响,它也能左右政府的政策与抉择。"[①]

二 公共领域的成因探析

如上所述,18 世纪中期,法国资产阶级公共领域已经开始形成,并有了取代封建社会占主导地位的贵族公共领域的趋向。那么,是什么因素导致大革命前夕这种社会结构的演变,即资产阶级公共领域的成型原因又是什么呢?

首先,与公共领域的形成标准相关,导致这一时期法国公共领域形成的首要因素是社会变革所带来的社会分层流动的加快。13 世纪以降,自法兰西进入成熟的封建社会后,三个等级(贵族、教士、第三等级)的社会结构一直处于相对稳定的态势。但 18 世纪以来,随着新的经济因素的活跃,资本主义有了长足的发展,社会变革的步伐也随之加快。就社会结构而言,变化的直接结果是三个等级内部渐次分化。其突出表现在特权阶级内部分裂出了具有革新意识与建构新社会使命感的贵族,如孟德斯鸠男爵、孔多塞侯爵、米拉波伯爵;而纳税阶级(第三等级)中分衍出"有才能的,熟练地掌握着一种技能和一门学问的知识分子,技术人员、企业中的核心力量或骨干"[②]。这类人在旧世界属于不同的等级,同时又不属于特定的阶级,他们构成了一个阶层,被当时的人们称为"哲学家"、"文人"甚至"资产阶级"。他们之所以构成一个阶层在于他们具有特殊的社会属性,即具有一定的文化知识,关心政治、经济和社会生活,对社会现实及其复杂性比社会上的一般人有更深刻的认知,并具有强烈的批判意识,希望革新社会,并通过变革社会,实现他们的利益——资本主义。也就是说,社会分层加快、阶级分化的一个直接结果是人们的利益意识优于甚至替代等级意识。特定的利益意识,是公共领域生成的重要原因。

---

① 威廉·多伊尔:《法国大革命的起源》,上海人民出版社,2009 年,第 92 页。
② 哈贝马斯:《公共领域的结构转型》,曹卫东等译,学林出版社,1999 年,第 198 页。

　　社会变革步伐加快所导致的第二个结果是精英分子的社会意识与使命感增强。随着旧制度的逐步衰落，社会精英们感受到了自己肩负的历史使命。这可以从法国人对"哲学家"群体的看法的变化中得到佐证：18世纪上半叶，人们眼中的"哲学家"还是那种"专心研究学问并通过原因和原理来寻求认识结构的人"，"他们聪颖、摆脱世俗困扰、过着宁静与隐居的生活"。① 到 18 世纪中叶，哲学家就成了"那种把个人安危置之度外地宣扬真理的人"，其生活也不再是孤独的沉思，而是生活在大众中间并"按秩序和理性来行动"。精英分子从内省、专注学术转向研究政治、经济事务和社会、宗教问题，确信法国需要彻底的转变。这些富有责任心，肩负使命感的大大小小的知识分子组成了一些松散而混杂的团体，出入沙龙和咖啡馆，批判现实，形成舆论，继而形成一种"新的势力，即舆论的势力，它虽没有得到承认，但是很有影响，它所作出的判断已开始具有权威性"②。社会精英们也感受到了这种舆论的势力，正如"蓬帕杜夫人问道：'谁在指引王国？'魁奈回答说：'舆论，因此必须对舆论施加影响。'"③所以，魁奈、杜尔哥等经济学家经常在《商业杂志》《农业、商业和金融杂志》上大力宣传他们的学说，进而对革命前的社会和财政改革起着舆论导向和现实推动作用。的确，公共领域中舆论的力量一直贯穿着整个大革命过程，正如弗朗索瓦·傅勒所指出的，"这是一个合乎逻辑的演变：因为大革命发轫之日就靠舆论组成了权力"④。

　　其次，法国公共领域的出现与君主政治权力的变化和政府执政能力的下降所导致的政府信任危机有关。在路易十四、路易十五时期，法国君主权力强盛。以君主为代表的"公共权力"控制着一切。特权阶级以经济上的免税权为代价丧失了政治上的参与权及与国王的对话权，进而使法国的三级会议 146 年未曾召开。贵族们被国王"掳"到宫廷，以服从为代价获得了享乐与宠信。三级会议停开，高等法院成为国王的工具。也许

① 哈贝马斯：《公共领域的结构转型》，曹卫东等译，学林出版社，1999 年，第 140 页。
② 米涅：《法国革命史》，北京编译社译，商务印书馆，1983 年，第 9 页。
③ 王养冲编：《索布尔·法国大革命史论选》，华东师大出版社，1984 年，第 147 页。
④ 弗朗索瓦·傅勒：《思考法国大革命》，孟明译，三联书店，2005 年，第 73 页。

是由于君主们"过久过猛地使用君主专制这个机器发条,使它张而不弛,最后这些发条损坏了"[①],当18世纪法国社会经历动荡时,这个发条已无法再有效地开启君主权力的钥匙。18世纪中后期法国旧制度为应付日益变革的社会开始了所谓的财政改革。杜尔哥、马尔泽布、内克、卡隆、布里安等的改革不但未能改善王国的财政状况,反而使政府(王室)的威信扫地。1787年的显贵会议和1789年5月的三级会议中的纷争与分裂就是对王权的不信任而来的信任危机的体现。原先作为王室工具的高等法院也公然与以王室为中心的政治权力相抗衡,并赢得了舆论的支持。意志薄弱又时运不济的路易十六既无力举债也无法控制局势,专制王权处理社会与政治问题的能力受到质疑。在专制君主执政能力衰退的同时,如果旧式的贵族集团作为封建社会的中介力量表现强势的话,多少也可以阻挡一下新阶层的冲击,延缓资产阶级公共领域的生成和革命的发生。但是18世纪末,作为原先的代表性公共权力的贵族集团日益衰败,贵族领地瓦解,他们也不再像以前那样有权力和能力来主持公正、执行法律、赈济贫弱。如托克维尔所说,:"贵族阶级的统治权越来越少,但是,贵族却越来越多地享有充当主人的第一奴仆的专有特权。"[②]可以认为,政治与社会危机的加剧,君主专制权力的衰落甚或无能,贵族集团的衰败等因素,使旧制度发生了信任危机。人们普遍怀疑旧权力的合法性。由此,资产阶级公共领域作为国家(君主)公共权力的对立面而迅速成长起来。

促使法兰西公共领域生成的第三个因素便是法兰西独特的政治文化——沙龙文化的影响。法国的沙龙文化缘起于路易十四时代。1667年,路易十四在卢浮宫的阿波罗沙龙(阿波罗厅)举办皇家绘画雕塑学院院士作品展览会,宫廷贵族、各界名流云集,人们讨论艺术,发表见解。此后,展览每年在阿波罗沙龙举行,范围和规模依情形而有所不同,但沙龙讨论的形式却在宫廷、贵族中逐渐流行,随后这一时尚从宫廷流向社会,沙龙成了法国有身份或渴望有身份的人进行社会交往的主要场所。特别

---

① 米涅:《法国革命史》,北京编译社译,商务印书馆1983年,第7页。
② 托克维尔:《旧制度与大革命》,冯棠译,商务印书馆,1992年,第125页。

是在以女性（贵夫人）为主人的沙龙里,彬彬有礼的交谈方式、温文尔雅的行为举止,是一种不可缺少的通行证,被沙龙所接纳,则成了一种社会身份的象征与标志。正由于沙龙的高雅与时尚,更由于沙龙的社会政治意义,法国知识精英和名流为此趋之若鹜。于是,来自不同等级的人群聚集在一起,搭配成一个个相对独立的空间。人们在自己的园地里发表见解、标新立异、引人注目、出人头地,构成了独特的沙龙文化。18 世纪中叶以前,法国沙龙文化主要讨论文学、艺术的话题,18 世纪中叶以后,随着社会变革的加剧和政治问题的困扰,沙龙的话题也从文学转向政治。鉴于参加成员的身份和独特的对话形式,以沙龙、咖啡馆为主要机制的公共领域,从本质上说是属于布尔乔亚的。就政治性而言,公众在这一空间里头讨论、交换意见,不受当局支配;就社会性而言,沙龙等既不属于宫廷,也不同于普通大众。沙龙成了法国公共领域的重要起点与基地。

三　大革命期间公共领域的特性与功能

与英国资产阶级公共领域生成的渐进与常态性特征不同,在大革命前夕形成,在革命中发展起来的法国公共领域特色极其鲜明:即发展过程中的跳跃性,行为上的情绪性和品质上与权力的亲近性。这种特征应该说既是 18 世纪法国社会的特性所赋予的,也受法国社会长期积淀的政治文化的影响。厘清这些因素,有利于我们更清晰透彻地认识法兰西公共领域的特性以及政府与社会之间的关系。

18 世纪法国公共领域的发展路径以大革命为界可分两个时期。革命前法国的公共领域总体上处于一个相对缓慢与自然的形成期。急风骤雨的大革命则一下子加快了公共领域的形成步伐并且使其特质与功能更趋复杂化。大革命前,资产阶级公共领域的主要机制是贵族沙龙、咖啡馆甚至上层宴会,讨论的主题则是哲学作品和文学作品,对于社会问题也大多从改良体制的角度来评判。大革命期间,俱乐部、报纸甚至是街头巷尾都成了主要的公共讨论平台,现实的政治与社会问题成了辩论的焦点。参与者的身份也日益多样化,从原先的贵族、资产阶级延伸到小业主、手工业者,甚至是无产的"无套裤汉"和一些街头混混。

可以说,大革命期间存在着两个层次的公共领域。一类是原先的哲学家、作家等主要在贵妇人沙龙里的社交方式。这些精英分子的"会晤"是亲切、友好、温文尔雅的。由于他们对形式上的平等和自身社会的优势地位的赞赏,仅仅要求获得批评社会的权利,确立政治自由,以实现人人进步和幸福的理想。不过,随着革命的深入,这一平台的影响力也日见衰落。一些不甘寂寞的精英分子则转入另一个平台,借以实现自己的理想。

另一类是俱乐部和人民社团的交往方式。大革命开始后,各界人士以他们各自的利益关怀、政治视界与价值理想为纽带,组成各种团体。1790 年 7 月 14 日全国联盟节后,法国出现了约 152 个社团或俱乐部。1791 年 6 月,增至 406 个。尤其是"俱乐部和协会从 1792 年起特别向普通人民开放"①后,更使法国的俱乐部如雨后春笋般遍布城乡各地,成了大众参与政治活动的有效形式与重要空间。这个空间言语激烈、坦白,富有煽动性,相信"诚实心灵的朴素和情绪流露"比"虚假的礼貌表演"更容易真实有效地交流②,崇尚革命,以彻底改造世界为目标。

尽管加入俱乐部要交纳一定的会费,但其重心仍然要比前一类偏低些。如当时影响最大、声望最高的雅各宾俱乐部的前身就是三级会议时部分代表为讨论政治问题而组成的布列塔尼人俱乐部,其初建时,有"王政派"人物和君主立宪派、吉伦特派分子,后几经分化,成为资产阶级民主派组织,俱乐部在外省的分支组织就有 406 个。③ 另一个著名的哥德利埃俱乐部(因常在哥德利埃修道院集会得名)则是个开放的公共领域,其正式名称"人民之友协会"名副其实,会议常公开举行,任人参加。许多雅各宾俱乐部的成员同时也是这里的活跃分子,如丹东、马拉、埃贝尔、肖美特等。俱乐部的宗旨就是通过舆论手段揭露各种有损于人民利益的人或事,后来风靡全球的"自由、平等、博爱"的理念就是在这里提出的。当时

① 乔治·杜比:《法国史》,吕一民等译,商务印书馆,2010 年,第 859 页。
② 苏珊·邓恩:《姊妹革命——美国革命与法国革命启示录》,杨小刚译,上海文艺出版社,2003 年,第 133 页。
③ 亚·德·柳勃林斯卡娅等:《法国史纲》,北京编译社译,三联书店,1973 年,第 262 页。

重要的俱乐部除上述两个外,还有社会俱乐部、君主宪法之友俱乐部、八九年俱乐部、斐扬派俱乐部、万神俱乐部等。重要的社会活动家都定期或不定期地到俱乐部发表演说,宣扬他们的政治主张和社会理想。"正是在这种灵活的、通常是半官方的,甚至纯属自发的框架之中,成员多样化的无套裤汉们才在革命实践中处于一种共同的思想基础之上。"[1]

由于大革命时期的广泛的大众参与性,使近代法国的公共领域与同期英美的资产阶级性质有很大的不同,呈现出浓烈的法兰西特性:即非纯粹的资产阶级特性。俱乐部里常有穷人旁听演讲甚或起哄,雅各宾时期的一些俱乐部甚至暂时地由一些"无套裤汉"把持。精英沙龙社团对此种交往方式和革命行为表示出惊慌和退却。如当时的修道院长雷纳尔称俱乐部的一些成员是"放肆的人"、"无知和粗野的人"。

革命的复杂性和利益的分殊,也使资产阶级公共领域不断分化,出现了平民公共领域的雏形。典型的例子是雅各宾俱乐部的分化。该俱乐部成立之初成分就很复杂。1790 年春俱乐部内的立宪分子退出,另成立"1789 年社";国王出走后,反对哥德利埃俱乐部谴责国王请愿书的巴伊、拉法叶特、巴拉夫等人组织了斐扬派俱乐部;1791 年马尔斯校场流血事件后,自视高贵的吉仑特派以拥护秩序为由,也越来越不喜欢嘈杂的公民集会,而宁愿到贵妇人的沙龙里,在宁静的氛围中从容清谈。这样,剩下的资产阶级激进派和平民成了俱乐部的主体。1793 后的雅各宾俱乐部遂成了表达平民利益的主要公共空间。由于那时的雅各宾俱乐部的领导者同时也是革命政府的领导者,特殊的身份与角色,使得俱乐部里公开辩论的许多问题,往往成为提交国家权力机关讨论的重大议题。雅各宾俱乐部的导向一般地成了全国性的政治导向。

大革命期间公共领域的速成,还表现在承载着公共舆论的媒体——报纸的大量涌现。革命前夕,全法国仅有 60 份报纸,整个巴黎也只有 5 份报刊。但从 1789—1800 年间,全国一下子创办了 1350 种新报刊,比此

---

[1] 乔治·杜比:《法国史》,吕一民等译,商务印书馆,2010 年,第 859 页。

前的 150 年间创办的报刊还要多一倍。[①] 截至 1792 年 8 月 10 日,仅在巴黎就有报刊 500 种,[②] 比革命前多了 100 倍(1793 年后期雅各宾时期,政府对传媒加强了控制,少数官方报纸就失去了公共舆论的功能)。大多数俱乐部都用相当部分的活动经费订阅报刊。每个大城镇都有一个阅览室,也订有大量的报刊,供人们阅读。报刊主要刊登政治新闻,立法机构的工作和辩论情况,各省俱乐部的通讯、请愿书等大多与政治有关的内容。据我国著名法国史研究专家王养冲教授的研究,当时的政治性报刊主要有三类:一是新闻报道类,如《指南报》、《讨论和法令报》等;二是派别言论类,比如雅各宾派的《人民之友报》,自由派贵族的《普罗旺斯信使报》、《法兰西爱国者》、《老科德埃人报》,激进派的《迪歇纳老爹报》、《铁嘴报》,君主主义者的《巴黎新闻》、《公正报》等;第三类则属于特殊类型的,如鼓吹妇女解放的《国民初次试办的妇女报》等。[③]

俱乐部的辩论、报刊的意见,通过街头宣传、戏剧表演等传媒形式,广泛影响社会,继而形成一种舆论,对革命的决策和整个发展方向具有重要意义。比如,1791 年 6 月 20 日夜国王出逃事件被披露后,哥德利埃俱乐部贴出标语,谴责国王是背叛誓言的暴君,并向制宪会议提交了要求自由、实行共和、废黜国王的请愿书。社会俱乐部的《铁嘴报》刊登了这一请愿书,著名哲学家孔多塞则到社会俱乐部发表共和制演说。雅各宾俱乐部也对路易十六的行为展开了激烈的辩论,罗伯斯庇尔、丹东、圣鞠斯特坚决主张审判国王。正是在俱乐部和报纸的鼓动下,社会上掀起了一股废黜国王,建立共和的舆论浪潮。路易十六就是在这片"暴君、杀人犯"的声讨和唾弃声中被送上断头台,法兰西第一共和国也是在这片"自由、共和"的欢呼声中诞生。再比如法国大革命中一些新型"革命节日"的确立,也是在俱乐部中提议并得到响应而付诸行动的。

综上所述,大革命时期是法兰西近代资产阶级公共领域形成的重要

---

① 皮埃尔·阿尔贝等:《世界新闻简史》,许崇山等译,中国新闻出版社,1985 年,第 25 页。

② Michael, Kennedy, *The Jacobin Clubs in French Revolution*, *The Fist year*. Princeton : Princeton University Press, 1982, p. 56.

③ 王养冲、王令愉:《法国大革命史(1789—1794)》,东方出版中心,2007 年,第 140 页。

时期。资本主义新型经济的发展和资产阶级的成长是其中的重要前提。大革命特殊时期所营造的特殊氛围是这种公共领域形成的催化剂。资产阶级公共领域的平民化特征,使法国的公共领域呈现出与英美等国的不同特性。

就欧美公共领域的历史形成来看,18 世纪是一个重要的时期。按哈贝马斯的看法,17 世纪后期和 18 世纪的法国才真正有公共舆论可言。公共舆论和公共领域是一对孪生姐妹。深厚的专制主义传统和大革命的激烈与激进特性,使法国公共领域呈现出一种非常态性,即形成与发展进程中的曲折性与跳跃性并举,成分上的复杂性与行为上的情绪性同存。但无论从何种角度,这种公共领域的生成与成熟,对于法国革命,乃至整个法国的发展都具有方向性意义。在此后的约一百年的法兰西现代化进程中都深深地打上了这种公共领域活动特性的烙印。

乐启良

乐启良，男，1979 年生于浙江省开化县，汉族。史学博士。2001 年毕业于浙江大学历史系，获史学学士学位。2006 年 12 月毕业于北京大学历史系，获世界史专业博士学位。2007 年 4 月进入浙江大学历史系，做博士后研究。2009 年 4 月正式留校任教。2009 年 12 月，晋升副教授。主要从事法国史研究，专攻近现代法国政治思想史。

出版专著《近代法国结社观念》（上海社会科学院出版社 2009 年），译著《论暴力》（法国政治思想家乔治·索雷尔著，上海新世纪出版集团 2005 年）。在《社会学研究》、《世界历史》、《史学理论研究》、《浙江大学学报》、《北大史学》、《浙江学刊》等刊物发表学术论文多篇。主持省哲学社会科学项目 1 项，参与国家哲学社会科学项目 1 项。

曾经访学法国巴黎政治科学院（2004 年 9 月—2005 年 3 月）和美国伊利诺伊大学（UIUC）（2010 年 7 月—2011 年 6 月）。

法国何以告别革命？

——皮埃尔·罗桑瓦龙对近代法国民主史的解读

呼唤革命和告别革命是近代法国经久不衰的交响曲。1791年宪法制定后，巴纳夫立即宣称"大革命结束了"；雾月十八政变后，拿破仑·波拿巴强调"大革命结束于它得以开启的原则"；1869年，茹尔·西蒙再次表达了终结革命的迫切愿望，"有人反复宣称大革命没有结束，但我们希望它结束了"；到了20世纪70年代末，著名历史学家弗朗索瓦·孚雷还在重弹"法国大革命结束了"的老调①。在1789年以后的法国，革命的激情总是如影随形，革命的梦魇总是挥之不去。

于是乎，如何告别革命便成了近代法国思想家苦思冥想的经典命题。他们提出了各色各样的宪政方案，以求诊治法国的革命狂热病。弗朗索瓦·基佐主张实行纳税选举的代议制，②本雅曼·贡斯当和斯塔尔夫人垂青于不列颠的立宪君主制，③青年托克维尔对美国的政制佩服得五体投地，④第三共和国的莱昂·甘必大和茹尔·费理则信奉带有鲜明实证主义色彩的"机会主义"⑤。他们的精英民主理论在保守主义史学家身上

---

① 弗朗索瓦·傅勒：《思考法国大革命》，孟明译，上海三联出版社，2005年。

② François Guizot, "History of the origin of representative government in Europe", in Stanley Mellon (ed.), *Historical Essays and Lectures*, Chigago: Press of Chicago University, pp. 3-91.

③ 本雅曼·贡斯当：《适用于所有代议制政府的政治原则》，载于《古代人的自由与现代人的自由》，阎克文、刘满贵译，商务印书馆，1999年，第49—219页。Mm. Staël, *Des circonstances actuelles qui peuvent terminer la Révolution: des principes qui doivent fonder la république en France*, Paris: Editions Fischbacher, 1906.

④ 托克维尔：《论美国的民主》（上卷），董果良译，商务印书馆，1996年。

⑤ Claude Nicolet, *L'Idée républicaine en France 1789—1924: Essai d'histoire critique*, Paris: Editions Gallimard, 1982, pp. 187-248.

也得到了积极的响应。H.泰纳致力于创办"自由的政治科学院"(巴黎政治科学院的前身),希望给法国"培养为全民族定下基调的栋梁";欧内斯特·勒南对"肤浅的民主"作了更加猛烈的抨击,主张建立"科学的政府,其成员要像科学家一样处理问题,并理性地提出解决之道"。[①] 当代的孚雷则追寻托克维尔的足迹,也把希望寄托于美国的宪政民主。

法兰西学院现当代史讲座教授皮埃尔·罗桑瓦龙却表示,宪政民主并不是驯服民主、告别革命的良方,更为重要的手段在于以民主的思想去武装市民社会,进一步推动人民主权的纵深发展。本文将围绕罗桑瓦龙对法国如何告别革命这一经典命题的思考,重点分析他对孚雷史学模式的修正,系统地梳理他的民主史研究,从而为国内学界理解近代法国民主的演变提供一个新的视角。

一 法国何以告别革命?

自近代民主破茧而出后,英美政制的鼓吹者多为卢梭人民主权原则的批判者。冷战格局进一步加剧了西方学者批评甚至诋毁卢梭的倾向。卡尔·波普尔、雅克布·塔尔蒙等人纷纷把民主对立地划分为"乌托邦民主"和"实用主义民主"、"极权主义民主"和"自由主义民主",竞相认定卢梭是"乌托邦民主"/"极权主义民主"的鼻祖。[②]

在法国,似乎没有人敢堂而皇之地到卢梭身上寻找极权主义的起源,但是,闪烁其词抛出近似观点的人,倒是不乏其人。弗朗索瓦·孚雷无疑是较为著名的一个。孚雷虽然说过"卢梭没有哪一方面该为法国大革命负责"之类的话语,但他总是拐弯抹角地把革命恐怖归咎于卢梭,"雅各宾主义的关键秘密就在于机关藏在人民的影子里"。[③] 如果说孚雷对卢梭的攻击尚且是含沙射影,那么莫娜·奥祖夫对卢梭的谴责几乎不加修

---

① Pierre Rosanvallon, *Le Moment Guizot*. Paris:Editions Gallimard, 1985, pp. 360-361.

② Russel Jacoby, "On anti-utopianism, more or less", *Telos* 129, 2004.

③ 傅勒:《思考法国大革命》,第48、254页。

饰,后者写道:"唯有卢梭抛弃了这种可能的考虑(温和的立场——笔者注),这是大革命无处不打着他的印记的原因之一。……我们在此触及到了法国大革命与极权主义之间关系的内核。"①冷战思维对孚雷和奥祖夫的影响是不容辩驳的,孚雷本人也承认,《古拉格群岛》的问世是他重新思考法国大革命的重要原因。他们把现实政治的思考穿凿附会到革命研究的做法自然也遭受了不少学者的尖锐批评。②

孚雷们对卢梭的无理指责经不起任何学理的审视。晚年孚雷在《革命法国》里也对此作了一定的修正。不过,他依然坚持精英民主才是理想的民主模式。孚雷指出,唯有到了19世纪80年代,法国才真正告别了革命。他给出的主要理由是第三共和国在实证主义的基础上,发明了一种和英美宪政民主类似的民主模式,破天荒地建立了两院议会制等"正常的制度",并凭借于此,成功地让"大革命驶入了港湾"。③

皮埃尔·罗桑瓦龙继承了孚雷的研究方法——政治概念史,也继承了后者的问题意识:对近代法国民主作系统的诊断,并思考法兰西如何告别革命。罗桑瓦龙在选择基佐作为博士论文的研究对象时,就表明了他本人从事法国民主史研究的旨趣,"为了告别大革命,就必须理解历史,即要同时理解1789和1793,就必须理解为何每当法国自以为驶入宁静港湾的时候,深渊和沮丧却总是接踵而至"。④

和孚雷一样,罗桑瓦龙也认为第三共和国是法国告别革命的关键时期。不过他认为,19世纪80年代尚未摆脱革命的威胁,真正的界标应该

---

① Mona Ozouf, "Régénération". In F. Furet & Mona Ozouf (eds.), *Dictionnaire critique de la Révolution Française*, Paris:Editions Flammarion, 1988.

② Isser Woloch, "On the Latent Illiberalism of the French Revolution", in *American Historical Review*, 95, 1995. Scott Christofferson, "An antitotalitarian history of the French Revolution:François Furet's 'Penser la Revolution française' in the intellectual politics of the late 1970s", in *French Historical Studies* 22(4),1999.

③ François Furet, *Revolutionary France* 1770—1880, translated by Antonia Nevill,UK, Oxford:Blackwell, François 1992.

④ P. Rosanvallon, *Le Moment Guizot*, p. 17.

是"1890 年时刻"。① 普选制或两院议会制的建立,并没有消弭法国人民的革命激情,因为在孚雷眼里,告别了革命的 19 世纪 80 年代,恰恰爆发了近代法国历史上最波澜壮阔的罢工运动,兴起了轰轰烈烈的革命工团主义。在罗桑瓦龙的眼里,彻底熄灭革命之火的决定性因素,既不是普遍选举制,也不是精英民主。

第三共和国的缔造者对普选制的后果抱有乌托邦式的幻想,认为它的降世将彻底终结革命。甘必大曾这样说过:"如果普选能在充分尊重主权的情况下行使,就不可能再发生革命。"②然而,实际的情况并非如此乐观。罗桑瓦龙指出:"当普遍选举原则被接受之际,与它再次相伴的更多地不是热情,而是屈从或不知所措。"③他表示,普遍选举的展开"并没有成功地消除数量与理性、人民与代表、制度生活和社会情感、自由的组织和集体力量的表达之间的张力"④。

罗桑瓦龙对精英民主的怀疑,在其对法国式自由主义的批判里尽显无遗。罗桑瓦龙表示,精英民主,即"政治理性主义",在法国却是严重妨碍自由和民主发展的重要因素。与信奉代议制的盎格鲁-撒克逊自由主义不同,法国自由主义依赖理性政府去反对专制或保护自由。重农学派以降,法国自由主义"崇拜法律,鼓吹理性国家,赞美法治国家和行政国家"⑤。这种政治理性主义在"空论派"身上达到了登峰造极的地步,他们弘扬理性主权,反对人民主权,实行纳税选举。在罗桑瓦龙看来,"把民主的社会力量包容在政治精英开明领导之下的期望"都是"微不足道的、反

---

① P. Rosanvallon, *Le Peuple introuvable*: *Histoire de la représentation démocratique en France*, Paris: Editions Gallimard, 1998, p. 105.

② Léon Gambetta, Discours du 9 octobre 1877, in *Disours et plaidoyer politiques de M. Gambetta*, Tome VII, Paris: Editions Charpentier, 1882, pp. 282-283.

③ 皮埃尔·罗桑瓦龙:《公民的加冕礼》,吕一民译,上海世纪出版集团,2005 年,第 311 页。

④ P. Rosanvallon, *La Démocratie inachevée*: *Histoire de la souveraineté du people en France*, Paris: Editions Gallimard, 2000, p. 405.

⑤ P. Rosanvallon, "Political rationalism and democracy in France in the 18th and 19th centuries", *Philosophy and Social Criticism*, 28(6), 2002, p. 690.

动的陈词滥调"。① 1848 年革命爆发后,法国人再次陷入乌托邦民主的集体狂热之中。此外,他还认为近代法国历史上各种协调人民主权和理性政府的努力,也都没有根治法国的革命狂热病。譬如,波拿巴主义在更深层次的角度上是"一种协调民主和政治理性主义的努力"②,但它的恺撒主义却引发了托克维尔等人对民主更为可怕的想象。

既然普遍选举和政治理性主义都无法让风雨漂泊的民主驶入港湾,那么更为关键的因素又是什么呢? 罗桑瓦龙表示,关键在于工会、政党以及更为普遍的社团的发展,在于这种议会之外的"静悄悄的革命"③。换言之,自治能力得到增强的市民社会,成了法国避免革命病毒侵袭的最好屏障。

二 自治的市民社会让革命驶入了港湾

在罗桑瓦龙的民主诊断中,市民社会之所以能够占据如此重要的地位,和 1968 年"五月风暴"的影响及其本人的社会斗争经验密不可分。

20 世纪 60 年代后,法国社会发生了显著的变化,社团数量激增,新的公民行动兴起。"五月风暴"响亮地喊出了社会自治、反对官僚化的口号。然而,最令人瞩目的现象,莫过于"自治管理"(autogestion)一词在法国的风行。"五月风暴"爆发之际,身为大学生的罗桑瓦龙,负责领导信奉无政府主义的法国民主劳工联合会(CFDT)的学生组织。不久,罗桑瓦龙弃学从政,选择成为 CFDT 的经济顾问,并担任其官方杂志(*CFDT-Aujourd'hui*)的主编。在他的努力下,"自治管理"变成了 CFDT 的官方

---

① Andrew Jainchill & Samuel Moyn "French Democracy between Totalitarianism and Solidarity:Pierre Rosanvallon and Revisionist Historigraphy", in *The Journal of Modern History*, Mar, vol. 76, 2004, p. 136.

② P. Rosanvallon, "Political rationalism and democracy in France in the 18th and 19th centuries", p. 697.

③ P. Rosanvallon, *La Démocratie inachevée: Histoire de la souveraineté du people en France*, p. 271.

理论 。① 青年罗桑瓦龙对"自治管理"运动充满了期待,认为它"既继承了马克思主义对资产阶级社会的批判,也继承了自由主义弱化国家权力、市民社会至上的原则,从而将实现对二者的超越。"② 尽管"自治管理"运动功败垂成,但他还是对它作出了高度的评价,认为它在三方面表达了现代民主的基本诉求:"首先,它体现了对各种集权化、等级化制度的一种反抗和拒绝,表达了把民主程序普遍化,将之运用到社会生活各个领域的管理的一种愿望;其次,它标志着超越传统代议制民主程序局限性的一种追求;最后,它也满足了对公共生活和私生活之间的关系作出新理解的需要。"③

罗桑瓦龙参加 CFDT 以及宣扬"自治管理"理想的经历,对他日后的政治主张和学术立场产生了深远的影响。这让他从一开始就和孚雷保持了距离,不会对精英民主或英美宪政民主抱有太多的幻想。在《基佐时刻》里,罗桑瓦龙便已指出,法国若想告别革命,不仅需要完善代议制、两院制和普选制等"统治艺术",还必须"对社会和政治权力的关系作哲学的再思考"。④ 在最近的访谈中,罗桑瓦龙再次强调传统选举政治和精英民主的局限,坚持加强政治社会和市民社会的沟通,建设一种"互动民主"的必要性。⑤

故而,罗桑瓦龙不相信甘必大等人创制的代议制成功地让"大革命驶入了港湾"。相反,他们殚精竭虑地区分人民主权和民族主权,处心积虑地限制民众的政治影响,把第三共和国变成了不折不扣的"绝对共和

---

① P. Rosanvallon, "Temoignage", dans *Revue Française d'histoire des idees politiques*, vol. 2, 1995, p. 362.

② P. Rosanvallon, *L'âge de l'autogestion*, Paris :Editions Seuil, 1976, pp. 41-42.

③ P. Rosanvallon, *La Démocratie inachevée : Histoire de la souveraineté du people en France*, p. 410.

④ P. Rosanvallon, P. Rosanvallon, *Le Moment Guizot*, p. 18.

⑤ 罗桑瓦龙自我批评道:"我也属于这样一代人,在相当长的岁月里,希望能找到英明的政治领导人,希望他们能赋予市民社会的愿望以意义和形式,但希望却落空了。我们应当在市民社会和政治社会、社会批判和改革纲领之间发明一种互动的民主。"(P. Rosanvallon, "Conjurer l'impuissance politique. " *Le Monde* du 19 mai.)

国"。① 不过,绝对共和国注定不能长久,"一场静悄悄的革命"正在悄无声息地改变第三共和国的精神。

在此过程中,社会学扮演着举足轻重的角色。第三共和国的社会学家在圣西门、孔德的基础上,继续开展革命个人主义的批判。有人对1789 年的社会观和现代的社会观作了针锋相对的比较:"在 1789 年人的眼里,人类社会是抽象逻辑的创造,是个人简单叠加的产物 ······但在现代社会学家的眼里,人类社会是有机的生物体,拥有自身的发展与保全的法则。"②涂尔干更是直言,19 世纪法国的病根在于"个人和国家之间缺乏二级团体"。③ 所以,若想告别革命,改革政治和再造社会,就必须和原子化的个人观决裂。19 世纪 90 年代的法国也由此产生了一种全新的观念,它"承认社会团体的存在及其表达","破天荒地把僵化的革命政治文化弃置一旁"。④

第三共和国告别革命的努力首先表现为它对工会态度的好转,并颁布承认工人结社自由的 1884 年工会法。除了拿破仑三世颁布过允许工人罢工的 1864 年法律外,法国历届政府总是处心积虑地限制各类工人组织,第三共和国在成立之初也曾颁布打击国际工人协会的禁令。但共和国领导人很快认识到,工会组织的存在与发展是"秩序的原则",而不是革命的渊薮。⑤ 总理瓦尔德克-卢梭为工会辩护道:"与其说个人根据自身职业建立的社团是斗争的武器,不如说它们是物质、道德以及思想进步的工具。"⑥工人结社合法化的历史意义是不言而喻的,"工会主义的降世,促

---

① P. Rosanvallon, *La Démocratie inachevée: Histoire de la souveraineté du people en France*, p. 246.

② P. Rosanvallon, *Le Peuple introuvable: Histoire de la représentation démocratique en France*, pp. 107-108.

③ Ibid., pp. 111-112.

④ P. Rosanvallon, *Le Peuple introuvable: Histoire de la représentation démocratique en France*, pp. 113-113.

⑤ P. Rosanvallon, *Le modèle français. La société civile contre le jacobinisme de 1789 à nos jours*, Paris: Editions Seuil, pp. 253-260.

⑥ Marie René Waldeck-Rousseau, *Questions sociales*. Paris: Editions Charpentier, 1900, pp. 304-305.

进了一种平衡民主的渐进发展"。①

1901 年结社法的颁布,是共和国肯定市民社会自治运动又一重大举措。尽管 1901 年法律的制定出于更为迫切的反教权需要,它对社团占有财产的权利也有苛刻的限制,但其意义仍不容低估,因为它永久地废止了严重阻碍法国人民结社活动的刑法第 291 条,后者规定凡人数超过 20 人以上的社团,必须得到政府的批准。1901 年法律的颁布,象征着"舆论发生了一种不可否认的变化"。②

政党也开始出现并发挥了越来越重要的作用。1901 年结社法颁布后,涌现了大批的政党。罗桑瓦龙认为,政党的意义不止是促进了选举民主的有序组织,它们还"代表着一种全新的社会形式,能消除双重的紧张:一方面是个人和集体的矛盾;另一方面则是现实和建构的矛盾。……它们也能充当个人主义社会和整体主义世界的桥梁"。总之,政党提供了"一种理性的多元主义,它能同时兼顾认同的必要和特殊的需要,平衡一致性和多元性"③。

此外,"咨询政府"(administration consultative)的诞生,也对雅各宾主义的一元论构成了强有力的挑战。此起彼伏的罢工和方兴未艾的社会主义,让共和领袖认识到了 1875 年制度的不足,他们清醒地意识到,为了更好地统治社会,就必须回到社会,开放社会。为此,他们在议会之外,成立"高级劳工委员会"等 78 个咨询委员会,让各行各业的专家为政府出谋划策,从而为社会利益的表达提供新的渠道。④

工会、社团、政党和咨询政府的出现,表明国家与市民社会的关系有了相当程度的革新,"在事实的压力下,雅各宾主义的教条开始退居幕后,

---

① P. Rosanvallon, *Le Peuple introuvable : Histoire de la représentation démocratique en France*, p. 253.

② P. Rosanvallon, *Le modèle français. La société civile contre le jacobinisme de 1789 à nos jours*, p. 307.

③ P. Rosanvallon, *Le Peuple introuvable : Histoire de la représentation démocratique en France*, pp. 182-183.

④ Ibid., p. 263.

不得不为它在理论上予以否认的多元主义挪出空间。"①由于雅各宾主义向多元主义作的让步，"反自由的民主"向"复杂民主"的过渡，"1890 年时刻"构成了近代法国的重要转折。此种转折的意义似乎并不亚于 1789 年大革命，因为它让法国走出了"一种古老、致命的进退两难，摆脱了要么被动接受僵化制度，要么沉迷于一切从头再来的幻想的宿命"②。从此以后，大革命真正驶入了宁静的港湾。

三 当代法国民主的困境及其出路

市民社会的发展，而不是长期作为民主象征的普选制或被视为自由屏障的两院制议会的确立，导致法国建立了一种"平衡民主"或"温和民主"。③ 市民社会自治能力的增强，使得法国人民拥有天然的敏感和足够的力量去反抗建立专制的企图，从而让法国能在法西斯主义弥漫西欧的30 年代，坚定地走民主道路。当时的著名作家蒂博代（Thibaudet）自豪地说，法国是"欧洲大陆唯一一个坚持温和自由主义的大国"。④

然而，反法西斯的经历和冷战格局，也给本身就极为脆弱的"平衡民主"或"温和民主"带来了难以估量的负面影响。自诞生以来，现代民主就一直是通过其敌人的形象来限定自己，换言之，通过反对神权教会、法西斯以及社会主义的斗争，民主的原则与内涵得到了确认与拓展。与各种专制政体以及自由的潜在敌人长期作战的经历，使得人们惯性地以为，民主只是保护个人权利、反对国家干预的政治制度。尤其是 20 世纪 30 年代后，在法学家凯尔森、哲学家波普尔以及经济学家熊彼特等人的集体鼓噪下，"民主在人们的眼里主要变成了专制的对立面；人们也不再更多地

---

① P. Rosanvallon, *Le Peuple introuvable : Histoire de la représentation démocratique en France*, p. 169.

② P. Rosanvallon, *La Démocratie inachevée : Histoire de la souveraineté du people en France*, p. 377.

③ Ibid., p. 239.

④ P. Rosanvallon, *La Démocratie inachevée : Histoire de la souveraineté du people en France*, p. 402.

将之视为对代议制的一种超越,或对各种贵族形式的社会批判"。在西方世界的想象里,民主逐渐变成了一种平庸的程序民主或"否定民主"(démocratie négative)。①

"否定民主"的局限是不言自明的,它缺乏足够的哲学反思和自我革新的能力。冷战结束后,盎格鲁—撒克逊的宪政民主和经济自由主义几乎成了民主国家的唯一选择,以至于弗朗西斯·福山信誓旦旦地宣称"历史的终结"。在法国,全盘美化的声音也越来越响亮。孚雷对美国模式赞赏有加。他虽然不否认1789年理想的价值,但他认为,把权利的话语扩展到所有生活领域会产生许多危险,而美国模式的长处恰恰在于它能有效地遏制个人权利理想的普遍主义。② 皮埃尔·马南的立场和孚雷无异,认为"爱民主,就应当有节制地爱它"③。但是,美国的宪政民主是法国应当接受的政治理想吗?罗桑瓦龙表示,美国并不是可供选择的普遍模式,相反,它"是一面哈哈镜,每个国家都应该在里面认清它自己的面貌,正视它自己的严重问题或潜在的发展"④。

对于经济自由主义,罗桑瓦龙在《乌托邦资本主义》里对它作了铿锵有力的反驳。罗桑瓦龙指出,市场社会的乌托邦并非始于今日,它在亚当·斯密以"看不见的手"超越社会契约理论的宏伟抱负上已得到了体现。亚当·斯密相信市场的自发调节、劳动分工和相互交换能促进社会福祉的普遍增进,避免完全不必要的战争。但是,斯密自然利益和谐论在残酷的现实面前不堪一击,"在19世纪取胜的不是自由资本主义,而是野蛮资本主义"⑤。所以,市场社会不是理想的社会模式,而是一种应该被超越

---

① P. Rosanvallon, *La Démocratie inachevée: Histoire de la souveraineté du people en France*, p. 402.

② Keith Baker, "In memoriam:François Furet", in *The Journal of Modern History* 72, 2002.

③ Pierre Manent, *Tocqueville et la nature de la démocratie*, Paris:Editions Fayard, 1993, p. 181.

④ P. Rosanvallon, "Les Etats-Unis et la démocratie négative", dans *Le Monde* du 30 septembre, 2004.

⑤ 皮埃尔·罗桑瓦龙:《乌托邦资本主义》,杨祖功等译,社会科学文献出版社,2004年,第248页。

的乌托邦。为此,罗桑瓦龙两次捍卫福利国家,①对"社会契约的物质条件"、"在社会分配问题上达成共识以及实现团结所需的条件"做出了严肃的哲学思考 。② 此外,2005 年的法国骚乱也表明了国家干预的严重不足。③

同样,限制人民主权或公意的麦迪逊式民主也是不够的。罗桑瓦龙承认,当代社会不再能够像卢梭那样,以近乎神圣的语言去描述和思考民主,或如卡尔·施密特所言,"所有的政治概念都是世俗化了的神学概念"。但是,人民主权从此便丧失了意义吗? 罗桑瓦龙给出了斩钉截铁的否定回答。他强调说,"和隐含在昔日民主理想之下的创世学说决裂","并不意味着要放弃创造人类的历史,至少,不应该放弃掌握人类的历史"。④

事实上,当代西方国家的人民仍以各色各样的形式,继续行使不再神圣的人民主权,追求公意的表达。"政治衰退"、"意志衰落"或"民主危机"让许多西方学者苦恼不已,但在罗桑瓦龙的眼里,他们的忧虑更多是对当代民主的一种误读。他认为,当代人对民主的困惑、失望之情,在很大程度上是由一种把选举民主等同于民主的狭隘民主观念造成的。他表示,"假使选举的民主不容辩驳地蜕化了,那么表达民主、介入民主和干预民主,却是得到了毋庸置疑的发展和肯定"。⑤ 除了和普选、议会、政党相连的选举—议会民主外,"监督民主"、"阻止民主"和"审判民主"等民间的民主形式,即所谓的"反民主"(la contre-démocratie)则为公意的表达提供了新的渠道。公民对政治的影响不再停留于消极的投票,他们兼具"选举

---

① P. Rosanvallon, *La Crise de l'Etat-providence*. Paris:Editions Seuil, 1981 ; La Nouvelle Question sociale:Repenser l'Etat-providence, Paris:Editions Seuil, 1995.

② P. Rosanvallon, "Conjurer l'impuissance politique", *Le Monde* du 19 mai.

③ 罗桑瓦龙在谈论 2005 年大规模骚乱时,指出传统的共和主义模式已不适用拥有庞大数量移民的当代法国,"最近的骚乱表明,问题不再是'为了整合,还需要做什么?'或者'他们应当遵守怎样的模式?',而变成了如下的问题:'为了容纳这些年轻人,增加他们的机会,法国社会做了什么?'"(P. Rosanvallon, "La société est ensevelie sous un épais vernis d'idéologies." *Le monde* du 29 Novembre.)

④ P. Rosanvallon, *La Démocratie inachevée:Histoire de la souveraineté du people en France*, p. 421.

⑤ P. Rosanvallon, La contre-démocratie:*La politique à l'âge de la défiance*, Paris:Editions Seuil, p. 27.

人和控制者"的双重角色。①

罗桑瓦龙表示,和传统选举民主相比,"反民主"具有得天独厚的优势,它最大的优点正是选举民主所缺乏的品质:持续性。在定期选举之后,反民主还能继续施压公共权力机关和政治领导人,起到监督政治活动、纠正错误决策、抵制腐败行为的作用。而且,由于反民主不需要固定人员、逻辑纲领和严密组织,因而它比选举民主更容易取得成功。② 甚至,罗桑瓦龙还认为,"在人们不再相信代议制政府能代表公意的情况下,反民主构成了实现公意的唯一希望"③。

罗桑瓦龙对反民主的弘扬,似乎再次回到了自治管理的理想。反民主的多元主义色彩能消除麦迪逊、托克维尔等人忧心忡忡的民主消极面,避免多数暴政或独夫统治的可能,确保民主的发展不会偏离自由主义的轨道,从而有效地克服民主与自由主义的张力。在谈到"阻止民主"时,他指出"否定政治的降世标志着自由主义的真正胜利"④。罗桑瓦龙也由此表现出了一种和孚雷、马南大相径庭的立场,认为深化民主的发展,鼓励市民社会的自治,才是维护自由的正途,而不能"有节制地爱民主"。

当然,对于反民主或市民社会的缺陷,罗桑瓦龙也有清醒的认识。他表示,政治冷漠是反民主的孪生物;舆论民主的泛滥,也有可能导致走向民粹主义。因此,罗桑瓦龙警告说,"如果任何人都不得宣称代表民意,或以人民的名义说话,那么相应地,也没有人能够宣称唯有他本人才能以批判的立场,表达民意"。⑤ 更为要命的是,反民主并不能提供一种为大家共同接受的纲领,所以,民主的成熟,还离不开它在三个维度的齐头并进:选举—代议制政府、反民主以及对政治的反思。⑥

自加入 CFDT,参加自治管理运动以来,罗桑瓦龙从未放弃过一个信念,"为了理解民主生活,就必须把理解民主生活的具体的问题和困境作

---

① P. Rosanvallon, "*Le citoyen doit être électeur et contrôleur*", *Minutes* 20, 2006.

② P. Rosanvallon, *La contre-démocratie:La politique à l'âge de la défiance*, p. 184.

③ Ibid., pp. 305-306.

④ Ibid., p. 183.

⑤ Ibid., p. 306.

⑥ Ibid., p. 318.

为根本的出发点",因此,他把理解"民主的熵以及民主能量衰落的问题"作为政治思考的主要对象。① 弃政从学后,罗桑瓦龙专注于理解政治的局限,"探讨民主折戟沉沙的风暴区与混乱区"②。可以说,罗桑瓦龙的民主史研究基本上是对近代法国民主病理的一种诊断。

根据罗桑瓦龙的诊断,法国民主弊病的根源是大革命,因而它的根治就需要告别革命,走出革命。在他看来,近代法国历史上用以诊治革命狂热病的精英民主或市场资本主义都无一例外地失败了,在悄无声息中发展的市民社会却不经意地成为法国民主的唯一救赎。在对精英民主与经济自由主义作出双重否定后,罗桑瓦龙把恢复民主活力的希望寄托于市民社会。对反民主价值的鼓吹则集中体现了他对市民社会自治能力的信任与期待。然而,与其对法国民主病理学的独到诊断相比,他用以革新民主的方案太过苍白,不过是在复述自治管理的理想。马克·里拉认为,罗桑瓦龙沾染了所谓"新法国思想"的通病,他们的哲学"大体上是诊断性的,而不是创新性的或纲领性的"。③ 贾吉尔和莫因也附和道,罗桑瓦龙隶属的第二代左派"对他们反对什么远比对他们应该赞成什么更加清楚"④。即便如此,罗桑瓦龙对法国民主病理的诊断,对我们理解、审视民主政治而言,依然是一笔不可多得的财富,他复兴民主活力、扩大民主内涵的目标更是永远不会过时。

（本文曾发表于《社会学研究》,2008 年第 4 期,总第 68 期）

---

① P. Rosanvallon, "Itinéraire et rôle de l'intellectuel", dans *Revista de Libros*, Madrid, 28 septembre, 2006.

② P. Rosanvallon, *Leçon inaugurale. faite le jeudi 28 mars*, Paris: Collège de France, 2002, pp. 31-32.

③ 马克·里拉用"新法国思想"的概念去指代皮埃尔·马南、马塞尔·戈歇(Marcel Gauchet)、吕克·费理(Luc Ferry)等新一代哲学家的学说,不过罗桑瓦龙的文章并没有被选入同名的论文选集。Mark Lilla, "The legitimacy of the liberal age", in Mark Lilla (ed.), *New French Thought: Political Philosophy*. Princeton: Princeton University Press, 1994.

④ Andrew Jainchill & Samuel Moyn, "French Democracy between Totalitarianism and Solidarity: Pierre Rosanvallon and Revisionist Historiography", in *The Journal of Modern History*, Mar, vol. 76, 2004, p. 153.

朱晓罕

朱晓罕，讲师，华东师范大学历史学学士（1995年），北京大学历史学硕士（2001年）、历史学博士（2009年）。2003年9月至2004年2月曾赴法国巴黎政治学院（IEP）和巴黎人文科学研究院（MSH）访学。2011年12月至2012年3月赴法国高等社会科学研究院（EHESS）雷蒙·阿隆政治学与社会学研究所（CESPRA）访学。主要研究领域为法国史、20世纪史。开设的主要课程有："二十世纪法国知识分子"（与吕一民教授合作。排名第二），系浙江大学首批通识核心课程；"世界文明史"二，大类课程。代表性论著有：《一场改变了一切的虚假革命——二十世纪六十年代西方学生运动》，许平、朱晓罕著，上海人民出版社，2004年；"让-弗朗索瓦·西里奈利的法国知识分子史研究"，《史学理论研究》，2005年第4期。目前在研项目："法国知识分子史视野中的雷蒙·阿隆研究"，2011年度国家社科基金青年项目，独立主持。本研究借鉴知识分子史这门国际前沿史学分支学科的理论和方法，对20世纪法国著名思想家、公共知识分子雷蒙·阿隆的思想与行动进行系统的考察，探索其思想与行动的历史蕴涵，尝试在传统的思想史研究和学术传记之外，引入一种研究知识分子的新视角。本课题可以深化学界对法国自由主义发展史、法国知识分子的社会角色和战后法国社会文化变迁的理解，对政治学、社会学领域的学者也有一定的参考价值。

雷蒙·阿隆的极权主义批判述评

雷蒙·阿隆(Raymond Aron,1905—1983)是法国自由主义重要代表人物之一,也是国际知名的极权主义批判者之一。在 20 世纪,极权主义这种新的国家管理方式,对传统的西方自由民主制度提出了很大的挑战,阿隆对此不仅在理论上,而且在行动中做出了强烈的回应。批判极权主义的思想,是阿隆政治思想的重要组成部分,批判极权主义的行动,也是他作为法国著名公共知识分子参与社会政治生活的重要活动。阿隆的极权主义批判,体现出三个特点。首先,是预见性。阿隆早在 20 世纪 30 年代就提出了反法西斯战争不可避免,这在当时的法国思想界十分罕见。其次,是独创性,阿隆对极权主义的批判,虽然缺乏系统,[①]但是他对极权主义权术和意识形态统治的批判,仍然具有理论上的创见。最后,是持续性,他从 30 年代开始,直到 1983 年去世,始终保持着对极权主义的追踪,并且在他于战后建立的国际关系和工业社会理论中,都将极权主义作为重要的研究范畴。本文将围绕这三个特点展开论述。这同时也是和阿隆批判极权主义思想发展的阶段性相一致的。

---

① 这是阿隆批判极权主义理论的一个特点,也是一个缺憾。他没有像阿伦特和弗里德里希那样出版专门论述极权主义的著作,并且他对极权主义的批判分散在从 20 世纪 30 年代到其去世的大量著作中,致使他的极权主义批判理论显得缺乏系统。此外,根据笔者在法国雷蒙·阿隆政治学与社会学研究中心对这方面学术史的查阅,发现国际学术界研究阿隆批判极权主义思想的论文虽然有一定数量,但是多数是东欧学者出于对斯大林苏联的反感而引述阿隆的反极权主义思想,缺乏客观的评论和学理上的分析。

一 阿隆极权主义批判的预见性

20世纪30年代,法国面临的是法西斯战争的威胁,而当时法国知识界内部的政治思想呈现出庞杂、混乱的特征。支持法西斯的右翼思潮在法国知识界拥有很大的影响,主要由以下两派知识分子组成:一派是以作家夏尔·莫拉斯(Charle Maurras)为代表的反议会民主制的右翼思潮。莫拉斯是一个顽固的君主主义者,一直对共和制度持敌视态度,他有一句名言:"人们将君主制的必要性作为一个定理进行了证明,而维系我们法兰西祖国的问题应该是一个公理,如果你是一个爱国者,就必须是一个君主主义者。"①莫拉斯派知识分子在法国知识界活动猖獗,影响广泛,始终是第三共和国政治体制的一股反对力量。另一派是起源于20世纪20年代,在30年代得到发展的法西斯主义思潮,主要代表有乔治·伐卢瓦(George Valois)创建的"束棒"(Faisceau)组织等各种法西斯主义团体。这两派知识分子,仇视共和民主制度,对纳粹德国有亲近感,因而出现了合流的现象,共同反对法国在国际事务中对德国和意大利采取强硬措施,极力鼓吹反战厌战的主张,在法国知识界形成一股十分强大的力量。

阿隆出生于1905年,他于1924—1928年就读于巴黎高等师范学校哲学专业。在高师求学期间,阿隆受哲学家阿兰(Alain)②的影响,自称是一名"模糊的社会主义者与和平主义者"③。1930—1933年,阿隆作为交换学者到德国科隆大学和柏林的法兰西学院访学3年,亲眼目睹了希特勒上台的过程,这些直观性的认识帮助他逐渐改变了倾向于社会主义、和

---

① Charle Mauras, *Enquête sur la Monarchie*, Paris, Novelle Librarie Nationale, 1909, p. 13.

② 原名Emile Chartier(1868—1951),阿兰是其笔名,代表作有 *Propos*(1906—1936), Paris :Gallimd, 1956等。

③ Aron, *Le Spectateur Engagé* (entretien avec Jean-Louis. Missika et M. Volton), Paris: Julliard, 1981, p. 81.

平主义的政治立场,开始关注纳粹,认识纳粹。[①] 尽管法国知识界中最早使用"极权主义"(Totalitarianisme)这个术语来称呼纳粹的并不是阿隆,[②]但是,在20世纪30年代的法国知识界,阿隆是最早提出反法西斯战争不可避免的极少数知识分子之一,对法国知识界亲法西斯的右翼思潮进行了坚决的驳斥。

那么阿隆是如何认识纳粹的呢?

阿隆首先指出,纳粹是一场全新的运动。它的首要特点,也是最本质的特点,在于它的意识形态是反对自由主义制度、反对启蒙确立的原则、反对代议制民主的。概括成一点就是:"对1789年原则的批判使一种已经过时的传统在德国重新占据了上风。"[③]

按照纳粹的理论,自由主义的制度是各种政治制度中最为恶劣的一种制度,其实质是个乌托邦。这种乌托邦由理论和实践两部分组成。理论上,自由主义的个人主义方法论和平等原则都是不成立的。纳粹认为,启蒙运动所提倡的个人并不是一种理性的存在,民族也不是一种个人的集合体。这种个人主义方法论只是在用抽象的方式在思考个人的作用,它容易导致泯灭个人的国际主义。因为它将个人作为一个团体中的成员,将一个具体的个人和民族、国家联系在一起,在政治、社会生活中,个人只能被限制在国家和民族的范围内起作用,无法发挥个人英雄主义的作用。对于平等的观念,纳粹认为,人生而就是不平等的,平等既不是权利,也不是人类社会应该追求的理想。而且,连提出平等这种问题的方式也是错误的。在实践中,自由主义社会片面强调个人利益,只会带来对金钱的崇拜。言论自由产生的自由讨论不会带来真理,它只带来社会内部的宗派林立,不会带来和谐。自由主义的普选制根本无法保证人民意志的胜利,议员不能准确地代表人民,他们既不是人民真正的代表,也不是

---

① Entienne Bartier, *Les Petits Camarades*, Paris:Julliard, 1987, p. 21. 关于阿隆思想转变的具体过程,他的回忆录中有详细的描述,另外还可参见 Jean-François Sirinelli, "Aron avant Aron", *Vingtième Siècle*, 1984, janvier-mars, pp. 77-91.

② Abbott Gleason, *Totalitarianism:the Inner History of the Cold War*, New York & Oxford:Oxford University Press, 1995, p. 214.

③ Aron, *Commentaire, Histoire et Politique*, numéro 28—29, 1985, p. 299.

人民的唯一代表。他们的数量稀少,缺乏政治上的进取心,不具有管理和统治国家的能力。总之,他们根本无法履行、实现真正的政治权威。

纳粹的另一个特点,在于它没有破坏原有的社会阶级结构。阿隆指出,希特勒上台有很重要的社会心理基础。经历了战败的挫折和经济危机的打击之后,德国社会存在着普遍的挫折感和渴望变革的心态,这种心态是各种社会阶级的共同心态。纳粹将德国人的挫折感引向对法国和对犹太人的仇视,针对德国人渴望变革的心态,纳粹承诺将创造一个全新的德国。在这个新德国中,民族的共同体将得到重建,德国人的生存状态将和以前完全不同,更重要的是,这种变革并不需要破坏原有的社会阶级结构,这对德国人具有相当大的吸引力,因此,纳粹是在原有的阶级结构上重建了一个全新的社会:"不否认具有一定的偶然因素,但总的说来,希特勒的权力是容克、军队、东普鲁士地主给他的。在银行家的支持下,这个野心勃勃的、平庸的煽动家签下了旧德国和第三帝国之间的协议。"①

纳粹的最后一个特点在于它的主要凝聚力是民族主义。当时,纳粹的宣传中有一个非常具有蛊惑力的观点,即纳粹宣称自己的上台、执政是一场"无产阶级的、社会主义的革命"。针对这个说法,阿隆指出,纳粹在政治上是非无产阶级、非社会主义的,纳粹的社会基础并不是产业工人,事实上它也不是依靠产业工人上台的;它利用来作为其主要凝聚力的是民族主义,而不是社会主义革命的理论。

站在启蒙运动和法国大革命开创的现代民族主义立场上,阿隆强调德国的民族主义和法国的民族主义有显著的差别:法国民族主义带有浓厚自由主义的色彩,而德国的民族主义则首先体现为一种国家崇拜。至少从拿破仑战争开始,德意志民族主义中的国家崇拜完全压倒了自由主义的影响,表现为无条件地支持国家政权。在德国,任何一种政治主张都不具有民族主义的凝聚力。这种民族主义的危害性是毋庸置疑的:"我认为,民族社会主义对欧洲来说是一场灾难.它重新煽动起各民族之间宗教般狂热的敌对情绪.它帮助德国旧梦重温、旧病重犯;以德意志民族的特

---

① Aron，*Commentaire*，*Histoire et Politique*，numéro 28—29，1985，p. 309.

殊性为借口,德国迷失在一种神话中。这种神话认为自己高人一等,而外部世界都出于嫉妒而对他们充满敌意。"①

既然纳粹是一场全新的运动,要搞清楚这场运动的确切性质,就要采用一个新的理论工具。依阿隆所见,意大利社会学家维尔弗雷多・帕雷托(Vilfredo Pareto)有关精英和大众二元对立的政治社会学理论,特别是他有关社会变革的理论,对于理解纳粹这场全新的运动的政治意义,是最适合、最具有理论上的解释力的。②

帕雷托的政治社会学理论认为,任何社会的基本结构都是精英和大众的对立。所有政体都是由大众建立的,在一场政治变革中,决定性的因素既不是经济制度的改变,也不是阶级关系的变化,而是新的精英掌握了权力。

那么,纳粹政权的大众基础,是由哪些社会群体构成呢?阿隆认为,首先是青年群体、白领群体和知识分子,还有小生产者——包括小店主、小批发商和手工业者,他们反对的是资本主义的某些特征,例如大商业、大金融、犹太人、寡头资本主义和日益的理性化等,并不坚决反对资本主义本身。同样,由于纳粹许诺在不发生社会变革的情况下取消农民的债务,农民也成为纳粹的支持者。这些既非资本家,也非产业工人的社会群体,是纳粹的重要社会基础。

在分析了大众的组成之后,阿隆观察了纳粹掌权之后所实行的政策,认为这些政策很大程度取得了效果。因此,根据帕雷托的理论,这个政权的大众基础是稳固的。值得重视的是纳粹的精英阶层。在阿隆看来,帕雷托精英理论和极权主义体制的最大契合性在于,帕雷托主张一个精英阶层的功能在于确保一个民族的伟大,而且帕雷托是将伟大和暴力、权力欲混为一谈的,他认为一个缺乏权力欲望、缺乏暴力能力的精英阶层没有前途,必将走向衰落和腐朽,从而导致整个国家的衰落和腐朽。这就是帕

---

① Aron, *Commentaire*, *Histoire et Politique*, numéro 28—29, 1985, p. 310.
② 关于帕雷托对阿隆思想的影响,可参见 Stuart L Campbell. ,"The Four Paretos of Raymond Aron", *Journal of the History of Ideas*, Vol. 47, No. 2 (Apr.-Jun., 1986), pp. 287-298.

雷托为什么在很大程度上被意大利法西斯奉为理论家的原因所在。借助帕雷托的理论。阿隆从较一般的意义上说：“精英的性质，决定了政体的性质。一种前所未有的新的统治精英的出现是极权制度最具有根本性的特征，这些精英崇尚暴力，大部分是知识分子或是冒险家，他们信奉犬儒主义，注重效率，具有一种只讲权术、不考虑道德的本能。”①

极权主义的政治制度和外交政策为统治精英的权力意志服务。它们对内采用僭主式的暴政，对外无限扩张。法西斯主义和民族社会主义将经济置于政治之下，而在政治中又让外交处于优先地位。在当时的外交领域中，极权制度首先反对的是西方民主国家，而不是斯大林统治的苏联：“他们反对民主的政治制度和经济制度，反对民主的意识形态，用集体反对个人，用英雄主义价值反对资产阶级的价值，用个性反对知识和知性，用纪律反对个人自由，用狂热反对理性。他们不仅反对行将就木的19世纪的价值观，并且反对西方传统的最高价值——对人的尊重，对人的灵魂的尊重。”②正是精英的反自由、反民主的性质导致了民主和极权的对立。基于这一判断，阿隆与当时法国右翼知识界拉开了距离。

当时的法国左翼知识界主流，对法西斯的反自由、反民主的性质也有所认识，但是以阿兰为代表的和平主义主张占据了左翼知识界的统治地位。阿兰的和平主义在政治上的出发点是一种无政府主义。按照阿兰的理论，道德是指导政治生活的最高原则，而政治生活的本质是公民和政权的对立，而任何形式的政权都是对公民自由的束缚，因而都是不道德的。一个公民必须出于道义上的理由无条件地反对一切政权。而法国政府如果采取备战政策，一方面将会用国家的力量强化征兵等各项军事动员的措施，这将违背公民本人的意愿；另一方面，政府将会以国家利益的名义采用一切非常手段控制思想领域，从而违反言论自由的原则。在阿兰看来，备战政策是对公民自由的最大侵犯，因此应该采取一切努力加以阻止。从20年代开始，阿兰就一直主张不惜一切代价争取和平。慕尼黑协

---

① Aron, *Machiavel et les Tyrannies Mmodernes*, Paris:Fallois, 1993, p.165.
② Aron, *Machiavel et les Tyrannies Mmodernes*, p.165.

议签订之后，阿兰公开表示，对一切形式的和平都不会感到耻辱。甚至在1939年9月10日，"二战"爆发10天之后，阿兰及其追随者仍然在散发传单，呼吁交战双方停止战争："和平的代价决不会高于战争的代价。面对死亡，一切都将消失；而面对生活，人们可以期望一切，愿所有的武装力量都听从理智的声音，因而放下武器！愿人类的心灵随战争的结束而获得圆满！让我们要求和平，让我们强烈地要求和平吧！"[1]

阿隆坚决反对这种和平主义的观点。在战前和战时的一系列文章中，他反复强调，和平主义者没有抓住当时政治生活中最具根本性的问题。问题的本质不是在于战争与和平之间的差别，而是在于专制政权和民主的政权之间的差别："阿兰的无政府主义，主张公民从道义的理由出发，反抗一切政权，反对一切备战的政策。如果希特勒赢得战争胜利的话，这些和平主义者将会发现，与战争这种罪恶相比，奴役这种罪恶更为不道德。"[2]通过对自由原则的坚持，阿隆与当时法国左翼知识界同样拉开了距离，进一步充分体现出了其极权主义批判的预见性。

从上述阿隆与当时法国知识界左右两翼的论战中，我们可以看到，30年代法国政治思想界的左右两种主流话语，都脱离了当时政治生活的现实，正如阿隆所言："一种政治思想（阿兰）是朝向永恒的理念，而另一种（莫拉斯）政治思想则是朝向消逝了的过去，没有一个是朝向现实和未来的。"[3]这其实也是法国政治思想史的一个特征。从大革命开始，在法国精神生活领域中占统治地位的，经常是带有浓厚的怀旧或是乌托邦色彩的政治思想，而建立在对现实进行严肃的政治思考基础上的思想，往往处于边缘。这种情况下，法国的知识分子虽然热衷于讨论政治问题，但是很少能够抓住时代政治问题的要害。而对阿隆而言，30年代法国面临的战争与和平的选择，实质就是自由和极权之间的选择，而任何人试图逃避这

---

① Jean-François Sirinelli, *Intellectuels et Passion Française:Manifestes et Pétitions au X X siècle*, Paris:Fallois, 1996, p. 200.

② Aron, *Chroniques de Guerre*, Paris:Gallimard, 1990, p. 500.

③ Aron, *Introduction a la Philosophie Politique:Démocratie et Révolution*, Paris:Fallois, 1997. p. 31

一尖锐的对立,就是在逃避现实,因为现实在本质上就是政治的。正是这种正视现实、重视政治的思考方式,帮助阿隆能够早在纳粹上台之初就对极权主义提出了具有预见性的批判。

二 阿隆极权主义批判的独创性

1940 年 6 月法国败亡之后,知识界的反应是复杂的。除了参加抵抗运动的知识分子之外,相当数量的知识分子采取了和纳粹占领者或是维希政府合作的态度,这些知识分子在战后被称为合作者(collabrateurs)或合作主义者(collabrationistes)。还有一些知识分子则从观望发展到抵抗,代表人物是艾曼纽埃尔 · 穆尼埃(Emmanuel Mounier)[①]。而阿隆从戴高乐的"自由法国"运动成立之初就奔赴伦敦,参加了《自由法国》(France libre)杂志的编辑工作,一共为《自由法国》撰写了 70 篇政论[②],这在当时的法国知识界是十分罕见的。

在参编《自由法国》杂志这段时期里,阿隆开始从政治理论上批判极权主义,他在理论上的独创性,可以概括为两点。首先,阿隆运用"马基雅维利主义"(Machiavélisme)这个概念来解释极权主义的权术统治。[③]

在阿隆看来,马基雅维利、帕雷托的政治思想所代表的"马基雅维利主义"和极权主义思考政治的方式具有高度的契合性,是认识、解释极权主义思维方式最合适的理论工具。阿隆认为其所处时代的特征与马基雅

[①] 穆尼埃是《精神》(Esprit)杂志的主编、天主教人格主义思想家。

[②] 系本文作者根据阿隆著作目录的统计,阿隆法文传记作者巴维雷兹的统计数字是 67 篇。

[③] 第二次世界大战爆发之前,阿隆从马基雅维利入手,开始着手撰写一本思考政治、思考极权主义这一历史新现象的书。但由于战争的原因,这些研究未能及时出版,阿隆逝世后的 1993 年,法国学者雷米 · 弗雷蒙(Rémy Freymond)将这些手稿进行整理,加上阿隆一些已经出版的同主题文章,汇编成册出版,名为《马基雅维利与现代暴政》(Machiavel et les Tyrannies Modernes , Paris:Fallois,1993)。此书是阿隆思想的重要组成部分,涵盖了阿隆在"二战"前和战争中理论性最强的论著,其政治思想的主题,如民主与极权的对立、极权主义具有世俗宗教的特色等具有原创性的观点在此都已经有所揭示。可能是出版时间较晚的原因,国内外研究阿隆政治思想的著作都很少提及这本书。

维利所处的时代十分相似："四个世纪以来,每当恺撒出现,谎言和暴力出现,马基雅维利主义的问题就出现了。……如果马基雅维利主义意味着用恐怖、暴力和欺诈进行统治,那么没有一个时代比我们现在更具有马基雅维利主义的特征。"①阿隆指出,"马基雅维利主义"提倡的是一种新的政治统治形式,其合法性并不是来自于传统社会的世袭,而是通过暴力、欺诈和投机获得的。统治者虽然依靠精英进行统治,但首先必须有一群效忠的民众作为统治基础,换言之就是必须得到社会的支持。他既是精英的领袖,同时也是大众的领袖。这类统治者获得的权力,具有独断性,并且是无限的。②

马基雅维利主义有其人性论的基础。它认为人性不会发生变化,人性基础的原则是人的"恶",这是一种"经验的真理"。人类的个体从本质上来讲都是邪恶的。而且,人是永不知足的存在,既懒惰又盲目,在任何情况下随时准备运用他们的邪恶。在善与恶的选择中,人类总是倾向于选择恶,从来都是在迫不得已的情况下才做善事。在政治领域,统治者只能将可靠的权威建立在被统治者的邪恶而不是美德的基础之上,因此以美德为原则的政治制度是不可能实现的。人们聚集起来构成社会,其目的是服从权威;民众只是一个不规则的面团,由统治者将他们捏成各种统治形式,其自身没有能力进行自我统治。因而人民无法自己决定自己的命运。他们需要有人排除一切知识上和道德上的考虑来建立和运用权力,训练他们服从的能力;甚至他们的暴力倾向,也需要统治者加以训练。③

马基雅维利主义也有其历史观的基础。它否定启蒙以来的进步观念,认为人类历史的发展并不存在目的性,历史的稳定性也是无法获得的,只有不稳定性是永恒的。在历史上,道德只是高贵的一瞬间,统治历史的,是力量而不是道德,因此历史并无意义,只是一个无限的循环。同

---

① Aron, *Machiavel et les Tyrannies Modernes*, p. 59.

② Aron, *Machiavel et les Tyrannies Modernes*, p. 120.

③ Aron, *Machiavel et les Tyrannies Modernes*, pp. 67-70.

时,人类历史的核心内容是人们之间无休止的斗争,民众的生存竞争力和精英的政治统治力决定了这种斗争的结果。但是,无论是民众还是帝国,最终都将消亡,因而这种斗争的结果也只能是暂时的。于是,马基雅维利主义者认为人类生活唯一的意义,是在历史上留下自己的名字。①

在上述人性论和历史观基础上,马基雅维利主义主张不择手段地追求权力,在思考政治的时候将道德因素完全排斥在外。阿隆这样概括马基雅维利主义的特征:"马基雅维利主义由三方面的内涵组成:一种对人性本质的悲观看法,从中演化出一种历史哲学和权术哲学;一种实验的和理性主义的方法,这种方法被应用于政治领域,易于导致一种侵略性的非道德主义和对被排除在权力之外的忧虑;最后是一种对人性意志和行动的价值的狂热。马基雅维利主义是极权主义思考政治的方式。"②

马基雅维利主义的核心是政治的技术化,也就是权术。阿隆强调:"我们研究的不是具体的欺诈行为,而是欺骗的艺术,一种'理性化的欺骗系统'。正是运用这个系统,现代马基雅维利主义实现了对人的统治。"③极权主义统治对权术的使用直接受到帕雷托思想的影响。帕雷托推崇的是手段的有效性,提倡为了达到目的可以运用包括暴力和谎言在内的一切方法。并且,帕雷托提倡的权术,侧重点不在于运用物质层面的手段,而在于运用社会心理层面的手段,他将这类社会心理层面的手段,作为掌权者所必备的基本技术。例如,帕雷托特别强调宣传的作用,主张政治家必须煽动民众,利用民众而掌握权力。④

以往的研究认为,阿隆将极权主义的权术概括为七个方面,包括发动军事政变、摧毁议会民主制度、组建带有极权性质的政党、发动自上而下的革命、实行统制经济、重视舆论宣传和灭绝被征服民族。⑤ 而新近出版的资料表明,阿隆其实进行了更加凝练的概括。权术包括五个部分:"夺

---

① Aron, *Machiavel et les Tyrannies Modernes*, pp. 64-66.

② Aron, *Machiavel et les Tyrannies Modernes*, p. 189.

③ Ibid., pp. 119-120.

④ Ibid., pp. 114-115.

⑤ 例如陈喜贵:《维护政治理性——雷蒙·阿隆政治哲学研究》,中央编译出版社,2004年,第219页。

取权力的技术,保持权力的技术、加强权力的技术,辅助以宣传和必不可少的帝国主义扩张政策。"①一些学者甚至以此作为解释阿隆极权主义理论的整体框架。② 利用上述五个方面的概括,阿隆解释了极权主义的权术运用机制。他尤其强调的是:极权主义保持权力的主要方法是消灭其他政党;加强权力的技术则主要体现在创建新的统治精英集团、利用意识形态和恐怖手段;在宣传煽动的技术上,最典型的事例是纳粹,纳粹利用反犹主义的宣传,迷惑了国内的民众和国外的许多知识分子。

阿隆对极权主义统治中权术的批判体现出鲜明的法国自由主义的特点。从孟德斯鸠开始,法国自由主义者就一直强调对统治者的权力进行限制,通过分权制衡和公民的政治参与来保障权力的和平行使。阿隆对马基雅维利主义的思考,后来还延伸到了对民主国家国内政治和对外政治原则的思考之中。他认为,在国内政治中,除非在某些威胁到国家生死存亡的非常时刻,统治者一般不能采取马基雅维利主义的统治方式;而在国际政治中,由于国家之间始终存在着利益冲突,在某些时候不可能不采用马基雅维利主义的手段。③ 美国对内行王道对外行霸道的政治取向和阿隆对马基雅维利主义的理解有相通之处。这说明阿隆的思考中存在着一定的误区。

阿隆批判极权主义的理论独创性的第二个表现,是他提出了"世俗宗教"(religion séculaire)这个概念来强调极权主义国家意识形态的独特性。任何国家都必须有自己的国家意识形态,而在阿隆看来,极权主义国家的意识形态和自由民主社会的国家意识形态完全不同。前者的国家意识形态分别是种族共同体的理想和共产主义的未来,其特点是将种族和历史的教条进行绝对化和终极化,从而使这些教条起到了替代宗教的作用。因此阿隆把极权主义意识形态称为"世俗宗教",指出它具有史无前

---

① Aron, *Machiavélisme et les Tynans Modernes*, 1993, p. 32.

② 例如德国学者马克-皮埃·莫尔(Mark-Pierre Moll)认为,阿隆将一个社会向极权化发展的过程分成三个阶段:1,夺取政权的准备;2,夺取政权并且巩固政权;3,政权行使的日常化。见高宣扬主编:《法兰西思想评论》(第二卷),同济大学出版社,2006年,第267页。

③ Aron, *Machiavel et les Tyrannies Modernes*, pp. 408-416.

例的狂热性和强迫性:"我打算把这样一种学说称作'世俗宗教',这种学说在我们当代人的心灵中占据了已经消失的信仰的位置,并且在不远的将来,还要在人世间以一种有待创立的社会秩序来确保人类的福祉。"①

"政治宗教"这个概念是德国思想家埃里克·沃格林(Eric Voegelin)首创,用来描述 20 世纪的意识形态的政治作用的。② 阿隆思想的早期研究者认为,阿隆创立的世俗宗教概念,是受到了帕雷托思想的启发,③而国际学界最近倾向于认为,阿隆的世俗宗教概念更接近沃格林的思想。④

与沃格林类似,阿隆认为人具有宗教的本能,虽然现代社会宗教缺失,但是这种本能仍然存在:"心理学家和社会学家告诉我们,人不只是当他崇拜某个神灵的时候,而且当他把全部精神力量、全部意志力量、全部热情活力都用于一种已经成为其所有情感和行动的目标和归宿的原因或存在时,他就是宗教性的了。世俗宗教和那些最为专横划一、最具普遍影响的时代里的宗教信仰一样,能够把各种各样的心灵改造为同样的忠诚、同样的坚决、同样的虔诚,这是一个事实。"⑤

在阿隆看来,作为斯大林苏联的国家意识形态的马克思主义及其历史哲学,也是一种世俗宗教。它使人们相信,通过一场革命,旧的制度将

---

① 阿隆:"世俗宗教的未来",高宣扬主编:《法兰西思想评论》第二卷,第 451 页。

② 沃格林的政治宗教概念可以概括为两点:首先,政治宗教对人的生存状况是必不可少的,于是,政治共同体的创造者就会把人们栖居的这个短暂的世界描绘成完美、永恒的世界。沃格林说,这个过程就是一个神话的塑造过程,在这种政治神学中创造出来的就是一种世俗的宗教,人们把世俗看作超越,把短暂的历史看成永恒,把残缺看成是完美。从另一个方面讲,现代民族国家的成立所造成的世俗宗教更为典型,因为在现代民族国家中,传统宗教,哪怕在符号上的意义,也被取消掉,伴随着的是现代启蒙思想和科学主义的产生,在现代民族国家的政治神话中,神的地位已经被人取代,中世纪由基督神秘身体演变成的政治制度,已经由民族身体(body of peoples)取代,这是世俗化过程的体现。Eric Voegelin, *History of Political Ideas*, *vol I*, *Hellenism*, *Rome and Early Christianity*, Columbia, Mo: University of Missouri Press, 1997, pp. 225-229.

③ 例如,美国学者布赖恩·安德森(Brain Anderson)认为,阿隆对世俗宗教的批判,受到了帕雷托的精英主义和"剩余物"理论的影响。参见 Brain Anderson, *Raymond Aron-The Recovery of the Political*, London: Roman & littlefield publisher Inc., 1997, pp. 68-71.

④ 参见 Hans Maier, "Concept for the Comparison of Dictatorships: Totalitarianism and Political Religions", Hans Maier(ed.), Jodi Bruhn(trans.), *Concept for the Comparison of Dictatorships: Totalitarianism and Political Religions*, London: Routeledge, 2004, pp. 199-216.

⑤ 阿隆:"世俗宗教的未来",高宣扬主编:《法兰西思想评论》第二卷,第 452 页。

被摧毁，人间天国必将实现；革命是资本主义内在矛盾的必然结果，而被压迫的民众将成为革命的推动力，无产阶级将在这个过程中拯救全人类。纳粹的官方意识形态也是一种世俗宗教。它同样提倡善恶二元对立的世界观，但它的敌人不是资本主义体制，而是犹太人。这两种意识形态提供了一种对世界、对历史的整体解释，该解释描绘了人类的共同未来，肯定了为了历史的发展而牺牲个人的正当性。极权主义意识形态用有关历史的观念体系替代了宗教，从而成为一种新的信条来强迫大众接受，并以此建立了新的道德标准和价值体系。在这种意识形态统治下，国家和社会的分离、国家和政党的分离就被取消了。意识形态帮助极权主义实现自己的权术统治，那就是以国家名义实施的恐怖统治。

阿隆的"世俗宗教"概念和他的历史哲学观点有关。他将马克思的历史哲学看成一种历史决定论，在后来的《知识分子的鸦片》中，阿隆将这个观点加以发挥，称之为"神学的政治化"和"历史的偶像崇拜"。①

不过这两种世俗宗教之间也存在着差别。纳粹的意识形态和斯大林苏联的意识形态之间的差异性，首先在于被历史所选中的对象不同。前者所选中的对象是一个特定种族，后者所选中的对象是一个特定阶级：日耳曼种族被召唤来建立第三帝国，而无产阶级则被召唤来发动革命推翻资本主义。其次，还在于理想目标的不同。纳粹所梦想的社会是一个封闭的种族共同体，而社会主义者所梦想的是一个具有普世性的、对所有人开放的社会。纳粹所看到的历史，是由不同种族之间的战争所支配的，类似于野兽间的弱肉强食的历史。他们最终的目标不是掌握历史的规律，实现历史的使命，而是力图回到物种间优胜劣汰的原初状态中去。而导向社会主义的辩证法，则为斯大林苏联的统治提供了一种内在的、逻辑上的合理性。②

我们应该认识到，阿隆所谓的"马克思主义"和"马克思主义历史哲

---

① 参见雷蒙·阿隆：《知识分子的鸦片》，吕一民、顾杭译，译林出版社，2005年，第105—209页。

② 阿隆："世俗宗教的未来"，高宣扬主编：《法兰西思想评论》第二卷，第460页。

学",只是一种在斯大林苏联被严重教条化的意识形态,而并不是真正意义上的马克思主义。而斯大林苏联出现的种种失误,也正说明了把马克思主义教条化的危险性,这值得引起我们的警惕。同时,阿隆对纳粹和斯大林苏联的"极权主义"的区分,即前者旨在"消灭种族",后者旨在"消灭阶级",也是有见地的:"消灭种族",无疑是一种反人类的罪行,是对启蒙主义的根本否定;而"消灭阶级",按马克思主义的本意来说,那并不是对剥削阶级的"肉体消灭",而只是一个财产剥夺和思想改造的过程。这实际上是对阶级差别的一种否定,或者说是对自由主义启蒙原则的一种肯定,但其本质上是一种极端的平等主义启蒙意识形态,属于启蒙左派阵营,因而可以说仍具有某种现代性。斯大林苏联的失误,主要在于它在"消灭阶级"的问题上走了极端,出现了大量不应发生的"肉体消灭"的恐怖行为。从这个意义上说,纳粹的极权主义是一种不可逆的、绝对的反动,而斯大林苏联的"极权主义",充其量只是国际共运史上的一种短暂的失误,它不是不可逆的,而且事实上也将为坚持启蒙主义和马克思主义根本原则的人们所纠正。

三 阿隆极权主义批判的持续性

第二次世界大战结束之后,阿隆开始从事新闻记者的职业。他的记者生涯从 1946 年开始,一直持续到 1983 年逝世,逐渐成为法国著名的国际政治评论家和理论家。阿隆对极权主义的批判随之扩展到国际政治领域之中,将斯大林苏联作为战后国际政治秩序中的最大威胁。

在第二次世界大战爆发之际,阿隆就开始意识到对国际政治的分析对于批判极权主义的重要性:"极权主义出现之后的国际政治秩序,将和以前完全不同。在 19 世纪,人们对自由主义的民主感到乐观。因为,截至 19 世纪之前的历史,证明了自由主义的民主的力量。在极权主义出现之后,如果再持有这种乐观主义的态度,那就是过于天真了。民主国家只有更新自己的原则才能挽救自由。那就必须要重新思考经济危机、民主的衰落和帝国主义战争这些问题。"①

因此阿隆从"二战"即将结束之时就开始密切关注国际形势的变化，思考自由主义民主在新的国际政治秩序中的地位和前途。1948 年 6 月，在论战性的小册子《大分裂》(Le Grand Schisme)中，阿隆提出了著名的论断："和平绝不可能，战争不大可能。"②这对冷战的爆发做出了比较准确的判断。在战后的法国知识界，阿隆是最早预见到冷战爆发并且坚定地站在美国一方的少数知识分子之一。

出于对民主可能走向暴政这种危险性的担忧，阿隆提出，可以在某种程度上将极权主义看作民主的一个结果。如果代议制被缺乏耐心的大众抛弃，起源于贵族社会的自由感衰落，民主社会就有一种不可阻挡的冲动冲向极权主义。他拒绝认为这个结果是必然的。为了避免这种情况的产生，阿隆坚持并发展了"二战"爆发前"极权主义就意味着战争"的观点，提醒人们不要遗忘纳粹带来的惨痛教训，反复强调纳粹和斯大林苏联的一致性。阿隆指出，两者的一致性不仅在于共同的经济特征和共同的反自由主义民主的意识形态宣传，他们核心的共同之处是"一种准宗教的教条统治和对权力的欲望"③，目的是"建立一个将一切价值和思想一致化的系统，并朝其不懈地努力"④。这是一种会导致整个国际社会陷入政治、经济、思想诸领域全方位"极权化"的危险倾向，必须对其有清醒的认识和充分的准备。

依阿隆所见，"二战"后的局势在很大程度上证实了托克维尔的预言。托克维尔曾经指出，19 世纪的地缘政治表现为力量向欧洲边缘的美国和俄国集中，俄国代表的大陆力量和美国代表的海洋力量是不同性质的两种力量。而在阿隆眼中，"二战"之后的美国所扮演角色和托克维尔笔下 19 世纪的英国的角色是类似的，即二者都承担了对自由主义制度的保护。从这个基点出发，阿隆为美国的外交政策进行辩护，从美国能够保障

---

① Aron, *Machiavel et les Tyrannies Modernes*, pp. 166-167.

② Aron, *Le Grand Schisme*, Paris：Gallimard, 1948, p. 13.

③ Aron, *Les Guerres en Chaine*, Paris：Gallimard, 1951, p. 104.

④ Ibid., p. 105.

自由这个角度论证了冷战的必要性。他先后发表了一系列著作,加上其在《费加罗》报上的国际时事评论文章,反复强调冷战的不可避免。阿隆认为,和斯大林苏联的帝国主义外交政策相比,美国卷入冷战在很大程度上是被动的。从动机上看,美国的统治阶级并没有谋求霸权的企图,因为民主社会认为霸权是一种负担;从后果上看,亲美国家的亲美政党上台之后并没有对国家政治生活进行垄断。而苏联则是从动机和后果上都是在谋求霸权,将扩大势力范围称之为征服,苏军所到之处,当地国家的多党制度就消失,并且这个趋势不可逆转。[①] 既然冷战爆发已经成为一个既定的事实,那么对于知识分子来说,站在美国一方就成为了唯一的选择。

在长期从事新闻记者职业的同时,从1955年至1968年,阿隆还担任了巴黎大学社会学专业教授,并于1970年当选为法兰西学院社会学教授,建立了自己有关现代社会的理论体系。阿隆关于现代社会理论的理想类型认为,现代社会是一个工业社会,工业社会存在两种政治制度——多党立宪制和一党垄断制。在一党垄断体制下,容易导致极权主义的产生。所以说,极权主义不仅是国际政治秩序的最大威胁,并且是现代社会中政治体制的一个变异。在这种对极权主义的批判进行社会学化的过程中,阿隆在方法论上仍然坚持了孟德斯鸠关于政体类型学的理论方法,和另一位著名的极权主义理论家阿伦特有所不同。

在《论法的精神》中,孟德斯鸠将政体分为共和政体、君主政体和专制政体三种类型,每种政体都是由两种概念加以界定的,那就是政体的性质和原则:"政体的性质是指构成政体的东西,而政体的原则是保障政体运行的东西,一个是政体本身的构造,一个是维持政体运行的人类的感情。"[②]共和政体的原则是道德,君主政体的原则是荣誉,专制政体的原则是恐怖。阿伦特将孟德斯鸠的类型学方法称为一种"行为主义的原理",

---

① 如果说,阿隆对冷战爆发的必然性的判断是具有预见性的话,那么,国际冷战史学的研究成果早已表明,阿隆将冷战爆发的责任完全推给苏联,是偏颇的,不够客观公正的。

② 夏尔·德·塞孔达·孟德斯鸠:《论法的精神》,张雁深译,商务印书馆,1997年,第19页。

认为其创见之处就在于重视人类在政治生活中的感情因素,将政治感情引入政治学的研究之中,是后继的政治学的重要理论框架。正是在这个框架基础上,阿伦特将政体分为威权政体、独裁政体和极权政体三种类型,把极权主义作为一种单独的政体形式。

阿伦特在对极权主义的论述中,强调恐怖统治是极权政体的特征。与此同时,为了区别独裁政体和极权政体,她还强调极权政体下人的普遍感受和独裁政体下有所不同:如果说独裁政体下人的普遍感受是恐惧,那么极权政体下人的普遍感受则是"寂寞"(loneliness)。寂寞和恐惧的差异在于,恐惧的人至少能够意识到自己的行动可以逃避镇压、逃脱清洗,也就是说能够意识到自己和身外的世界仍然保持着联系,而"寂寞"则是完全和身外的世界脱离的感受,这是"人心中形成的一种不属于这个世界的感觉,一种最绝望的感觉"[1],这种感受已经使人丧失了任何对外界刺激的反应,即便是面对恐怖统治,也无法产生恐惧的感觉。依阿伦特所见,这正是极权政体和独裁政体的重要差别,即恐怖统治反而导致人的恐惧感的丧失:"在极权政体下,恐怖的两种功能———一是体现极权政体的本质,二是唤起人们的情感而维持政体运行,就不能完全实现,正如宪政政府的法律不足以鼓励和引导人的行为那样,极权主义的恐怖也不足以刺激和引导人的行为。"[2]

而在阿隆看来,这正是阿伦特极权主义理论的矛盾之处:"阿伦特女士用恐怖来定义一个政体的特征,却暗示它无法起作用。"[3]阿伦特将恐怖统治作为极权主义的特征,这是她对孟德斯鸠的"行为主义原理"的应用,重视政治感情的作用,将恐怖作为政体的"原则",但是她又强调在极权政体下,恐怖导致人类丧失了政治感情,无法维持政体的运行,那意味着孟德斯鸠所说的"原则"在事实上并不存在。阿隆强调,根据孟德斯鸠关于政体理想类型的标准,如果一种统治形式不能同时具备"性质"和"原

---

[1]　汉娜·阿伦特:《极权主义》,蔡英文译,联经出版事业公司,1983年,第284页。
[2]　汉娜·阿伦特:《极权主义》,第271页。
[3]　Aron, *Machiavel et les Tyrannies Modernes*, p. 210.

则",那就无法构成一种单独的政体,这是阿伦特理论的缺憾:"阿伦特的极权政体没有原则,而只有性质没有原则是不能构成一种政体的。"①

按照阿隆的政治社会学理论,多党立宪政体下的政治感情是"妥协",而一党垄断政体下的政治感情是"信念"和"恐惧"。② 人们对官方学说抱有信念,而不相信官方学说的人则会因为这种缺乏信念可能会导致的危险而产生恐惧,这两种相辅相成的感受构成了一党垄断政体下的复杂政治感情。根据阿隆的理论,极权主义是一党垄断制度下的变异。它的一般特征包括下述五个方面:1、单一政党垄断政治生活;2、一种具有强迫性的官方意识形态;3、国家操纵传媒;4、国家控制经济生活;5、国家依靠警察和意识形态进行恐怖统治。③ 阿隆这些对极权主义特征的论述,其基本内容和另一位批判极权主义的理论家弗里德里希十分相似④,着重的是对极权主义在政治统治中的行为描述。

阿隆坚持站在美国一方的立场和言论和冷战期间法国知识界的主流话语大相径庭。当时的苏联,由于其在反法西斯战争中的巨大牺牲和贡献,在国际社会赢得了崇高的威望,其代表的社会主义制度对素有热爱正义与和平传统的法国知识界具有强大的号召力。而美国利用自己综合国力的优势,不仅在政治和经济上对法国政府不断施加压力,还用《读者文摘》杂志、好莱坞电影、可口可乐等产品试图对法国文化进行全面渗透,这些做法引起了法国知识界普遍的反感。巴黎大学文学教授勒内·艾蒂昂布尔(René Etienble)的话可以作为法国知识界这种政治、文化民族主义情绪的典型表述:"对一个 15 岁的年轻人来说,《读者文摘》不是为他提供了文学知识,而是逐步地破坏他的人性。《读者文摘》代表的是一种总体

---

① Aron, *Machiavel et les Tyrannies Modernes*, p. 210.

② Aron, *Démocratie et Totalitarisme*, Paris:Gallimard, 1965, pp. 87-88.

③ Ibid. , pp. 87-88.

④ 卡尔·弗里德里希和兹比格涅夫·布热津斯基将极权主义定义为六个标准:1. 一种官方的意识形态;2. 由个人领导的单一大众政党;3. 一个警察系统进行恐怖控制;4. 对大众媒体的几乎完全控制;5. 对各种武装力量的垄断;6. 中央集权化的计划经济。Carl J. Friedrich and Zibigeniv Brzezinski, *Totalitarian Dictatorship and Autocracy*, New York:Frederick A Prayer Publishi, 1956, pp. 9-10.

性宣传,强迫全世界逐渐接受这样一种意识:崇拜金钱、丑化黑人、每天想喝三瓶可口可乐。"①

事实上,在法国知识界历次重要活动中,支持苏联、反对美国的态度占据了上风,这种态度起源于克拉夫申科案件(L'Affaire Kravchenko)②,经过反战和平运动③,最后在罗森堡事件(L'Affaire Rosenberg)中完全控制了舆论。④

阿隆的活动和法国知识界的主流逐渐疏远,受到了舆论的巨大压力,但他不为所动,继续在文化领域中批判极权主义。在当时历史条件下,他加入或者创办杂志,和法国知识界主流进行对抗,可以说是屡战屡败、屡败屡战。阿隆首先加入了《精神自由》(Liberté d'Esprit)杂志⑤。该杂志在 1953 年 7 月停刊之后,阿隆加入了"争取文化自由大会"(Congrès pour

---

① Ariane Chebel d'Appollonia, *Histoire Politique des Intellectuels en France*:1944-1954, Bruxelles:Complex, 1991, Tome I, p. 149.

② 克拉夫申科是一位 1944 年叛逃到美国的苏联官员,1946 年,他在美国出版了《我选择了自由》一书,披露了苏联的一些内幕,其中比较详细地介绍了 30 年代乌克兰的大饥荒和 1937 年肃反的情况。1947 年 11 月,左翼杂志《法兰西文学》(*Les lettres français*)刊登了一组针对此书的评论文章,认为此书内容完全是无中生有的捏造,克拉夫申科实际上是美国的秘密情报人员。克氏随即以诽谤的罪名将《法兰西文学》告上了法庭。此案于 1949 年 1 月开庭,《法兰西文学》一方获得了法国知识界的广泛支持。虽然克拉夫申科最终胜诉,但是触发了知识界持续的反美活动。详见Jacques Julliard et Michel Winock (sous la dir de), *Dictionnaires des Intellectuels Français*, pp. 787-788.

③ 1948 年初,记者伊夫·法格(Yves Farge)在巴黎首先发起了反对战争,维护世界和平的运动。同年 8 月,各国知识分子在波兰组建了《国际知识分子保卫和平大会》(Congrès mondiale des intellectuels pour la paix)组织,由于法国知识分子的声望,活动中心旋即移到法国,与伊夫·法格的运动合并,皮埃尔·约里奥—居里被选为主席,萨特是主要领导人之一。详见Jacques Julliard et Michel Winock (sous la dir de), *Dictionnaires des Intellectuels Français*, pp. 1314-1315.

④ 1950 年 7 月,美国工程师森堡夫妇被指控在"二战"期间向苏联提供核技术而遭到逮捕,1951 年 3 月受到审判,尽管证据不足但仍然被判处死刑。此事引起了世界范围的抗议活动。详见 Jacques Julliard et Michel Winock (sous la direction de), *Dictionnaires des Intellectuels Français*, pp. 1225-1226.

⑤ 该杂志诞生于 1949 年,是由亲戴高乐的知识分子团体"法兰西人民联盟"(Rassemebement du Peuple Français)创办的刊物,由作家弗朗索瓦·莫里亚克之子克洛德·莫里亚克担任主编。

la liberté de la culture)①创办的《证据》(*Preuves*)杂志,1966 年退出。②
在《证据》杂志的影响力衰落之后,法国知识界的自由主义右翼知识分子
失去了表达的稳固途径,左翼知识分子在论战中完全控制了舆论,到
1968 年 5 月事件时达到顶峰。为了维持自己的存在,自由主义知识分子
于 70 年代初创办了《对应》(*Contrepoint*)杂志,阿隆在杂志上发表了十余
篇文章,但是影响不大。该杂志由于内部的矛盾,于 1977 年停刊。自由
主义知识分子仍然没有放弃努力,于次年创办了《评论》(*Commentaire*)杂
志,阿隆担任首席主编。该杂志挖掘、介绍了当时被冷落的一大批法国式
自由主义思想家的作品,包括孟德斯鸠、托克维尔、基内、泰纳、贡斯当等,
成为宣传法国自由主义的一个重镇。经过阿隆及其追随者的不懈努力,
《评论》杂志终于在法国知识界站稳了脚跟,其发行量从创刊开始一直保
持在 3000 份以上,稳居法国知识界杂志的前列,和《精神》(*L'Esprit*)、
《争鸣》(*Débat*)并列为知识界最具影响力的杂志之一。③

　　阿隆的极权主义批判在理论上最大的问题,是只看到纳粹和斯大
林苏联之间某些表面上的相似性,而没有看到两者之间本质上的差异。
其实很明显,纳粹是从根本上反对启蒙主义和现代文明的,而斯大林苏
联尽管有种种失误甚至罪恶,却终究没有站到和启蒙主义彻底敌对的
立场上。它的社会主义制度尽管也很不完善,但由于在理论上否定了
资本剥削,而且在实际上也多少比西方资本主义制度更关注人与人之
间的经济和社会的平等,因而仍具有一定的现代性。实际上阿隆也在
"消灭种族"还是"消灭阶级"的问题上,看到了纳粹和斯大林苏联之间
的差异,可惜的是他没有看到这种差异的本质性,以至于最终还是混淆

---

　　① 这是美国和西德的知识分子发起的一个知识分子团体,主要发起人是西柏林市长恩斯
特·罗伊特(Enest Reuter)和美国作家阿瑟·科斯特勒(Arthur Kostler)等。阿隆因其坚定的反
苏立场被选为"争取文化自由大会"的领导人之一。

　　② 1951 年 3 月,"争取文化自由大会"在法国创办了《证据》(*Preuve*)杂志,由著名报人弗
朗索瓦·蓬蒂(François Bondy)担任主编,阿隆从 1955 年至 1966 年为该杂志一共撰写了 50 多
篇文章。

　　③ Jacques Julliard et Michel Winock (sous la dir de), *Dictionnaires des Intellectuels
Français*, pp. 354-355.

了两者之间的界限。

（本文由"中央高校基本科研业务费专项资金资助"。原载《知识分子论丛》第十辑,江苏人民出版社,2011 年。本次收录时略有删改）

刘国柱

刘国柱，1965年生，河北辛集人，南开大学历史学博士，南京大学国际关系博士后流动站出站研究人员，现为浙江大学世界史所教授、所长，美国研究中心研究员、主任，主要研究方向为美国对外关系史。社会兼职有中国美国史研究会常务理事，中国人权发展基金会特约理事、特约研究员。出版有《美国文化的新边疆：冷战时期的和平队研究》（中国社会科学博士论文文库）、《在国家利益之间：战后美国对发展中国家发展援助探研》（第一作者）、《美国对亚太政策的演变》（合著）；在《美国研究》、《史学理论研究》、《世界经济与政治》、《求是学刊》、《浙江大学学报》、《史学月刊》等刊物发表论文30余篇，其中多篇被《新华文摘》、《中国社会科学文摘》和《人大复印资料》全文或摘要转载。主持并完成国家社科基金项目一项，国家相关部委和机构科研项目若干。近年多次作为访问学者在美国相关大学及智库访学并从事公共外交活动。

当代美国"民主援助"解析

　　"民主援助"是 20 世纪 80 年代以来新出现的政治名词,它属于政治援助的范畴,但又不同于传统的政治援助。传统的政治援助一般是对美国盟国的政治声援,帮助稳固美国盟友的政治统治。而 80 年代以来的美国"民主援助"所针对的既有美国的友好国家,但更多的是在意识形态和政治制度上与美国不一致,甚至是敌对的国家,援助的对象既包括传统的主权国家,也包括各种政治组织和社会组织,甚至是受援国的反对派组织。美国为"民主援助"的对象所提供的既有资金(以赠款为主),也有各种设备和物资,还有一些先进的技术。"民主援助"是美国输出民主战略的重要组成部分,是美国在全球推动民主化的重要工具。

　　自卡特政府推出人权外交,将对外援助与受援国的人权状况联系在一起,到里根政府成立"全国民主基金会"(National Endowment for Democracy,简称 NED),正式将"民主援助"作为美国对外援助的重要内容,"民主援助"在美国对外援助中占据越来越重要的地位,"9·11"之后,小布什政府更是将推行民主,作为美国对外援助的首要任务。所以,"民主援助",尤其是冷战结束后的美国"民主援助",是一个需要引起重视的问题。

一　美国"民主援助"的发展历程

　　"民主援助"所涉及主要是受援国的发展道路和发展模式。通过美国援助,影响受援国的发展道路和发展模式,在冷战时期就是美国对外援助战略的重要组成部分。但冷战时期的美国对外援助,其出发点基本上停留在两种不同意识形态的发展观上。在美苏冷战的大环境下,美国发展援助的目的首先是要保证发展中国家不能走上社会主义或共产主义的发展道路。但对于受援国是否是民主国家,其经济体制是否是市场体制,其政治体制是否是民主体制,美国暂时还未能给予更细致的考虑。这既是由于冷战的大环境使然,同时也受当时的主流政治发展理论的影响。

40多年以前,在西方的政治学界,很多学者都笃信这样的政治经济发展观——即社会经济越发达的国家,就越有可能建立持久的民主。[①]这种政治经济发展观的核心内容是:经济发展将会自动带来民主化。一些学者甚至认为,独裁政权能够更好地利用并不丰富的资源创造经济快速增长;而民主政权则往往会被怀疑受特殊利益集团的影响,相对于比较孤立的独裁政权而言,发展中国家的民主政权往往会利用公众的诉求,并容易向公众的诉求妥协,使得他们反而难以采取统一的经济发展计划。因而这些学者得出的结论认为,在一定的发展目标实现之前,民主化的进程应该适当延后。受上述发展理论的影响,美国国际开发署在其成立的初期甚至直到20世纪70年代中后期,在制订对外发展援助战略时,一般都不把促进发展中国家的民主化作为其战略目标。甚至可以说,在冷战的大部分时间里,从美国得到经济援助比较多的国家,除少数国家外,大部分是亲美的独裁政权,如败退台湾的蒋介石政权、韩国的李承晚政权、越南的阮氏政权、拉丁美洲为数众多的军政府和独裁政权等。这种情况直到70年代中期才有所改变。

从70年代末到80年代初,这是美国对外"民主援助"的第一个阶段。美国对外"民主援助"肇始于卡特政府的人权外交,到里根政府建立全国民主基金会,对外"民主援助"趋于制度化。

卡特政府上台后,人权问题开始作为美国对外政策中优先考虑的问题之一。卡特判断,对人权的关注已经成为一种世界潮流,他在就职演说

---

① 相关论述详见 Seymour M. Lipset, " Some Social Requisites of Democracy: Economic Development and Political Legitimacy", *The American Political Science Review*, Vol. 53, No. 1, March, 1959, pp. 69-105.

中分析说:"世界本身现在正由一种新的精神所支配。那些人数较多、在政治上已经日益觉醒的民族,正在渴望并要求他们在世界上的地位,不仅是为了他们本身的物质条件,而且也是为了获得基本的人权。"作为自由世界领袖,美国"绝不能对其他地方自由的命运漠不关心。我们的道德意识使我们明显地偏爱那些和我们一样对个人人权永远加以尊重的社会"。美国"对维护人权的承诺必须是绝对的"①。1977年5月22日,在圣母大学(University of Notre Dame)的毕业典礼上,卡特总统详细阐述了美国的对外政策新原则:美国对外政策应该是"民主的、以基本的价值观念为基础、为仁慈的目的运用权利和影响"。他确信,美国需要重回"自决和民主的信念",而"美国对人权的责任是我们外交政策的根本宗旨"。卡特政府甚至认为,为了推行人权政策,美国可以对其他国家事务进行干涉。如卡特政府的国务卿赛勒斯·万斯(Cyrus Vance)就曾经发表声明说:"我们的目的不是干预其他国家的内部事务,但是正如总统所强调的,任何一个联合国成员国都不能声明侵犯受到国际保护的人权仅仅是其自己的事务。我们的目的是制定同我们的信仰一致的政策,并且当我们认为合乎需要时心平气和地和不带歉意地声明这些政策。"②在卡特政府看来,美国的做法既符合美国的自由主义传统,也符合《联合国世界人权宣言》(United Nations Universal Declaration of Human Rights)的精神,并且,这也是美国对世界所承担的使命和义务。

在卡特时代,世界上并没有发生大规模的民主化浪潮,卡特政府所关注的也是当时一些国家基本的违反人权状况,如严刑拷打、政治暗杀以及其他各种形式的对基本人权的压制行为,还很少顾及较高层次的人权问题如言论自由、结社自由、知情权、定期选举等。而且,卡特政府也意识到,维护人权应该是美国对外政策的一个长期目标,除少数个别情况外,美国政府不可能迅速减少世界各地侵犯人权的情况。同时,卡特政府认

---

① 吉米·卡特:《就职演说》,载《美国历届总统就职演说集》,中央编译出版社,1995年,第409—410页。

② 周琪:《美国人权外交政策》,上海人民出版社,2001年,第69页。

为,在美国对外政策中还有其他一些目标"与人权同等重要,在一些情况下甚至会更重要",如中东和谈、北大西洋公约组织的稳定、与中国关系的正常化、限制战略武器,等等。在面对上述问题时,美国将对"我们的人权目标做出修正,推迟或降低(人权方面的目标)以服从于其他重要目标"①。所以,当亲古巴的桑地诺阵线在尼加拉瓜推翻了亲西方的索摩查政权、苏联直接出兵阿富汗时,卡特政府在对外政策上开始回归,人权问题不再是其关注的焦点。

里根政府上台后,在国外推动民主逐渐成为美国对外援助的重要内容。1982 年 6 月 8 日,里根在英国议会发表演说时声称,美国的外交目标是十分单纯的:"培养民主的基础,这一体系包括言论、出版自由、工会、政党、大学……现在,正是我们作为一个国家——包括政府部门和民间部门投身于援助民主运动的时候。"②至此,在海外援助民主运动,推动世界的民主化成为美国政府对外政策的主要目标之一。

里根政府在国外推动民主化的政策,首先是其反对共产主义意识形态的产物,在英国议会的演说中,里根同样强调,要发动一场反对苏联集权主义、争取自由的十字军东征。与美国重整军备,在世界范围内对苏联势力进行遏制并逐渐推回的政策相对应的是,美国明显加强了意识形态领域里的攻势,美国《华尔街日报》将里根政府的这一政策称之为"思想战争"(War of Ideas)。③ 里根政府推出的重大举措就是成立全国民主基金会。

建立全国民主基金会的设想是美国"隐蔽战略"(Covert Strategy)在新时期的继续。在冷战初期,美国及其盟国通过民间志愿者组织(POV)向"铁幕"另一面的东欧社会主义国家秘密提供顾问、设备和资金,帮助这

---

① David F. Schmitz and Vanessa Walker, "Jimmy Carter and the Foreign Policy of Human Rights: The Development of a Post-Cold War Foreign Policy", *Diplomatic History*, Vol. 28, No. 1, January 2004, pp. 127-128.

② Ronald Reagan, "Address to Members of the British Parliament, June 8, 1982", *State Department Bulletin*, July 1982. pp. 24-29.

③ Gerald F. Seib, "Fearing Soviet Gains U. S. Counterattacks in the Propaganda War", *Wall Street Journal*, 17, May 1983, p. 1.

些国家的反对派人士从事办报纸、结社等活动。20 世纪 60 年代后期,美国民间志愿者组织从中央情报局领取活动经费,并在一些国家从事颠覆活动的消息被披露出来后,引起了社会主义国家在一些国际组织中对美国的强烈抗议,约翰逊政府被迫下令停止上述隐蔽活动。于是,美国国会的一些议员开始寻求建立公开的民间机构,继续资助海外的民主运动。美国最大的工会组织劳联—产联(AEL-CIO)更是希望设立美国民主基金作为从事国际活动的公共资源,以替代 20 世纪 60 年代中央情报局所从事的活动。

1983 年 2 月,里根政府正式向国会提出了建立"全国民主基金会"的建议,并得到了两党大部分议员的赞成,美国国会批准成立全国民主基金会。根据美国国会制定的全国民主基金会条例,全国民主基金会的工作目标主要有以下几个方面:通过民间机构在世界范围内鼓励自由和民主,包括促进个人权利和自由的行动;推动美国民间组织(特别是美国两大政党、工会和商业协会)与国外民主组织之间的交流;促进美国非政府组织(特别是美国两大政党、工会和商业协会及其他民间组织)参与海外的民主培训计划和民主制度建设;及时采取措施,与海外的本土民主力量合作,加强民主选举的作用;在促进与海外致力于民主文化价值、民主机构与组织等的合作中,支持美国两大政党、工会和商业协会和美国其他民间组织的参与。[①]

美国国会为全国民主基金会提供的财政拨款额度第一年为 1800 万美元。其后,美国国会对全国民主基金会的拨款逐渐增加,到 20 世纪 90年代末达到了 3000 万美元。[②] 全国民主基金会的成立,标志着美国对外"民主援助"的制度化。自里根政府开始,全国民主基金会逐渐成为美国在海外推动民主化运动的重要机构。

全国民主基金会主要通过为一些非政府组织提供资金,帮助这些组

---

① Thomas Carothers, *Aiding Democracy Abroad: The Learning Curve*, Washington D. C., Carnegie Endowment for International Peace, 1999, pp. 31-32.

② David P. Forsythe, *Human Rights and American Foreign Policy: Congress Reconsidered*, Gainesville: University Press of Florida, 1988, p. 135.

织在海外从事推进民主的战略。除了零散的捐赠外,全国民主基金会的主要受赠者有四个,分别是国际私营企业中心(Center for International Private Enterprise,CIPE)、国际劳工团结美国中心(American Center for International Labor Solidarity,ACILS)、国际共和党协会(International Republican Institute,IRI)和全国民主党国际事务协会(National Democratic Institute for International Affairs,NDIIA)。这四个受赠者所接受的资金占全国民主基金会资金支出的 55%～60%。上述四个组织分别属于美国商会(U. S. Chamber of Commerce)、劳联－产联、共和党和民主党。这四个组织可以说涵盖了美国的左翼(民主党)和右翼(共和党),囊括了企业界与工人阶层,这样,就将在海外推动民主化上升为整个美国的事业。上述四个组织各自独立运作,其工作的侧重点也各不相同。国际私营企业中心主要是在国外推动建立市场经济,认为市场经济是实现民主化的重要条件;国际劳工团结美国中心主要是在国外支持建立和发展独立工会组织,将独立工会组织视为民主化的重要环节;两个政党协会主要是在国外进行公民教育和宣传,帮助国外理念相同的政党的发展、帮助建立自由和公正的选举制度,进而推动其他国家的民主化进程。

里根时代的"民主援助"还处于初级阶段,而且除了拉丁美洲外,世界上也没有发生大规模的民主化浪潮。但是,里根政府搭建了一个系统的"民主援助"平台,当 20 世纪 80 年代末期,民主化的潮流开始席卷东欧和亚非国家时,里根政府所精心搭建的"民主援助"平台能够迅速启动,急遽扩大美国的对外"民主援助"。

20 世纪 90 年代,是美国对外"民主援助"发展的第二个阶段。这一阶段美国对外"民主援助"有两个特点:一是"民主援助"的主要对象是东欧和前苏联,即冷战时期的那些社会主义国家,"民主援助"的目的无疑是巩固冷战的成果,加速这些国家政治体制的转型;二是援助的规模急速扩大。东欧剧变发生后,老布什政府和当时的美国国会反应迅速,专门设立了支持东欧民主基金,每年为东欧国家提供约 3 亿美元的经济援助,支持这些国家的民主化转型。苏联解体后,美国又迅速设立了自由支持基金,这项基金连同美国国防部的合作降低威胁项目,一年间向前苏联提供的援助达到了 20 亿美元。从 1990 年到 1998 年,美国向东欧国家提供的"民主援助"基金达到了 3.3 亿美元;从 1992 年到 1998 年,美国向前苏联提供的"民主援助"基金达到了 3.2 亿美元。同一时期,美国 NED 向东欧提供的资金平均每年在 300 万~500 万美元,向前苏联提供的资金平均每年在 400 万~500 万美元。1993 年设立的欧亚基金,同样也是用于与前苏联一些国家的民主转型,每年提供的资金也在 500 万~1000 万。整个 20 世纪 90 年代,美国为东欧国家和前苏联提供的"民主援助"基金达到了 10 亿美元左右。[①]

　　进入新世纪后,尤其是"9·11"之后,美国对外"民主援助"步入了一个新阶段。这一阶段的美国对外"民主援助"有以下两个特点:第一,将美国对外援助与"民主援助"更加紧密的结合在一起,促进受援国的民主化成为美国对外援助的首要目标。根据美国国务院与美国国际开发署联合制订的《战略计划》,促进和深化受援国的民主化成为美国对外援助的首要目标,即"促进民主和良好治理的发展,包括公民社会、法律法规、尊重人权和宗教自由"。《战略计划》宣称:"美国外交和对外援助将坚定地支持民主和人权,不仅因为这些是我们的传统价值,也因为一个更加公正的世界才是更加稳定和繁荣的世界,我们将一贯地、负责任地和谨慎地支持国外的民主和人权运动。"[②]第二,"民主援助"与美国的全球战略更加紧密地结合在一起。"9·11"之后,反对国际恐怖主义成为美国对外战略最重要的内容,与此相适应,美国对外"民主援助"政策也相应地调整了自己的战略。被视为国际恐怖主义温床的中东及伊斯兰世界成为美国对外"民主援助"重点。在美国决策者看来,只有在中东实行民主和改革,才能从根源上铲除恐怖主义,使美国变得更加安全。"民主援助"成为美国反恐战略的重要组成部分。

---

　　① Thomas Carothers, *Aiding Democracy Abroad*, p.41.

　　② Department of State/USAID, *Security, Democracy, Prosperity: Strategic Plan, Fiscal Years 2004—2009*, Washington D.C., 2003, pp.19-20.

二 美国"民主援助"的方式与内涵

美国"民主援助"包括两种方式:一种是传统的方式——附加条件的经济援助,即将美国的经济援助与受援国的民主化挂钩,以受援国采取政治、经济改革作为美国提供经济援助的前提条件;另一种则是由美国政府机构或具有政府背景的非政府组织(NGOs)对受援国或受援国的各种政治和社会组织提供资金、物资、人力资源等方面的援助,直接介入受援国的政治、经济和社会体制变革。

将民主化和民主政治作为美国提供经济援助的前提条件,利用美国经济援助推动发展中国家在政治和经济领域的变革,这是美国在对外援助过程中经常采用的手法。但在不同时期,美国政府的目标和侧重点也不尽相同。如里根政府时期,美国政府更多强调的是在发展中国家推动私营经济和市场经济的发展。里根政府的助理国务卿切斯特·克拉克(Chester Crocker)在阐述美国对非洲的政策的演说中强调:美国将努力使得对外经济援助更加富有成效并产生良好的结果,并改变过去重点援助几个友好国家如苏丹、肯尼亚的局面,致力于促进非洲国家私有经济的发展。他指出:"在里根政府领导下,我们的双边援助将针对那些我们的利益最能清晰体现出来的地区,更加针对那些能够产生更广泛和持久影响的政策变革,那些变革包括给予那些国家内部以及外来的私有部门更大的机会。"[①]

同一时期,美国国际开发署的对外援助战略也是围绕推行市场经济和私有经济,如美国国际开发署推出的外援战略,其目标就是:

第一,政策变革——美国国际开发署希望受援国政策的确立能够推动自由市场原则,并减少政府对经济的干预。

第二,推动私有企业的发展——美国国际开发署支持并帮助在发展

---

① E. Brown, "Foreign Aid to SADCC: An Analysis of the Reagan Administration's Foreign Policy", *A Journal of Opinion*, Vol. 12, No. 3/4, Autumn-Winter, 1982, pp. 29-30.

中国家发展微型、小型和中等规模的本土私人企业。

第三,方案的执行范围——美国国际开发署将在发展中国家的诸如人口与保健领域,利用民间组织和企业去推动发展援助推动计划的开展。[①]

小布什政府时期,美国更加关注受援国的政治改革,试图以美国经济援助为诱饵,推动受援国进行体现西方价值观念的政治体制改革。如2002年新设立的千年挑战账户(Millennium Challenge Account,简称MCA),就对受援国设置极为严格的政治经济条件。根据《2003千年挑战条例》,受援国必须在政治和经济的民主化方面达到下列标准:

政治上公正而民主的治理,包括承担下列义务:促进政治多元化、平等和法治;尊重人权和公民权利,包括残疾人的权利;保护私有财产权;鼓励政府的透明度、加强政府责任;反对腐败。

经济自由,包括执行下列经济政策:鼓励公民和公司参与全球贸易和国际资本市场;促进私有企业的发展、自然资源的可持续利用;加强经济中市场的作用;尊重工人的权利包括组织工会的权利。[②]

2005年,美国将援助的条件做了更为严格的规定,尤其是在政治方面,如受援国必须在以下6个方面做到公正统治:公民自由,是采纳自由之家(Freedom House)的标准,包括言论自由、集会和结社的权利、实行法治和保护人权、个人自主及经济权利;政治权利,同样是采纳自由之家的标准,包括自由和公正选举拥有真正权力的官员、公民组织政党并能够在选举中公平地竞争;不受军队、外国强权、极权政党、宗教僧侣、经济寡头控制的自由,保证少数族裔的权利;言论与责任,采纳世界银行的标准,包括宪法保护公民自由的能力、一个国家的公民参与选择政府的能力、独立的媒体;统治效果,采纳世界银行的标准,即提供平等的公共服务、保证公民服务的权限、不受政治压力影响、政府具有筹划并执行重大政策的能

---

① Mark F. McGuire and Vernon W. Ruttan, "Lost Directions: U. S. Foreign Assistance Policy Since New Directions", *The Journal of Developing Areas*, Vol. 24, No. 2, January, 1990, p. 142.

② MCC, *Millennium Challenge Act of* 2003, Washington D. C. , 2002, pp. 4-5.

力;法制也是采纳世界银行的标准,包括公众对法律的信任和遵守程度、暴力事件和非暴力犯罪、司法系统的效力和前瞻性、强制履行合同的能力;反对腐败,采纳世界银行的标准,包括腐败对商业环境的影响、政治舞台上的重大腐败以及精英分子致力于实施国家控制的趋势。[①] 这迫使一些发展中国家为接受美国的经济援助而不得不进行美国期待的政治改革。

冷战结束后,美国在对外"民主援助"方面更侧重直接介入受援国的政治、经济和社会变革,这种类型的"民主援助"主要包含以下四个方面的内容:

第一个方面是选举援助。民主政治的一个重要内容就是定期选举,包括行政官员选举和立法系统选举等。美国的"民主援助"最初就是由选举领域开始,之后逐渐扩大到其他领域。而且,选举也一直是美国"民主援助"关注的重点领域。美国在选举领域提供的援助主要是:

第一,为受援国组织选举提供经费。如 1992 年,在美国国务院的推动下,美国国际开发署设立了主要用于非洲选举的援助基金——非洲地区选举援助基金(African Regional Electoral Assistance Fund),由非美协会(African-American Institute)、国际共和党协会和全国民主党国际事务协会具体负责实施。在中东地区,全国民主基金会资助了也门的选举和议会改革计划、也门的选举制度改革、科威特议会改革等。

第二,帮助受援国建立选举管理机构,培训选举机构官员。美国国际开发署及 NED 等机构在向受援国提供资金的同时,也在帮助受援国建立和完善选举管理机构,重点是提高选举委员会的组织和管理能力,加强选举委员会在政治上的独立地位,以树立这一机构在大选中的权威。对选举机构官员的培训不仅包括中央选举委员会的官员,也包括大选中各选区的工作人员、大选观察员和为大选服务的志愿人员等。

---

① MCC, *Report on the Criteria and Methodology foe Determining the Eligibility of Candidate Countries for Millennium Challenge Account Assistance in FY 2005*, Washington D. C., 2004, pp. 7-8.

第三,派遣大选观察员,监督大选并在选举出现纠纷时进行仲裁和调解。1982 年,萨尔瓦多举行制宪国民代表大会选举,由美国国际开发署组织了大批观察员,到萨尔瓦多对选举进行监督。之后,美国先后向 12 个国家派遣了选举观察员,这对于民主化初期的国家选举更加公正发挥了一定的作用。

此外,美国还为受援国的选举提供其他方面的支持和帮助。如帮助转型国家设计选举制度,包括选区的设置,立法机构、总统、地方政府的选举方式,以及对选民进行选举教育,等等。

第二个方面是政党援助,主要是由国际共和党协会和全国民主党国际事务协会具体负责实施。从 20 世纪 80 年代后期起,全国民主党国际事务协会便开始利用全国民主基金会提供的资金加强与国外理念相近政党的联系。国际共和党协会则主要是与拉丁美洲国家的中间偏右的政党加强联系,并为哥伦比亚、危地马拉、玻利维亚和哥斯达黎加等国的右翼政党提供技术援助以及人员培训。1990 年后,美国在政党援助方面迅速扩大,美国国际开发署每年为上述两个组织提供的经费达 1000 万美元。这一时期政党援助的主要对象是东欧和前苏联的政党组织。

美国的政党援助主要有以下几种方式:直接对受援国政党提供经费,帮助其强化组织基础和参预选举,同时也提供一些维持政党组织正常运转所需要的仪器和设备;组织专题政治研讨会,或针对某个特定的议题,或针对某个党所面临的最重要问题,组织知名专家和学者对这类问题进行探讨,帮助该国的政党寻找最佳应对方案;[①]帮助培训政党领导人和精英分子,如美国国务院直接领导的"国际访问者"(International Visitor)项目,直接向一些国家和地区的政党精英提供到美国考察和观摩的机会,如中国台湾地区领导人马英九、阿富汗总统卡尔扎伊、法国总统萨科奇、英国首相布朗等,都曾经参加过这个项目。不过,美国的政党援助的核心还是围绕大选,帮助它所支持的政党参与并力争赢得大选,包括确立竞选

---

① Krishna Kumar, "Reflections on International Political Party Assistance", *Democratization*, Vol. 12, No. 4, August, 2005, p. 512.

主题、选择候选人、筹集竞选经费、招募和使用志愿者、处理与媒体的关系,等等。这种援助一般是通过美国政治组织提供各种培训,但美国的政党组织也经常直接介入一些国家和地区政党的选举活动。在 20 世纪 90 年代初期,国际共和党协会曾经直接介入罗马尼亚和保加利亚的总统大选,尤其是在 1992 年罗马尼亚的总统选举中,国际共和党协会向罗马尼亚反对派派遣了富有经验的政治顾问,试图帮助该国反对党一举取代扬·伊利埃斯库(Ion Iliescu)。

美国"民主援助"的第三个方面,是为转型国家的制度建设提供帮助,这也是美国"民主援助"的核心内容。美国在制度建设方面所提供的援助包括以下几个方面:

帮助转型国家重新撰写宪法。二战后,美国曾经成功地为日本制定了一部和平宪法,所以很多美国政治家和政治学者都热衷于帮助转型国家制定新宪法。在 20 世纪的八九十年代,美国政府发起了多次宪法援助计划,由美国国际开发署具体负责实施,主要是向国外派遣宪法专家,为受援国的宪法起草者讲解美国宪法,或者向受援国提供关于美国宪法的著作和其他相关资料;不过,美国的宪法援助成效并不大,东欧国家和前苏联解体后新建的国家在制定宪法时更多是借鉴了西欧国家的宪法,"美国宪法一直处于非主流"[①]。

美国在制度建设方面提供的另一类援助是司法改革和法规建设。司法改革的目标是寻求建立这样的法院体系:运转更为有效、法律知识更为丰富、对法律的解释更为准确、更加独立于行政当局以及其他可能干涉司法的社会权力集团。司法改革的内容主要包括:对整个司法系统的管理更加合理化和强化;增加司法预算;革新现有司法体系;改革司法职业法规;培训法官和其他司法人员;加强案例管理,等等。美国的司法援助一般会涉及上述几个方面,但在不同地区侧重点会有所不同。对于法律改革的援助,主要是帮助受援国修订现存的法律,或者重新制定新的法律,美国为一些拉丁美洲和非洲国家制定商法、刑法和民法提供了援助。

---

① Thomas Carothers, *Aiding Democracy Abroad*, p. 162.

对立法机关的援助是美国对受援国制度建设援助的重要内容。而且,这一援助项目深得美国国会的支持,因为在国会议员看来,强大的立法机关是民主体制的重要基础。亚洲基金会、国际共和党协会和全国民主党国际事务协会以及一些民间顾问公司是这一类援助的主要实施者。对立法机关的援助主要是对立法机关成员(即受援国的国会议员或立法委员)和工作人员进行培训和提供技术援助,包括立法机关的工作方式、立法的程序、加强立法机关小组委员会的作用、举办听证会、增强立法机关的透明度,等等。此外,美国还帮助一些国家仿照美国国会图书馆的模式,在受援国建立自己的国会图书馆。

对地方政府的援助构成了美国制度建设援助的第四个重要内容。这一类援助开始于20世纪80年代美国国际开发署在拉丁美洲实施的"强化地方政府"计划(Local Government Strengthening),90年代后扩大到东欧、前苏联和撒哈拉以南的非洲以及亚洲的菲律宾、尼泊尔和蒙古。援助的内容包括加强地方政府的权力,必要时对该国宪法提出修正;对地方政府官员和机构进行培训、提供技术支持;帮助地方建立非政府组织,并指导这些非政府组织与地方政府合作共事。

美国"民主援助"的第四个方面内容,是帮助受援国建设公民社会(Civil Society)。对于公民社会,各国政治学界有着不同的理解,美国国际开发署和民主基金会认为,公民社会是"介于国家和家庭之间的一种组织,它独立于国家,是社会成员为保护和扩大他们的利益和价值观念自愿组成,在与国家的关系上享有自治"[①]。这实际上也就是大多数美国政治学者眼中的非政府组织,美国国际开发署和全国民主基金会的公民社会援助计划主要是帮助受援国建立各种各样的公民社会组织,包括社会或社会经济组织如教会、工会、社会和文化组织如运动俱乐部、自然俱乐部以及基于社会共性而形成的非正式组织如部落、种族协会,农民协会,等等。

---

① Christopher A. Sabatini, "Whom Do International Donors Support in the Name of Civil Society?" *Development in Practice*, Vol. 12, No. 1, February, 2002, p. 8.

美国帮助受援国建立非政府组织的方式主要有两种:一种是技术援助,包括为非政府组织的组织发展与管理、资金募集、问题分析、媒体关系等方面提供培训和咨询;第二种援助方式则是提供经济支持,包括直接向受援国的非政府组织提供资金和设备,或者帮助受援国的非政府组织与美国的基金会取得联系,间接为其寻求资金来源。美国国际开发署、全国民主基金会、亚洲基金会和欧亚基金会等,一般都是直接提供资金支持。而美国和平队则是在一些国家帮助组织建立非政府组织,同时为新建立的非政府组织在美国国内募集资金。如在拉脱维亚的和平队志愿者不仅为当地的非政府组织支持中心提供了 1.5 万美元的资金,还从美国国内为其募集了 10 万美金。①

三 "民主援助"与美国"输出民主"的迷思

从冷战后期开始,尤其是冷战结束后,美国越来越热心于发展中国家的民主化,并为发展中国家的民主化提供了各种援助。美国对外援助的这一新特点体现了美国政治家对于美国政治意识形态和文化价值观念的迷信,同时也是在新的国际形势下,更多地运用美国"软实力"来实现美国的国家利益。

"民主援助"体现了根植于美国政治文化的"天赋使命"思想。在美国主流文化传统中,"天赋使命"思想具有非常特殊的历史地位。大多数美国人都坚信:美国在人类事务中起着独特的作用,有一种责无旁贷的使命,美国对国际社会要有所作为,肩负起一种义不容辞的责任。美国历史学家希尔德和卡普兰在《文化与外交》一书的导言中对此分析说:"检验美国对外事务的出发点是这样一种信念,即美国在与外部世界的关系中享有一种任何其他国家都不能享有的特殊使命。"②这种使命感的一个重要

---

① Peace Corps, *The United States Peace Corps Estonia Latvia Lithuania : The Legacy 1992—2002*, Washington D. C. , 2003, p. 36.

② Morrell Heald and Lawrence S. Kaplan, *Culture and Diplomacy : The American Experience*, Connecticut: Greenwood Press, 1977, p. 4.

内容就是认为,美国式的民主政治体制是独一无二的、最佳的政治制度,上帝选择美国作为所有国家的榜样,美国因此也就拥有向全世界传播美国政治文明和政治体系的神圣权利和使命。自美国立国到今天,历代美国政治家以不同的方式不断诠释着美国的"天赋使命"。第一任总统乔治·华盛顿(George Washington)将美国视为"为人类树立了一个始终由正义与仁慈所指引的民族的高尚而且新颖的榜样"[①]。威尔逊总统(Woodrow Wilson)则坚信:"美国人民有一种精神能量,这是任何其他民族都无法贡献给人类自由的……美国具有实现命运和拯救世界的极强的特殊素质。"[②]肯尼迪(John Kennedy)也笃信美利坚民族的使命,认为美国是一个"立志改变世界的民族……我们的任务是,尽我们的一切力量使我们周围的一切都发生变化……使西方世界、不承担义务的世界、苏维埃帝国以及各大洲都发生变化,从而使更多的人得到更多的自由"[③]。美国在冷战中获胜,让美国政治家和政治思想家更加坚信,美国的政治制度和意识形态要比冷战的对手优越。作为一种强大的"软实力",美国的政治体制和价值观念具有无坚不摧的力量,是将世界上迄今尚处于专制、独裁和集权的国家纳入到民主大家庭的有力武器。"天赋使命"思想以及对美国政治价值观念的迷信,是当代美国逐渐加强对外"民主援助"的重要思想基础。

同时,在美国政界和政治学界,一种居于支配地位的观点认为,世界的民主化有利于维护美国国家利益,尤其是有利于美国的和平与安全,有利于消除恐怖主义的威胁,甚至有利于维护美国的经济利益。

冷战结束后,在总结冷战的经验和教训时,美国学者得出了"民主和平论",即全球的民主化程度越高、世界和平就越有保证;在民主国家之间不容易发生冲突和战争,也不容易发生推翻现状的革命或政变,因而不会对美国的地区及全球利益构成威胁,所以,美国应该领导世界的民主化趋

---

① "Washington's Farewell Address 1796", available at http://www. yale. edu/lawweb/avalon/washing. htm

② Arthur M. Schlesinger Jr., *The Cycles of American History*, Boston: Houghton Mifflin, 1986, p. 16.

③ John F. Kennedy, "Are We Up to the Task", in *The Strategy of Peace*, New York: Harper & Brothers, 1960, p. 199.

势,支持世界的民主化运动。[1] 卡内基和平基金会的高级助理、后来被克林顿总统任命为助理国务卿的莫顿·霍尔珀林(Morton Halperin)认为:"美国应该在世界迈向民主的进程中充当起领导,民主政府更爱好和平,很少发动战争或者引发暴力。那些实行宪政民主的国家不可能与美国或其他民主国家进行战争,也更愿意支持对武器贸易的限制、鼓励和平解决纠纷,促进自由贸易。这样,当一个民族试图举行自由选举和建立宪政民主体制时,美国和国际社会不仅应该帮助,而且应该保证这一结果。"[2]多布里扬斯基也认为,促进民主可以在世界范围内实现美国其他重要的利益,"最直接的是,民主化是任何可行的全球反恐战争战略的必不可少的组成部分……在可能成为恐怖分子发起国或避难所的国家,民主化将推动合法的和以法律为基础的政治体系的建立,为冤情的伸张提供和平的途径,从而避免为暴力活动火上加油,进而造成国家内部的不稳定和冲突。慢慢地灌输希望,取代无助和绝望的想法,而后者有时可能会使公众心甘情愿地响应恐怖分子的招募"[3]。可见,无论是霍尔珀林还是多布里扬斯基,实际上都是将民主化视为实现美国国家利益的手段,即通过"民主援助",推动发展中国家的民主化,最大限度地解决美国外交政策所面临的各种问题,为美国外交创造一个有利的国际环境。克林顿政府的国家安全顾问安东尼·莱克(Anthony Lake)分析得更为明确:"民主的传播有助于解决美国外交政策面临的其他问题,民主国家不会侵犯人权,不会攻击邻邦,不会采纳限制性的贸易政策,不会从事恐怖主义,或者不会制造难民。"[4]"民主和平论"成为冷战后美国"民主援助"的理论依据。

作为维护美国国家利益的工具,"民主援助"具有极强的意识形态色

---

[1] 相关文章见 Ted Galen Carpenter, "Democracy and War", *The Independent Review*, Vol II, No. 3 Spring, 1998; Rudolph J. Rummel, "Democracies Don't Fight Democracies", *Peace*, May-June, 1999 等。

[2] Morton Halperin, "Guaranteeing Democracy", *Foreign Policy*, No. 91, Summer, 1993, p. 105.

[3] Paula J. Dobriansky, "Democracy", *The National Interest*, Fall, 2004, p. 70.

[4] Harry Harding, "Asia Policy to the Brink", *Foreign Policy*, No. 96, Autumn, 1994, p. 61.

彩。如在美国"民主援助"中发挥极大作用的全国民主基金会,从其成立之初,就具有非常强烈的反共色彩,而它最初的工作目标,也以共产党执政的国家为主,包括欧洲以苏联为首的社会主义阵营,亚洲的越南、缅甸等国。它所承担的使命,正是美国中央情报局过去一直从事的工作。唯一的区别是,中央情报局是作为美国政府机构,以隐蔽的方式从事输出民主的战略,而全国民主基金会则是以非政府组织的身份,公开从事输出民主的活动。美国学者威廉·布卢姆(William Blum)在谈到全国民主基金会的建立时说,建立全国民主基金会就是基于这样的观念:"全国民主基金会将公开去做那些过去几十年来中央情报局一直秘密去做的事情,以便洗去与中央情报局联系在一起的恶名。"①而帮助建立全国民主基金会的艾伦·温斯坦(Allen Weinstein)对此更是直言不讳:"今天我们所做的很多事情,正是 25 年前中央情报局秘密去做的那些事情。"②在全国民主基金会成立后最初的十年间,它最成功的案例就是通过其下属的美国国会组织,向波兰的团结工会提供各种援助,帮助团结工会成功地颠覆了波兰的社会主义政权。瓦文萨上台后,投桃报李,在全国民主基金会以及美国国际开发署的帮助下,进行了美国所期待的"民主改革"。冷战结束后,全国民主基金会更是将主要精力集中在仅有的几个社会主义国家,在 2004 年年中全国民主基金会制定的行动战略中,它公开宣称,全国民主基金会将"继续集中它的众多资源于现存的社会主义国家和集权国家如中国、北朝鲜、古巴、塞尔维亚、苏丹和缅甸"③。以 2007 年为例,这一年全国民主基金会的经费主要集中于缅甸、中国、朝鲜和巴基斯坦。其中,缅甸项目的经费支持为 311.456 万美元;对中国海外反对派组织的经费支持为 611.0486 万美元;对朝鲜项目的经费支持为 151.878 万美元。中

① William Blum, *Rogue State: A Guide to the World's Only Superpower*, Monroe: Common Courage Press, 2000, p. 179.

② Gerald Sussman, "The Myths of 'Democracy Assistance': U. S. Political Intervention in Post-Soviet Eastern Europe," *Monthly Review*, December, 2006, p. 15.

③ James M. Scott and Carie A. Steele, "Assisting Democrats or Resisting Dictators? The Nature and Impact of Democracy Support by the United States National Endowment for Democracy, 1990—99", *Democratization*, Vol. 12, No. 4, August, 2005, p. 453.

国项目中,资助数额较大的有中国人权组织(Human Right in China)43万美元,劳改研究基金会(Laogai Research Foundation)28万美元,21世纪中国基金会(Foundation for China in the 21ˢᵗ Century)维吾尔美国协会(Uyghur American Association,UAA)24万美元,世界维吾尔大会(World Uyghur Congress)13.6万美元,等等。[1]

尽管美国所推行的"民主援助"和发展中国家民主化,在一些国家和地区也产生了一定的效果,如一些拉丁美洲国家和非洲国家,美国的"民主援助"使得一些国家在摆脱了军政府的独裁统治后,逐渐巩固和完善了本国的民主体制,民主与法治建设都有了长足的进步,然而,美国的"民主援助"更主要是对其他国家内政的干涉,如美国全国民主基金会资助的国际劳工团结美国中心、国际共和党协会和全国民主党国际事务协会,几乎是明目张胆地帮助一些国家的工会和反对党从事反政府的活动。前几年发生在东欧和中亚一些国家的"颜色革命",上述组织也是主要的外部支持力量,它们不仅向发生"颜色革命"的国家反政府政治团体提供资金,在一些国家甚至是直接介入,帮助其支持的政治力量制订行动战略和计划。这必然导致一些国家对美国的反感和质疑。俄罗斯和中亚一些国家,有的宣布上述组织不受欢迎,有些国家则是直接将美国在这些国家从事政治活动的一些非政府组织和具有非政府组织色彩的政府组织驱逐出境。

美国一些有识之士也在反思美国在海外推动民主化的行为,认为美国在其他国家推行美国的政治价值观,或者要求其他国家接受美国的政治、经济发展模式,这种做法忽视了其他国家的文化传统和现实条件,完全是按照自己的标准划线。美国前总统尼克松就承认:"美国在同世界各国相处时一个最常犯的毛病,就是倾向于用西方民主的标准去衡量所有国家的政府,用西欧的标准去衡量各国的文化。"[2]尼克松政府的国家安全顾问基辛格也指出:"美国喜欢民主政权而不喜欢专制政权,这一点是不言而喻的。美国应当做好思想准备为它的这种偏爱付出某种代价也是

---

① NED, *Annual Report*, 2007, Washington D. C., 2008, pp. 48-61.
② 理查德·尼克松:《领导者》,世界知识出版社,1983年,第394—395页。

显而易见的。但是,西方的民主制度是土生土长的,是在地球上的一个小小的角落里经过几百年的时间逐步发展起来的,忘记这一点是很危险的。它是由西方文明一些独有的特点培育起来的,迄今为止,在其他文明中还没有出现同样的特征。"①尼克松和基辛格的分析,对于今天热衷于向全球推行民主化的美国政治家和政治学者,或许是一付很好的清凉剂,值得仔细咀嚼与品味。

(本文原载《美国研究》,2010 年第 3 期)

---

① *Los Angeles Times*,November 22,1987,转引自王晓德:《美国文化与外交》,世界知识出版社,2000 年,第 453 页。

孙 仲

孙仲，出生于 1965 年 8 月，浙江大学人文学院历史系副教授，中国社会科学院美国学博士。专业研究方向为美国史、美国宗教思想研究、美国政治与外交，等等。

已出版的著作有《美国政治文化中的现实主义》（专著）、《尼布尔的现实主义政治理论》（专著）、《光明之子与黑暗之子》（译著），等等。

已在国家级和省级学术刊物上发表论文《试析现实主义的规范立场》、《论美国总统与国会外交决策权的消长》、《对意识形态与美国外交的若干思考》等十多篇。

主持的科研项目有浙江省社科规划项目"美国政治中的现实主义研究"、浙江教育厅项目"冷战后美国外交中的意识形态因素"、教育部浙江大学基督教与跨文化研究中心项目"尼布尔基督教现实主义研究"等。

给学生开设的课程有美国政治与外交、美国对外政策，等等。

试析现实主义的规范立场

虽然现实主义是宿命的、悲观的,认为政治的"现实"性、人和政治的"罪性"不可更改,但是这并不能推导出现实主义理论一定会主张"恶"的外交政策。从现实主义理论到底能推出什么样的实践建议,还是一个十分复杂的问题。作为"科学"的现实主义国际政治理论是否可以有自己的价值立场? 如果可以,那应当是什么样的立场? 这些都还是需要进一步研究的问题。对于这些问题的探讨,不仅对于我们完整地理解美国国际政治领域中的这一主流学派的理论构架具有重要的意义,而且对于理解美国当代外交活动实践也有相当的启发。这些问题都很大,这里我们将进行一些初步的分析和探索。

一 现实主义理论有没有价值立场? 有什么样的价值立场?

近代以来,社会科学纷纷希望跻身"科学"的行列,据称经济学和实验心理学由于其客观性和数学的使用,已经率先具有了"严密科学"的品性。在诞生近百年的国际政治学科中,"现实主义"学派似乎对于"科学性"具有一种难以名状的兴趣。翻开其理论大师们的鸿篇巨作,几乎都可以发现一个奇特的现象:虽然是国际政治学著作,却要花费大量篇幅讨论"理论"、"科学"、"科学哲学"等问题。华尔兹的那本名著《国际政治理论》总共9章,却有4章在探讨"理论"。其他人对于库恩的"范式"和拉卡托斯的"研究纲领"等的长篇大论,也令人不禁感到这些国际政治大师们是否学术热情错位了。

现实主义者公开宣称第一次建立了作为"科学"的国际政治学理论,

从而超越了他们称之为"意识形态梦呓"、主观愿望表达而已的理想主义。科学的特点之一据说是价值中立(value free),是严格区分客观事实和主观价值,并且不认可任何特定个人或国家的价值诉求。只有不介入具体的价值立场,才能公正地、客观地陈述事实本身和做出成功的预测。我们看到,这也正是现实主义的国际政治理论家们的公开抱负。他们大多以超出某种特定的价值立场——包括本国的价值立场——自居。一个旁证就是,各位现实主义大师都公开激烈批判自己国家的外交实践和理念,甚至把美国的价值体系的"普世宣称"毫不留情地揭发为自私的民族主义。[①]

然而,现实主义理论真的只是在陈述事实、真的能够彻底撇清价值立场吗?国关政治学是一门政治学学科,而政治学根据亚里士多德的说法,是实践科学,它必须最终落实到实践性建议上。而一切实践性建议,必然反映着一定的价值立场。今天学术界已经大多认为社会科学理论不是、也没有必要是价值中立的纯粹事实描述。一门完整的国际政治理论,其客观解释性部分与其价值规范性的部分都是必不可少的有机组成部分。如果仅仅理解前者,还只是了解了这类理论的一半,必须补充对于后面一半的了解,才算真正完整地理解了"现实主义理论"。既然现实主义者本人出于"科学性"和"价值中立"的考虑回避阐述这后一部分,很少系统地讨论自己的价值取舍的理由,我们就应当帮助他们进行反思和梳理。

事实上,虽然现实主义理论家自认为是"价值中立"的,大多数旁观者并不买帐;相反,他们大多认为这些美国现实主义者具有清楚而强烈的价值立场:为美国的霸权作为唱颂歌。这样的看法有书为证。那些现实主义大师的书中大多都有实践性建议,那些"策论"往往在其著作的结尾部分突显峥嵘,而且经常显得"惊世骇俗"。比如亨廷顿在1993年写的那篇《文明的冲突》的大文的结尾读来赫然是:冷战之后,新的冲突——文明之间的冲突——不可避免。英美新教文明应当与欧洲天主教乃至东正教文明的国家组成统一战线,竭力利用一切机会挑拨离间和打压"儒家文明国

---

① 参看摩根索:《国家间政治》,中国人民公安大学出版社,1990年,第490页。

家和伊斯兰文明国家的联盟"……①这种本来应当秘而不宣的"战略建议"居然登在公开发表的刊物上,结果在世界上激起爱好和平的人民强烈反响的轩然大波,应当是不足为奇的。②

再比如,著名的新现实主义学者米尔斯海默的名著《大国政治的悲剧》到了结尾时认真讲起"未来的中国威胁":富强的中国不会是一个维护现状的大国,而会是个决心要获取地区霸权的雄心勃勃的国家。这不是因为中国就会有什么特别的不良动机,而是因为对于任何一个国家来说,使其生存几率最大化的最好的方法是成为本地区的霸主。尽管中国肯定希望成为东北亚的霸主,但美国显然不愿意让这种情况发生。美国要扭转中国崛起的进程,想办法延缓中国崛起还为时未晚。美国应当及时采取对策,"否则,将犯下严重的错误"③。这样的话被许多人看作是在鼓吹"中国威胁论"和"遏制中国论",是典型的冷战思维的延续,自然引起了爱好和平的广大群众的愤慨。

但是,我们常常又听到有人指出说,这些愤慨的反应大抵都是误解。现实主义的国政理论家都是学富五车的严肃学者,而不是没有什么文化的战争贩子。如果仔细花些时间去认真读读亨廷顿和米尔斯海默的原著就会发现,他们还有许多其他"策论建议",那些读上去都是十分合情合理的。比如,亨廷顿就明明白白地说过:西方文化自以为是普世的,应当向

---

① S. Huntington, "Clash of Civilizations?" *Foreign Affairs*, Vol 72, No 3, 1993.

② 有人专门考证过亨廷顿与政府的关系,指出亨廷顿与美国国家安全部门和对外政策部门的亲密关系比"现任政府的任期"还要长。他不但建议约翰逊政府继续越南战争,而且当过"许多政府部门的顾问",包括国务院、国防部办公室、国家安全局以及中央情报局等。亨廷顿还在空军战争学院(Air War College)、国家战争学院(National War College)、武装力量工业学院(Industrial College of the Armed Forces)以及空军学院(Air force Academy)演讲过或做过顾问。他曾在总统国际发展特遣部队(Presidential Task Force on International Development)(1969—1970)、美国—拉美关系委员会(Commission on U·S·-Latin American Relations)、(1974—1976)、综合长期战略委员会(Commission on Integrated Long Term Strategy)(1986—1988)以及保护与缩减政府秘密委员会(Commission on Protecting and Reducing Government Secrecy)(1995—1997)供职。1977—1978 年亨廷顿在他的密友、哥伦比亚大学政治学家兹比格纽·布热津斯基(Zbigniew Brzezinski)所领导的国家安全委员会中担任安全计划协调员。亨廷顿出版的一些研究成果得到了中央情报局的资助。——参看奥伦:《美国和美国的敌人》,上海人民出版社,2004 年,第 5 页。

③ 米尔斯海默:《大国政治的悲剧》,上海人民出版社,2003 年,第 545 页。

全球推广,非西方国家的人民应当接受西方的价值观、体制和文化。但是,这种观念是错误的、不道德的、危险的。之所以说西方文化一元论是错误的,是因为世界文化必然是多元的;之所以说硬行推行西方文化一元论是不道德的,是因为它带来帝国主义扩张,是将自己的意志强加于其他社会之上;之所以说西方的普世主义对于世界来说是危险的,因为它可能导致核心国家之间的重大文明间的战争,并可能导致西方的失败。[①] 所以,亨廷顿建议加强文明之间的对话和了解,建议西方放弃推广其文明的傲慢与偏见。这样的话与他前面的话几乎判若两人,不仅符合"政治正确",而且非常通情达理。

亨廷顿只是一个例子,其他的"现实主义者策论"的矛盾冲突不在少数,比如:现实主义究竟应当建议"均衡"还是"一超"? 是"守势"还是"进攻"? 等等。到底哪一种算是"现实主义理论"应有的题中之意、必然结论? 这些纷乱不一的策论,更加说明了对现实主义国际政治理论的应有之价值立场进行仔细反思和梳理的必要性。事实上,如果这些纷繁矛盾的策论建议只不过来自于各位现实主义学者的私人的、偶然的、没有经过深思熟虑的一点余墨发挥或临时随意的点评,与其严整的解释性理论体系和稳定的价值立场并无紧密的内在关联,那么说到底并不值得人们的特别留意。但是如果这些建议反映着他们的整个理论体系的特征,是严格从中推导出来的,那么就值得仔细分析了:到底现实主义理论能够或应该推论出哪些政策性建议? 这些建议与其事实描述性部分的理论之间的一贯性在何处? "现实主义"一定意味着"不道德"的价值取向吗?

本文将论证,美国现实主义理论有自己的独特的价值立场。在讨论之前,我们必须先规定一下本文的基本概念。在这里的行文中,"规范"与"价值"经常是可以互用的术语。日常语言中,"价值"与"规范"的可能差别是:"价值"是更为广义的概念,既包括完全私人的偏好,也包括可以普遍适用的善恶评判,而"规范"的意义则较为狭窄,只指后者。但是本章的主旨恰恰是论证现实主义理论家可能把常人视为"个体偏好"的东西当成

[①] 亨廷顿:《文明的冲突及世界秩序的重建》,新华出版社,2002年,第359页。

"普遍必然"的东西来体验、接受和论证,所以我们将不先在两个概念之间严格区分。在下面的两节中,我们把现实主义国际政治理论的可能的价值立场归纳为两大类进行梳理:一种是"前道德的工具理性",另一种的是"低度道德的现实努力"。

二 "文化门罗主义"

什么是国际政治理论中的现实主义的客观解释性理论?各种概括层出不穷。本书的定义已经阐明,现实主义的基本逻辑是——国际关系中的基本前提就是:人性恶,国际无政府结构。这两者是不可更改的"人的状况"。由此必然推出:冲突与战争永远无法避免;各个国家为了自身的安全,都在尽力最大化自己的权力。[①]

从这样的事实性判断出发,在价值上和实践策论上可以逻辑一贯地采取什么立场呢?

首先,一种似乎是"自然而然、顺理成章"的立场是:直接从"事实"推导出"价值"——既然人的现实本性和国际无政府结构永恒如此、不可变更,那么,用不着建议与现实相左的东西,因为建议了也没有用,人们还将按照原来的样子去行动。米尔斯海默说:进攻性现实主义主要是一种叙述性理论。它解释大国过去如何表现以及将来可能怎样行动。但它也是一种指导性理论。国家"应该"按照进攻性现实主义的指令行事,因为它展现了国家在险恶的世界里求生存的最好办法。有人可能会问,既然该理论描述大国怎样行动,为何还要说明它们"应该"怎样行动呢?该体系

---

① 基欧汉把现实主义的最根本假定概括为三个:国家中心,理性,权力。"世界政治中最重要的行为体是依靠领土组织起来的实体(城市国家或现代国家);国家行为能够理性地加以解释;与它们面对的国际体系的本质相应,国家追逐权力并根据权力计算它们的利益。"见基欧汉编:《新现实主义及其批判》,北京大学出版社,2002年,第150页。而 Jeffrey W. Legro 和 Andrew Moravcsik 也把现实主义概括为三大原则,只不过内容不尽相同:第一,国际政治的行动者的性质是无政府状态中理性的、自成一体的政治单位;第二,国家偏好是确定的而且互相冲突的。国家之间的政治是对于稀缺资源的永远争夺的博弈。第三,国际互动中决定结果的力量是各国的十分"现实"的物质力量。见 Jeffrey W. Legro and Andrew Moravcsik, "Is Anybody Still a Realist?" *International Security*, Fall, 1999, pp. 12-18.

中强有力的强制因素使大国毫无选择,只能像这一理论所指明的那样行动。虽然把大国比作陷入囚笼的罪犯有很大的真实性,但事实仍然是,它们有时——虽然不是经常如此——采取有悖于该理论的行动。这就是上面所说的不规则现象。如同我们所见到的,这类鲁莽行为一向具有消极影响。简言之,大国要想生存,它们应当总是像正常的进攻性现实主义者一样行动。①

也就是说,既然大家都是恶的,我(我国即美国)也不能顾及道德,不能在利害冲突时顾及别的国家的利益,只能不惜一切代价保护自己的利益,这才是理性的。现实主义属于“理性主义”学派,而现代理性主义的一个观点是:在大家都不道德的情况下,一个人独自道德,是“不理性”的。

这里的价值观显然是:本人、本国是唯一有内在价值的,其他国家并没有内在价值,充其量只有工具性价值。这样的价值立场不能被简单地称之为“不道德”的,而可以命名为“前道德的”或“前道德的工具理性价值观”,因为在现实主义政治哲学传统中,无论是洛克、霍布斯还是当代的罗尔斯等,都认为“道德”、“正义”不是先验的、永恒的,而是来自社会契约。所以,在契约之前的、非合作的、完全个体化的“自然状态”,必然是一种尚未出现任何道德、法律的“前社会状态”。在这样的状态中,孤立的个体自然地按照工具理性的原则即最大化自己的利益行事,并不考虑其他人。“自然本能”就是唯一的评价性标准,根本就不存在别的“不道德”或“违法”的规范依据。“结构”现实主义论者认为国际社会就是这样的一个自然状态或“无政府状态”。当人们或国家退回到自然状态中时,你指望人或国家怎么行动? 在这样的状态中,权力最大化是唯一理性的选择。

从这样的价值立场出发,现实主义理论的策论就可以得到正确的理解了。现实主义者的典型政策建议是“均势”。只要是现实主义者,都十分看重“权力均衡”。但是,如果从“前道德工具理性”的价值立场出发,均势其实并不是理所当然的,或者说应当为务实的国家发自内心地接受的。因为“现实的”冲动乃是权力欲望或者至少是彻底的安全感,为了满足这

① 米尔斯海默:《大国政治的悲剧》,第11页。

些欲求,国家应当追求权力的最大化,先发制人,建立霸权地位。至于说国家有的时候不应搞霸权,而应搞"均衡",那并不是因为不想称霸,而是因为条件不成熟,是实力不够。这一思路自古以来并不少见。柏拉图就记载了一个当时颇为流行的"均衡式正义"观:人们在势均力敌、无法伤害别人而不受报复的情况下,才会同意订立法律立契约,把守法践约称为"正义"的。所以,"正义的本质就是最好与最坏的折衷——所谓最好,就是干了坏事而不受罚;所谓最坏,就是受了罪而没法报复"。正义之所以大家所接受和赞成,就不是因为它本身有内在价值,而是因为谁也没有力量去干不正义。"任何一个真正有力量作恶的人绝不会愿意和别人订什么契约,答应既不害人也不受害——除非他疯了。"①

现实主义的价值落脚点是个体自己(包括本国),而"均势"意味着"大家的共存",或者意味着别的国家的生存也具有内在价值。所以,它不应当是"自然状态"下的理性所认可的。对于理性的个体而言,在条件允许时停留在均势而不追求"一超",反而是"不理性"的、没有道理的。② 所以,目前最新的现实主义讲的不是权力的"均衡",而是最大化权力或"进攻型现实主义",这在某种意义上,正是把现实主义推到了其逻辑的应有终点!

应当说,不停留在"均衡"而主张"权力最大化"或尽量扩张本国权力的策论,还不能算从现实主义理论中可以推导出的最典型的策论,因为"自由主义"的国际政治理论也可以从不同的角度出发,推出类似的结论——比如"以武力推广民主"。真正"有特色"的现实主义策论建议,与自由主义全然不同,那就是"不接触"、不推广西方文化制度的建议,我把这种建议姑且命名为"文化门罗主义"。

非西方国家出于种种考虑反对西方四处傲慢推行自己的文化体制,那是不难理解的。但是美国现实主义者也反对"接触"和"推广",这就是

---

① 柏拉图:《理想国》,商务印书馆,1986年,第45页。
② 如果有人以为美国是"例外",是以"理想主义"外交精神为传统的,不扩张;那么现实主义者就会指出美国传统中的西部大扩张,这不是"能霸权则霸权",又是什么? 参看基辛格:《大外交》,海南出版社,1998年,第19—20页。

出于一番完全不同的考虑了。

亨廷顿在认为中国崛起对美国必然构成威胁上,是一个典型的现实主义者。他问道:如果中国作为一个霸权国家开始在东亚出现,各国会作何反应?他认为,美国的主要倾向将是"作为一个主要平衡者来防止中国的霸权。扮演这样的角色可能与美国防止任何一个国家在欧洲或亚洲占主导地位的传统关切是一致的。这个目标在欧洲或亚洲占主导地位的传统关切是一致的。这个目标在欧洲已不再适用,但是它可能仍适用于亚洲。一个在文化、政治和经济上与美国紧密联系在一起的松散的西欧联盟,不会对美国的安全构成威胁,但是一个统一的、强大的和自我伸张的中国可能构成这种威胁"①。

上面提到,在亨廷顿那里已经有一种"文化孤立主义"的思想。他的公开理由是:西方文化不应当咄咄逼人地去改造其他文明,否则会引发反感、引起冲突。但是,他的骨子深处中的真正意向可能是告诫西方文明:不要——或用不着那么急地——把自己的"高级文明"体制传播给敌对文明国家,从而帮助其崛起!这可以部分地解释一个看上去的悖论:作为一个保守主义者,亨廷顿当然认为西方的基督教文明和自由民主是优越的文明,但是他显然又缺乏"理想主义者"的那种传播使命感或热情。而且,亨廷顿认为这是对等的:其他文明也不应当来渗透和改造西方文明。不少学者已经指出,其他文明对于西方文明的渗透从而对于西方文明的"纯种"状态的破坏,实际上可能是亨廷顿真正的担忧之所在。② 所以,"文化孤立主义"或"文化门罗主义"的建议就是:每个文明各自守住自己的地盘,互不往来。

华尔兹也主张孤立主义。他在提到补充民主和平论的"相互依赖论"时表达不同看法:"一战"就是几个大的商业经济伙伴之间的流血战争。苏联和前南斯拉夫都使各个加盟共和国的经济相互依赖——乃至整合为

---

① 基辛格:《大外交》,第259页。

② 参看李慎之的《数量优势下的恐惧》,载于亨廷顿:《文明的冲突与世界秩序的重建》中文版附录,第352页以下;并参看王缉思的《"文明冲突"论战评述》,载于王缉思编:《文明与国际政治》,上海人民出版社,1995年,第44页以下。

一,但是照样没有办法维系一体!(亨廷顿认为,民族与文明的凝聚力更强!)总之,互相依赖有的方面是通过增进接触和增加了解而利于和平,有的时候却增加了冲突的机缘,从而增加了仇恨甚至战争。紧密的相互依赖乃是:任何一方的动作都不得不顶开他人。每一个国家都不得不把其他国家的行为看成与自己的内政有关,企图控制它。如果是相互依赖,则既不可能发生冲突,也不可能出现战争。①

这种"文化门罗主义"在现实主义的最新代表人物米尔斯海默那里表现得更为公开。在他的《大国政治的悲剧》一书的结尾,米尔斯海默指出美国在21世纪初期可能面临的最危险的前景是中国成为东北亚的潜在霸权国。只要中国经济能够持续快速发展,就不仅能发明尖端科技,而且将成为世界上最富强的大国。

尽管我们认识到大国的这种思维和行为令人沮丧,但是我们也理应看到这个世界的本来面目,而不是想要它如何发展。譬如,美国面对的外交政策的一个关键问题是,如果中国经济快速增长下去,变成一个巨大的香港,那么它可能采取什么样的行为。许多美国人相信,倘若中国实行西方式民主制并融入全球资本体系,可能就会是另一种情形。按照这一逻辑,美国应该接触中国,加快后者进入世界经济一体化的进程,这是一项鼓励中国向民主过渡的政策。倘若接触政策获得成功,那么美国就能与一个富裕民主的中国协同努力,推进世界和平。

如果中国成一个经济增长中心,它必然会把经济实力转化为军事能力并主宰东北亚。无论中国实行民主并深深融入全球经济体系还是成为专制和自给自足的国家,这都无碍于它的行为表现,因为民主国家与非民主国家一样在乎安全,况且霸权是任何国家确保自己生存的最佳手段。当然,当中国不断增加权力时,中国的邻国和美国谁也不会袖手旁观,而会采取行动遏制它,很可能通过组建一个均势联盟的方式达到此目的。结果是中国与其对手进行激烈的安全竞争,大国竞争的危险常常萦绕在

---

① Kenneth N. Waltz, Structual Realism after the Cold War, *International Security*, 2000,14—15.

它们头上。简单地说,当中国的权力增长后,美国与中国势必成为对手。[①]

那么,"它几乎肯定会用经济实力建立起强大的军事机器,而且出于合理的战略原因,它一定会寻求地区霸权,就像 19 世纪美国在西半球所做的那样"[②]。米尔斯海默认为由此得出的结论只能是:"如果中国今后的经济发展大大放慢将对美国很有利。但在过去十年的大部分时间里,美国推行的是起相反作用的战略。美国是在接触而不是遏制中国。接触政策基于自由主义的思想,即如果中国变得既民主又富强,它就会成为维护现状的国家而不会和美国进行安全竞争。"但是根据现实主义的看法,任何国家,包括民主国家,在普遍无政府的国际"结构"的制约下,都会为了维系自身安全而追求最大化自己的权力。所以,为了不让中国强大,美国应当放弃自由主义-理想主义的策略,即放弃积极与中国进行建设性的接触,应当设法延缓中国崛起[③]。

米尔斯海默这话讲白了就是:西方不要傻乎乎地要求甚至强求东方学习西方,不应帮助东方"现代化"或民主与市场经济的进程——事实上,一个国家的真正"实力"(power)在于其制度的力量。让其他大国掌握了"先进的制度",只会使潜在的对手变得日益强大,给自己凭空培养出一个毁灭性的敌人,那是何等的愚蠢(也就是"非理性")!所以,真正符合现实主义理论的策略应当是让美国之外的一切大国保持在不改革前的"专制状态",因为专制等于虚弱(苏联便是一个例子)。至于其他国家陷入种种体制的和生活的困难中,那关我们美国人什么事!让他们水深火热好了,我们正好躲在一边没事偷着乐——这才能最好地确保美国人的基本国家利益即"安全"平安无事。[④]

---

① 米尔斯海默:《大国政治的悲剧》,第 3—4 页。

② 米尔斯海默:《大国政治的悲剧》,第 543 页。

③ 米尔斯海默:《大国政治的悲剧》,第 545 页。

④ 当然,"不接触"真的能达现实主义的"本国权力最大化"的目的吗?难说。实际上,到底什么样的"策略"能达到预计的目标?自作聪明的"策略"会不会由于后果难料而导向相反的结果?这是一个复杂的问题。有关讨论可以参见 R. K. Betts, "Is Strategy an Illusion?" *International Security*, Fall, 2000, p. 45.

当然,现实主义不是专门与中国过不去的,它也提醒美国防备欧洲盟友。华尔兹认为,对于一个国家或国家集团来说,要在一个充满不满和争端的世界阻止他人运用强力,要在一个充满矛盾的世界里结束冲突,需要权力与智慧并重。因为正义无法被清晰地界定,一个强大国家面临的诱惑,就是宣称自己试图强加于别国的解决方法是公正的。虚弱导致的危害与权力带来的诱惑二者是相匹配的。

华尔兹在讨论美国希望一些西欧国家联合起来成为第三大强国,以更多地分担美国所承担的全球性责任的愿望时,十分现实地说:虽然许多美国人都希望有一个联合的欧洲,却几乎没有人去考虑其中暗藏的不利后果。美国无需担心弱国反复无常的运动和不如人意的事件。无论大国存在于何处,我们确实都必须对其加以关注。一个强大国家所遭受的重大痛苦,如果不是它自己造成的,那么就是由于其他大国的政策所导致的后果,无论这种后果是否符合其他大国的意图。这种想法表明一个联合的欧洲将会对我们造成困扰。华尔兹还说,这种矛盾的心情贯穿于基辛格所写的《麻烦的伙伴关系》(*Troubled Partnership*)这部关于北约的著作之中。在基辛格看来,如果欧洲联合起来,就可以成为反对苏联的一道防线。但是从美国的角度看,一个分裂的欧洲更容易被驾驭。一个联合的欧洲将使国际政治结构由二极转变为三极。一个新的联合的欧洲和苏联将会是三大强国中的弱者。根据现实主义的理论,在自助系统中,外部力量将推动较弱的团体彼此靠近,结合在一起来抵消强者的力量。所以欧洲和苏联可能会联合起来反对美国:"尽管不会爆发严重冲突,但是在许多重要的事务上,苏联和新欧洲将以许多令我们不快的方式进行合作。"①因此美国不会开开心心地赞成欧洲联盟的诞生,说不定会百般阻扰。

也许,有人认为这种刺耳的"前道德"立场与"不道德"立场没有什么实质性的差别。但是我认为,学术的重要工作之一在于细致区分各种事物。"前道德"与"不道德"的价值立场虽然看起来相近,但是还是有相当

---

① 华尔兹:《国际政治理论》,第273页。

大的区别的。"不道德"的价值立场在国际政治理论和实践的历史上是自成一家,也不乏众多名人代言的价值取向。无论在修昔底德、希腊智者还是在近现代的权力意志和社会达尔文主义那里,我们都可以经常遇上他们。有的智者宣称"正义就是强者的利益"("难道不是谁强谁统治吗?每一种统治者都制定对自己有利的法律")①。所以,每一个人或国家都应当踩着他人上,争当僭主、霸权帝国。弱肉强食是"自然的法则",只要看看动物界就明白了。聪明人应当争当狮子而不是小羊!社会达尔文主义则认为整个人类的残酷战争、权力争夺能导致优胜劣汰,种族日益壮大,历史走着充满乐观的上升之路。

相比之下,在本文所讨论的 20 世纪美国"现实主义"国际政治理论家中,普遍看不到这种洋洋自得的心态,反而普遍忧郁。他们固然也看到人类生活尤其是国际生活的几乎无法更改的现实主义本质,他们也基于"前道德的工具理性"考虑建议自己的"主顾国家"用现实的方式加以应对,而否认理想主义的方案;但是他们并不认为这样的"现实人性"和"国性"及其自然结果的冲突战争、夺权称霸是"好"或"非常好",而认为是不好的;至于本国参加,是不得不为之。这是因为他们深刻地意识到这种"现实主义"方式在根本意义上是非理性的:没有一个国家能够真正在这种权力争夺中获取可靠的胜利;竞相权力最大化带来的最终可能乃是自己和全人类的毁灭。但是又没有一个国家在安全感的压力下敢于脱离这种奔向死亡的竞争游戏!现实主义者的著作大多是史学型的,其洞识多建立在对于人类历史活动规律性的大量考察上。但是,现实主义者似乎不认为读史可以使人明智,相反认为人和国家不会从历史中学到教训。一个又一个国家一而再地重蹈覆辙,走向毁灭。这种希腊悲剧式的宿命意识,亨廷顿在讲文明的冲突中时时有所表露。Richard Rosecrance 在对亨廷顿的《文明的冲突和世界秩序的重建》的书评中指出,亨廷顿承袭的是汤因比

---

① 柏拉图:《理想国》,第 45 页。

的文明兴衰的历史大势意识。① 我们知道,汤因比的历史观从根子上说是悲剧性的。华尔兹的那本经典大作也有此色彩,在书的结尾他说:任何国际合作的努力如果归于失败,"我们都无需惊讶或是悲伤。人类用来表达心中热望的华丽辞藻,以及其中所包含明显的良好意愿,都不应该掩饰其中蕴含的种种危险。首先就霸权而论,没有人可以假定一个具有超凡实力的国家的领导人总是能够明智地决策,深谋远虑地设计策略,并且克制地运用武力。拥有强大的权力往往诱使国家不必要地或是愚蠢地运用权力,这是我们无可避免的恶习"②。众所周知,"进攻型现实主义"的代表人物米尔斯海默的那本充斥着大国之间竞相最大化权力的故事的代表作的标题是:"大国政治的悲剧"! 通观其全书的思想和格调,我相信,其中"悲剧"二字并非随意拈来的。他用"安全困境"来表明自己的悲观:没有一个国家干预跳出权力最大化游戏,虽然大家可能都知道这条路走到头是什么。

三 "低度道德的务实努力"

并非每一个现实主义者都停留在悲观和宿命之中。从现实主义理论中还可以推导出其他的价值立场,最为典型的一种就是"低度道德"。

著名的现实主义者尼布尔的自传的标题是"一个驯化了的悲观主义者的笔记选"。③ 尼布尔曾是芝加哥大城市贫民窟中的一位路德宗牧师,酷好奥古斯丁的"两个国度"的思想。他深知如果从基督教的原始教义

---

① 参看 Richard Rosecrance,"A Review of The Clash of Civilizations and the Remaking of World Order", *American Political Science Review*, Dec. 1998。

② 华尔兹:《国际政治的理论》,上海人民出版社,2003 年,第 272 页。

③ R. Niebuhr, *Leaves from the Notebook of a Tamed Cynic*, Martin E. Marty, 1991. "Cynic"很难翻译,大致的意思是"愤世嫉俗"或由于对于人性的悲观失望而陷入无所作为、止于抨击。最近他的女儿写的回忆录中也强调了尼布尔的这一辩证精神。参看 E. Sifton, *The Serenity Prayer—Faith and Politics in Times of Peace and War*, W. W. Norton & Company, 2003, p. 13.

看,这个世界真是毫无希望地堕落,完全不能采取理想主义的应对方式,否则徒然助长邪恶力量。然而,另一方面,而一切"现实主义"的、暴力的方式,又是基督所明白禁止的。不过,尼布尔并没有因此而停留在"出世"、"悲叹"和"无力"上,他在思想进程中不断调整自己,最终建立了他的独特的辩证法的"现实主义"的学说:理想的目标要放低,因为在这个世界中,只能实现现实的目标——和平与正义(而不是"普遍之爱"这样的理想目标);而且,为了实现这样的目标,必须启用现实的手段——权力斗争,必须使用或威胁使用武力。

尼布尔的思想在两次世界大战之间这一时期中发生了演变。从某种意义上说,尼布尔反映了美国的和平主义面对纳粹主义进退两难的境地。虽然他从来就不是个绝对的宗教式的和平主义者,但是他曾经自认为属于"实用和平主义",曾经一度拒绝为任何形式的国际武装冲突说好话。在 30 年代初,他作为调解联谊会(Fellowship of Reconciliation)的主席宣布说,这个和平主义组织的会员不会参加任何一种国际性战争。到了1938 年,即慕尼黑和解之时,他同理想主义者的和平主义彻底决裂了。他写道:我们可以说,和平主义者正确地相信:我们的文明接受上帝的裁决,面对产生当代可怕暴政的社会和政治混乱,任何人的良心都不能得到宽慰。但是,这些和平主义者却没有认识到,尽管我们的文明有不完美的地方,我们仍然有权力和义务去捍卫它,使它不被更坏的选择代替。……和平主义者正确地认识到,如果一个人宁可牺牲个人利益或生命,也不参加企图证明自己拥有正义而进行争斗的任何一方,这可能是高尚之举。……但他们的错误在于没有认识到,个人自我克制的行为与屈服于非正义的政治政策二者不是一码事,后者不但使我们本身的利益和生命,而且使其他人的利益和生命蒙受欺诈或毁灭。①

尼布尔的这一价值立场并非偶见,在许多现实主义者那里都可以看到,它可以视为现实主义的另外一种可能的价值立场选择,可以从"现实主义"的理论中逻辑地推出来。政治理论中的"现实主义"的一个重要涵

---

① 参看多尔蒂等:《争论中的国际关系理论》,世界知识出版社,2003 年,第 89 页。

义乃是：并不否认道德的自身价值，只是指出它在现实中比较难以实现，而且必须使用现实的方式才能尽可能地实现其中较为简单的、低度的一部分。与上一节讲的"现实主义"相比，这里理解的现实主义对于多少实现一些道德性的目标，持审慎的乐观态度。

首先，防止道德的误用。摩根索在其"六点论"的第 5 点指出：要区别两种信念：一种信念是，所有国家都将受到凡人之心不可测知的上帝的审判；另一种亵渎神明的信念是，上帝永远站在自己一边，自己的意愿必然也是上帝的意愿。这两种信念之间有天渊之别，前者是真正的宗教信仰的结论，后者不过是披上宗教外衣的自私。[①] 此外，之所以说这样的现实主义的价值目标是"低度道德"的，是因为其采取道德的一般含义，即在利益冲突和解决中遵循普遍性原则，也就是说从各方的立场而不是仅仅自己的立场看问题。这意味着把国际关系领域中的"公益"和其他国家的利益当成是有自身价值的——而非仅仅具有服务于主顾国的工具性价值。之所以说是"审慎乐观"的，是因为这些现实主义者认为在国际政治领域中能够实现的道德目标属于"低度道德"或基本的道德，而非高层次的道德。

目前学术界也有人开始讲国际政治中的道德问题，并且也看到现实主义者如摩根索等人明白地，甚至大量地认真肯定过国际政治中的道德问题。但是，这些学者所讲的道德是行为的基本底线（如少杀害平民）之类。[②] 摩根索也大量讨论过这种意义上的国际道德，比如他提到过，一项不允许把大屠杀作为达到其目的的手段的外交政策，并不是由于政治便利的考虑才承受这种限制的。相反，便利的考虑会劝说全面和有效地进行这种屠杀。限制是出于绝对的道德原则，这种道德原则必须得到遵守而不应考虑国家本来可能得到的好处。因此，这种外交政策实际上牺牲了国家利益，而本来对国家利益的不断追求会使违背诸如和平时期禁止大屠杀这样的道德原则

---

① 摩根索：《国家间政治》，第 303 页。

② C. W. Kegley, *Controversies in Internaional Relations Theory: Realism and the Neoliberal Challenge*, Peking University Press, 2004, pp. 57—58。

成为必要。这一点无论怎样强调都不过分,因为,人们常常提出这样的意见:这种对人的生命的尊重,产生于"一种义务,即不把不必要的死亡或痛苦加诸他人身上,也就是说,这种死亡或痛苦对于实现某个更高的目标并不是必要的。人们认为——且不管这种认识是对是错——某个更高的目标可以成为违背这一普遍义务的根据"[①]。

这两种国际政治观念——一种主张在道德框架内行事,一种主张在道德框架外行事——之间的根本冲突,可以通过温斯顿·丘吉尔在其回忆录中叙述的一段轶事得到生动的说明。在德黑兰会议上,斯大林提出了在战后对德国人施以刑罚的问题:他说,德国总参谋部必须取消。希特勒武装部队的全部力量依赖于大约5万名军官和技师。如果战争结束时逮捕并枪毙这些人,德国的军事实力就会根除。丘吉尔对此的回答是:"英国议会和公众永远不会容忍大规模地执行死刑。即使他们出于战时的激忿允许这样做了,当第一次大屠杀发生后,他们也还会转而强烈愤恨那些负有责任的人。苏联人在这一点上一定不要误解。"然而,斯大林继续说:"5万人必须予以枪决。"丘吉尔再次反对说:"我宁愿立刻就被拉到这个花园里自己被枪决掉,也不愿因这种丑行而玷污我自己和我的国家的荣誉。"[②]

这里的国际道德是某种行事中的底线道德。但是,这种国际政治的道德并不是我们这里要讨论的。我们要指出的乃是:现实主义不仅在其次要的思想中会赞许道德,而且,往往在他们的中心理论——在人们看上去与道德无关的、非常"现实"的基本理论,如权力均衡中,就有道德上的正面意义。

从这样的"低度道德"价值立场再一次考察现实主义的典型策略建议——"均势",就可以看到不同的理解了。由于对于其他国家的存在的本身价值认真肯定,"低度道德"的现实主义者在建议权力均衡的方案时,确实是建议为了各个国家的共同生存下去和和平共处而建立权力"平

---

① 摩根索:《国家间政治》,第324页。
② 摩根索:《国家间政治》,第296页。

衡"。由此可以自然地推出,即使自己的主顾国家有机会破坏均衡而独自称霸,也不建议它这么做。摩根索是这样的"均衡"观的主要倡导人。摩根索虽然没有尼布尔那种真诚的基督教价值信念,但是他对于老欧洲的"文明准则"印象很深,所以他对于由此而来的"均势"理念深为认同。摩根索正是从务实的善意手段的角度看待权力均衡的,他说,在国际政治理论中,"一派相信,源于普遍正确的抽象原则的理性的和道德的政治秩序是能够于此时此地实现的。它假设人性本质上是善的和无限可塑的,并且把社会秩序不符合理性标准的情况,归咎于缺乏知识和理解、陈腐的社会机构,或某些孤立的个人或集团的腐化。它坚信,教育、改革和偶尔使用武力能够弥补这些缺陷。另一学派认为,尽管从理性观点来看世界是不完善的,但它却是人性中固有的各种力量的结果。为了改善世界,人们必须利那些力量,而不应与它们对抗。由于这个世界本质上是一个利益对抗和利益冲突的世界,道德原则永远也不可能完全实现,但是必须通过不断暂时地平衡各种利益和不断勉强地解决冲突而尽量接近它。因此,这一学派把制约和均衡的制度看作是适用于所有多元化社会的普遍原则。它求助于历史先例而不是抽象原则,它的目标是实现较小的恶,而不是绝对的善"①。

摩根索指出:"权力均衡的一个功能是维护国际和平和秩序,也就是说,几个国家之间或一个国家联盟内部权力的大致平等分配,可以防止其中任何一个国家获得高于别国的权力。正是这种大略的、微妙的平衡,才使得无论哪一种和平和秩序都能够在民族国家的世界上存在。"并且,他还强调地指出:这一平衡并不会自动出现,它需要各国对于权力均衡的内在价值具有深刻共识。从而,如果均衡遭受破坏,它们会共同努力去恢复均衡。"换言之,权力均衡安排的原动力是深嵌于道德框架之中的,没有这种道德框架,从长远来看权力均衡便不能发挥作用,18 世纪是先前时代中典型的权力均衡时期之一,因为在那个时期里,一种强烈的共同道德

---

① 摩根索:《国家间政治》,第 4 页。

观念支持把权力均衡概念作为一种政治机制。"①

进一步,摩根索的"低度道德"价值立场还体现在他把国家间政治看成是国内政治的延续,所以,他喜欢从美国内政的权力制衡之宪政安排来论证国际间的权力均衡。然而,内政的以权力制衡权力的体制虽然是一种典型的"现实主义"安排,其价值出发点却是道德的。美国立宪建国者之所以不抓住为自己建立君主制集权国家的大好机会,反而制定了一套对自己处处制肘的复杂分权与制衡的宪政体制,除了情势等考虑之外,一个基本的原因是他们真诚地相信政治就是保护公共的利益,保护所有人尤其是保护少数群体的自由权利的理念。摩根索深刻认识到这一点,他用赞许的语气引用内政现实主义的经典,说:对于社会平衡的结构最为精彩而简洁的状写,莫过于《联邦党人》中的有关论文了。关于美国政府的制衡体系,《联邦党人》第51篇论文说道:"用相反和对立的利益弥补良好动机的欠缺,这种政策可以从人类各种公私事务的整个体系来探究。我们看到,这一政策尤其突出地体现在下属权力的分配中,所有下属权力的分配,其永久的目标都不外按这种方式来划分和安排某些公职,以便使各个部门间彼此有所牵制,从而使每个人各自的利益有可能成为公共权利的卫士。人们发明的这些审慎举措,在国家最高权力的分配中也同样是必不可少的。"

借用约翰·伦道夫(John Randolph)的一句话则是:"你可以在羊皮纸上遍写限制的文字,然而只有权力才能制约权力。"②

摩根索指出:如果仅仅为了"安全"或稳定,"一超"未尝不可以作为一种不错的选择,而不必一定采取"均衡"。但是,为了所有群体包括少数群体——在国际上就是为了所有国家尤其是弱国的利益计,"权力的均衡"是最佳选择。他明白地说道:"所有这些平衡,都以这样两个假设为基础:其一,相互平衡的各因素对于社会来说是必要的,或者是有生存权利的;其二,各因素之间若不存在平衡状态,其中一个因素就会居于主宰地位,

① 摩根索:《国家间政治》,第456页。
② 摩根索:《国家间政治》,第223页。

侵害其他因素的利益和权利，并且最终可能毁灭后者。因而所有这些平衡，目的都在于维持体系的稳定，不许破坏构成体系的诸因素的多样性。如果目标仅仅是稳定，那么就可以通过一个因素去摧毁和压倒其他所有因素并取而代之达到目的。既然目标是在稳定之外还有体系内所有因素的共存，平衡就必须防止任何一个因素取得压倒其他因素的主宰地位。"①

如果再往深处看，就可以看到这样的低度道德观念不仅出现在美国立宪建国时的内政安排中，而且反映了整个启蒙时代的一种普遍信念。启蒙思想家一方面是唯物主义的、现实主义的，另一方面又是理想主义的、不服从命运安排的，他们希望通过现实的方式征服人性和社会中的不道德因素。基辛格用类似于摩根索的话说道：现实主义者对于均势的拥护常常使人以为权力均衡是理所当然的国际关系形式。其实这种国际关系体系在人类历史上并不多见。在人类绝大部分的发展过程中，蔑视权力均衡的帝国一直是典型的政治型态。均势所反映的，是启蒙特有的"现实—理想"意旨："就思想层次而言，均势观念反映着所有启蒙运动时期主要政治思想家的想法。他们认为整个宇宙，包括政治领域，均是依据理性原则运作，且这些原则会相互平衡。……亚当·斯密在《国富论》中主张，有一只'看不见的手'会从个人自私的经济行动中，提炼出整体的经济福祉。在《联邦党人文集》中，麦迪逊认为，在幅员足够大的共和国中，不同政治'派别'图谋私利的行为，在某种自动的作用之下，反而形成内政的和谐。由孟德斯鸠首倡并且实践于美国宪法之中的三权分立与制衡观念，也是出自同一观点。分权的目的是防止专制，而不是为了政府和谐；其用意在于使政府各部门，于追求本身利益的同时，能节制过分的行为，从而促进大家的利益。同样的原则被应用到国际事务上。各国追求本身利益之余，对国际社会也会有所贡献，仿佛有一只隐形的手能够保证各国凭自由意志所作的选择必能为人类全体带来福祉。"②

---

① 摩根索：《国家间政治》，第 222 页。
② 基辛格：《大外交》，第 6 页。

所以，我们必须看到，即使国际政治现实主义理论本身当中，也包含着"理想性"的成分。王辑思在评价摩根索关于国际政治中的道德原则提出的独特看法时就指出了这一点。摩根索说，政治家个人的思想原则有时是与公众利益相悖的。作为个人，可以为维护尊严和原则去牺牲生命，但作为国家领导人，他没有权利为维护个人的理想做出使整个国家和人民陷入生死存亡危险的决策。这正是林肯在联邦的生存和他本人的废奴理想出现矛盾时所坚持的原则。现实主义者相信，最崇高的集体道德是"审慎"（Prudence），不考虑政治后果就在国际上采取所谓维护道义原则的干涉行动，才是不道德的。政治家为了保证本国的生存，在必要时可以说谎、欺诈，甚至同魔鬼做交易，这样的马基雅维利主义没有什么不道德。摩根索说，现实主义同理想主义之争不是原则同权宜之计的矛盾，也不是道德与不道德的矛盾。理想主义提倡的是用抽象的、恒定的道义原则去指导行动，而现实主义要求政治家审时度势，慎重地估量政治现实与行动的后果。因此，二者之争是与政治现实脱节的道德原则同立足于政治现实的道德原则之争。①

基辛格本人也把"均衡"当成基本层面的道德目标来看待。他认为，均势体系确实不能实现很高的理想，甚至无法避免危机乃至战争，无法保护和平，但是，如果它能得到适当的安排，则起码可以限制冲突的规模，使之趋于稳定缓和，不至于太残酷。

在"新现实主义"中论证均势的道德性意义比较有特色的是华尔兹。华尔兹并不支持许多小国的均衡，而主张"两极"或两个大国的均衡。但这并不能简单地归结为在为美国的大国地位寻找合法性理由。华尔兹是从他的国际政治理论中严肃地推出这一结论的，而且，这一推论的规范性背景应当说是"低度道德"的。华尔兹的理论体系构造受到现代经济学的影响很大。现代经济学貌似为个体利益张目，实际上并不忽视自己的社会合法性证明。比如，它的一个基本理念就是"看不见的手"：私人市场经济的道德合法性除了在于能够维护个体自由和收入之外，还在于它必然

---

① 摩根索：《国家间政治》中文版序，第 8 页。

会最终导向公共福利。现代经济学的另一个关注点是"公共产品"的提供。一个自由市场的正常运作,并不能只靠"所有人一味谋私"的"绝对自由"和看不见的手,还必须依靠法律、安全、国防、规则等基本环境的存在。这些都是公共利益或公共产品(public goods)。问题是:谁提供公共产品? 在国内政治学中,这是公共权力垄断者——国家的本职工作。在国际领域的无政府结构中,也许常常只能依靠某种大国来勉强维系。华尔兹知道大国担当这种"国际法官"或"维和部队"的角色是吃力不讨好的。但是,国际交往与国内交往一样,不存在百分之百自由的"理想市场"。无论是在经济、内政还是在国际政治中,极端的平等是与不稳定相联的。如果没有一定的强权即使半心半意地在提供"公共产品",小国与弱国的局面会更加悲惨。(霍布斯认为,即使服从利维坦,也比生活在人和人之间的关系就像狼与狼一样的"永恒战争"中要好)

当然,并不是每一个现实主义者都认可华尔兹的这一思路,他们会觉得华尔兹还是太"理想化"了。比如,与华尔兹相比,尼布尔就对"公共权力"的道德性十分怀疑。他对于公共权力的异化可能特别敏感。在他的《道德的人和不道德的社会》中,尼布尔反反复复地从许多角度论证集体权力容易陷入不道德。如果说国内公共权力就已经十分不可靠,那么独立主权的"国际警察"或"国际法官"就更不可靠。因此也可以说尼布尔更为"悲观"一些。

四　美国政府的可能取舍

上面我们集中讨论了 20 世纪美国的几位现实主义国际政治理论代表人物的一些主要策论及其所反映的两种价值立场:"前道德的"和"低度道德的"。如果说亨廷顿和米尔斯海默大致可以代表前一种价值立场的话,那么摩根索、尼布尔、基辛格和华尔兹大致代表了后一种价值立场。目前有些研究者也已经从不同角度注意到现实主义的不同策论和价值立场这一理论问题,其分类考虑与我们的分类有交叉类似的地方。比如,理查德·阿什利就区分了两种现实主义:一种是古典现实主义如修昔底德和摩根索,特点是"实践的",即反思的、非决定论的、试图多少发挥能动性去改变现实的;另一种是新的结构现实主义,特点是"技术的"、决定论的、不关心向国家建议战略艺术的。① 基欧汉对现实主义的批评也可以视为是针对第二种现实主义的,他说:现实主义者被动地、无力地、宿命地接受现状,"虽然现实主义是正确的世界政治理论,但是没有一个严肃的思想家会满足于这一点"②。

需要指出的是,我们这里的目的是考察现实主义理论家的价值立场,这与某个国家的民众和政府的"现实"立场并不能直接划等号。学者并没有必要毫无保留地接受任何国家的现实的立场,比如物理学科学并没有规定必须支持某一个确定国家的军备,否则就成了"X 国物理学"。理论与实践之间可以存在一定的距离。从这个角度说,现实主义重要理论家的价值立场,无论是哪一种,都是严肃的、认真的、学术性的。然而,虽然学者并不是直接的什么政策的"贩子"或执行者,但是理论与现实最终会发生千丝万缕的关联——尤其是"现实主义"这样的理论。那么,美国国家实践者有可能会采纳或借用什么样的理论,尤其是哪一种现实主义理论作为自己的意识形态? 这虽然是另一个问题,但显然也是与本文的主旨相关的、很有意义的问题。限于篇幅,我们不能展开论述,只能做一些初步的分析和推测。

美国曾经把抵御、遏制共产主义集团的扩张威胁当成动员号召令。冷战之后,这一理由日渐失去效力。基辛格曾说:美国在冷战中可谓不战而胜,如此的胜利却使她不得不面对萧伯纳笔下的两难:"人生有两大悲剧。一是失去梦想,一是梦想实现。"③下一步提供其国家行动的新的动员号召的理由是什么? 有几种可供作为意识形态选择的理论,比如理想主义学派的"扩张民主以达成世界和平"(其根据是"民主国家不战论"),传统的社会进化论,"文明冲突不可避免论",以及我们所讨论的两种价值

① 参看基欧汉:《新现实主义及其批判》,第 155—6 页。
② 基欧汉:《新现实主义及其批判》,第 184 页。
③ 基辛格:《大外交》,海南出版社,1998 年,第 6 页。

取向的现实主义思想,等等。但是,我们认为,米尔斯海默的"进攻型现实主义"可能会成为美国政府感到比较合意的新意识形态。米尔斯海默本人,正如我们前面讲的,是个严肃的学者,虽然他像休谟一样不怕把结论推到逻辑终点从而出言令人咋舌,但是他并没有那种鼓动"强者霸权"式的洋洋自得,而且对于美国全球称霸的可能性表示怀疑(由于他对于陆军的决定性意义和巨大水体的障碍的认识,他认为地区霸权是大国唯一能期望获得的权力目标)。但是,他的新"结构现实主义"有几点可以被美国政府潜在地借用:第一,他继承华尔兹的结构主义观点,认为国家追求权力不是出于"贪婪",而是出于环境:无政府的国际环境逼使各国不得不为了安全而最大化自己的权力。老现实主义者(摩根索和尼布尔)把国家包括美国的动机写得不堪(贪欲和权力欲),这当然不利于动员群众。美国人民可是一个很"理想主义"的人民,政府总不能在外交报告中说:既然大家都恶,我们美国也一道拔刀上!哈斯批判过简单化的现实主义:现实主义原则的长处在于它强调了对美国巨大利益现存的和潜在的威胁,但是,仅仅维持秩序是不够的。这不能吸引美国公众和国会更广泛的支持美国的对外政策。"不满意现实政治并以自己的军事实力和例外论而自豪的人们也不会支持狭隘的现实主义。"①

但是,我们看到,哈斯的看法不一定正确。新现实主义以中性的"安全"作为基本的价值支点,认为国家是为了安全而不得不最大化权力,这似乎在当代美国国内有利于动员群众,在国外可以为自己的霸权取向辩护。长期以来,并非所有的美国人都对充当单极"领导性国家"、为世界提供秩序具有那么大的积极性,因为为此要承担相当的代价。美国由于得天独厚的条件,实际上一直不能像其他国家的人那么强烈地感受到国际无政府的"结构"威胁。② 然而,在"9·11"之后,"安全"确实成为美国所必须面临的一个真实问题。美国人民深切感受到其威胁。所以,此时以

---

① 理查德·N. 哈斯:《规制主义:冷战后的美国全球新战略》,第65页。

② William C. Wohlforth, "The Stability of a Unipolar World", *International Security*, Summer 1999, p. 40.

"国家安全"立论的国际政治理论,确实能让人真正认同。再者,结构现实主义认为"结构"决定着结构中各个单位的品性。换句话说,世界上无论哪个国家,无论是民主还是独裁,为了自己的安全,都会追求权力最大化,都构成了对美国的威胁。所以,即使不存在政治意识形态敌人了,任何其他大国的成长也都会威胁美国的安全,都将为美国的"先发制人"提供正当性辩护。

(本文发表于《世界经济与政治》2004 年第 8 期)

姜振飞

姜振飞,男,1970 年生,山东省临沂苍山人,南京大学国际关系研究院博士毕业,浙江大学国际政治专业博士后出站人员,现为浙江大学人文学院世界历史研究所副教授、硕士生导师。研究方向为美国外交政策与国际核军备控制。主要从事国际关系方面的教学和科研工作。现在已经出版个人学术专著两部:《美国约翰逊政府与国际核不扩散体制》(中国社会科学出版社 2008 年版);《冷战后的美国核战略与中国国家安全》(光明日报出版社 2010 年版);出版合著:《中国少数民族宗法制度研究》(江西高校出版社 2006 年版),《中东核扩散与国际核不扩散机制》(世界知识出版 2012 年版)。待出版专著《中国核安全评论》。论文方面,先后在《世界经济与政治》、《国际问题研究》和《欧洲研究》等国际政治专业核心刊物上发表有关美国外交政策与国际核军备控制方面的论文 10 余篇,其中有 4 篇被人大复印资料《国际政治》全文转载。目前已完成浙江省社会科学规划基金重点项目《冷战后的美国核战略与中国国家安全》,现在正承担教育部人文社会科学研究规划基金项目《美国小布什政府与奥巴马政府核战略比较研究》等项目的研究。

新保守主义与布什政府的外交政策

　　自布什政府上台以来,特别是随着9·11事件的出现,作为美国占主导地位的社会政治思潮,新保守主义曾对第一届布什政府的外交政策产生了极大影响。2004年,布什竞选连任成功,与第一届布什政府相比,新保守主义影响下的第二届布什政府的外交政策有哪些变化?变化的原因是什么?这些都成了非常有必要进行探讨的问题。

一

　　新保守主义兴起于20世纪30年代,到20世纪60年代之后尤其是80年代以来,逐步演变成为一股具有较大影响的社会思潮。其基本特点是:大力维护垄断资产阶级的利益,坚决反对共产主义以及民主社会主义;认为除道德之外,人天生是不平等的;主张社会的稳定需要保持人们对宗教的信仰和对传统价值的维护;要求社会节制"过多的民主";捍卫自由竞争的私有制度;宣称整个社会应由"杰出人物"来进行统治。[①] 新保守主义是由两组观念构成的:一组是反国家主义的自由主义,它强调个人主义、政府的权力应该受到严厉限制和自由市场经济。这一派的自由主义也被称作古典自由主义。另一组是传统的保守主义,其所认同的是18世纪英国思想家柏克的思想。传统的保守主义者主张强有力的领导、有效的法律和秩序,同时注重道德的作用,有强烈的宗教情感,注重宗教在社会中的不可磨灭的作用,怀疑甚至敌视任何企图消灭宗教信仰的意识

---

　　① 永祥、贺善侃:《现代西方社会思潮》,中国纺织大学出版社,1994年,第286页。

形态和政治运动。① 因此,新保守主义的思想渊源有两个:古典自由主义和传统的保守主义。

目前美国的新保守主义主要是指主导美国政坛的以"鹰派"为代表的"新保守派"所持的战略理念和政策主张。跟传统的保守主义一样,美国的新保守主义并不是一个逻辑严密的理论体系,它最初的出现是对20世纪60年代所谓自由主义"过度"的反动。到了20世纪70年代,美国面临复杂的国内外形势。在国外,第二次世界大战后所形成的美国在世界上的霸权地位受到苏联越来越大的挑战,冷战格局朝着"苏攻美守"的态势不断发展,而在联合国的舞台上,新兴的第三世界国家的反美倾向也不断加强。在美国国内,由于自由主义在美国公共哲学中的主导地位,"伟大社会"的自由主义精神事实上一直支配着美国的公共政策。20世纪60年代的动荡虽已平息,随着越战的结束,新左派学生运动在政治上也已经无足轻重,但其影响深远。一方面,新左派知识分子仍然在批判、攻击美国及西方的政治经济体制和价值观念,攻击资本主义,要求与苏联和平共处,宣扬第三世界革命国家的价值优越性,而主流自由派对此即使不是公开支持,也是默许和纵容的。更重要的是,很多受到激进思想影响的自由派在美国的政治、社会和文化的关键机构中已经占据了重要位置。另一方面,反主流文化以及对个人的极度张扬似乎已经深入大多数美国人的头脑中,性生活的放纵,藐视权威,对家庭、社区和国家缺乏责任感的现象似乎已经成为一种"瘟疫",由此,美国社会的凝聚力在下降。在此背景下,美国统治阶级需要寻找一种新的思想武器和治国良方,于是新保守主义走到了美国政治思潮的潮头。美国新保守主义的发展共经历了三个阶段:第一阶段,从20世纪60年代后期到整个70年代,新保守主义兴起并成为美国政治舞台上一支独特的力量。第二阶段包括整个20世纪80年代和冷战结束后的几年,在这一阶段中,新保守主义逐渐与主流保守主义合流。第三个阶段则是目前主要关注外交政策的新保守主义。

美国新保守主义的战略理念是:1. 应该建立一个以美国为主导的

---

① 刘军宁:《保守主义》,中国社会科学出版社,1998年,第245页。

"新世界秩序"。新保守主义者查尔斯·克劳塞默就认为,作为唯一的超级大国,若美国再"退却"和"推卸责任",留下的只能是一片混乱。所以,美国责无旁贷,必须承担起缔造一个"新世界秩序"的责任。这样一个"新世界秩序",在世界上维护美国利益的同时,宣扬和推广美国的价值观;既然美国已经成为唯一的超级大国,那就使用这种支配性地位和优势力量去塑造一个有益于美国利益和价值观的世界秩序。克劳塞默说:"当现存的国际规则与美国的基本价值观发生冲突时,让那些规则见鬼去吧。"①

2. 美国外交政策的目标应该是建立并尽可能长久地维持美国世界上的霸权地位。小克里斯托尔和罗伯特·卡根于 1996 年在《外交》的 7 —8 月合刊上发文鼓吹采取"新里根政策",建立一个"仁慈的全球霸权"。他们认为:(1) 美国的军事力量存在于世界上的所有重要地区;(2) 美国居于全球经济体系的中心地位;(3) 美国的观念和文化在数据库上有普遍而又深入的影响;(4) 世界上的大多数国家(欧洲和日本)欢迎美国的"全球参与","喜欢美国的仁慈霸权而非其他选择"。"美国的霸权才是防范和平和国际秩序崩溃唯一可靠的措施。"②3. 美国的外交政策应该贯穿一种明确的道德目标。小克里斯托尔和罗伯特·卡根认为,"美国之所以能赢得现在的强大地位,就是通过在国外积极地促进美国的统治原则——民主、自由市场和自由"。"在全世界支持美国的原则只能通过不断地运用美国的影响来维持。"在一些情况下,通过对落后国家的援助,可以获得这些影响。但"有些时候,这意味着不仅支持美国的朋友和向其他国家施加不大但连续的压力,还要在伊朗、古巴或中国采取积极主动的政策——最终的目的是带来政权的变更"③。4. 反共是新保守主义的本质特征。冷战时期,共产主义威胁是新保守派团结的基础。新保守派强调专制制度是苏联威胁的根源。他们认为,苏联同第三世界的集权政权有

---

① Charles Krauthammer, "Bless our Pax Americans", *The Washington Post*, March 25, 1991. A. 25.

② William Kristol and Robert Kagan, "Toward a Neo-Reaganite Foreign Policy", *Foreign Affairs*, 75/4(July/ August1996), pp. 18-28.

③ Ibid.

本质区别,其行为更受意识形态因素的支配,制度本身的稳定性也更强。[①] 新保守派在冷战时期积极敦促里根政府与苏联对抗,支持东欧国家的民主运动。冷战后他们继续视社会主义国家为美国的威胁。

二

美国的新保守主义者主要有两类人:一类是构成布什政府中最具影响力的"鹰派"的政府官员,其代表人物主要有国防部副部长保罗·沃尔福威茨(Paul Wolfwitz)、五角大楼国防政策委员会主席理查德·珀尔(Richard Perle)、负责军控和国际战略的副国务卿约翰·博尔顿、国务院副国务卿理查德·阿米蒂奇(Richard Armitage)、美国国际宗教自由委员会负责人埃利奥特·艾布拉姆斯(Elliot Abrams)和美国国防政策委员会成员之一的纽特·金里奇;另一类则是在舆论界和思想库活跃的政论家和社会评论家,主要有《国家利益》的主编欧文·克里斯托尔(Irving Kristol)和他的儿子《旗帜周刊》的主编威廉·克里斯托尔(William Kristol)、《华盛顿邮报》专栏作家查尔斯·克劳塞默(Charles Krauthammer)、新闻记者罗伯特·卡普兰(Robert Kaplan)、卡内基国际和平基金会的罗伯特·卡根(Robert Kagan)、"新美国世纪计划"副主任汤姆·唐纳利(Tom Donnally)和耶鲁大学教授唐纳德·卡根(Donald Kagan)等。2001年布什的上台,特别是"9·11"事件的爆发,使他们获得了影响美国外交的绝佳机会。他们在美国政府内外大张旗鼓地利用各种媒体宣传新保守主义的战略理念和政策主张,并按照自己的理念绘制了美国改造世界的蓝图。新保守主义对第一届小布什政府的影响主要表现在以下几个方面:

1. 推动了布什政府外交政策大战略的形成。早在老布什政府时期,当时的国防部长迪克·切尼(现任布什政府的副总统)组建了一个由当时国防部的第三号人物、负责政策的副部长保罗·沃尔福威茨(曾任国防

---

① 元简:《新保守派的外交思想及其在美国的影响》,《国际问题研究》1998年第2期。

部副部长,是五角大楼的第二号人物,现任世界银行行长)、刘易斯·利比(Lewis Libby,现为切尼的幕僚)和埃里克·艾德尔曼(Eric Edelman,现为切尼的资深外交政策顾问)三个新保守主义者组成的工作小组,草拟了一份在大战略的层次上考虑美国冷战后的外交政策的报告。这份被《华盛顿邮报》称为"意在设定国家下世纪方向的秘密蓝图"的指南概括了几种美国利益受到地区冲突威胁的情形(scenario):"如对重要原材料的获取,主要是波斯湾的石油;大规模杀伤性武器和弹道导弹的扩散,恐怖主义或地区冲突对美国公民的威胁,毒品走私对美国社会的威胁。"指南还建议对那些获得大规模杀伤性武器的无赖国家进行先发制人的打击,认为如有必要,美国必须准备单方面行动。美国必须认识到,"世界秩序最终是由美国支持的","在无法促成集体行动"或需要快速作出反应的危机情况下,"美国应该准备单独行动"。① 当"9·11"袭击事件发生后,沃尔福威茨的指南稍稍改装(许多语言实际上原封未动)就变成了小布什政府 2002 年 9 月发布的《国家安全战略》(National Security Strategy),成了指导小布什政府外交政策的大战略。布什政府提出的"先发制人"战略、"邪恶轴心论"、反恐战争以及单方面退出《反导条约》和决定部署 TMD 和 NMD 的行动无一不是在这一战略的指导下完成的。

2. 对布什政府的中东政策产生了深远影响。新保守派对布什政府外交政策的影响主要体现在布什政府的中东政策上,他们提出了一个重塑中东的计划。他们认为,这个计划的第一步,就是推翻萨达姆政权。早在"9·11"事件前,新保守派就强烈要求推翻萨达姆政权。沃尔福威茨的"防御指南"里就提出了推翻萨达姆政权的建议。罗伯特·卡根在 1995年撰文指出,鲍威尔反对将萨达姆赶下台不仅使萨达姆统治下的伊拉克危险越来越大,第一次海湾战争的仓促结束还导致了老布什和克林顿总

---

① Nicholas Lemann,"The Next World Order", *New Yorker*, April 1, 2002 ; Patrick J. Buchanan,"Whose War ?" *The American Conservative*, March 24, 2003 ; Janadas Devan, "Shaping the world :The Rise of the New-conservatives", *The Strait Times*, March 30, 2003 ; Excerpts From, "1992 Defense Planning Guidance", see http://www. /bs. org /wgbh /ages /frontline/showsiraqetc/wolf . html.

统外交政策的灾难。1998年,"新美国世纪计划"发给克林顿总统一封公开信,强烈建议改变对伊拉克的遏制政策,推翻萨达姆政权。2001年10月,珀尔就认为反恐战争的核心问题是伊拉克问题,如果反恐战争结束时萨达姆还在台上,那么就不能说"反恐"战争取得了胜利,因为萨达姆是挑战西方价值观念的总象征。查尔斯·克劳塞默在2002年年初也分析认为,美国的反恐战争分三个阶段:第一阶段是出于报仇和伸张正义的阿富汗战争;第二阶段是在东南亚地区帮助搜捕恐怖分子的小规模行动;而第三阶段就是对伊拉克发动战争,目的是搞掉萨达姆,解除伊拉克可能储存的大规模杀伤性武器。[①] 布什在2002年9月20日请求国会授权其采取合适的行动来解除伊拉克的大规模杀伤性武器,国会两院在辩论后同意了他的请求,布什终于拿到了"倒萨"的开战权。

新保守派重塑中东计划的第二步就是以改造伊拉克为契机,推行美国的"大中东民主计划"。美国的新保守派把伊朗视为其推行"大中东民主计划"的一大主要障碍,极力鼓吹对伊朗采取军事行动。威廉·克里斯托尔在布什宣布"倒萨"战争胜利后,在2003年5月12日的《旗帜周刊》上发文指出:"中东或伊斯兰世界是问题的中心,朝鲜肯定是个危险,但它可能被遏制,它给世界造成的威胁是向恐怖主义分子和恐怖主义国家提供致命的武器;而几乎所有的恐怖主义分子和恐怖主义国家都在中东。解放伊拉克是为了中东的未来而进行的第一场伟大战役。创建一个民主、自由的伊拉克是现在的头等大事;下一场伟大战役是对伊朗。""伊朗是防扩散战争、反恐战争和重塑中东努力的焦点。如果伊朗变得亲西方和反对恐怖主义,叙利亚和沙特将会随之更容易出现积极的变化,解决巴以冲突的机会就会大大提高。"[②]迈克尔·里丁同样强烈建议:"作为美国反恐战争的一部分,美国应该帮助伊朗人民推翻他们的统治者。随着伊朗神权政治的终结,不仅伊朗人民能享受到民主。世界也将受益,赢得对

---

①　Charles Krauthammer, "Redefining the War", *Washington Post*, *Friday*, February 1, 2002, p. A25.

②　William Kristol, "The End of the Beginning : The War on Terror Continues", *The Weekly Standard*, 8/34,, May 12, 2003, p. 9.

国际恐怖主义的一场大胜利。"①新保守主义者重塑中东计划的主要目的有：(1)用美国的民主自由价值观改造整个中东地区，以消除国际恐怖主义势力对美国的威胁；(2)为其他地区作出榜样，以便在其他地区推行美国的自由价值观念；(3)控制中东地区的战略资源石油，以从能源上遏制其他大国的发展；(4)利用美国在伊拉克战争中的胜利，建立"美国统治下的持久和平"，即将"单极制度化"。

　　布什政府接受了新保守主义者民主改造中东的设想并努力付诸实施。2004年11月12日，在与来访的英国首相布莱尔联合举行的记者招待会上，布什就说："我坚信民主能促进和平，那就是我为什么在大中东地区推行民主的原因，我想我们有责任和义务确保在中东实现民主。"②为了搬掉伊朗这个"大中东民主计划"的绊脚石，美国大造伊朗发展核武器的舆论，为把伊朗核问题提交联合国安理会，甚至对伊动武寻找借口。2004年10月28日，鲍威尔在出访东亚归来谈到伊朗核问题时说，现在是将伊朗寻求发展核武器的问题提交到联合国安理会的时候了，伊朗向那个方向发展对该地区、对全世界都不利。③ 2004年11月7日，当与法、英、德三国谈判核问题的伊朗官员侯赛因·穆萨维宣布伊朗与欧盟达成了暂停铀浓缩活动的"初步协议"时，2004年11月9日美国负责军备控制的助理国务卿斯蒂芬·拉德马克(Stephen Rademaker)表示，美国对伊朗的意图表示怀疑。④ 2004年11月20日，布什在智利出席亚太地区领导人会议期间，在谈到伊朗核问题时，他说他相信伊朗在继续发展核武器，并称之为"一个非常严重的事情"⑤。除此之外，为了民主改造中

---

　　① Michael Ledeen，"Iran's Next Revolution"，*On The Issues*(AEI Online)，June 1，2003；Michael Ledeen，"The Tehran Regime Must Fall"，*Wall Street Journal*，June 11，2003；Michael Ledeen，"Iran: Back the Freedom Fighter"，*On The Issues*(AEI Online)，July 1，2003.

　　② "President and Prime Minister Blair Discussed Iraq，Middle East"，see http://www. whitehouse. Govnewsreleases/2004/11/20041112-5. html.

　　③《鲍威尔出访归来谈有关中国、朝鲜、伊朗、伊拉克及以色列问题》，参见 http://usinfo. state. Gov/regional/eamgckarchive04/1028powell. html.

　　④ 新华社 2004 年 11 月 10 日电。

　　⑤ "Bush Toughens Line On Nuclear Threats—President Singles Out Iran，N. Korea"，*Washington Post*，October 23，2004.

东,布什政府还推动巴勒斯坦的阿巴斯政府与以色列进行和谈,并对叙利亚施加外交压力等。

3. 推动布什政府执行以美国的军事力量为后盾,维持并扩大美国全球霸权的"新里根外交政策"。1996 年,新保守派重要舆论阵地之一的《旗帜周刊》发行人兼主编威廉·克里斯托尔和特约编辑罗伯特·卡根为共和党制订了名为"新里根主义"的竞选纲领,提出以"意识形态和战略上的主导地位"来界定美国的全球霸权,主张用意识形态和道德语言动员民众广泛支持美国参与国际事务。① 为了实践"新里根主义"②,新保守派所掌握的思想库"新美国世纪计划"于 2000 年发布了《重建美国的防御》报告,美国新保守主义者在这份报告中提出的美国外交和防务战略的具体目标主要包括:(1)研发与部署弹道导弹防御系统,以保护美国本土及其盟国,同时退出《反弹道导弹条约》;(2)增加国防开支,争取使其以每年 150 亿—200 亿美元的速度递增;(3)为了有效保护美国本土,必须改造美国的核力量,制订新的核战略,同时研发新型核武器,以适应新的军事行动的要求;(4)阻止伊拉克、伊朗和朝鲜或与它们类似的国家损害美国的领导地位,胁迫美国的盟国或威胁美国的本土;(5)为维持"美国治下的和平"和"一个单极的 21 世纪",美国必须完成的四大使命是"巩固和扩展民主和平主导的地区"、"阻止新的大国竞争者的出现"、"控制关键地区(欧洲、东亚和中东)"和"积极推动美国军队和战争的转型"。报告最后总结说:"本报告的基本信念是,美国应当寻求通过维持美国军事力量的优势来保持并扩展美国的全球领导地位。今天,美国享有史无前例的有利战略地位和机会。如果美国不保持其军事实力,这个机会有可能丧失。"③布什第一届政府的外交政策,很好地体现了这个报告的精神。

---

① Alain Frachon and Daniel Vernet, Le Monde, *The Strategists and the Philosopher* [OL], April 15,2003. see http://www. truthour. orgPdocs-03P042003H. html.

② 吕磊:《美国的新保守主义》,江苏人民出版社,2004 年,第 2 页。

③ 参见 http://www. newamericancentury. Org/iraqclintonletter. html ;Donald Kagan, Gary Schmitt,and Thomas Donnelly,"Rebuilding American Defenses:Strategy, Forces and Resources For A New Century",*A Report of The Project for the New American Century*,Washington, D. C. :The Project for the New American Century,2000 .

三

在 2004 年 11 月举行的美国总统大选中,布什击败民主党总统候选人克里,实现了成功连任。与第一届布什政府采取"先发制人"战略推行单边主义外交政策相比,第二届政府的外交政策出现了一些变化,表现在:在继续进行反恐的同时,试图修补与老欧洲国家因美国执意发动伊拉克战争而严重受损的关系、支持欧盟与伊朗就核问题进行谈判、坚持外交手段优先解决朝核问题、"中国威胁论"的沉渣泛起和积极推动独联体国家的"颜色革命"等。具体来说:

1. 与前一届布什政府相比,新一届布什政府对外政策的一个重要变化就是在进行反恐的同时,防止出现全球性的竞争对手,以维持美国的单极霸权的新保守主义对外战略思维又重新抬头。实际上,防止出现一个全球性的竞争对手一直是美国新保守主义者的基本信条。他们在冷战后仍然坚持冷战思维,并通过积极寻找一个敌人的办法来界定美国的外交政策。新保守主义分子欧文·克里斯托尔就认为:"半个世纪以来……是我们的敌人界定了我们的外交政策。现在界定的任务落到了我们自己的身上……缺乏值得一提的敌人时,很难明确制订外交政策。毕竟,是国家的敌人帮助定义了'国家利益',无论定义时用什么样的形式。如果没有这样的敌人,国家就会在大量相当琐碎的或者至少是边缘的选择中踌躇。"①1992 年,沃尔福威茨的"防御指南"也指出,美国冷战后政治和军事战略的首要目标应是防止一个敌对性超级大国的兴起。"我们的第一目标是防止再度出现一个新的敌人。这是指导新地区安全战略的主导性考虑,它要求我们努力防止任何敌对力量控制这样的地区,该地区的资源若在稳固控制下足以产生一个全球性力量,这些地区包括西欧、东亚、前苏

---

① Irving Kristol,"The Map of the World Has Changed", *Wall Street Journal*, January 3, 1990; Irving Kristol,"In Search of Our National Interest",*Wall Street Journal*, June 7,1990.

联和西南亚。"①只是由于第一届布什政府忙于应付国际恐怖主义和大规模杀伤性武器的威胁,而不得不与中国和俄罗斯等组成了反恐同盟,才把阻止出现全球性战略竞争对手的任务暂时搁置起来了。而美国反恐战争刚接近尾声,布什新政府就迫不及待地寻求对其可能的未来竞争对手进行防堵。

首先,防堵中国的崛起现在正在成为布什新政府外交政策的一项急迫的任务。在冷战时期,"反共产主义威胁"就是美国新保守主义统一的思想基础,反共也是新保守主义的一个本质特征。而随着中国政治经济实力的上升,在新保守主义分子眼里,中国已取代衰落的俄罗斯成了美国全球霸权的潜在的最大威胁。狂热的"中国威胁论"鼓吹者、新保守主义分子查尔斯·克劳塞默于 1995 年在《我们为什么必须遏制中国》一文中,就把中国比喻成 19 世纪末的德国,呼吁在中国的四周组成一个反华同盟,并耸人听闻地说:"西方没有能遏制崛起的德国,结果是两次世界大战。我们不能因为正在形成的 21 世纪的巨人而让历史重演。"②但"9·11"事件爆发后,国际恐怖主义势力成了美国的头号威胁,而中国则在美国反恐斗争中积极予以合作,故而在第一届布什政府时期,"中国威胁论"有了很大的削弱,中美关系也有了很大发展。

但是布什新政府成立以来,阻止中国的迅速崛起正在成为美国外交政策的一项重要任务。对此,布什新政府采取的应对措施有:(1)阻止欧盟和以色列对华军售。为了阻止中国获得欧盟武器,布什在新上任以来,曾先后亲自和派国务卿赖斯到欧洲游说,坚决反对欧盟解禁对华军售。迫于美国的压力,2005 年 6 月 13 日在卢森堡召开的欧盟外长会议决定放弃原定于当年 6 月底取消的对华武器禁运计划。美国在向欧盟施加压力的同时,与以色列的对华军售争端也在进一步升级。据 2005 年 6 月 12 日《以色列国土报》报道,美国正式决定在未来数月内对以色列采取一

---

① Excerpts From 1992 "Defense Planning Guidance", see http://www. pbs. Orgwgbhages/frontline/showsiraqetc/wolf . html.

② Charles Krauthammer, "Why We Must Contain China ?," *Time*, July 31,1995.

系列严厉的军事制裁措施,原因是以色列向中国出售了"哈比"无人攻击机。(2)在对华经济政策上,布什新政府则采取了力压人民币升值和对中国输美纺织品设限的措施,并企图用这样的办法来抑制美国巨大的贸易赤字和遏制中国经济迅速发展的势头。(3)在东亚地区安全战略上,美国则扶植日本使之成为美国牵制中国崛起的工具。为了应付所谓的"中国威胁",布什新政府对外政策的一个显著特点就是大大提高了日本在美国东亚安全战略中的地位,利用全球军事部署战略调整之机加速推动日美军事一体化,并借助日本的力量共同应对中国的崛起。美日安全磋商委员会在 2005 年 2 月 19 日发表的联合声明则把台海问题纳入两国的安全战略关注目标,表明美日加强了利用台海问题遏制中国的战略合作。

特别值得关注的是,在美国国内"中国威胁论"的沉渣泛起。2005 年初,美国中央情报局局长戈斯抛出了"中国军事现代化对美国构成了直接威胁"的言论。[①] 美国国防部长唐纳德·拉姆斯菲尔德(Donald Rumsfeld)于 6 月 4 日在新加坡举行的亚洲安全会议上发表讲话,也对中国在未受到任何国家威胁的情况下大力扩充军事力量提出质疑。他说,实际上,中国的军事预算似已位居世界第三,在亚洲已明显地居于首位。[②] 刚刚出台的美国防部 2005 年《中国军力报告》也说,中国军力已不再是第三世界军事力量,在一些领域已达世界一流水准,美国将在军事方面遭受中国前所未有的挑战。[③] 布什新政府之所以在反恐稍微得到喘息之际就迫不及待地重提新保守主义分子所极力鼓吹的"中国威胁论",其主要原因有:(1)美国在中东的反恐战争现在暂时告一段落,这也使得美国得以腾出一只手来应对中国的崛起。(2)出于对中国在亚太地区影响力迅速扩展的焦虑感。美国认为,中国利用美国反恐之机,大大扩展了自己在亚太地区的影响,对美国在亚太地区的主导地位提出了挑战。为了阻止这种

---

① 《美推迟中国军力报告内幕》,《环球时报》2005 年 6 月 13 日。

② 《拉姆斯菲尔德质疑中国扩充军力》,参见 http://usinfo. state. Gov/regional/eamgck-archive05/0606rumsfeld. html。

③ 丁增义:《即将出台的美国防部 2005〈中国军力报告〉略析》,《解放军报》2005 年 6 月 13 日。

势头,很有重提"中国威胁论"之必要。(3)为发展美国军事力量寻找借口。新保守主义者认为,强大的军事力量是维持美国全球霸权的基础,为了大力发展美国的军事力量,就有必要根据新保守主义的冷战思维,寻找一个敌人,而实力不断壮大的中国也就顺理成章地成了美国需要塑造的"潜在的对手"。(4)为了离间中国与亚太国家的关系。近几年来,随着中国经济的发展和与本地区经济联系的加强,中国与亚太地区各国的经贸联系越来越密切。为了抵制中国影响的扩大,以争取联合旧时的盟友共同遏制中国的发展,美国也有必要重提"中国威胁论"。(5)为了增加对台军售。美国军方夸大中国军力,一方面可以劝说美国内要加大对台军售力度;另一方面,敦促台湾当局早作决断,大量购买美国武器,否则,台湾安全将不保。(6)为美国的全球战略调整制造有利的气氛。据美国媒体透露,就在五角大楼拟制《中国军力报告》的同时,国防部长拉姆斯菲尔德正组织国防部的高级幕僚制订一份关于美军新军事战略的秘密报告。所谓的"新军事战略",在一定意义上就是美军在全球军事部署中,把在东亚的防御重心逐步转向中国。确立了这一战略重点,美军就拥有充足的理由要求国会大幅增加军费开支。

其次,布什新政府也加大了对其另一个潜在的战略竞争对手俄罗斯的压力。虽然俄罗斯的经济和军事实力与苏联相比已不可同日而语,但俄罗斯民族的"黩武"性格仍是美国新保守主义分子心目中挥之不去的阴影。因此,大大压缩俄罗斯的战略空间,使之永远不可能东山再起,就成了美国新保守主义分子所追求的一贯目标。目前,布什新政府对俄罗斯战略空间的挤压,从发展趋势上看,有明显的从外围向核心发展的层次性。第一个层次是北约通过东扩将原苏联控制之下的华约成员"收编",成员扩大为26国,从地理位置上逼近了独联体。第二个层次是明里暗里支持俄罗斯周边国家特别是独联体国家中亲西方的反对派。从格鲁吉亚总统大选、乌克兰总统大选到2005年的吉尔吉斯坦议会选举,反对派都是先败后胜,通过"街头政治"取得了最终胜利。在这些国家政局演变的背后,我们不难看到美国的身影。美国国务院于2005年3月28日发布简报指出,美国支持的民主项目为"橙色革命"和反映乌克兰人民意志的选举做出了贡献。① 第三个层次是促使独联体和俄罗斯解体。如果这种"颜色革命"继续接二连三地发生,不仅俄罗斯的门户洞开,而且危及到了独联体的生存。所以,被未遂的"雪花革命"惊出一身冷汗的白俄罗斯总统卢卡申科发出了"拯救独联体"的呼吁。2005 年 4 月 4 日,俄罗斯总统普京的办公厅主任米德维迪夫提出,俄罗斯可能会解体为数个不同的国家,因此需要建立"超级行政区域"来预防。②

2. 布什新政府对其第一任期的单边主义外交政策进行了很大修正,更加强调优先利用外交手段和大国合作来解决其所面临的外交难题。这主要表现在:(1)布什试图修补因单方面发动伊拉克战争而遭到损害的欧美关系。在 2004 年 11 月会见来访的英国首相布莱尔时,布什说:"所有我们希望一起实现的目标都要求美国和欧洲保持伙伴关系。我们是自由世界的支柱。我们面临共同的威胁,享有共同的自由价值观。在我的第二任期内,我将努力采取措施深化与欧洲国家的跨大西洋关系。我就职后将立即访问欧洲。我的政府将继续通过北约和欧盟深化与欧洲国家的合作。"③布什连任后的首次出访就选择了欧洲,这也显示了布什新政府改善与欧洲国家关系的急切心情。(2)在伊朗核武器项目上允许法、德、英三国代表欧盟与伊朗进行谈判。布什在 2004 年 11 月 20 日出席亚太地区领导人会议时说:"我愿意继续与欧洲国家一起劝说伊朗放弃核武器项目"④。(3)在朝鲜核武器问题上,布什新政府仍坚持"六方会谈"是解决朝核问题的最好方式。2004 年 11 月 20 日,在与日本首相小泉纯一郎举行的会谈中,布什说:"重要的是让朝鲜领导人知道,'六方会谈'是我们继续讨论我们的共同目标——朝鲜半岛无核化的框架,我们在此

---

① 《促进自由和民主是美国对外政策的基石》,参见 http://usinfo. state. Gov/regional/eamgckarchive05/0329fact. html.

② 孔寒冰:《冷战并没有真结束》,《环球时报》2005 年 4 月 13 日。

③ President and Prime Minister Blair Discussed Iraq, Middle East,see http://www. whitehouse. Govnewsreleases/2004/11/20041112-5. html.

④ Mike Allen and Robin Wright,Bush Toughens Line On Nuclear Threats,see http://www. washingtonpost. Com/wp-dyn/articles/A64951-2004Nov20. html.

问题上与其他有关的意愿是一致的,朝鲜领导人将听到一个共同的声音。"①2005年以来,虽然朝核问题出现了朝鲜宣布已拥有核武器的重大变化,美国新保守派也要求对朝鲜进行经济制裁和把朝核问题提交安理会,但布什新政府仍强调"六方会谈"是解决朝核问题的最好方式,这反映了新保守主义对布什新政府虽然仍有影响,但已不在布什新政府中占有主导地位。(4)在伊拉克重建问题上,布什新政府也扩大了与其他国家的合作。这主要是因为面临战后伊拉克重建问题上出现的困境,新保守派不得不与美国国务院达成妥协。

布什新政府之所以对布什第一任期时强硬的单边主义外交政策作出某种程度上的修正,有以下几点原因:(1)美国在伊拉克重建问题上遇到了重重困难。这些困难包括:伊拉克局势并没有根本好转、驻伊美军不断增加的伤亡、重建所需的巨额费用、虐俘丑闻、美国和英国发动伊拉克战争所依据的假情报和核查人员在伊拉克战争后并没有发现美英所谓的萨达姆所藏匿的大规模杀伤性武器等。这都使美国国内外舆论对美国根据"先发制人"战略所发动的伊拉克战争的合法性表示大大怀疑,这些都沉重打击了美国的新保守派,也使布什新政府在采取"先发制人"战略和实施单边主义行动时不得不比以前更加慎重。(2)其他国家特别是大国对美国单边主义外交政策的牵制。在朝核问题和伊朗核问题上表现得最为明显。在朝核问题上,中国和韩国坚决反对美国采取经济制裁和军事等强硬手段来解决问题,采取外交手段也是朝鲜所有邻国的共识,离开了韩国等国的支持,美国采取单边主义政策也是不现实的。在伊朗核问题上,则有与伊朗有密切经济联系的法、德、英、俄罗斯和印度等大国的反对。这些都使布什新政府认识到美国的实力与其所要达到的战略目标之间还有一定的距离。(3)美国新保守主义理论具有局限性。在当前全球化进程迅速发展和国家间经济合作与依赖程度不断加深的背景下,美国新保守主义片面强调意识形态和战略优势对维持美国世界领导地位的作用,

---

① President Bush's Remarks with Prime Minister Koizumi of Japan, see http://www. whitehouse. Govnewsreleases/2004/11/20041120-2. html.

推行依靠军事力量为后盾的进攻性现实主义外交政策,不能为美国认识其在冷战后所面临的全球化的国际环境提供全面可靠的指南。这种理论上的缺陷,将从根本上限制其对美国的外交政策产生更大的影响。这也促使布什在其第二任期内对那些渗透在"布什主义"(Bush Doctrine)中的新保守派的"新里根外交思想"尤其是积极运用美国的力量重新塑造世界的设想进行反思。美国在伊朗核问题和朝鲜核问题上优先考虑外交选择,而不是把它们提交到联合国,并对伊朗和朝鲜进行经济制裁和"先发制人"的军事打击,除了其他大国和伊朗、朝鲜的邻国的牵制和美国力量不足外,布什新政府对布什第一任期内单边主义外交政策消极影响的反思也是重要因素之一。

3. 更加积极地推行全球民主化改革。美国的新保守派继承和发扬了美国人"天赋使命"的传统,他们不遗余力地推广美国的民主制度和民主精神。新保守派的重要成员乔舒亚·穆拉夫切克在 1991 年出版的《输出民主——完成美国天赋使命》一书中指出"促进民主事业可以成为最有成效的美国外交政策,不仅在道义上如此,而且对本国利益来说也是如此",其依据是:首先,"世界上的民主国家愈多,美国所处的环境就愈友好";其次,"世界上的民主国家愈多,世界就愈趋向于和平"[1]。新保守派通过对布什总统的联邦致辞中陈述总结表达出他们救世主似的心态:历史的呼唤已经落实到相应的国家,他们履行权力而非征服,为陌生人的自由而牺牲。他们珍视的自由不是美国赠与世界的礼物,而是上帝赠与世界的礼物。[2]

与第一届布什政府相比,由于以军事力量为后盾的实力外交受到越来越大的阻力,布什新政府开始把外交政策的重点转向推行全球民主化改革,对外输出美国的民主和自由价值观。在连任成功后,布什总统在不同场合多次表示把输出美国的民主和自由作为其第二任期的一项重要任

---

① Joshua Muravchik, *Exporting Democracy: Fulfilling America's Destiny.* *Washington* D. C. : The AELP Press,1991.

② Genealogy of American Thoughts and Theories. See http://www. irib. Ir/worldservice/English RADIO//olitical/gene. html.

务。2004 年 11 月 4 日,布什总统在竞选成功后举行的记者招待会上说:"如果我们对长期地维护我们的国家安全有兴趣,最好的办法就是促进自由和民主。"①布什总统于 2005 年 1 月 20 日在他宣读誓词后发表的就职演说中说,自由在全球的传播是"世界实现和平的最佳希望",并表示将致力于让自由在全世界获得成功。布什总统说:"因此,美国的政策是谋求并支持每一个国家及文化中的民主运动和民主机制的发展,最终目标是在全世界结束暴政。"②美国国务院也于 2005 年 3 月 28 日发布简报指出,在全世界促进人权和传播民主是美国对外政策的基石。简报强调美国坚决支持各地人民争取自身不可剥夺的权利。③ 布什新政府推行全球民主化改革的努力不只是停留在口头上,还把它作为第二届布什政府的重要外交政策而付诸实施。布什新政府一位高级官员于 2005 年 2 月 20 日在"空军一号"飞往比利时布鲁塞尔的途中举行新闻发布会,他说,布什总统与欧洲领导人举行的会谈将强调,具有共同价值观的跨大西洋联盟也应采取一致行动促进全世界的自由。④ 布什总统与俄罗斯总统普京于 2005 年 2 月 24 日在斯洛伐克共和国的布拉迪斯拉发(Bratislava)举行会谈。布什总统在会谈后举行的联合记者会上说,他"以建设性和友好的方式向普京表示,他关注俄罗斯实施民主原则的情况"⑤。美国国务卿赖斯在访问白俄罗斯期间,与反对白俄罗斯总统卢卡申科的异见人士举行了引人注目的会晤。

我们可以看出,布什新政府外交政策的变化,也是对第一届布什政府在新保守派主导下单边主义外交政策反思的结果。布什新政府对布什第

---

① President Holds Press Conference,see http://www. whitehouse. Govnewsreleases/2004/11/20041104-5. html.

② 《布什总统就职连任演说强调推进自由》,参见 http://usinfo. state. Gov/regional/eamgckarchive05/0120bush. html.

③ 《促进自由和民主是美国对外政策的基石》,参见 http://usinfo. state. gov/regional/eamgckarchive05/0329fact. html.

④ "美国官员谈布什总统的欧洲之行",参见 http://usinfo. state. gov/regional/eamgckarchive05/0222wh. html.

⑤ "布什总统与俄罗斯总统普京会谈",参见 http://usinfo. state. gov/regional/eamgckarchive05P0225bush. html.

一任期时强硬的单边主义外交政策的重新思考并不会改变美国大战略的最根本目标————单极世界构想,只表明布什新政府在今后会更注意手段,对单边主义行动将更为谨慎,将更为注意以多边主义形式(工具)来行单边主义之事实(目的)。新保守主义对布什新政府的影响虽然有所削弱,但其影响仍然不可忽视,布什新政府对外政策的实质仍然是建立单极世界,区别只在于方法和手段。

(原载《当代世界与社会主义》2005 年第 4 期)

戚印平

戚印平,男,1954 年生,浙江上虞人,中共党员,哲学博士,浙江大学人文学院历史系(世界史所)教授,博士生导师。1982 获语言文学学士学位,1993 获历史学硕士学位,1999 年获哲学博士学位,曾任浙江大学哲学系副教授、教授。香港中文大学访问教授(2006 年),台湾"清华大学"(2009 年)及香港城市大学客座教授(2011 年)。中国宗教学会理事。承担国家社科基金项目"东亚天主教史研究"。著有《日本早期耶稣会史研究》(商务印书馆 2003 年版),《远东耶稣会史研究》(中华书局 2007 年版)及相关论文、译著等数十种。目前研究方向为:宗教传播与文化关系,东亚耶稣会史,中日关系史,日本文化史。

一个传奇的形成与演变

——有关使徒圣多马传教东方的若干记录与分析

在大航海时代的许多西方文献中,我们可以看到一则颇为神奇的传奇故事,即使徒圣多马(St. Thomas,一译圣多默、圣托马斯)曾奉命前往东方传教,甚至抵达遥远的中国,在那里传播福音。随着西方各国在亚洲的势力扩张以及耶稣会士在东方的传教活动,这个故事越来越受人关注,并在形形色色好事者的津津乐道与相关证据的发掘整理中,不断得到补充与完善。

一

使徒圣多马传教东方的故事形成于很早时期[1],但最早以亲历者身份、向西方人讲述圣徒在印度的陵墓及其种种灵异现象的人,极有可能是大名鼎鼎的马可·波罗(Marco Polo)。他在其名著《游纪》(1299 年刊)中这样写道:

> 圣多玛斯(即圣多马)教长之遗体,在此马八儿(Maabar,即

---

[1] 圣多马为耶稣基督的 12 门徒之一。在外典《圣多马福音书》中,就有关于他前往印度传教的描述。最早将这些线索演绎成传奇故事的创作者可能是相同或稍晚时期的摩尔人。根据他们的传说,使徒圣多马为向印度人传教而前往南部印度,并于公元 68 年(一说 72 年)在马特拉斯郊外的马巴尔殉教。摩尔人的这一传说在罗马教皇凯拉西乌斯一世(在位 492—496 年)时被列为禁书。自从 636 年塞维利亚的伊西得尔(Isidor da Sevilla)认为马巴尔为圣徒的殉教地之后,相关的各种传说开始流行。参见林斯霍腾《东方案内记》,岩生成一等译《大航海时代丛书》,第一期,Ⅷ,岩波书店,1978,第 165—157 页注释 6。又冯成钧先生在翻译《马可波罗行纪》时亦有相关译注,可参看。马可·波罗《马可波罗行纪》,冯成钧译,上海书店出版社,1999 年,第 429—430 页

本文所言马拉巴尔)州中一人烟甚少之小城内,其地偏僻,商人至此城者甚稀,然基督徒及回教徒常至此城巡礼,回教徒对之礼奉甚至,谓之为回教大预言人之一,而名之曰阿瓦连(Avarian),法兰西语犹言圣人也。基督教徒至此城巡礼者,在此圣者被害之处取土,使患四日热或三日热之病人服之,赖有天主及此圣者之佑,其疾立愈。基督诞生后1288年时。此城有一极大灵异,请为君等述之。

此地有一藩方,屯米甚多,皆屯于礼拜堂周围之诸房屋中。看守礼拜堂之基督教徒忧甚,盖诸房屋即尽屯米粮,巡礼人不复有息宿之所,数请于藩方,请空屯米之屋。而藩主不从。某夜,圣者见形,手持一杖置于藩主之口,而语之曰:"脱汝不空余屋,俾巡礼之人得以息宿,汝将不得善终。"

及曙,藩主畏死,立将所屯之米运出,并将圣者见形之事告人。基督教徒对此灵异大为庆幸,皆感天主及使徒圣多玛斯之恩。尚有其他大灵异屡屡发生,如疾病、残废及种种病苦之获痊愈之类,尤以对于基督教徒最为灵验。

看守礼拜堂之基督教徒所言圣者死事,兹为君等述之。据说圣者昔在林中隐庐祷颂,周围孔雀甚多,盖他处孔雀之众无逾此地者也。此地有一偶像教徒,属于上述之果维(Govis)族者,持弓矢猎取圣者左右之孔雀,发矢射雀,误中圣者之身,圣者立死。圣者死前曾传道奴比亚(Nubie)之地,土人皈依耶稣基督之教者,为数甚众。[①]

马可·波罗没有详细记写圣徒在印度传教的行历,也没有注明上述消息的具体来源,但从他曾在1291年奉命于福建泉州护送元公主去往伊利汗国的经历推测,他可能是在与南亚次大陆商人的接触中获得类似传说的。[②]

---

① 马可·波罗:《马可波罗行纪》,第428页。
② 参见邬国义:《马可波罗行纪·前言》,《马可波罗行记》,第1页。

众所周知，马可·波罗《游纪》的出版在欧洲引起巨大轰动，它的广泛影响被认为是促成哥伦布（Christopher Colungus）和达·伽马（Vasco da Gama）等人完成历史性航行的动力之一。与此同时，圣使徒传教东方的故事亦不胫而走，深入人心，甚至有许多虔信者将这个传说与圣经中的某些只言片语联系在一起，认为那就是对使徒圣多马远赴东方的暗示和预言。

与《游记》中许多异域风情的猎奇性描述不同，圣多马传奇的效用在于第一次在两种不同文明间构筑起某种精神联系，并为欧洲的世俗读者以及那些虔诚而狂热的教会人士，提供了展开丰富想象的诱因，使他们有理由相信，早在千余年前的使徒时代，作为西方文明核心的基督宗教就曾通过不为人知的特殊途径，传播至遥远而神秘的东方。

从某种意义上说，这种认识为即将付诸实施的环球航行和宗教传播提供了必要的心理准备与精神支撑，正是由于这一先入为主的心理作用，葡萄牙航海家达·伽玛首次来到印度时，竟自作聪明地将卡利卡特（Ca-lecut）视为基督徒的城镇，并言之凿凿地声称，他曾在当地的"教堂"和"修道院"中见到了"圣母玛利亚"的像。①

在获得果阿等定居点后，踌躇满志的葡萄牙人继续演绎着上述思维定式，他们将某些似是而非的宗教异象视为圣使徒留下的遗迹，并通过道听途说的信息传递，自觉或不自觉地为这一故事增补越来越多的细节。

1515年作为首位葡萄牙大使前往中国的药剂师托姆·皮雷斯（Tome Pires），曾在其《东方诸国记》（*Suma Oriental que trata do Maar Roxo ate os Chins*）一书中提及印度马拉巴尔地区（Malabar）的基督教徒，并确定他们就是圣多马时期基督徒的后裔。他说：

---

① 达·伽玛在他的《印度航海记》中说："卡莱科（卡利卡特）这个城镇是基督徒的城镇。他们的皮肤浅黑，胡须和头发都很长，其中有全部剃去头发者，或修剪得很短的人，还有人在头顶留下少量头发，作为基督徒的标志。""教堂有修道院那么大。……教堂的中央还有块石垒成的尖塔，有仅供一人通过的入口，有石阶一直通到那些入口。门是黄铜制成的，他们在其中安放了名为圣母玛利亚的小像。"参见《航海的记录》，林屋永吉等译，《大航海时代丛书》，Ⅰ，第一期，岩波书店，1965，第384、386—387页。

　　　　这个马拉巴尔地区有始于使徒圣多马时代的 15000 名基督
　　教徒。其中约 2000 人是有身份的人、骑士和商人、受尊敬的人，
　　其他人是工匠与穷人。他们在这国中拥有特权，可以接触纳依
　　莱。① 这些基督徒的居住地从 Chetua 到 Coulam，此外其他地区
　　从来没有住过基督教徒。我不想叙述自陛下时代以来的改宗者
　　和每天改宗的人们，他们的数量很多。②

在 1518 年巴尔博扎（Barbosa，Duarte）的《地理书》（*Liuro de Duarte Barbosa*）中，作者将这个脍炙人口的故事的涉及范围，扩展到非洲东海岸的索科特拉岛（Cocotora），并将岛上的基督徒说成是圣徒劝化者的后裔：

　　　　……这些海峡之间有三个岛屿，一个较大，两个较小。大的
　　岛名叫索科特拉。岛上有非常高的山，山地很多，住着褐色的人
　　们。据说他们是基督徒，但缺少教育与洗礼。他们只有基督徒
　　的名声，但祈祷时使用十字架。
　　　　这些基督教徒没有教义，也没有为他们施洗的僧侣。他们
　　在很长时间只是名义上的基督徒。他的全体成员集中在那里，
　　召开会议，决定将几个人派往了解洗礼秘迹的世界。由于这一
　　决定，有 5 人准备了大量费用，前往那个世界。他们到达亚美尼
　　亚（Armenja），在当地遇到许多基督徒和统治他们的主教。他

────────────

　　① 　纳依莱（Naire），又称纳雅尔（Nāyar），印度马拉巴尔地区的最具特色的种姓之一。现在不能确定他们是否为当地的原住民，但他们至少从 7 世纪起就生活在那里，并逐渐成为马拉巴尔的统治阶层之一。皮雷斯介绍说，马拉巴尔地区有纳依莱人 15 万，他们是持剑和盾的战士，同时也是射手，他们的首领受到人们的尊重，如果首领在战斗中死去，所有参战的纳依莱也必须死去，否则就会受到人们的嘲笑。参见皮雷斯：《东方诸国记》，生田滋等译注，《大航海时代丛书》V，第一期，岩波书店，1978，第 155 页，156 页注释 6。

　　② 　皮雷斯：《东方诸国记》，第 164 页。需要补充的是，皮雷斯此书还多次提到其他地区对三位一体的信仰。其曰："Cambaya（坎帕亚）王国被异教徒夺去已将近 300 年了，Cambaya 有该王国近三分之一或数量更多的异教徒。……他们中间有一些纯洁、诚实、非常有节制的人，信仰着他们的宗教，过着优雅的生活。他们信仰圣母和三位一体。毫无疑问，他们曾经是基督教徒，因伊斯兰教徒而丧失了这一信仰。"又曰："全马拉巴尔都信仰与我们相同的圣父、圣子与圣灵的三位一体，即三者是同一的，只有一个真神。从坎帕亚至马拉巴尔（地区）的异教徒都信仰它。正如记述使徒圣多马埋葬之地时详细论述的那样。"参见皮雷斯：《东方诸国记》，第 107－108、154 页。

们了解这些人们的意志,决定派遣一位主教和5、6位圣职人员,为他们洗礼,举行弥撒,教授教理。这位主教在当地活动了5、6年,他回来后又有其他人去了那里。经过了很长时间,事态得到了改善。

这些亚美尼亚人是白人,说阿拉伯语和迦勒底语。他们有教堂的钥匙,常常进行祈祷,但我不知道他们的祈祷是否与我们修道士的祈祷完全一样。他们的剃发与我们不同,那个地方有头发,而周围被剃掉。他们穿白色衬衫,头裹长巾(turban),赤足步行,蓄着长胡子。他们是信仰虔诚的人,他们用与我国相同的祭坛举行弥撒,前面竖着十字架,举行弥撒的人被两名男子从旁挟着,在他们的支撑下步行。作为圣餐的代替,他们用祝圣后的咸味面包为教堂中的所有人举行圣餐。他们将所有祝圣了的面包分给众人。人们逐一来到祭坛上,从僧侣手中接过它们。关于葡萄酒的方式如下,当时印度没有葡萄酒,所以他们获取来自于麦加和霍尔木兹的干葡萄,淹一个晚上,在次日举行弥撒时,挤出它的汁,用它进行弥撒。由于他们的洗礼要付钱,所以从马拉巴尔返回故国时都成了大财主。由于没有钱,很多人始终不能接受洗礼。[①]

虽然巴尔博扎并没有正面描述圣徒在印度的活动,但他为该传说所做的重要贡献之一,是将读者的视线牵往更广阔的地域。事实上,谈论印度洋彼岸的索科特拉岛已经向读者们暗示了圣使徒传教的东行线路,而岛上信徒的祭祀细节及其与亚美尼亚等东方基督徒的神秘联系,亦极大地丰富了这一传奇故事的历史内含。

---

① 转引自生田滋:"巴尔博扎关于索科特拉岛的记述",载于皮雷斯:《东方诸国记、补注》,第553、572—573页。

二

作为环球航行的赞助者,葡萄牙国王曼努埃尔亦表现出对于圣多马传奇异乎寻常的热情。当葡萄牙人在印度果阿定居后不久,他便命令总督调查此事的真伪和相关细节。[①] 关于这次调查的相应成果,巴洛斯(Joao de Barros)的《亚洲十年史 III》(*Segunda Decada da Asia de Joã de Barros dos feitos que os Portugueses Fizeram no descobrimēto e cōquista dos mares e terras do Oriente*,Lisboa,1563)的第 10 章有如下记录:

> 根据国王的命令,我们的人在不同时期获得关于曾在马拉巴尔传教和皈依当地人的可敬的圣托马斯的遗体及其在克罗曼得尔的坟墓。

> 唐·曼努埃尔(D. Manuel)国王特别嘱托印度总督们的一件事是在东方基督教社团探听圣托马斯使徒的生平,核实他的遗体是否安葬在那一带,后来他的儿子唐·若昂(D. João)也有同样的嘱托。我们在前面曾许诺介绍这位圣使徒在那个基督教社团的情况。他在我们的印度一带,如同西班牙基督教社团所崇拜的圣地亚哥(Santiago)。我们将看到,最早了解情况的是梅内泽斯(Duarte de Meneses)总督。库尼亚(Nuno da Cunha)在 1533 年任总督时,为了执行国王的命令,通过在 Paleacate 任

---

① 按照巴洛斯的叙述,曼努埃尔是最早下令调查此事的葡萄牙国王。巴洛斯没有说明曼努埃尔是在何时下达了这一命令,但从他的在位时间(1549—1521 年)判断,曼努埃尔下达的这一命令应该是在 1521 年之前。关于继任者若昂的“同样的嘱托”,巴洛斯同样没有注明具体时间,但据考证,若阿三世前共发布三道命令。第一次是在 1522 年,“最早了解情况的”的梅内泽斯总督在他任职期间(1522—1524 年)的第一年,就在传说中的圣徒墓地中发现遗骨;第二次是在 1533 年,总督库尼亚(任职期间为 1529—38)确认了遗骨。第三次是在 1547 年,并在传说中的圣徒墓地中发现刻有十字架和碑文的石板。Yule, H. & Cordier, H.: *The Book of Ser Marco Polo* 1903-21, London, vol. II, pp. 358-359. 转引自罗德里格斯(汉名陆若汉):《日本教会史》下,土井忠生等译注,《大航海时代丛书》,X,第一期,岩波书店,1979,第 236 页。

要塞司令的费雷拉（Miguel Ferreira）进行了调查。他是按照国王给他的一些罗马教会保存的关于圣托马斯生平的笔记进行的，看看那里的基督教社团是否同罗马教会有什么来往。

……

1517 年，迪哥·费尔南得斯（Diogo Fernandes）和巴斯蒂昂·费尔南得斯（Bastião Fernandes）首先得知了其陵墓的消息。这是从一些来自马六甲的葡萄牙人和一个随他们同行的亚美尼亚人爱斯康德尔（Coje Escander）或者及其亚美尼亚同伴那里得来的。那个亚美尼亚人到过位于 Bisnagá 王国，科摩罗角（Cabo Comori）转弯处的克罗曼得尔省的 Paleacate，他的目的地是孟加拉，他得知了传说中的圣托马斯遗体所在地。他们抵达 Paleacate 港，遇上了坏天气，大家登了岸。这个亚美尼亚人问我们的人说是否想去看传说圣托马斯遗体所在地，如果愿意，他带他们去，我们的人听后很高兴。

他们来到了亚美尼亚人带他们去的地方，那是一个大地方，到处是楼房，大部分倒塌了，可见到一些石基、塔楼、柱子和其他有树枝、人形、动物和飞禽装饰的石块，一切精美无缺，就是用银子也制做不出更精美的。大部分是黑石头，硬得难以雕刻。也有白色、棕色和其他颜色的石头，可见此地以前的雄伟。在废墟中有一座破落的庙宇，只有一个小礼拜堂还未倒塌。石顶，砖石结构，其形如同我们的礼拜堂，但这个小礼拜堂是东方式的，它的上面有一个尖楼，上面及其他地方，里里外外到处是如同葡萄牙阿维斯（Avis）骑士团那样的十字。他们在那里遇到了一个摩尔人，60 多岁的样子，不久前双目失明。据说，他是来祈求使徒保佑，让他重见光明。他说，其父及祖父尽管是异教徒，但给那庙宇上过灯油。他于 10 年前，改信了伊斯兰教，也就是说他的祖先是那里的基督徒。我们的人问他有什么圣人及那所庙宇的消息，他回答，据说那庙宇是那个在那里宣扬基督信仰的圣人建造的。他的坟墓很有名，就在那座倒塌的庙宇里，很受崇拜。教堂的其他部分遭毁。据说那里还安葬着两位圣人的弟子和因他而皈依了基督信仰的国王。其他情况不明。

当时那里有一个法国人和几个本地基督徒，他们和几个年迈的异教徒及摩尔人核实了听老人们说的关于圣托马斯的事情：1500多年前，那位圣人来到了那里。那座城市如此繁荣，却一塌糊涂。因为它很漂亮，所以被称为Meliapor，这是孔雀的意思，它是百鸟中最漂亮的。那个地区非常富庶，百物尽有，因为它的贸易，东西方各国人云集，每个国家的人都有自己敬仰的庙宇。据说，曾经有3300座，现在还可以见到一些遗迹，极其精美，再有钱也难以建造了。当时那个城市距海6度，这是当地的行程单位，相当于我们的6里格。随着时间的消逝，大海推进到了至那房子一石之遥处。这位圣人说，当大海来到他的房子边上时，信奉他传播的上帝信仰的来自西方的人将来崇拜他的上帝，供上祭祀。圣人使那个城市的国王皈依，为他的上帝带来了荣耀。国王及其全家成为了基督徒。主要有两件事情使他们顶礼膜拜：第一件事情是，凑巧一根大木头从海上漂到了岸上，国王想搬来装修他的宫殿，他叫来了很多人，还牵来了许多大象，但无法搬动它。圣人见状，请求国王把木头给他，他将把木头搬走，为他所传扬的上帝建一座庙宇。国王同意了，但想看他的笑话，因为它认为这是不可能的，然而圣人解下了身上的一个根子，拴到了木头上，然后画了个十字，就将它拖到了建造庙宇的地方。第二件事情完全证实了他的圣德。有一个婆罗门是国王的主祭司，因嫉妒圣人的功德，杀死了自己的一个儿子，然后到国王那里诬告是托马斯所杀，因为他很恨圣人，要求国王下令将圣人正法。圣人被召到了国王面前，指控他，如同他确有此罪。见状，使徒说把死者的尸体抬来，他会说出谁是凶手。他们按照他的话做了。圣徒说，以他宣扬的上帝的名义请死者说出是谁杀死他的，回答说是他的父亲，因为他恨真正的上帝和基督的使徒。此事使圣徒受到极大的敬佩，国王也皈依了，跟随着他，许多人领了洗。干这件事的婆罗门被国王发配了。①

由于身处印度的便利条件以及历史学家的专业知识,巴洛斯的著作理所当然地具有了某种权威性,书中的许多片断、包括对圣徒墓地的描述,成为后人一再引述的经典记录,并在口口相传的过程中,俨然成为确凿的历史事实。

需要留意的是,按照巴洛斯的记录,上述对使徒墓地的巡礼应该发生在1517年,虽然他没有注明它是否就是欧洲人对于圣徒墓地的首次访问,但依照惯例,它很可能是作者所知道的、对于使徒圣多马墓地的最初礼拜。其次,巴洛斯详细记写了欧洲人在巡礼中获悉的若干圣人事迹,但并没有提及使徒曾前往中国的任何蛛丝马迹。在我们看来,如此重要信息的缺失不会是作者的疏忽,它或许表明,至少在1517年,抵达印度的欧洲人(应为葡萄牙人)还未获得使徒圣多马前往中国的传说(而这一点,恰恰与皮雷斯和巴尔博扎的记录是一致的)。

对此,巴洛斯并未讳言,他在该书的其他章节中坦言,这个举足轻重,并给人以无限遐想的关键性细节,来源于1532年在曼里阿波尔进行的另一次调查。当时,有一位亚美尼亚神父向葡萄牙人提供证词说:

> 圣多马乘船离开幼发拉底河畔的巴尔苏拉城,渡过了波斯海,前往索科特拉岛传播福音,他得到了许多的基督徒。他从那里前往印度,到达当时印度最著名的城市曼里阿波尔。在那里劝化了许多的基督徒后,又乘Chijs(秦人)的船前往支那。他到达了名叫汗八里的某个城市,使许多异教徒改宗,并建立教堂以尊荣基督。后来回到了曼里阿波尔。②

上述证词虽然颇为简略,但重要性却不言而喻。综合此前的记录,圣使徒的行程大致如下:使徒首先抵达两河流域的巴尔苏拉(今巴士拉?)

---

① *Ásia de João de Barros*, *Terceira Década*, Lisboa, 1563, pp. 303—305. 此段译文由金国平教授提供,特此表示感谢。

② Barros, D. III, P. II, 1. 7, c. 11, pp, 232-235。转引自罗德里格斯:《日本教会史》下,第229页。

后,随后乘船南下,经波斯海(湾),来到现属南也门的索科特拉岛,然后再横跨印度洋,抵达印度传教。不久,又乘坐中国人的船只前往中国,并进入大城汗八里。重返印度后,因异教徒的陷害,在曼里阿波尔殉教。至此,圣多马传奇的大致轮廓基本完备。巴洛斯不仅为圣多马的东方之行勾勒出清晰而完整的传教线路,而且还确定中国为其东方传教的最远点。

需要指出的是,对比巴洛斯的上述两段记录,我们很容易体会其中的微妙差别。与寻访使徒陵墓的娓娓道来相比,有关圣多马中国之行的描述实在太过简略了,尽管该线索涉及的区域极其广阔而遥远,内容也更加丰富多采。

不可忽视的另一重要细节是,在巴洛斯提供的佚名神父的证词中,混杂着不同年代的流行词语。他用极为古老的"Chijs(秦人)"来称呼中国人,但又将它与大航海时代才广泛流行的"支那"①一语平行排行,而使徒抵达的中国城市,即元大都"汗八里",则应是马可·波罗《游纪》出版之后才为西方人所熟悉的。②

为了将这些相互抵悖的细节捏合在一起,构成合乎情理的完美整体,我们不妨做这样的大胆假设:如此微妙的文辞组合,或许暗示了传奇形成的曲折过程;而巴洛斯的上述记述,则可能是相关历史知识的一次总结,无论始作俑者是亚美尼亚佚名神父或者是其证词的葡萄牙记录者。

---

① 在我引用的日译本中,日本学者在摘引巴洛斯的文章后有这样一个注释:"前往支那的船在(《日本教会史》)马德里本和阿什塔本中均作 navios de Chins,巴洛斯之文写作 mavios de Chijs。在《亚洲十年史》中,巴洛斯执笔的前四卷均写作 Chij,续写者科托(Diogo de Couto)此后才写作 Chin。此外,巴洛斯将他们限定为居住在科罗曼德尔海岸、马拉巴尔部分区域以及斯里兰卡的人,而且没有说明他们与中国的关系(他在第四部《亚洲史》有关中国概说解释中国人时使用了 Chin 一语),但科托则将 Chij 视为航行到阿拉伯的最初的东方人,称他们是支那人。"参见罗德里格斯:《日本教会史》下,第 229 页注 10。关于西方人对于中国的最早称呼,学者们有不同解释,伯希和认为 Cin 的对音是"秦",日本学者持相同看法,故本文据所引日本文献,译作"秦"。关于"支那"一词,多数学者认为是古代波斯、印度、罗马、希腊等地人对中国的称谓(参见黄时鉴主编:《中西关系史年表》,浙江人民出版社,1994 年,第 32 页),但该词的普遍使用,应该是在大航海时代的 16 世纪前后。

② 除马可·波罗之外,另一个到达过汗八里的西方人应当是方洛各修会的传教士孟德高维诺(Monte Corvino),他奉教皇之命,以信使的身份拜访忽必烈,并于 1293 年抵达汗八里。参见赫德逊:《欧洲与中国》,王遵仲等译,中华书局,1995 年,第 127 页。

三

与高高在上的一国之君相比，耶稣会传教士并没有可资利用的行政资源，但他们炽热的宗教激情和对于普世信仰的坚定信仰，不仅导致对圣多马传奇的持久向往，而且亦迫使他们始终保持开放心态，以便接纳更多的细节。

1542年9月20日，首位前往东方的耶稣会士沙勿略（Santa Francisco Xavier）在抵达印度的几个月后，便在寄发于果阿的首批信件中，兴致勃勃地谈论起他在索科特拉岛上的所见所闻：

> 这个岛非常平静，据这个岛屿居民的想法，他们声称自己是基督徒。他们为自己是信徒而极为自豪，很得意地说出教名。这些人们极为无知，不会读写，也没有书本与圣经。几乎都是没有知识的人，但却自夸是基督教信徒。他们有教堂、十字架和烛台。
>
> 任何村庄都有祭司Caciz（Cacizes），他就像我们的圣职者。这些祭司也不会读书，没有书本与圣书。祭司凭记忆记下了许多祷词，一天去教堂四次，分别是午夜、朝课、晚课和终课时分。他们没有钟，就像我们在圣周中所做的那样，用拍子木招集众人。由于祭司咏唱的祷词不是自己的语言，信徒们并不理解它的意思。我想它是卡尔提亚人（巴比伦南部）的语言。我记下了他们三四种祷词。我去这岛上两次。他们尊敬圣多马，自称是圣多马在当地传播的信徒的子孙。在祭司们咏唱的祷词中，好几次听到alleluia（halleluhah，拉丁语，"赞美神"），与我们的赞美耶和华的发音完全相同。
>
> 祭司们不举行洗礼，也不知道洗礼为何物。为此，我每次去那些村庄时，为许多孩子授了洗礼。他们的父母对孩子们的洗礼非常高兴，并怀有极大爱心与好意。为表示感谢，虽然贫穷，

仍向我布施了他们所有的财物。我对他们布施椰子果实的好意表示了满足。他们还要求我留在那里，为所有的大人和小孩举行洗礼。

我觉得(这岛屿)的传教有很大的前途，于是请求总督允许将我留在那里。总督不希望我留在索科特拉岛上，他认为土耳其人会来这岛屿，而且没有葡萄牙人在此居住，有土耳其人抓走我的危险，所以不能留在这里。总督还说，为了服务于我主，应该将我送到更需要传教的其他信徒那里，而不是索科特拉的人们。

我参加了某个祭司咏唱的晚课，他咏唱晚课花了一个小时。除了焚香祈祷之外，他什么也不做，期间一直在不断地焚香。祭司们结婚。他们经常断食，断食期间绝对不吃鱼、乳和肉。他们认为，吃它们还不如死去的好。岛上可捕获许多鱼，还有椰子的果实与蔬菜，所以可以靠它维持生活。他们在四旬节期间两度断食，其中一次长达2个月。不是祭司的人在四旬节中吃肉，但不去教堂。妇女们在四旬节也不去教堂。①

在同一天写给罗耀拉(Ignatius de Loyola)的另一封信中，沙勿略不仅提到圣使徒涉足印度的种种证据，甚至还要求他为当地的基督徒后裔向教皇请求免除税赋以及调整宗教节日的特别恩惠。他说：

为侍奉于我主耶稣基督，我向你提出的第一个请求是，由于印

---

① 《沙勿略全书简》，河野纯德译，平凡社，1985，第83－85页。虽然沙勿略未能如愿以偿前往索科特拉岛，但他后来还是派遣其他人前往，以完成他的愿望。他在1549年1月14日于科钦致罗马罗耀拉的信件中说："西普里亚诺(Alfonso Cipriano)神父前往其生命终结之地的索科特拉。该岛(的周长)有25里格，居民全部都是信徒，由于长时间被抛弃，只有信徒的名份，其他什么都不知道了。据他们自己说，是使徒圣多马信徒的子孙。凭着主的旨意，西布里亚诺神父的前往可以使他们成为好的信徒。"《沙勿略全书简》，第350－351页。沙勿略在1549年1月14日于科钦致罗耀拉的另一封信件中说："西普里亚诺神父虽已年迈，但还是前往索科特拉。1月底还会有3名耶稣会员一起前往该岛，这样就会有1名神父和3个修道者。索科特拉岛(的周长)有25里格，该岛的居民全部都是信徒，由于长时间没有天主教神父，除了信徒的名份，其他什么都不知道了。据他们自己说，由于使徒圣多马的传播福音，他们是信徒的子孙。凭着主的旨意，我希望西普里亚诺及其同事们的努力，可以使信徒们改善自己的生活。"《沙勿略全书简》，第356页。

度全部属地的保护者、光荣的使徒圣多马已使当地的人们具有了热
烈的信心,所以为增强这一信仰,请求在包括圣多马节日(12 月 21
日。现在的教会历中是 7 月 3 日)的 8 天中,对进行告解并拜领圣
餐的所有人,由教皇给予全免恩赏。而在此 8 天中不进行告解并拜
领圣餐的人,则不得恩赏。总督希望人们告解并拜领圣餐,并为此
颇费心机。见到总督如此看重这些秘迹的价值,我只能感谢我主。
除此之外的另一个请求是,当地的四旬节是在夏季,由于葡萄牙人
统治着大海,不信者统治着陆地,所以人们全部要为海上防务而出
海。在四旬节中,所有的人都出发战斗,商人们驾船旅行,陆上几乎
没有人。这些人既不进行告解,也不拜领圣体。基于这一理由,总
督为使人们接近秘迹,希望教皇给予(变更四旬节的)恩惠,并像认
可四旬节那样认可圣多马的节日。[①]

在沙勿略此后的许多信件中,有关圣多马的记录时有所见。据他透
露,由于人们对神奇传说的向往与热情,圣多马一词风靡一时,它不仅被
冠以许多教堂的名号,甚至还成为传说中使徒殉难地点的地名[②],就连该

[①] 《沙勿略全书简》,第 98—99 页。沙勿略在 1549 年 1 月 12 日于科钦致罗马罗耀拉的信件
中,再次提出相同的要求。他说:"这个学校所在的要塞有两座教堂,一座被称为圣多马(教堂),
另一座在学校之中,称为圣雅各(教堂)。维赛特(Lagos Vicente de)为进一步强化当地信徒们的信
心,希望在包括圣多马(祭日)和圣雅各(祭日)在内的 8 天节日中,全部免费。当地的信徒是圣多
马信徒的子孙,对圣多马抱有深刻的信心,被称为圣多马的信徒。"《沙勿略全书简》,第 344 页。

[②] 1545 年 5 月 8 日沙勿略于圣多马·曼里阿波尔(Meliapor)城致信果阿的迪亚哥神父与
保罗神父说:"我在数日前来到 Nagapatan,因风向逆转而无法返回科莫林海峡。所以只能滞留
于圣多马(城)。我从心里深切地感受到,让我投身于这个神圣之家,是无上尊崇的神的旨意。
于是向主发愿,决心完成神旨。"《沙勿略全书简》,第 205 页。《沙勿略全书简》第 208 页注 4 解释
说:圣多马(城)在印度被称为马伊拉普尔,即现在马德拉斯市的郊外。葡萄牙人称作曼里阿波
尔,因为有使徒圣多马之墓的教堂,所以又称之为圣多马(城)。又 1545 年 11 月 10 日沙勿略于
马六甲致信欧洲耶稣会员说:"离开印度的出发地是圣多马城。那里的异教徒声称(该城)有使
徒圣多马的遗骸。在圣多马城居住并(与当地妇人)结婚的葡萄牙人超过了 100 人。大家都说那
里有强化信仰的教堂,光荣使徒的遗骸就在那个教堂中。"《沙勿略全书简》,第 220 页。
又范礼安在作于 1580 年 8 月的报告(Summarium eorum quae pertinent ad Indiam Orienta-
tem compositum a P. Alexandro Valignano, Visitatore 1580 Ad R. P. N. Euerardum Nerucu-
rianum)中这样介绍说:"距马纳尔(Mannar)五六十里格之处,有名为圣多马的葡萄牙人城镇,大约
有 20 间房屋。圣多马位于皮斯纳卡王国,位置在北纬 30 度。圣多马非常美丽而富饶,因为当地与
马六甲、勃固、孟加拉进行着活跃的交易。装载着各种商品的定期商船每年从圣多马驶向那些地
方。圣多马是伟大的使徒圣多马殉教之地。在当地的主教座堂中,有圣多马亲自建造的礼拜
堂,异教徒对它亦极为崇拜。"范礼安:《东印度巡察记》,高桥裕史译,平凡社,2005,第 135 页。

地教会学校中的土著学生,亦被称做"圣多马信徒的子弟"①。

但今人困惑的是,直到 4 年之后的 1546 年 5 月 10 日,沙勿略才在于安汶写给欧洲耶稣会士的信中,首次提到传说中使徒的中国之行以及下落不明的信徒后裔。他说:

> 我在马六甲时遇到了一个从被称为中国的国度来的一位葡萄牙商人,他在那里进行了重要的交易。他说,从中国宫廷来的许多中国人向他提了许多问题,其中包括基督徒是否吃猪肉。葡萄牙人回答说:"是的,吃猪肉。"然后问道,为什么提这样的问题。那个中国人回答说,有许多人居住在山区,远离其他民族。他们不吃猪肉,还遵守各种各样的祭典。我不知道那些人是否如他所说,或是像 Prester Juan② 的信徒那样遵守旧约与新约教义之人,或者就是犹太民族。因为他们不像所有的人所说的那样是伊斯兰教徒。
>
> 每年有许多的葡萄牙船从马六甲前往中国的港口。我向了解这个民族的许多人们打听他们中间所遵守的祭式与习惯等许多事。这是为了判断他们是否是基督徒,是否是犹太人。很多人都说使徒圣多马去了中国,使许多人成了信徒。他们还说希腊教会在葡萄牙人统治印度的很早之前,使徒圣多马及其弟子曾为了向在印度想成为信徒的子孙们传授教理而派遣主教来行

---

① 沙勿略在 1549 年 1 月 12 日于科钦致罗马罗耀拉的信件中声称:"……离科钦 5 里格之处,有名为 Cranganor 的国王要塞。那里有与主教共同生活的、由维赛特创立的优美学校。学校中有使徒多马使之改宗者的子孙、被称为圣多马信徒的子弟 100 多人。信徒的村庄有 60 多座。村庄附近有非常美丽的杰出学校,它的周围是信徒们。维赛特神父在这个地方以出色的工作为神服务。他是我极为亲密的朋友,与所有的耶稣会员都很亲密。为在这学校的古典课程中向学生们教授拉丁语,他要求(我)派遣一名精通语法的耶稣会神父。除此之外,他还可以在礼拜日及节日中,向学校中的人和居住于当地的人们进行说教。出于对我主的爱,请尽可能向该神父的学校派遣由他管辖的说教神父。Cranganor 有两座教堂,一座名叫圣雅各(教堂),另一座名为圣多马(教堂)。圣多马的信徒对圣多马教堂极为崇敬。另一座教堂在维赛特神父的学样中,对圣雅各极为崇敬。"《沙勿略全书简》,第 362—363 页。另沙勿略在 1549 年 2 月 2 日致西蒙·罗德里格斯神父的信中,亦有大同小异的类似记录。参见《沙勿略全书简》,第 384—385 页。

② 传说在中世纪于阿比西尼亚建立起强大基督教国家的王。

洗礼。有一个主教（马尔·雅各布斯）在葡萄牙人征服印度时，从他的故国来到印度。他后来从印度遇到的主教那里听说圣多马去往中国（在那里获得了信徒）的事。如果这是确实的，那么我将在来年报告此事。①

沙勿略此信有两点值得关注。其一，虽然沙勿略提供的信息并不比巴洛斯更多，但它却是耶稣会士关于传奇故事的首次记录。其二，虽然"很多人都说使徒圣多马去了中国"，但沙勿略仍对此持谨慎的怀疑态度，他不仅小心翼翼地标明信息的实际来源，即那位葡萄牙商人的转述，而且还特别声明，他将对此说进行调查，并"在来年报告此事"的真伪。②

我们不清楚沙勿略的保留是基于何种考虑，较之于他勇往直前的行事风格以及始终如一的冒险精神，我们更容易感受到这一态度的不同寻常。另一个遥相呼应的微妙事实是，沙勿略并未履行诺言，在"来年报告此事"，他似乎很快将它忘得干干净净，即使是沿着传说中的使徒足迹，从印度前往中国时，他也没有重提往事。

四

或许是缘于沙勿略在上川岛的失败经历，耶稣会士们突然丧失了以往的激情。在此后的许多信件中，圣使徒的故事无人提及，③即便是沙勿略的继任者，曾在1556年抵达澳门，并数次进入广州城的新任耶稣会印度管区长努内斯（Melchior Nunes Barreto）神父，也将这段激动人心的传

---

① 《沙勿略全书简》，第239—240页。

② 沙勿略的这一调查很可能是奉命行事，他在稍后1548年向印度总督递交的一份报告中说："关于阁下盼付了解有关中国的事，如在中国是否有人按照基督教徒的方式生活，或有着某些基督教徒的习惯，如是否拥有十字架以及类似我们这样的教堂，他说对此毫不知情，从来没有看到或听说过基督或类似之事，也没有行使我们礼仪的人。"费尔南·门德斯·平托：《葡萄牙人在华见闻录》，王锁英译，澳门文化司署、海南出版社，1998，第3页。

③ 在1548年寄往罗马的《日本情报》中，果阿神学院院长尼古拉·兰恰诺特（Nicolao Lancilloto）提供了有悖于传说的另一种版本。他声称："在我写这封时，来了一位曼里阿波尔人的神父。他在这块土地上待了40多年。据他说，曼里阿波尔人曾在第一代教会的初期，前往中国传教。"岸野久：《西欧人的日本发现》，吉川弘文馆，1989，第138页。

说抛在脑后。①

我们不清楚如此一反常态的沉寂是否缘于理性的怀疑态度,但冒险计划的失败以及随之而来的失望情绪,显然产生了某种程度的制约作用。如前所述,当初来乍到、雄心勃勃的耶稣会士们地将目光投向中国时,津津乐道并大力宣扬圣多马传奇是合乎逻辑的,但当他们一再受挫、并深陷困境时,一筹莫展的传教士很可能走向另一种极端,将注意力倾注于方便进出的其他区域。

仿佛是这段历史的重演,当西班牙人终于横跨太平洋,来到近在咫尺的菲律宾时,圣多马传奇亦顺理成章地再次受到他们的关注。曾在1556年冬天进入过广州的多米尼克会修士克鲁士(Gaspar da Cruz)在其《中国志》(*Tratado das coisas da china*,1569)中写道:

> 当我在使徒圣·托马斯——葡人称之为圣·多默殉教的地区,即摩列波尔(Moleapor)地区时,我听说一位可敬的亚美尼亚人出自对使徒的虔诚,从亚美尼来到那里去朝圣,他发誓为证说(这是在使徒家充当大管家的葡人确实告诉他的),亚美尼亚人在他们的真实无伪的圣书中写到,使徒在摩列波尔殉教前,曾赴中国传播福音,居留若干天后,觉得他不能在那里做出什么来,就返回摩列波尔,留下在那里收的三四名弟子——所有这些都载于史册中。使徒留下的这些弟子,是否在该国收获果实,该国是否通过他们认识了上帝,我们不知道。因为总的说在他们当中没有关于福音律法、基督教、唯一上帝的消息,一点影子都没

---

① 努内斯神父是在前往日本的途中抵达澳门的。这位曾两度进入广州的耶稣会上长在1555年11月23日于澳门写给印度、葡萄牙、罗马以及全欧洲修道士的信中,专门写下了名为"关于中国的情报"的一个章节(参见松田毅一:《十六、十七世纪耶稣会日本报告集》,第三期第一卷,同朋舍,1997,第158-159页)。努内斯此文应该是耶稣会士有关中国的第一份完整报告,但其中根本没有提到圣多马前往中国的传说。然而,有证据表明,努内斯的疏忽并不是因为他对于这一传奇故事缺乏了解。事实上,在他前往日本时,就随身带有一具被称为"圣多马之木"(Pau de S. Tome)的中型基督十字架像。据说,此像的原料来自于使徒圣多马在曼里阿波尔的故居。葡萄牙人修复了传为圣多马建造的圣堂,并用废墟上的木料制作了这具基督十字架像。参见《1554年寄自果阿。努内斯携往日本的物品一览表》,东京大学史料编纂所编:《日本关系海外史料耶稣会日本书翰集》,译文编之二,上,东京大学出版会,2000,第252页。

有,他们只相信一切来源于天,万物的创造、生存及安排均如此,而不知道谁是万物的特殊主宰,他们把这也归于天。因此他们是盲目地探索上帝。①

或许是受传教使命的感召与激励,克鲁士对流传已久的传奇故事做了某些修正,按照他的描述,圣使徒确实去过中国,但逗留时间很短,仅仅若干天就丧失信心,留下几名弟子后返回了印度。

另一个值得关注的重要线索是,克鲁士首次提到了亚美尼亚圣书中的相关记载,并将其作为支撑传奇故事的核心基石。从上下文构筑的语境推测,作者并未亲见此书,但即便如此,克鲁士此言仍意义重大,因为它首次提到了可能存在的文本证据。

或许是受当时耶稣会士失落情绪的感染,克鲁士的态度也显得有些迟疑,他一方面提供了使徒东行的最新细节,但同时又排除了可资佐证的任何痕迹。如果我们以"所有这些都载于史册"一句为界,将上述引文分两段时,作者的矛盾心态便在不同的行文风格中清楚地凸现出来。在有关新细节的上段中,叠床架屋的描述层次颇为复杂,②再三阅读梳理,才能搞清那些新的证据来自于某个匿名朝圣者的誓言,而他的誓言又是依据于未曾谋面的圣书。这种繁琐的复杂句式或许在某种程度上暗示了克鲁士本人的保留态度;与此相比,在否定圣多马传教效果的下段,作者的措辞清晰明快,他用一连串干脆利落的简单判断句,强化着同一个结论。

克鲁士首鼠两端的奇怪态度可能与其经历有关,据英国学者博克塞(Charles Ralph Boxer)考证,克鲁士于1548年前往印度,是该修会最早

---

① 博克塞编注:《十六世纪中国南部行纪》,何高济译,中华书局,1990年,第149页。
② 导致这一现象的另一个原因可能是文本一再转译的缘故。同样,引文中括号内"这是在使徒家充当大管家的葡人确实告诉他的"一句,颇令人费解。从时间上看,使徒不可能拥有葡萄牙人的管家。这可能是翻译错误。

前往亚洲的传教士,后来又在马六甲与柬埔寨作过短暂停留。[①] 从克鲁士本人的著述看,他曾在 1556 年的冬天进入过广州,并造访过市内的一座寺院。因此,他的上述结论应该来自于亲身经历与观察。[②] 但在离开中国后,克鲁士似乎碌碌无为。1569 年返回葡萄牙后,很快死于鼠疫。[③]

客观地说,克鲁士的传教活动远远谈不上成功,如果不是那部名垂青史的著作,也许不会有人记得他。导致这一窘境的原因很多,但其中影响最著者,很可能是不同修会间因利益需求而互不相让的保教权之争。或许缘于这一门派意识以及被人拒之门外的酸葡萄心理,这个多米尼克会的修道士才会对由葡萄牙人和耶稣会士首先发现并大肆鼓噪的传奇故事吹毛求疵、冷嘲热讽。[④]

与克鲁士不同,奥古斯丁会士门多萨(Juan Gonzalez de Mendoza)从未到过东方,但或许正因为如此,这位雄心勃勃、对神秘东方极其向往的

---

① 著名耶稣会士弗洛伊斯(Antonio Franco)在 1555 年 12 月 15 日于马六甲给葡萄牙某位耶稣会士的另一封信中提到克鲁士在努内斯之前往柬埔寨。他说:"三个多月前,一位名为弗兰·卡斯帕尔的圣多米尼克会修道士,从此地出发,前往邻近中国的柬埔寨国。这是因为那块土地的国王本人要求派人前往,以便教授他关于天地的创造者,以及按基督徒那样生活的圣福音。"参见东京大学史料编纂所:《日本关系海外史料·耶稣会日本书翰集》,译文编之二,下,东京大学出版会,2000,第 195 页。

② 克鲁士回忆说:"我在这座寺院内看见一个修得漂亮的高大礼拜堂,前有几级涂金台阶,木雕而成,堂内是一尊精美的女人像,一个小孩抱着她的脖子,前面点着一盏灯,我怀疑那是基督教的一些形迹,就向在那里遇到的俗人及几个偶像教士打听那女人像是谁,但没有人能告诉我,也说不清楚。它可能是圣母像,由圣托马斯留在那里的古基督徒所制,或者是为他们制作的,而结果都通通给忘记了。它也可能是异教的像,因他们相信最高的神明是天,所以表示天的字母是所有字母中头一个和最主要的一个。"博克塞编注:《十六世纪中国南部行纪》,第 149—150 页。

③ 矢泽利彦:《门多萨〈支那大王国志〉解说》,载于门多萨:《支那大王国志》,长南实、矢泽利彦译注,《大航海时代丛书》,第一期,Ⅵ,岩波书店,1978,第 27 页。

④ 众所周知,在 16 至 17 世纪,错综复杂的多种矛盾一直在许多方面产生潜在而深刻的影响。在不同的修会之间,保教权之争一直是争执不下的焦点问题,即使是在耶稣会内部,关于传教和策略以及不同国别的派系之争也从未停息。我们不能确定这些纷争在多大程度上导致了对圣多马传奇的影响,但出于门派之争的心理作用,对圣多马传奇的不同解读是显而易见的。如克鲁士就在上列论述之前指责说:"这支民族没有关于上帝的认识,也没有在他们当中发现有这种认识的形迹,这表明他们确实没有去思考自然事物,更缺乏对自然哲学的研究,而一些葡人却从他们所知的研究中得出结论说有这种研究。……因此中国人缺乏有关对唯一上帝的认识,这个事实就充分表明中国人没有研究自然哲学,也没有去思索自然事物,尽管有的葡人持相反的看法。"博克塞编注:《十六世纪中国南部行纪》,第 148—149 页。

修道士才能够在《支那大王国志》(1585年)一书中充分发挥其天马行空般的丰富想像力，为道听途说的使徒传奇添油加醋，并毫无顾忌地为那些似是而非的证据增补更多的愚蠢解释。该书第2卷第1章记述道：

据中国人说，众多偶像中有一尊风格奇特、令人惊叹，并极大地受到人们的尊敬。说起这尊偶像的姿态，从肩部长出三颗头，它们永远相互对望。这一形态的意思是，三张脸只有一个意志与愿望，凡使一张脸高兴，就会使另两张脸高兴，反之，凡触怒一张脸，就会触怒另两张脸。按照基督教教义的解释，可以理解为我们基督徒尊崇的、告白信仰的圣三位一体的神秘。再考虑到被我们视为神圣的、与基督教教义相吻合的其他若干现象，我认为基督的光荣使徒、圣多马曾在该国传教的推测是真实的。正如我们在其祭日的日课中所吟唱的那样，圣多马接受圣灵，在向巴特（Parthes）、米底（Medes）、波斯（Persars）和婆罗门（Brachmanes）以及其他民族宣讲福音后，前往印度，为了宣传信仰和福音，在该国的卡拉米纳（Calamina）城殉教。

然而，正如一再发生的事情那样，这位光荣的圣人前往印度时，曾旅经中国，在这里宣传神圣的福音和上述圣三位一体的神秘，结果上述造像流传至今。然而，这国中之人一再犯错，相信偶像教，因为长期湮灭理性光芒而变得盲目，所以他们不再知道这像的三颗头究竟表现着什么，具有怎样的意义，也不了解它的真实性。

为了确信以上所述，或者理解它，下面列举的材料也许是有用的。即根据亚美尼亚人传下来的书籍（他们认为它是原物），这个光荣的使徒在前往其殉教地印度之前，曾去过这个中国王国，在那里定宣扬过神圣的福音。但那里的中国百姓完全被战争所吸引，并投身于此，所以成果极为有限。光荣的使徒于是便去了印度，他为这国的（很少的）人施行了洗礼，并留下数人宣传教义。并命令他们，如果好机会来临，就在神的保护下，传授并

弘扬圣人教给的教义①

在接下来的记述中,门多萨不仅绘声绘色地描述了12使徒和圣母玛利亚的画像②,而且还一再宣称,使徒传教中国的故事是真实可信的。他在此书第1卷第6章中说道:

> 如前所述,光荣的使徒圣多马在中国布道的故事,的确像是事实。它具备真理的模样,与我们的神圣天主信仰的教义是一致的,这些现象以往已经看到了一些,今后也还会再看到。我认为这一切都是作为圣多马传教的结果而刻在他们心中的。③

该书第2部第3部第13章又说:

> 该国百姓举行的、至今仍可见到的仪式是异教的,他还没有与摩尔(伊斯兰教徒)或其他任何宗派相混淆。但是,这些仪式中有一些十分明白的证据告诉我们,他们曾详细听说并了解福音的教义。例如本书已经详论的那样,在中国人中间发现的若干绘画中也可以清楚地看出。他们相信这些仪式是通过得到至福的使徒圣多马的宣教而知晓的。也就是说,这位圣人在前往印度时曾经过中国,再从这里去了用当地语言称为马拉普尔(Malipur,即前文一再提到的圣多马城——译注)的撒拉米拉

---

① 门多萨:《支那大王国志》,第98—100页。需要说明的是,上述引文和书名来自于日本学者的译本,而日译本则是依据1585年罗马的初刊本,即 Ioan Gonzalez de Mendoca, *Historia de las cosas mas notables, ritos y costunbres del Gram Rran Reyno de la Chona, sabidas assi por los libros de los mesmos Chonas, como por relacion de religiosos y otras personas que an estado en el dicho Reyno*, Roma, 1585。或因版本的差异,它与何高济先生的译本(胡安·冈萨雷斯·德·门多萨:《中华大帝国史》,中华书局,1998年版)有若干差异。可相互参看。

② 门多萨宣称:"除此之外,还有若干表征12使徒的画像保存至今,它们也有助于证实上述论断。最初向该国百姓询问这12人是谁时,他们的回答是,这些人是伟大的思想家,过着符合道德的生活,后来成了天使。同样,他们还有怀抱一个婴儿、非常美丽的妇人画像,他们说这个女性在还是处女时就生了这个幼儿,而且她是某个大王的女儿。他们对这个妇人像极为尊敬,在她前面祈祷。但在他们现在的叙述中,这个妇人过着圣洁的生活,一生中从未犯错。除此之外,已经对其神秘一无所知了。"门多萨:《中国大王国志》,第100—101页。

③ 门多萨:《中国大王国志》,第119页。

(Salamina[Calamina],ciudad de),在那里因（宣扬）基督的圣名和教义而被杀害。据说在该国中，来自于祖先的传说现在还这样描述这位圣人说，在很早以前，有人来到这里，弘扬前往天国之路的新教义。他曾在一段时间内进行了传教，但由于（该国的百姓忙于内战）只有很少成果，所以他从当地出发，前往上面提到的印度。据说，他离开时，在这国中留下了几名已经受洗、接受过信仰教育的几名弟子，等待时机来临时迅速弘扬教义。①

在 16 世纪，门多萨的著作拥有远胜于其他类似著作的广泛影响，但许多学者都认为，门多萨的知识主要来自于本会的另一位修士德·拉达（MarDin de Rada）的《记事》（1557 年）以及克鲁士等人的著作。对此，门多萨本人亦并不忌讳，但从上述论述推测，门多萨可能隐瞒另一个信息来源，他的抄袭对象也许还包括奥古斯丁会的竞争对手即某些耶稣会士的记录。例如，门多萨对于一身三头偶像的描述与属性判断，就与拉达的描述有很大差异，相反，倒是与某些早期耶稣会士的看法颇为吻合，甚至包括他们所犯的重大错误。②

就圣多马传奇本身而言，门多萨不仅没有提供新的内容，反而充斥着许多自作聪明的荒唐解释。例如，他将使徒中国之行的失败原因解释为"完全被战争所吸引"，甚至莫明其妙地改变了传说中使徒东行的前后顺序，声称圣多马是在前往印度时"旅经中国"的。

---

① 门多萨：《中国大王国志》，第 548 页。此段文字，何译作第 2 部第 3 部第 18 章。

② 拉达曾在《记大明的中国事情》中提到过这些在西方人看来不同寻常的偶像，但并没有确定它们与基督教的三位一体造像具有相同的性质。他在该收第 11 节中声称："有的偶像有六只、八只或更多的手臂，另一些有三个脑袋（他们说那是鬼王），再有的是黑色、红色和白色，有男有女。"又曰："他们经常把同一人的三幅像放在一起，当问道为这样做时，他们说那三幅实为一人。"参见博克塞编注：《十六世纪中国南部行纪》，第 218－219 页。与此不同的是，门多萨的上述误解与早期耶稣会士所犯的错误极为相似。1548 年兰恰诺特神父（Nicolao Lancilotto）在完成于果阿神学院的《日本情报》中曾颇为兴奋地宣称："该国有众多的神灵受到崇拜，但释迦说，只存在着万物创造者的唯一神。他极为有效地宣扬了这一真理，让当地居民改宗，崇拜唯一的神。他还下令破坏那里的所有偶像，命令信奉有三个头、被描述像人那样的神像。被描述有三个头的神被称为'cosci'，只有一个头的被称为'denici'，虽然这个情报的提供者（保罗，即弥次郎）不能解释这三个头的意义，但非常清楚'cosci'和'denici'确实与我们之间所说的神和三位一体有着相同的意义。"参见岸野久：《西欧人的日本发现》，吉川弘文馆，1988，第 144 页。

由于门多萨论述中的许多明显错误,此书问世后立即受到人们的批评,但本文的主题,促使作者努力探寻作者隐藏在文本之中的某些心理因素。很显然,与克鲁士的冷嘲热讽相比,门多萨的态度要积极得多,他对传奇故事的重新肯定及其字里行间流露出来的充沛热情,与此前耶稣会士的心态极为相似,甚至更为炽热。在 1589 年英译本"致读者"的前言中,译者将那些"被夸大的热情"和"他们所创造的奇迹",归结为"西班牙人通常在他们著作中颂扬他们自己的功业"。① 但在我看来,门多萨的夸夸其谈,或许是当时西班牙人咄咄逼人的势力扩张以及高歌猛进的乐观情绪的曲折反映。众所周知,1580 年西葡两国的合并,打破了原来西方各国在亚洲的势力格局,虽然菲利浦二世(Felipe Ⅱ)在 1581 年 4 月的托马尔会议许诺维持葡萄牙人在亚洲的既得利益,但他仍然想法设法地挤占后者的势力范围,其中包括梦寐以求的东方古国。② 而在剑与火的协助下,已经成功传教于美洲大陆的奥古斯丁会修士们同样按捺不住征服中国的雄心壮志,他们一再制订并不遗余力地鼓吹武力征服中国的种种计划。③ 从某种意义上说,门多萨对于使徒传奇的过度激情与该会修士们征服中国的强烈愿望有着显而易见的互动作用。

为深刻理解门多萨撰写此书时的不便明言的其他考虑,此书的英译

---

① 详见《出版者致基督教读者》,载于门多萨:《中华大帝国史》,第 5 页。

② 关于西班牙国王与葡萄牙方面签订的协议内容,可参见 J·H·萨拉依瓦《葡萄牙简史》,李均报、王全礼译,中国展望出版社,1988 年,第 191—192 页。而西班牙人的另外两个努力,分别是遣使澳门,直截了当地要求那里的葡萄牙商人效忠新的国王。当这一努力遭到拒绝后,他们又通过印度总督,向这个商人的自治城市派遣了第一任高级法官,以设法逐步取得城市的行政权力。

③ 早在 1569 年 7 月 8 日,奥古斯丁会的拉达神父(Martin de Rada)就在于菲律宾宿务写给墨西哥总督的信中提出征服中国的建议(博克塞编注:《十六世纪中国南部行纪》,第 43 页)。虽然拉达的计划后来流产,但在 1580 年两国合并后,征服中国的计划再次受到西班牙人的高度关注。1580 年 5 月 25 日,新任菲律宾总督佩尼洛萨(Gonzalo Ronquill de Penalosa)在写给国王的信中重提旧事。他还特别声称,如果中国属于西班牙,葡萄牙人就不能前往。另据 1580 年 4 月 24 日西班牙国王写给菲律宾新任总督的信件,菲律宾的奥古斯丁会修士弗朗西斯科·德·奥尔特加神父(Franeisco de Ortega)曾在此前致信国王,要求他命令菲律宾当局派遣使节去中国,设法在中国境内割取贸易基地,并派遣传教士进行中国传教。国王在此信中要求总督对该事项进行调查,并将意见报告给他。参见高濑弘一郎:《基督教时代的研究》,岩波书店,1977,第 78 页。

者麦术尔向我们提供了一条重要线索,他在为该书所作的绪论中告诉我们,在门多萨"致读者"的注释(即附记)中,作者提到最近接得菲律宾主教安德列斯·亚基列(Andres de Aguirre)神父的书信,并透露惊人消息说,中国皇帝准备并愿意归信天主教。其后,门多萨还在序言中兴致勃勃写了两首西班牙短诗,头一首题目就是"中国归信天主教……"。① 我们不知道门多萨从哪里获得如此惊人的消息,但此举已经泄露天机,它表明门多萨冲动的鲁莽之举是受某种心理期待的驱使,而这种心理因素则来源于西班牙人急剧膨胀的帝国野心。就像早年葡萄牙人一样,门多萨重提往事以及难以扼制的兴奋之情,显然是国家意志的曲折表露。

五

无独有偶,当利玛窦(Matteo Ricci)等人终于进入中国内地之后,新的情境与需要重新唤起耶稣会士对于圣多马传说的热情。在利玛窦的《中国札记》(1615 年刊)中,我们注意到这位中国教区的最高上长不仅重提旧事,而且还为之增添了一些新内容。他甚至极富创意地宣称,圣多马在印度并非孤军奋战,而是与另一位使徒巴多罗买(St. Bartholomew)分工合作,包干不同的传教区域。他说:

> 这一宗派(佛教——译注)从这些王国传来,是在圣福音书教义广泛流传的最初时候,即圣巴多罗买曾在上印度(Upper India)——即在印度斯坦及其邻近国家传道,使徒圣多马在南部的下印度传教的时候。因此,我认为中国人听说过基督福音的声音,并传颂了它的名声,遣人至西方求取它的经典,或者是由于差错,或者是由于途经各国的敌意,将这种虚伪的经典带回

---

① 门多萨:《中华大帝国史》绪言,第 51 页。

中国，以替代神圣的福音。[①]

利玛窦的叙述简略而意味深长，按照他的描述，"中国人（不仅）听说过基督福音的声音，并传颂了它的名声"，而且还曾经"遣人至西方求取它的经典"，只是"由于差错，或者是由于途经各国的敌意"，中国人才与福音失之交臂。但另一方面，虽然中国人曾经与基督福音发生过联系，但它并非缘于圣多马的传授。

从某种意义上说，利玛窦此言可谓对传奇故事的颠覆，虽然他为使徒增添了一位同伴，但他实际否定了使徒曾前往中国，否定中国人从他那里获得基督福音。利玛窦没有为这个大胆论断作进一步的详细解释，但我们有理由相信，作为新兴传教区的实际创始人与首任会长，利玛窦对于中国文化和历史的了解是其他同伴无法比拟的，他的上述结论应该得自于传教实践中的文化体验以及对相关传言和遗迹的实地调查。[②]

基于一再提到的写作视角。我们同样关注导致利玛窦奇特态度的其他因素。事实上，利玛窦的表述方式含蓄而暧昧，很显然，他并不相信流传已久的圣徒传说，但却没有直截了当地捅破这层窗户纸。由于缺少证据，我们无法确定利玛窦此举是基于何种考虑，但可以想象的是，作为一个肩负重大使命传教区上长，利玛窦不能像置身度外的学者那样，毫无顾忌地说出学术调查的最终结果，他不仅要保留并维护这个故事所具有的象征意义，而且还必须兼顾到沙勿略等众多前辈的声望，以免耶稣会的信

---

① 上述引文，译自据利玛窦意大利文手稿的日译本。参见《利玛窦中国基督教传教史》，川名公平、矢泽利彦、平川佑弘译，岩波书店，《大航海时代丛书》Ⅱ，第 8 卷，1982，第 131 页。日译底本采用德礼贤校注本，即 Pasquale M. D'Elia, *Fonti Ricciane. Documenti originali concernenti Matteo Ricci e la storia delle prime relazioni tra l'Europa e la Cima*, 1579—1615. 3 vols., Roma, 1942—1949，与据金尼阁拉丁文本转译之英文本翻译的中文本稍有差异。参见《利玛窦中国札记》，何高济等译，中华书局，2001，第 105—106 页。

② 据金尼阁为《札记》特别增补的《撒拉逊人、犹太人和基督教的教义在中国人中间的迹象》章节记述，利玛窦及共同伴曾一度热衷于此事，并兴致勃勃地对该传说进行过调查。但是，最后的结果颇令他们失望，即使是名为艾田的犹太人，也已经记不清他们祖先的宗教与信仰了。关于文中提到的艾姓犹太教徒，伯希和等人已有论述。参见《艾田》，冯承钧译，《西域南海史地考证译丛》，第二卷，商务印书馆，1995，第 242—252 页。另一方面，我们还注意到利玛窦非常注意这些外来者宗教信仰在饮食方面的禁忌（参见《利玛窦中国札记》，第 107 页），这表明他的调查与沙勿略前信的记录之间具有某种联系。

誉受到捕风捉影的损害。

与之形成鲜明对比的是,《札记》拉丁文本的编译者却反其道而行之。在金尼阁(Nicolas Trigault)神父为之特别增添的唯一章节中,我们不难觉察到他的良苦用心。在名为《撒拉逊人、犹太人和基督教的教义在中国人中间的迹象》的第 1 卷第 11 章中,金尼阁不仅力证旧说,而且还颇为兴奋地提供了新近从印度获得的其他证据。他说:

> 鉴于我们从马拉巴地区,从迦勒底文圣经抄本中所收集到的资料,我们还可以把基督教在这些地区的起源追溯到更早的时候,而这个抄本甚至最挑剔的反对者也难以否认,就是使徒多马所宣扬的。这些资料里说得很清楚,是圣多马本人把基督教传入中国的,他确实在这个国家修建了教堂。为了防止阅读这些文件时有怀疑,我们将提供迦勒底文手稿的译本,它是由约翰·玛丽亚·坎波里神父(Father John Maria Campori)逐字逐句译成拉丁文的。
>
> ……
>
> 在马拉巴的圣多马教堂迦勒底文的节略中,在圣多马节颂读的正式夜祷词第二篇的一节,我们发现了所谓的"嘉萨"(Gaza),即汇编,其确切的全文如下:"印度的偶像崇拜的谬误是由圣多马扫除的。中国人和埃塞俄比亚人是由圣多马感化而皈依真理的。从圣多马那里,他们领受洗礼而成为上帝收养的子女。通过圣多马,他们信仰并信奉圣父、圣子和圣灵。通过圣多马,他们保持了他们对从圣多马那里所得来的唯一上帝的信仰,通过圣多马,一种赐给人生命的信仰的光荣在整个印度蓬勃发展起来。通过圣多马,天国展翅飞到了中国人那里。"在一首赞美诗中我们又读到:"印度人、中国人、波斯人和其他岛上的人民以及叙利亚人、亚美尼亚人、希腊人、罗马尼亚人都在纪念圣多马

而崇敬圣名。"①

与此前的若干记述一样,金尼阁也没有说明他的材料得自于何处,但依据他在上文提到的那两段著名祷词,学者们相信他的上述判断得自于印度的传教士。②

如果将利玛窦《札记》原文中的记述与金尼阁增添的特别章节加以对照,我们很容易看出两者的明显差别。与利玛窦斟字酌句、小心翼翼的谨慎表态相比,金尼阁的增补文字显得明快而热情洋溢。平心而论,金尼阁摘引的叙利亚文祷词还不足构成有力的新证据③,但他有所选择、有所侧重的表达方式以及洋溢在字里行间的激情,却毫不掩饰地透露出作为推测前提的心理预设以及他所期待的阅读效应。

需要留意的关键细节是,从金尼阁"这个抄本(即叙利亚文的《圣务日课》)甚至最挑剔的反对者也难以否认"的自辨推测,当时有人对圣多马传奇表示异议。金尼阁没有说明这些怀疑者是谁,又对圣多马传奇的哪一部分表示怀疑,但综合上述分析,怀疑论者的质疑焦点似乎集中在最为神奇的关键部分,即使徒圣多马曾经进入过中国。也许正因为如此,金尼阁才会自作主张,在翻译《札记》的时候增添这

---

① 《利玛窦中国札记》,第 123—124 页。

② 阿·克·穆尔的考证表明,类似的证据还有许多,他在《1550 年的中国基督教史》一书中还指出:"伯吉特教授在一本与马拉巴教堂无关的叙利亚文中发现过同样的两段话",与金尼阁的记述稍有差异。它们分别是:"由于圣多马,印度人摒弃了崇拜偶像的错误;由于圣多马,中国人同埃塞俄比亚人已转向真理。由于圣多马,人生真谛之光照亮了整个世界;由于圣多马,天国在中国飘然升起。印度人、中国人、波斯人、叙利亚人、亚美尼亚人、爱奥尼亚人和罗马尼亚人,在此纪念圣多马之际敬拜我们的救主耶稣基督。"阿·克·穆尔:《1550 年前的中国基督教史》,郝镇华译,中华书局,1984,第 13—14 页。

③ 从严格的学术角度看,上述祷词提供的信息是不清晰或者不确定的。正如阿·克·穆尔指出的那样,"从《圣务日课》摘出的这两段材料并未说圣多马到过中国,更未说他在那里建立了教堂",金尼阁也许在印度听到了更加详细的情节。阿·克·穆尔:《1550 年前的中国基督教史》,第 14 页。

一章节，以回应某些质疑者的非议。①

　　作为晚辈及文稿的整理与翻译者，金尼阁擅自增加某些章节，并在其中对原书著述表示异议的作法是极不寻常的。我们知道，在利玛窦去世之后，进入中国的不同修会与派别立即就传教策略展开了激烈争论，而金尼阁在 1613 年作为管区代表返回欧洲的主要任务，是向教皇汇报教务，争取传教资金，并招募来华传教士。很显然，在那样的特殊情境中，金尼阁当然会考虑《札记》公开出版后所面对的社会公众，并意识到可能产生的社会反应。我相信他的所作所为不是对前辈的有意诋毁或冒犯，而是迫于某种现实需要的必然选译，因为他的使命要求他证明圣多马传说，并以此唤起欧洲公众的宗教热情。

六

　　在 16 至 17 世纪的类似文本中，陆若汉（Joao Tcuzu Rodrigues，若阿·罗德里格斯）的《日本教会史》当属最为详尽、最为精彩的重要论述。在书中，作者不仅用整整一个章节论述了使徒东行的传奇过程及其相关问题，而且还以模棱两可，甚至于前后矛盾的隐晦措辞，向我们透露或暗示着讳莫如深的复杂内幕。

　　作为一个传教士，陆若汉当然不会，也不可能漠视传奇故事所具有的

---

　　① 可能是考虑到此举可能造成的误会，金尼阁在《致读者》的前言中特别解释说："耐心的读者，你必须了解，我们对于向你提供事实真相，要比提供文字体裁的乐趣更感到兴趣。至于记述中所包含的事物的真实性，只要是在人力所能达到的真理限度之内，那就简直没有留下什么可怀疑的余地。利玛窦神父是很有德行而不会去骗人的，又很有经验而不会受骗的。而我本人呢，我敢向你保证，我所补充的都是我亲眼所见或者得自于其他神父的真实报告。……到现在为止，有两类写中国的著者：一类想象得太多；另一类听到很多，不假思索就照样出版。我很难把我们自己的某些神父排除在这后一类之外，他们信任中国的商人，不知道商人们的普遍习惯是夸大一切事情，把那些根本莫须有的事情说成是真的。……十分显然，谁也不能指望不经过多年的接触就透彻了解欧洲的生活。对中国也一样，为了完全了解这个国家和它的人民，一个人就必须花费多年时间到各个省份去旅行，学习讲方言并阅读他们的书。所有这些我们都已做到了，因此唯一合情合理的就是相信我们最近的这部叙述将取代在它以前的出现的那些撰述，它所记录的事应该被当作是真实的，当然也要适当地容许人为的差误。"《利玛窦中国札记》，第40—41 页。

象征意义与精神内含,事实上,他将传说中的圣徒东行视为福音传播和整个东方教会史的初始起点,并明确声称:"在众多事件中,首先必须记述的,应该是使徒圣多马如何来到中国,在中国如何使某些人改宗我们的神圣信仰。"①在充分参考了此前的大多数文献之后,陆若汉将这个流传极广的经典故事归纳如下:

> 在东方最早向异教徒传播福音的,是光荣的使徒圣多马。对此,教会的历史和一般的历史都有明确的记载。他的圣遗体、其遗物中极为重要的部分、墓地、在其殉教之地建立的某个圣堂,以及由他改变信仰者子孙的基督徒,这一切葡萄牙人在进入印度时都曾发现过。
>
> ······
>
> ······使徒们接受圣灵后,在分配应传播圣福音的世界地域时,使徒多马的属地是最为遥远、拥有最难适应之习俗之人所居住的东方印度(见外典《多马福音书》)。他们的习俗充满着建立在被种种象征和谜语所遮蔽的、通常是虚伪的教义与神学的无数谬误。他们崇拜偶像的迷信者,而且对福音的教义一无所知。因为他们中间包括许多民族,其中有些民族像极为古老、闻名于世的印度的婆罗门教徒和耆那教徒(gimno)那样非常迷信,并与恶魔交往。也有像中国人与日本人那样,拥有世界上最古老传统的高贵的民族,而另一些民族则是野蛮而未开化的、是缺乏自然理性的民族。
>
> 我主为强化该使徒对其复活后抱有怀疑的信仰,让他的手探入圣体的腹肋。与此相同,我主还希望使徒以他宣讲的教义在这地上的尽头创建基督教国,并确立对他的信仰。其结果如今日所见,使徒的圣遗物至今仍保存在东方。
>
> 历史书接着记述说。圣使徒从耶路撒冷出发,以向安息人、曼提亚人、波斯人以及上部印度的大夏人传教为目的,通过了阿

---

① 罗德里格斯:《日本教会史》,下,第223页。

拉伯,最初到达的地方是索科特拉岛(Socotora),[①]在这岛上使所有人改宗基督的信仰,并修建了几个教堂,其遗迹至今尚存。他从那里去了印度,最初到达的地方是当时非常出色的城市,马拉巴第一位王居住的 Canganor。他在那个城中让王和其他许多人改宗,在王国中修建了教堂,任命国内的基督徒为助理神父(diacono)。再从那里前往马拉巴尔海岸,前往当时同样出色的城市,在那里使许多人改宗。根据部分人的说法,他还去了Zapebana 岛(Taprobana),那个岛就是锡兰。

他又从那里去了纳尔辛加的城市曼里阿波尔(Meliapor,Mileapor),因为那是当时印度最大、最富裕而且是最强有力的城市。他在那里传教,让王和许多人民改宗,并留下了许多弟子,然后乘船前往中国的其他地方。根据马拉巴教会史的记述,他利用的船是中国人的船,这些船只时常航海至印度海。他到过了名为汗八里(Cambale 或 Cambalia,Cambalu)的城市,在那里让许多人改宗,修建了很多教堂。他留下许多弟子,修建起教会的基础,然后回到了 Meliapor。正如其传记中所写,他在这里城市中因偶像教神父的婆罗门教徒的奸计而被杀。[①]

平心而论,陆若汉的描述并无过人之处,但值得留意的是,他在此基础上获得的结论,却显得更为肯定并富有诗意。其曰:

> 这些证据使我们确信,使徒确实来到过支那,而以下观念同样合乎逻辑。即如此广大的王国,如此杰出的国民,精通所有学问,东方各民族中最为优雅,作为最高女王在东方拥有首屈一指的地位,并被赋予所有资质的国民之中,正如圣保罗诗篇中曾宣言的那样,大传道的光芒会传遍全世界,在大地的尽头轰鸣回响。诗篇中说,"其声传遍全世界,其言直至大地的尽头"。那个时代所知的世界是支那,所以认为使徒在分配给他的区域中最主要的王国中传教是极为恰当的。[②]

---

① 罗德里格斯:《日本教会史》,下,第 223、226—228 页。
② 罗德里格斯:《日本教会史》,下,第 237 页。

仔细阅读上述文字,我们不难从那些充满激情的炽热词语中,清理出作者的推断过程,即"同样合乎逻辑的"的"以下观念":因为"大传道的光芒会传遍全世界,在大地的尽头轰鸣回响",加之"如此杰出的国民,精通所有学问",是"东方各民族中最为优雅","并被赋予所有资质的国民",所以使徒"在分配给他的区域中最主要的王国中传教是极为恰当的"。

按照这一逻辑,使徒东行的确定性已不再取决于事实证据,而是缘于信仰层面上的合理演绎。很显然,这一类似于奥古斯丁(Aurelius Augustinus)的本体论思维逻辑符合教会的一贯传统,但对于某些阿奎那主义的追随者,或者更强调理性思维的人文主义者而言,很可能导致难以预料的危险。

我们不能确定陆若汉是否清楚这种危险,但我们注意到,在此章的其他段落中,作者的论述更多地表现着谨慎而理性的学者风范。在考证了有关传奇故事的若干重要名词后,①他还像一个真正的历史学家那样,对中国史籍为何没有记载、信仰痕迹为何湮没无闻等长期困扰传教士的问

---

① 陆若汉说:"在马拉巴的教会史中,中国被称为 Mahtcin,也有人称为 Masina,其意思是大支那。因为 mah 意为巨大,tcin(秦)意为支那,但这一词语又是称呼曾存在于这一帝国中一个王朝家族的名称。这个帝国全境由这个王朝的君臣统治,其体制至今尚存。支那这一名称由此而来,并通用于我们中间,但这 1511 年伟大的 Albuquerque(Alboquerque,Aronso de)征服马来人的国家时,采用的马来人所使用的这一词语。这一名称至今还在中国被使用,该国的书籍称作秦国(Tcincoe),它意味着支那王国。这一名称被用于中国是在我主基督诞生前 250 年。"

"使徒为在如此广大而且历史如此古老而优秀的王国中传播神圣的福音,乘坐支那人的船进入该国无疑经过 Quancheu(广州)。葡萄牙人称这个城市为 Cantao,但这个城市是支那王国十五分之一的地区之一的 Quantum(广东)的地区首都。当时在这个广州城中与印度之间进行着贸易。在使徒死后第 450 年,婆罗门教徒达摩(Daruma,支那语称为 Tamo[Tamo])经同一场所进入支那。他是纳尔辛加王的第四子,是印度耆那教宗派中最好的教义学者,而且是学校中耆那教首长释迦(Xaca)的第 28 代继承者,是大魔法师和大巫师。根据支那书籍的记载,他乘坐支那人的船,从纳尔辛加的 Meliapor 出发,到达广州、即广东,从那里进入支那。他在支那传播了在日本被称为 Jemxus[jenxus](禅宗)的著名冥想者的宗派。根据中国历史,这是我主降生 520 年的时候,'天竺达摩至广州,梁武帝治世十九年'。*Tengicu Daruma Quancheu ni jtaru. Reono Butej gixe19nen*。这意思是说,印度人达磨在中国皇帝梁武帝(Reono Butey)——日本语是这样说的,支那语读作 Leao Vuty——十九年时从印度来到广东城。"

"……正如历史书所记述的那样,那个使徒去中国旅行,并且在中国使很多人改宗信仰,马拉巴尔 Serra 主教区的古老记录可以证明这一点。根据它的记录,为了马拉巴尔 Serra 的基督徒,大主教从 Babilonia(巴比伦?)去往 Indu 即 India(印度)赴任,此外赴任的还有两位主教,其中一人去了索科特拉(*ilha de Socotora*),另一人行使了 Masina 即 Mahatcin 首都大主教的权限。Mahatcin 也就是支那。"罗德里格斯:《日本教会史》下,第 230—231、233 页。

题,作了合乎情理的解释①,更让人感到不可思议的是,陆若汉还在随后的章节中,毫不留情地指出此前著述中的种种谬误。其曰:

> 许多的不同著作者,不了解中国的历史,也不知道中国国内发生过的事情,只是凭借自己的所见以及其他人的叙述为基础,随意地发挥想像,在他们所写的书籍中,推测以往中国曾经存在着基督教,他们看到人们崇拜的若干偶像,就认为它们表示曾经存在的基督教信仰的玄义,他们说,由于没有神父与 mestre(教师),后来这些传承与记忆丧失了,被作为佛像,即偶像,人们崇拜它却始终不知道它的来历。例如,有一种三颗头一个身体的偶像,上面所说的那些著作者们就认为它意味着至圣三位一体的玄义,即单一神性中的三个位格。
>
> 还有一种偶像是怀抱或傍依一位男孩的贵妇人,它被他们视为伴随幼年基督的圣母像。现在还有一种偶像,有一个男子

---

① 可能是针对某些人的怀疑,陆若汉还特地就中国史籍中缺乏相应记录一事论证道:"我们非常详细地调查了支那的历史书籍。根据我们有关这一王国的众多知识,仔细地调查支那本国人在那个时代接受神之律法的痕迹。因为我们认为,支那人将发生在这一王国中的显著事件无一遗漏地记录在他们的历史书中,他们对此极为热心,就像事关印度 Gymnosophist(Gimnosoristas)的宗派一样,这些国民肯定会记下寺院与圣职人员共同接受的新教义。Gymnosophist 的这一宗派与使徒处于同一时代,在主降生 67 年时传入支那。"

除了鞑靼人的大汗时代,这个王国从那个时代到现在并没有显著的变化,而这个大汗时代也与它之前的支那各王国的时代一样,对古代记录不做任何加工,它们通常是原封不动遗留下来。但现在可见于支那的基督教的痕迹不是出自出生在该国的人们之手,而是来自于外国,是征服该国一部分的外国人之手。现在,支那仍可以见到基督教的痕迹,在这个国家中,寺院、主教和神父们都在宣传圣福音,但它不是来自于使徒的古老年代,而是距此一千年之后,对此,我将在以下的章节加以论述。"

"在我看来,该国人们没有意识到接受教义,或许是因为圣使徒像西班牙的 Santiago 一样,只让很少的人改宗,或许这种改宗只发生在支那的某个特别场所或领国,而这个场所或领国后被人消灭,其记录没有传到现在,或许它邻近中国,隶属于它并向它纳贡,所以被认为是支那。这些邻近的国家是亚洲的 Presto Jcam,圣安东尼奥和其他人曾经提到它。而威尼斯人马可·波罗也提到契丹(Catayo[Katayo, Kytai, Kitay]),即支那的历史。他认为契丹是邻近支那的国家,是聂斯脱利派的国家。"

"支那年代记中没有关于此事的任何记录还可能因为以下原因。即此事与他们一般记录于历史中的涉及整个王国和国王的事无关,如前所述,仅仅是关于其领国的事,或是支那以外的事,或是与支那无关的事,或者是因为此事不值一提,历史家不想将其记录在案。最后一种可能是,虽然这些记述存在很多,但这一王国的文书因为使用支那的象形文字,非常模糊,不易辨认,所以它至今不为我们所知。例如记录我主教义的石碑最近才被发现,支那历史书可能提到了有关事物的其他名称,而我们还不了解它。"罗德里格斯:《日本教会史》下,第 237—239 页。

像(中国将它尊为圣人),手执长杖,作巡礼者的模样,声称偶像崇拜没有任何效果与利益,拯救亦不存在,要依据偶像的教义持戒,但由于这个人是外国人,中国人称之为达摩(Tamo)。有一个著作者见到这个偶像,因达摩这一名字与圣多马相似,且手执长杖,并说崇拜偶像不会得到灵魂的拯救,所以就将它想像为使徒圣多马。

对于如此重在而要紧的问题,要下确定的判断,如果依据没有根据的推测,就会犯明显的错误,因为他们不了解事实,亦未深思熟虑,只是相信眼前的所见。那个一体三头的偶像如我在其他地方所论说的那样,是释迦宗派中表他们所想像的某种三位一体的非常有名的象征,他们基于这一思维的三位一体同样可以是一体四头,或者有两个头。以往的人们称这种双头偶像为双面贾内斯(Janus),①它表示世界,一个脸表示事物的开始,另一个脸表示结束,或者是意味着东方与西方,而被称为四个脸的贾内斯偶像,则表示世界的四个方向。而宁芙(Ninfa)亦被用以表示生活于人类之中。这也是非常有名的象征。这个偶像有时不怀抱婴儿,一只手拿着装有鲜鱼的笼子,另一只手拿着盛开的一朵莲花,有时,它还被绘成长着许多手臂,分别代表不同的意义。关于这些象征性的诸神,我已在有关诸宗派的章节中做过论述。

同样,欧洲的著作者们亦误解了前述巡礼者的姿势与姓名。认为这个人物就是圣多马,但他是在日本被称为达摩(Daruma)的大魔法师。如前一章所述,他是纳尔辛加的 Meliapor 出发前往中国,在主降诞 521 年前后到达广东(Cantao)。但那一年是使徒圣多马死后第 446 年,这个圣使徒在我主基督降诞 75 年后殉教,所以如下所述,这些著作者极为不可靠的推测是基于虚假的推测。即由于日本亦有上述那种一体双头、三头或四头的偶像,有宁芙即贵妇人的像和巡礼者的像,我们亦可断定在那些地

①　罗马时代把守门户与入口的守护神。又司掌事物的演变。意为正月的 Januarius 一词即源出于此。由于该神拥有洞悉将来与过去的神力,其象征通常为一身双头,其中的一个头朝向前方,另一个头朝向后方。此外还有一头四面的造像形式,用以表现其拥有司掌十字路口的神性。

方的某个时候,基督教亦曾存在于日本。即使中国至今仍有基督教徒的极明显的痕迹,但我们必须对此进行调查,搞清它是否确由使徒圣多马所改宗,还是来自于某地的其他人。①

在前一段关于异教偶像的分析中,陆若汉论证了至少三种误解,即"三颗头一个身体的偶像"、"怀抱或傍依一位男孩的贵妇人"以及"手执长杖,作巡礼者的模样"的"男子像",由于外形上的似是而非,它们分别被对应为三位一体的象征、圣母子以及广为流传的使徒圣多马。

对比上述门多萨的著述,陆若汉此论很容易被视为针对性批判论文,但是,如果重返作者的特殊经历及其当时的特定情境,或许可以品味一石数鸟但又不便明言的其他深意。众所周知,在沙勿略传教日本的最初时期,他们曾将佛教真言宗主神大日如来误译为造物主的天主,除了语言等方面其他原因,导致这一严重失误的原因之一,就是因为它的独特造型,即一身三头或一体三头的外表形式。② 或许正因为这一惨痛经历,陆若汉才会透彻理解这些异教偶像的神秘含义。

作为与上述批判的呼应,作者在逐一列举并讨论了基督教传入中国

---

① 罗德里格斯:《日本教会史》下,第 240—243 页。
② 关于"大日如来误译事件",可参见弗洛伊斯:《日本史》,柳谷武夫译,平凡社,1987,第 1 册,第 102—103 页。

的四条途径后，①又回答了他在文章开头自设的另一个问题，即"在本会神父们到达中国之前的某个时代，神的律法是否被传到日本"②。他说：

> 如前所述，在耶稣会的神父们去日本之前，以及这个王国被葡萄牙人发现之前，天主的律法是否在当地多少有些了解。对此，我们的回答是，有些人根据若干证据作了肯定的回答。其中第一个重要的证据是主降诞 1590 年的时候，在阿格斯蒂诺任肥后(Fingo[Figo])领主时，在异教徒圣堂的某个场所发现刻有十字架的浮雕的石头，与圣多马十字架的形状非常相似。很难想象这是偶然的，也不能认为是某个基督徒所作，并从国外带来的。此外，萨摩(Satcuma)公的纹章是十字，我们认为它来自于与基督教有关的事物，但它的传承已经断绝。

---

① 陆若汉解释说："我们调查了这里的基督徒怎样进入中国，发现他们是通过四条路径。"

"第一条是最古老的路径，如前所述，是使徒圣多马为宣传福音而来的路径。但我们还不清楚他们如何成为土著中国人，而这些改宗者此后又怎样消亡，因为在土著中国人中，现在已经找不到他们曾是基督徒的痕迹。"

"……基督徒进入中国并在这里弘扬主的律法的第二条路径，在中国正式的年代纪中有如下记载。那是主降诞 608 年，始于 581 年的第一代国王称为 Cayhoan[hoam](隋文帝)，在 619 年结束的 Suy(隋)的中国王朝的第二代国王(隋炀帝)的时代。他与中国王国西部的某个强有力的王国君主缔结了很深的良好关系，那个王国的名字是 Syy(西域)，日本语读作 Xeiyk(西域)，其东部与中国的 Xensi(陕西)地区相邻，分开两地的是名为 Lieuxa(流沙)的沙漠地带，日本语称为 Riusa(流沙)，这就是 Lup，deserto de(鲁普沙漠)。这个王国本身包括了 Hiarcan、Cascar、Tufari[Zuran，Tufan](吐蕃)、Samarcan[Samarcao，Sarmacan]，reyno de、Bactriana、Turquestam[Tuequestan，Turkestan]以及上部印度的许多国家。"

"……天主的律法进入中国的第三条路径是通过马可波罗所说的 Preste Joao 基督教君主带来的。关于这个君主，墨卡托(Mercator[Mercator]，Gerhardus)有下列说明。他的领国存在于中国相邻地区，由于主降诞 1073 年时中国人发生内乱，与东方 Coray(高丽)和 Leaotum(辽东)相连地方的一个鞑靼人君主进入中国，占有它的大部分地区，将它的宫廷安在 Pekim(北京)。"

"这位 Preste Joao 也是从西方进入中国的，他占领并统治着 Xensi(陕西)的大部分地区，在 1226 年为止的 190 年间，那里由 10 位国王所领有并统治。1226 年，他手下的一个鞑靼人、后来被称为大汗的人杀死了主君，从他手中夺去了中国内外的领地，那个鞑靼人自己成了这个基督教国的首领。"

"基督徒在中国扩散的第四条路径也是在征服中国的鞑靼人大汗的时代。他是上述基督徒和西方人的首领，也是摩尔人和犹太人的首领，据史书所说，这些人被分配到各地进行守备。基督徒在这些地方，例如 Chinkiam(镇江)、Hancheu(杭州)、Honam[Hunan](河南)、Xensi(陕西)、Xansi(山西)、Fokien(福建)地区和其他许多地方，建立了教堂。它在鞑靼人被中国驱逐到国外时，基督徒与摩尔人和犹太人一样，屈服于中国人，所以他们至今仍被允许居住在中国。"罗德里格斯：《日本教会史》，下，第 248—257 页。

② 罗德里格斯：《日本教会史》，下，第 223 页。

但尽管如此,我认为在修会的神父们来到日本之前,他们完全不知道天主的律法。因为无论是根据记录还是其他方法,这种痕迹再也找不到第二个。关于前记在八代发现的刻有十字架的石头,我们的回答是,十字教的教徒居住在中国的许多地方,在鞑靼人统治中国之前,日本与中国的贸易往业极为盛行,而上述八代靠海很近,现在还有中国人的船去那里,所以会有些基督徒混在航海者中来到日本,其中某个人在当地去世,于是按这一民族的习惯,在埋葬他遗体的地方竖起十字架,作为他们信奉的信仰标志。

关于萨摩公的十字架,那的确不是来自于基督教的事物,因为他们知道他们是以赖朝为祖先的子孙,作为纹章是采用"十"这个文字的,而这个文字与十字架的形状很相似。①

就传奇故事的发展,陆若汉此言意义重大,他告诉我们,在此前的很长时候,一直有人乐此不疲。根据某些巧合和似是而非的证据,他们将圣徒传教的范围,从传统的印度和中国一直扩展到东方尽头的遥远日本。按照这一极富创意的想象,圣徒的东行线路不仅与葡萄牙人在亚洲的势

---

① 在紧随其后的段落中,陆若汉还对印度方面以讹传讹的若干证据加以批驳:"同样的事也发生在果阿市,某个著作者据此认为,在古代,基督教曾在当地流行,但它的传承已被人遗忘。首先第一个是果阿被伟大的阿尔梅达·阿方索(Albuquerque[Alboquerque],Afonso de)占领后,在为建造要塞而拆毁的房屋的厚壁中,发现了一具附有主受难像的完全金属制的十字架。据卢塞纳(Lucena,Joao de)神父和巴洛斯所说,这具十字架就在这房屋的基础中。"

"接下来的第二个例子是,当1391年异教徒之王 Mantrazar 在寄进某个寺院时,事情的经过用卡那娜文字刻在金属薄板上。1532年在果阿市进行了调查,并将其翻译为我们的语言,其开头的文字这样写道:'天、地、月亮和星星的三个世界的一切,都属于造物主的神的名下。人崇拜它,身上有它的影子,从它那里获得生命。我们向它献上深深的感谢,信奉它。出于对子民的爱,他变成肉身来到这世上。'在它下方的王的印章中,也有三位一体的表现。"

"据此,人们推测以往基督教曾在果阿流行。但仅凭这些证据,立论并不充分。因为主基督的像是在墙的基础中,它也许是摩尔人为侮辱它而扔在那里的,它也许是从某个基督徒那里夺去的。如果是在墙壁之中,它也可能是曾在此房屋中的某个基督徒,出于虔诚的信念,为避免它落入异教徒之手而藏在壁中的。"

"其次关于金属板上的证据,也是那些异教徒曾崇拜先前所说的那种三位一体——当地称之为法报应三身(foppovo no sanjin)。他们所说的唯一神 Brama(梵)也显现为人的形状。如果那王是基督徒,或拥有基督教的信仰,就不会向偶像和它的祭司进行捐献。从寄进状中关于释迦宗派三位一体的论述来看,他显然是属于那个宗派的异教徒。因为这一宗派都采用这一说法。"

"根据1625年发现的石碑(大秦景教流行中国碑——译注)上书写的记录,我主基督的律法确实在636年传入中国并得到弘扬,而且中国的诸王亦曾建立起许多的寺院。关于此事,容后再叙。"罗德里格斯:《日本教会史》,下,第260-262页。

力范围颇为吻合,而且大致覆盖或重合了耶稣会在亚洲的传教区域。

但令人吃惊的是,作为曾在日本教区服务多年的资深传教士,陆若汉似乎对这一激动人心的重要发现不以为然,虽然他并未排除"会有些基督徒混在航海者中来到日本",但他还是坚持认为:"在修会的神父们来到日本之前,他们完全不知道天主的律法。"

与此前的若干记述相比,陆若汉的表述方式是耐人寻味的,如此含糊不清的措辞让人很难捉摸他的真实用意。然而,沿用本文一贯的视角,这一特殊现象的心理分析与情境构建,则被视为探寻更多隐情的关隘与通道。

在当时的远东耶稣会士中,陆若汉的经历与境遇充满了太多的另类因素,这位 16 岁就抵达日本并在那里接受全部教育的葡萄牙农家之子由于有着范礼安(Alessandro Valignano)的大力提携,很快成为日本教会的外交代言人,以"通辞罗德里格斯"著称于世。凭借出色的外交能力,他与丰臣秀吉、德川家康等人建立起良好的私人关系,甚至一度担任后者的私人贸易代理。除此之外,陆若汉还拥有惊人的语言天赋,先后主持或参与《日本大文典》(1605)和其他一些语言工具书的编纂。在来到澳门之后,又先后完成《日本小文典》(1620 年)和《日本教会史》的编纂。1628 年因病去世。

然而,由于升迁过快,并缺少显赫的家族背景,飞黄腾达的陆若汉很快便面临多方面的压力,不可避免地成为同门修士的忌妒与非议对象,1604 年,陆若汉因为莫须有的绯闻传言,被迫辞去日本管区代表一职。而当他来到澳门之后,又因为中日两地教会的复杂关系而受到冷落与排挤,虽然他一再在与中国政府的交往中表现出才干与能力,但在更多的时候,他只能担任神学院教师的闲职,将过人的旺盛精力消耗在编写教会史的案头工作之中。

我们不能确定作者的上述经历及其复杂处境在多大程度上对作者的写作与价值评判产生了影响,但两者间的对应关系,不免使人猜测,他对于圣多马传教日本一事的冷漠与嘲讽,或许与他在日本教会中的孤独处境和失落后的怨恨有某种联系。

与这一尚属猜度的联想相比,他在前文中对于偶像含义的重新解释显然更有针对性,所谓"不了解中国的历史,也不知道中国国内发生过的事情","随意地发挥想象","推测以往中国曾经存在着基督教"的指责,已经表明这些批评不再是学究气十足的历史考证,而如果再联想当时正方兴未艾的"礼仪之争"以及陆若汉本人在这场争辩中的特殊作用,[①]我们可以有把握地相信,他对于圣多马传奇的关注以及若干重要问题的重新解释,应该是有的放矢,或者借题发挥,是为了满足现实需要的应时之作。凡熟悉中国教会史以及"礼仪之争"之人,都会清楚地意识到此文的矛头所指。因所谓"合儒、补儒"的必要前提,在于确信或承认儒家学说中包含着与基督教义相契合的内容,或者说,儒家经典中藏有已经不被当时中国人所能解读的神秘信息,但"由于没有神父与 mestre(教师),后来这些传承与记忆丧失了"。由此可见,被陆若汉批评的那些"许多的不同著作者",并不仅限于门多萨等其他修会的传教士。很显然,陆若汉撰写此文,显然不是为了回顾历史,而是出于实现需要,以及不便明言的自身价值证明。

七

必须承认,就圣多马传奇本身演变过程的考察而言,上述证据的收集

---

① 关于这一点,陆若汉在 1616 年 1 月于澳门给总会长写的长信中说得极为明白。其曰:"从 1613 年 6 月至 1615 年 7 月整整 2 年的时间内,我受巡察师巴范济(Francesco Pasio)神父的特别任命,对古代东方出现的哲人的学说进行了有组织的研究,这些学者们提倡的学说在根本点上与我们的圣教正好相反。正如你所听说的那样,这一研究的目的在于证明这两个传教地(中国与日本)目前编集中的教理问答收入了这些学者的学说,在根本上是错误的。我受日本准管区长顾问会议的委托,预定完成在两个传教地同时可以使用的书籍。中国的学者们陈述了各种意见,续而参照教会圣博士们的定见,以制成不感到矛盾的调和的文本。它在这两个国家,即中国与日本,还有朝鲜与科钦的人都能使用。"陆若汉在这封长达 20 页的信中告诉总会长,这一研究始于离开日本之前。来到中国后,他"不仅访问了中国各地的耶稣会住院,而且还涉足于谁也未曾去过的场所"。在他看来,中国的传统宗教可分为两种,即学者们为获得太平盛世而面向一般大众所作的"市民神学",和面向少数人的秘传哲学,后者涉及到神的本质与天地万物的创造,并声称:"在我来到这里之前,神父对此一无所知,或许还未听说过少数人们所倡导的思辨哲学,只知道面向大众的传说与教导。虽然利玛窦神父尽全力对这一方面进行了研究,但由于上述原因,在这一点上犯了错误。"他还颇为自豪地宣称:"托主启迪的福荫,我的继续研究或许可以成为神父们的参考。这里编写的书中出现了几处违反基督教信仰的根本谬误。因为他们以复杂而高尚的语言,作了模棱两可的含混说明。这种事情神父们还是初次耳闻。他们声称,正如所有的中国人与中国教义所认为的那样,古代中国人的确知道神,拥有过关于神的正确教义,我们所说的教义与中国祖先所说的教义是相同的。神父们的想法是,只要与知识阶层携手(传教)就会获得成功,但这是错误的。除此之外,这里编写的书籍还有各种错误。"转引自迈克尔·库珀:《通辞罗德里格斯》,松本玉译,原书房,1991 年,第 265—266、267—271 页。

远远谈不上充分,①因此,在此基础上的分析,亦很难得出令人信服的圆满结论。但如果变换一下视角,将考察的重点放在传奇的形成与演变,以及促成这种变化的具体原因,我们或许有出人意料的收获。

从整体上说,圣多马传奇的形成是特定时代的产物,其演变的基本趋势,亦与地理大发现之后西方人进入亚洲及其宗教传播的进程大致吻合。虽然马可·波罗是故事的始作俑者,但真正的炒作者,是抵达印度的葡萄牙人,他们关注并热衷此事,决不是缘于浪漫的幽古之思,或者单纯的好奇心,而是想以此证明,自己才是历史的继承者、福音传播的庇护人,从而使他们的扩张行为具有道义上的合法性。正因为如此,不断延伸的圣徒足迹才会与日趋辽阔的帝国版图达成奇妙的吻合。

与此相比,传教士们的特殊身份与处境,会使他们的考虑更复杂一些。作为受葡萄牙国王派遣,并以其名义前往东方的耶稣会士,考察并传颂此事当然有曲迎上意的考虑,②但作为一名传教士,并以圣徒继承人自居的他们,证明圣徒的传说,不仅会使他们的努力罩上一层神圣的光环,而且更容易获得一般公众的支持。正因为如此,传说中的圣徒足迹也才会与不断扩展的传教区域叠合在一起。

当然,除上述一般性的普遍现象之外,每一个故事的讲述者和解释者,还会因他所处的特定情景和具体需要,对故事的某些情节加以适当的强调或修正。正如我们所看到的那样,这种个性化的处理方式不仅引发了大多数的争议和批评,同时也导致传奇内容的不断丰富。

---

① 其中广为人知的其他论述,至少还有曾德昭作于 1638 年前后的《大中国志》(何高济译,上海古籍出版社,1998 年,第 187—189 页。)和何大化的相关论述(参见穆尔:《1550 年前的中国基督教史》,第一章相关论述)。为避免论文过于冗长,这里不再论述。

② 陆若汉在《日本教会史》中曾说:"我主基督重开这一圣使徒开创的事业,为了将它扩展到整个东方,即现在所知的世界尽头,他选择了这些葡萄牙人作为他的手段与方法,使用了他们的航海、活动与鲜血。……据当地人的传说,圣使徒多马曾预言,当曼里阿波罗城这个城市与大海相连时,有白人自西方来此,传播自己宣传的福音。我想这一预言完美无缺地实现了。因为那些白人显然是葡萄牙人,他们从西方的尽头,经过谁也没有航海过的海路,被葡萄牙极为高贵的国王们的派遣到印度。这些葡萄牙人由我主基督在尘世的代理人(罗马教皇)授予权力。它将福音的传播者引导到这一东方之地,并保护他们,以这些传教者的努力与鲜血,在整个东方竖立起我主基督的圣十字旗。这一切得到实施,并被赋予不朽的名声。"罗德里格斯:《日本教会史》,下,第 223、224 页。

最后需要指出的是,在考察传奇形成与演变过程时,我们切不可忽视传教士宗教情感及其思维方式的深刻作用,正如我们不能套用现代科学的理性主义,将所有关于灵异奇迹的描述归结为迷信或虚妄那样,①我们也不应该将有关圣徒传奇的记录与考证,一概地斥为功利之举。按照普世信仰的传统观念,既然造物主上帝全知、全能,那他宣示的神圣福音就

---

① 在圣多马传奇的流传过程中,我们不难找到许多极富神秘色彩的故事情节。芒德维尔(John Mandeville)《东方旅行记》(1366年)第19章记载说:"如果从这个国通过许多的国,就可以到达被称为Mabaron(马巴洛)的国土。这是一个极大的国,国内有许多城镇。使徒圣多马被埋葬在马巴洛国中,他的遗体至今仍完好无损地埋葬在Calamy(卡拉米),他在该地殉死并被埋葬。但随后阿比西尼亚人将遗体移往美索不达米亚被称为埃德萨的城市,但很快运回上述城市,放入那个墓中。但他的臂和手,即我主复活后说'Noli esse incredulous, sed fidelis'(停止空想,信我吧)时他处于主身傍的手,被一起装在容器中,留在了外面。"作者还说,这只手具有神奇的能力,当这个城中的人需要裁决时,他们将各自的意见写在纸上,然后放入圣徒的手中,那只手会抛出谎言,留下真实陈述的纸张。参见芒德维尔:《东方旅行记》,大场正史译,平凡社,1964,第143页。

此外,范礼安亦在他的著作中提供了他在印度听说的另一个传说。其曰:"这个城市(圣多马市)之所以越来越高贵,并受到极高评价,是因为使徒圣多马在该市建立的家,并在该市殉教,而且,该市还有他的圣遗骸等遗物。因为迄今为止还有使徒奉献给弥撒圣祭的礼拜堂。葡萄牙人扩建了它,建造了美丽的圣堂,用使徒的名字作为城市的名字。以前该市称为曼里阿波尔,是在使徒时代极为美丽而广大的城市。葡萄牙人为建造房屋向这个礼拜堂的下面挖掘,发现了圣使徒的遗骸,遗骸与土、浸满血的器皿、致他死亡的枪矢一起被装在柜子里。柜子被埋在用石头和石灰构成的极为坚固的三至四层石阶之下。他的遗物后来还被分送到不同的地方。"

"距此一里格的山上还有礼拜堂,据说这也是同一个圣人修建的。当时已经被损坏,所以葡萄牙人为圣人的名誉而想改建它,在挖掘基础时,找到了另一个极为伟大的遗物,即一块石头。这石上刻着一个十字架,十字架的周围刻有几个古老的文字。时至今日,还没有人能够确定地读解它。这石上有几个非常鲜艳、浸透着血液的痕迹。在发现血痕时,它还极为新鲜,似乎刚刚滴上。用麻布触及它时,布被鲜血浸染。根据这里的状况,圣人遗骸被纳入柜中的样子,以及使徒为祈祷一再登上此山的理由和当地长老们的记忆和传说,使徒是在十字架前献上祈祷时被杀害被视为不可辩驳的事实。葡萄牙人在此修建了美丽的庵堂,将那块石头安置于礼拜堂的祭坛中,并嵌入同一墙壁中,为作祭坛装饰的替代。"

"为了进一步加深人们信服的内容的确定性,我主几乎每年都要让这块石头施行令人惊叹的奇迹。即在圣多马祭日的三日前,12月18日圣母日,或是为期待耶稣诞生而在圣母日在此进行弥撒时,原来白色的石头会稍稍变色,逐渐变暗,几乎化为黑色。这以后,石头开始出汗,在众人的面前,自己涌出相同色泽的水,弥撒结束时,石头就停止出汗,与刚才一样,逐渐恢复原来的色泽。据说,如果某年石头不出汗,城里的人就凭经验可知,当地必定会出现饥饿、战乱或其他异常情况。由于这一奇迹,人们确信使徒在十字架前祈祷并殉教,他当时正抱着十字架的石头,他在石头出汗的同一天中被杀害或者受伤。可以确定地说,十字架和收纳使徒遗骸的礼拜堂也同样极为神圣。因此,它可以在忏悔罪恶时的打动人心。许多基督为巡礼而集合于此,据说当年就是如此。异教徒亦对这一圣迹充满敬意,许多异教徒为奉献祈祷而进入其中,他们或奉献灯油,虽然没有忏悔自己的行动,但还是向使徒献上祈祷。"范礼安:《东印度耶稣会的起源与进步》,第11章,岩谷十二郎译,《基督教研究》,第28辑,1988,第357—359页。

不可能遗漏东方,或者说,它应该在久远的古代就远播至此。正如陆若汉摘引的《诗篇》所言:"大传道的光芒会传遍全世界,在大地的尽头轰鸣回响。"基于这一逻辑,不仅使徒圣多马的东方之行无可置疑,就连中国典籍中存有被人遗忘的神启真理也是合情合理的了。

王海燕

王海燕，1963 年生。2004 年获日本国学院大学历史学博士学位。现为浙江大学历史系副教授。主要研究方向是古代日本史、古代中日关系史以及中日文化比较研究。专著有《古代日本的都城空间与礼仪》（浙江大学出版社 2006 年版）、《东方文化集成　日本古代史》（昆仑出版社 2012 年版）、《日本平安时代的社会与信仰》（浙江大学出版社 2012 年版），并在国内外学术刊物发表论文多篇。

古代日本的殡宫礼仪与王位继承

古代日本的殡宫礼仪是指大王(天皇)亡故后直至埋葬入墓为止的期间内,以停放前大王(天皇)棺柩的殡宫为主要舞台所举行的种种礼仪。在律令制国家成立以前,新大王(天皇)的即位大多是在前大王(天皇)死后进行的,这就使得前大王(天皇)的死往往会诱发各种政治势力之间的权力斗争。本文主要以六七世纪的殡宫礼仪为考察对象,通过梳理殡宫礼仪与王位继承的关联,探究殡宫礼仪所蕴涵的政治性意义。

一　6世纪的殡礼仪与王位继承

关于古代日本丧葬习俗的记述,最早见于中国史料。《魏志》"倭人传"载:

> 其死,有棺无椁,封土作冢。始死停丧十余日,当时不食肉,丧主哭泣,他人就歌舞饮酒。已葬,举家诣水中澡浴,以如练沐。

此外,《隋书》"倭国传"也记载:

> 死者殓以棺椁,亲宾就尸歌舞,妻子兄弟以白布制服。贵人三年殡於外,庶民卜日而瘗。及葬,置尸船上,陆地牵之,或以小舆。

从上述史料可知,古代日本的丧葬习俗主要由殡与葬两大部分构成。其中,殡阶段是指停柩吊丧期,有"丧主哭泣,他人就歌舞饮酒"等习俗。这种殡丧习俗在日本史料《古事记》、《日本书纪》记载的神话中,也有所反映。据载,天国玉神之子天稚彦(《古事记》的表记为天若日子)中箭死后,其棺柩被放置在专设的"丧屋"中,吊丧的"啼哭悲歌"持续了8天8夜[①]。对于这种殡丧习俗的作用,文化人类学的解释主要有两种[②]:一是认为殡丧期间是期盼死者复活的阶段,也就是说,生者希望用哭泣、歌舞等手段将离去的灵魂呼唤回来,使死者复生;二是认为殡丧习俗源于生者对死亡的恐惧,其目的是为了镇慑亡魂。两种观点虽各有不同,但都是从生死观或灵魂观的视角来诠释古代人的殡丧习俗的。然而,殡丧习俗不仅透示着古代人对于死亡的认识,而且还侧面地反映出古代的等级社会。《隋书》"倭国传"的"贵人三年殡於外"、"庶民卜日而瘗",反映出"贵人"与"庶民"两类不同社会身份的人,其殡的时间长短存在着差异,社会地位越高,殡的时间越长。由此可见,殡与政治社会的秩序密切相关。

5世纪时,日本列岛出现"治天下"的大王[③]。由于史料的局限性,有关5世纪大王的殡丧礼仪,无法具体考证。进入6世纪后,特别是钦明朝(540—571)以后,新大王与前大王之间的血缘关系成为王位继承的必要条件,世袭王权成立。敏达大王是钦明大王的次子,关于他的殡丧礼仪,《日本书纪》敏达十四(585)年八月乙亥条有如下记载:

> 天皇病弥留,崩于大殿。是时,起殡宫于广濑。马子宿祢大臣佩刀而诔。物部弓削守屋大连听然而咲曰:如中猎箭之雀鸟焉。次弓削守屋大连手脚摇震而诔。摇震,战栗也。马子宿祢大臣咲曰:可悬铃矣。由是,二臣微生怨恨。三轮君逆使隼人相距于殡庭。穴穗部皇子欲取天下,发愤称曰:何故事死王之庭,弗事生王之所也。

---

① 《古事记》上卷·天若日子段,《日本书纪》神代纪下第9段本文。

② 山下晋司:《葬制と他界観》,大林太良编:《日本の古代13 心のなかの宇宙》,中央公论社,1987年,第240—241页。

③ 埼玉县稻荷山古坟出土的铁剑上刻有"獲加多支卤大王"(埼玉县教育委员会编:《稻荷山古坟出土铁剑金象嵌铭概报》,1979年,第12页)。同时代的熊本县江田船山古坟出土的银象嵌铭大刀上刻有"治天下獲□□□卤大王世"之句(东京国立博物馆编:《江田船山古坟出土 国宝银象嵌铭大刀》,吉川弘文馆,1993年,第62页)。

敏达大王生前的王宫是建在译语田的幸玉宫,而殡宫则是在位于河川汇合点的广濑。因此,此时的大王殡宫是设在王宫之外的。在敏达大王的殡宫中,大臣苏我马子"佩刀而诔",被大连物部守屋嘲笑为"如中猎箭之雀鸟";而当物部守屋"手脚摇震而诔"时,苏我马子则反嘲道:"可悬铃矣。"苏我马子与物部守屋之间的互嘲话语虽然多少带有夸张的成分,但二人在诔时都伴有肢体动作的描述想必也是实情。在 7 世纪中叶以前的日本列岛,有"为亡人断发刺股而诔"的风俗习惯①。上述的苏我马子与物部守屋二人的肢体动作,或许就是源于因悲痛而伤残自身的习俗,是悲哀之情的表现形式。

自钦明朝以来,改新派苏我氏与保守派物部氏之间一直存在着政治上的分歧。敏达大王殡宫中的互相讥讽,正是苏我马子与物部守屋之间对立的写照。大王的殡宫不仅是表达哀悼之情的场所,也是众臣阐明政治立场或态度的舞台。如上述史料所载,穴穗部皇子(钦明大王的第三子)想继承王位,对于诸臣前往敏达大王殡宫,愤愤不平地说:"何故事死王之庭,弗事生王之所也。"由此言可知,殡宫被视为是诸臣对前大王继续奉仕的空间。敏达大王的宠臣三轮逆就在殡庭誓言道:"不荒朝廷,净如镜面,臣治平奉仕",表达其对敏达大王的忠心②。

6 世纪之际,大王尚未拥有绝对性的权威,有力豪族对王权的决策具有发言权。每逢有重大决策时,大王必要与有力豪族进行合议,共同决定。敏达殡宫中登场的苏我马子、物部守屋、三轮逆等,作为有力豪族的代表都是参与合议的成员。毋庸置疑,王位继承人的选定是王权的重大决策。当时,王位继嗣的最终人选是在前大王死后,经过合议定夺的。因此,前大王死后,围绕着王位继承,诸政治势力之间的较量往往激烈化,造成政治情势的不稳定。敏达大王死后的情势即是如此。

敏达大王死后,尽管前述的穴穗部皇子欲想继承王位,但是在苏我马子的支持下,最终即位的是钦明大王的第四子,有着苏我氏血统的用明大

---

① 《日本书纪》大化二年三月甲申条。
② 《日本书纪》用明元年五月条。

王。用明二年(587)四月,在位不过 1 年多的用明病亡。用明大王死后,苏我马子与物部守屋之间的对立白炽化。物部守屋集结军力,欲拥立穴穗部皇子继承王位。对此,苏我马子以敏达大王的遗孀炊屋姬(额田部皇女)的名义,速集兵力,说服诸王子和群臣,率兵决战物部守屋。军事对垒的结果,物部守屋死于箭下,物部军败北。同年八月,钦明的第十二子,具有苏我氏血统的崇峻大王即位。

值得注意的是,直到崇峻四(591)年四月,敏达大王的棺椁才入葬,其间历经了用明、崇峻两代大王的即位以及用明大王的葬礼,殡丧时间长达 5 年 8 个月之久。前大王的丧葬与新大王即位的时间前后关联一般有两种情况[①]:一种是"前大王崩—前大王殡—前大王葬—新大王即位";另一种是"前大王崩—前大王殡—新大王即位—前大王殡—前大王葬"。像敏达大王的殡丧期这样经历了两代新大王即位的情况是很少见的。究其缘由,应该与上述的苏我氏和物部氏之间的政治对立有关。如前所述,在苏我马子与物部守屋的军事对决时,苏我马子是打着炊屋姬的旗号调集兵力的。再有,在拥立崇峻继承王位时,也是炊屋姬率领群臣劝说崇峻接受王位的。由此可见,敏达大王的遗孀炊屋姬的政治影响力非同寻常。而敏达大王死后,炊屋姬就住守在敏达大王的殡宫中[②]。因此或许可以说,敏达大王的殡宫是炊屋姬权威的重要象征,具有不可替代的作用。

二 7世纪的殡宫礼仪与王位继承

殡宫礼仪在 7 世纪得到进一步的发展。《日本书纪》详略不等地记载了推古、舒明、孝德、齐明、天智、天武 6 代 7 世纪大王或天皇的殡宫礼仪。在此,以天武朝为分界点,考察 7 世纪殡宫礼仪的演变以及与王位继承的关联。

---

① 井上光贞:《古代の王权と即位仪礼》,《井上光贞著作集(古代の日本と东アジア)》第 5 卷,岩波书店,1986 年,第 317—318 页。

② 《日本书纪》用明元年五月条。

1. 天武朝以前的殡宫礼仪

崇峻五年(592),崇峻大王因不满苏我马子的专横,被苏我马子手下暗杀。这是前所未有的弑王事件,它造成了政治上的无秩序的混乱状态。为了早日结束这种无秩序状态,群臣选择了炊屋姬为王,是为推古女王。从此,开始走向建立以大王为权力顶峰的集权性秩序的新时代。推古王权采取了一系列对策。例如,派出遣隋使,恢复与中国王朝的往来关系;制定冠位十二阶,冠名是德、仁、礼、信、义、智等儒学的德目。另外,于推古十二年(604)宣布的宪法十七条中,第四条也提到了"以礼为本"的治国、治民基本方针①。这些都反映了推古朝以中国礼制的理念完善礼仪制度,建立新政治秩序的意图。

推古朝的礼制化建设同样也推进至殡宫礼仪。推古三十六年(628)三月,推古女王病故,她的殡宫被建在王宫——小垦田宫的"南庭"②。与敏达大王的殡宫相比,推古女王殡宫设在了王宫之内,而非依循日本列岛固有的"殡于外"习俗。在中国的礼制中,丧礼主要由浴、饭、小殓、大殓、殡、祖、葬和丧等内容构成。《礼记》坊记载:

> 丧礼每加以远。浴于中霤,饭于牖下,小殓于户内,大殓于
> 阼,殡于客位,祖于庭、葬于墓,所以示远。

其中,殡的客位为堂的西阶,祖的庭为祖庙的中庭,而中国古代宫室建筑的格局是"前堂后室"、"左祖右社",因此依照礼制的规定,丧礼是沿着室——堂——祖庙的路径,将故者自北向南、自内向外逐渐地移出,最后葬入墓中。如若亡故者是皇帝的话,堂就是指皇宫的正殿③,即在皇宫内举行殡仪式。因此可以认为,推古女王殡宫的位置变化透示出中国礼制理念的影响。

---

① 《日本书纪》推古十二年四月戊辰条。
② 《日本书纪》推古三十六年三月癸丑条。
③ 《通典》凶礼·大丧初崩及山陵制载:"晋尚书问:'今大行崩含章殿,安梓宫宜在何殿。'博士卞粹、杨雍议曰:'臣子尊其君父,必居之以正,所以尽孝敬之心。今太极殿,古之路寝,梓宫宜在太极殿,以周人殡于西阶。'"

根据《日本书纪》的记载，推古三十六年九月二十日起，在女王的殡宫举行"丧礼"，群臣前往殡宫进行诔[①]。4 天后，推古女王入葬。在古代中国的丧礼中，诔的含义是"谥"，"谥，行之迹也"[②]，即在亡者棺椁入墓埋葬之际，诔者向聚集的众人显扬亡者生前的德行[③]。推古女王殡宫中的群臣的诔也是在葬礼的前夕进行的，由此推测这一时期的诔似乎已经吸收了中国礼制的因素。关于推古殡宫中的群臣诔的具体内容，史料没有详细记载，无从考证，但可以参照推古女王的母亲坚盐媛改葬之时所举行的诔，略见一二。《日本书纪》推古二十年(612)二月庚午条载：

> 改葬皇太夫人坚盐媛于桧隈大陵。是日，诔于轻衢(衢)。第一，阿倍内臣鸟诔天皇之命。则奠灵。明器、明衣之类，万五千种也。第二，诸皇子等以次第各诔之。第三，中臣宫地连鸟摩侣诔大臣之辞。第四，大臣引率八腹臣等，便以境部臣摩理势令诔氏姓之本矣。时人云：摩理势、鸟摩侣，二人能诔。唯鸟臣不能诔也。

在外界通向王宫小垦田宫的交通要冲——轻衢(衢)举行的改葬坚盐媛礼仪，包括奠灵、诔等仪式。其中，诔仪式分四个步骤：首先，阿倍鸟代诔推古大王之命；其次，诸皇子依次而诔；再次，中臣宫地鸟摩侣代诔苏我马子大臣之辞；最后，因坚盐媛出身于苏我氏，境部摩理势代表苏我马子及其他苏我氏臣，诔苏我氏的"氏姓之本"，所谓的"氏姓之本"是指苏我氏一族的氏族系谱。对于三位代诔人的表现，除了阿倍鸟以外，摩理势、鸟摩侣 2 人的诔获得了当时人们的认可。代诔人的出现以及时人的评价表明，诔者所表达的内容已不仅仅是其个人的意志，而且也可能是他人或某个群体甚至是王权的意志。与之相应，言辞表达替代肢体动作成为诔的主要形式。

与敏达大王的殡宫不同，推古大王的殡宫只延续了半年左右。然而，

---

① 《日本书纪》推古三十六年九月戊子条。
② 《说文解字》，中华书局，1999 年影印版，第 57 页。
③ 《白虎通》谥："所以临葬而谥之何。因众会，欲显扬之也。"

王位继嗣的人选,即使在推古葬礼结束后,也迟迟未能确定。新大王人选尚未定夺,前大王就已被埋葬,这种情况也是少有的。当时的王权实际上分为两大阵营,其中一个阵营以苏我马子的儿子苏我虾夷为核心;另一个阵营以厩户皇子的儿子山背大兄王为中心。苏我虾夷身为大臣想独自决定继嗣,拥立田村皇子,但恐群臣不从,于是宴请群臣,欲推行己意。然而,推古女王临终时,曾分别召见田村皇子和山背大兄王,对田村皇子委以"天下大任"的同时,又嘱咐山背大兄王:不可独断,遇事听取群臣意见以后再作决定①。王位继嗣遗诏的不明确性,使得分别拥立田村皇子与山背大兄王的两派各以推古女王遗诏为据,互不退让,相持不下。在新大王人选迟迟定不下来的混乱政治局面下,苏我虾夷动用武力逼迫拥立山背大兄王的反对派,最终如愿以偿,田村皇子(舒明大王)登上王位。

然而,舒明十三年(641)十月,舒明大王去世时,山背大兄王仍然是王位继承的有力候补之一。此次,为了避免王位继承上的混乱,舒明的王后于皇极元(642)年正月即位,是为皇极女王。皇极女王即位后近一年时,即 642 年十二月,始发舒明大王丧,在舒明大王的殡宫中,举行诔礼仪。其时,小德巨势臣德太代表大派皇子诔;小德粟田臣细目代表轻皇子(后为孝德大王)诔;小德大伴连马饲代表苏我虾夷诔;息长山田公"奉诔日嗣"②。数日后,举行舒明的葬礼。所谓的"日嗣"就是天皇(大王)家的王统谱,诔日嗣时,包括列举历代大王的继位顺序③。值得注意的是,大派皇子与轻皇子分别是舒明大王的叔辈和侄辈,二人同为具有王位继承资格的皇子,由他人代诔。而舒明大王的儿子、时年 16 岁的开别皇子(后为天智大王)在舒明大王初殡时,却是亲诔④。毋庸多言,与亲诔相比,代诔形式可能会使得被代诔者的意志无法准确地被表达出来。换句话说,殡宫已不再是所有皇子都可以任意表达自己政治立场或态度的空间了。同

---

① 《日本书纪》推古三十六年三月壬子条、舒明即位前纪。

② 《日本书纪》皇极元年十二月条。

③ 坂本太郎等校注:《日本古典文学大系·日本书纪》皇极元年十二月乙未条的头注,岩波书店,1970 年,第 244 页。

④ 《日本书纪》舒明十三年十月条。

样具有王位继承资格的山背大兄王,连名字甚至都没有出现在殡宫礼仪参列者的名单中。这似乎喻示着围绕王位继承,王族之间对立或抗争的暗流依然存在。据此推断,舒明大王殡宫礼仪中的诔日嗣仪式,其目的之一应该是为了强调前大王与新大王之间的王统连续性,即皇极女王继承王位的正统性。

皇极朝时期,苏我虾夷、苏我入鹿父子掌握实权,专横独裁,在政治上逐渐走向孤立。大化元年(645)六月,以中大兄皇子为首的反对苏我父子的政治势力,借"三韩进调"之机,发动著名的"乙巳之变",在王宫中杀了苏我入鹿,并兵迫苏我虾夷自杀。事件之后,皇极女王让位于轻皇子(孝德大王)。这是日本历史上大王生前让位的首例。其后,孝德王权为了构筑以大王为首的一元化的统治体制,推行了一系列政治改革,其中包括规定"凡王以下,及至庶民不得营殡"①,明确地将殡礼仪作为王族身份的象征之一,用以体现身份等级制度。孝德朝末期,王权内部出现了分裂。白雉四年(653),中大兄皇子偕同母亲宝皇女(前大王皇极)、妹妹间人皇女(孝德大王的王后)以及众臣离开宫都——难波(今大阪市),返回飞鸟(今奈良县明日香村一带)。孤独地留在难波长柄丰碕宫的孝德大王,于翌年(654)十月在郁郁寡欢中过世。与7世纪的其他大王相比,孝德大王殡宫礼仪的延续时间最短,只有两个月②。这似乎与当时的王权内部分裂情势密不可分。

齐明元年(655),前大王皇极再次登上王位,史称齐明。重祚后的齐明女王具有极强的领土扩张意识,对内连年遣军远征虾夷等少数民族;对外图谋朝鲜半岛的百济复兴,亲率救援军西征至九州的筑紫。可是,未及远征至朝鲜半岛,齐明女王却于齐明七年(661)七月在筑紫亡没。同年十一月,齐明女王的棺柩被运回飞鸟,殡于飞鸟川边③。齐明女王殡宫的延续时间长达五年余之久④。齐明女王死后,中大兄皇子称制,并继承了齐

① 《日本书纪》大化二年三月甲申条。
② 《日本书纪》白雉五年十二月己酉条:"(孝德)葬于大坂矶长陵。"
③ 《日本书纪》齐明七年十一月戊戌条。
④ 齐明女王的葬礼直到天智六年(667)年二月才举行(《日本书纪》天智六年二月戊午条)。

明朝的对外政策,继续向朝鲜半岛派遣百济就援军。天智二年(663)八月,在锦江河口附近,倭国水军与唐朝水军交战,倭军大败。这就是著名的白村江战役。白村江的战败意味着齐明朝的对外政策的结束。战败后,中大兄进行了一系列的内政改革与防御体制的建设。但战败的责任总是要有人承担的,这或许就是齐明女王迟迟未被下葬,以及中大兄迟迟不即位的重要原因之一吧。

齐明女王葬礼结束后,天智六年(667)三月,中大兄迁都近江(今滋贺县)。翌年(668),中大兄终于结束了 7 年之久的称制,正式即位,是为天智大王。天智大王即位后,一直是天智政治上左膀右臂的大海人皇子与天智大王之间开始出现不和,特别是围绕着天智之后的王位继承,二者的关系变得更加微妙。天智大王想将王位传给自己的儿子大友皇子,而同样具有王位继承资格的大海人皇子的存在又不容忽视。天智十年(671)十月,病重的天智大王将大海人皇子召至病床前,提出要将政事全部交给大海人皇子。大海人皇子疑有阴谋,称疾固辞,表示要"出家修道"。此愿正合天智大王的心意,天智大王欣然准允。剃发后的大海人皇子随即以"修行佛道"为由,离开近江,隐居吉野(今奈良县吉野町)。同年十二月,天智大王病亡于近江大津宫,殡于新宫①。关于新宫位于何处、葬礼何时举行,史料中均无记载。这应该与天智大王死后不久发生了内乱("壬申之乱")有关。天武元年(672)六月,大海人皇子走出隐遁的吉野,以美浓(今岐阜县)为据点,动员东部诸国的兵力,征讨以大友皇子为首的近江朝廷。这场内乱持续了大约 1 个月左右,最终以大海人皇子胜利、大友皇子自杀的结果而告终。

2. 天武天皇的殡宫礼仪

在"壬申之乱"中赢得胜利的大海人皇子,于天武二年(673)二月即位,史称天武天皇。即位后的天武天皇深谙神威是树立天皇威权的不可缺少的要素之一。在"壬申之乱"之际,大海人皇子就曾遥拜伊势神宫的天照大神,强调诸神对自己的护佑,鼓舞己方的士气。胜利后,天武天皇

---

① 《日本书纪》天智十年十二月条。

更是通过采取始用天皇号、王权神话体系化、神祇祭祀制度化等一系列措施，推进王权神化的进程。同时，内乱中的胜者天武天皇自身也被视为神一般的存在。如《万叶集》所收的二首"壬申年之乱平定以后歌"中，就有"大王若神坐"等称颂天武神威的咏歌①。天武八年(679)五月，天武天皇为了防止诸皇子围绕王位继承而发生争乱，与皇后(后为持统天皇)带领诸皇子在吉野宫之庭举行了盟誓。在诸皇子的盟词中，有"天神地祇及天皇证也"之辞②。显而易见，天武天皇自身已被提到了与天神地祇相提并论的高度了。在树立天皇神威的同时，天武天皇也注重官僚制度方面的建设，通过中央豪族出身法、废止部民制等政策，构筑了以天皇为中心的中央官制，并且创建新位阶制，授予包括诸皇子在内的众臣。天武天皇的威权达到了极点。

朱鸟元年(686)九月，天武天皇病亡，殡宫建于飞鸟净御原宫的南庭③。天武天皇殡宫礼仪持续了两年之久。持统二年(688)十一月，天武天皇葬于桧隈大内陵④。与其他大王(天皇)相比，《日本书纪》对天武天皇殡宫礼仪的过程记载最为详细。依据记载，天武天皇殡宫礼仪主要由发哭(发哀)、诔、奉奠、奏乐(歌舞)等诸仪式构成，以下作一简单概述⑤。

①发哭(发哀)

发哭(发哀)是指大声哭泣、哀号的行为。如前所述，在日本固有的殡丧习俗中，有丧主哭泣的习俗，丧主的哭泣可以说是人类面对亲人死亡发出的自然情绪反应。然而天武殡宫礼仪中的哭泣主体，则是上自皇子下至公卿百寮、蕃客以及僧侣。僧侣的发哭(发哀)主要是在初殡阶段(686年9月)进行，而草壁皇子率众臣的哭泣则多在正月以及葬礼前等特定之日时举行。另外，京城里的百姓们以及来访的外国使者也在特定的地方，

---

① 《万叶集》卷19—4260·4261。
② 《日本书纪》天武八年五月乙酉条。
③ 《日本书纪》朱雀元年九月戊申、辛酉条。
④ 《日本书纪》持统二年十一月乙丑条。
⑤ 《日本书纪》朱雀元年九月条，持统元年正月、三月、五月、八月、九月条，持统二年正月、三月、八月、十一月条。

以特定的方式哭泣①。因此,天武殡宫礼仪中的哭泣已不单纯是自发性的感情表现,而是具有礼制性质的仪式。

②诔

根据诔的内容以及举行时间的前后,天武天皇殡宫礼仪的诔礼仪大体上可以分为如下三个阶段:

第一,初殡阶段,即天武天皇刚刚亡去时期(686 年 9 月)。天武天皇的殡宫建成后,诸官司代表、大隅・阿多隼人、倭・河内马饲部的伴造、百济王、各国国造依次前往殡宫进行诔。其中,诸官司代表所诔的内容为诸司之事。将诸官司事宜作为诔的内容是前所未有的事,这不仅反映了天武朝时期中央官僚体制的建设,而且在天武天皇棺柩前禀告诸司事宜的仪式,也可以看作诸司官人依然忠于天武天皇的表现。

第二,奉奠阶段(687 年 1 月—688 年 8 月)。这一时期的诔的举行,主要是伴随着奉奠或发哭(发哀),由特定官人进行的,《日本书纪》将之称为"礼也"。另外,在这一阶段内,草壁皇子曾多次率公卿百寮等人至殡宫恸哭。

第三,临葬阶段(688 年 11 月)。天武天皇葬礼前数日,草壁皇子率众臣至殡宫恸哭。其时,诸臣各举着写有自己先祖仕奉史的"所仕状"依次而诔,以表世代服属天皇家的忠心。来朝的虾夷人也"负荷调赋"而诔,虾夷人所诔内容虽然不得详知,但从携带贡物这一点来看,想必是与表达朝贡、臣服之意有关。临葬之际,殡宫中又一次举行诔礼仪,由特定的三位官人依次而诔。其中一人"奉诔皇祖等之腾极次第"("日嗣"),即列举天皇家的家谱及政绩②,以示天皇的正统性。

③奉奠、奏乐(歌舞)

奉奠礼仪是向死者之灵奉献供品的仪式。天武天皇殡丧期间,频频

---

① 《日本书纪》持统元年八月丁酉条载:"京城耆老男女,皆临恸于桥西。"另外,持统元年九月甲申(23 日),新罗使节金霜林一行抵至九州,当得知天武天皇已亡的消息时,金霜林等人立即"皆着丧服,东向三拜,三发哭";持统二年正月壬午(23 日),朝廷"以天皇崩,奉宣新罗金霜林等",于是,金霜林等人又一次"三发哭"。

② 和田萃:《殡の基础的考察》,《史林》52-5,1969 年。

举行奉奠礼仪,可以说贯穿始终。奉奠的供品因时而异,从中国尝祭的熟黍稷到佛教的花缦,多种多样。供品的多样化反映了天武天皇殡宫礼仪不仅继承了传统习俗,而且也吸收了外来文化。这一点在奏乐(舞)礼仪中也能看到。

天武天皇殡宫中的奏乐(歌舞)源于日本固有的停丧习俗,同时还吸收了中国礼乐的理念。在中国礼制中,乐(歌舞)与礼相结合,不仅是统治者常用的治术,而且也是一种表现君王功德的方式①。在天武天皇临葬前举行的殡宫礼仪中,奉奠仪式与诸臣奉诔仪式之间要举行"奏楯节舞"仪式。据日本学者研究,以楯为道具的楯节舞是受到中国持干戚舞影响的一种表现武德的乐舞②。天武天皇是以武力取胜登上王位的,因此殡宫中的楯节舞应是歌颂天武天皇武德的表现。

以上简略地对天武天皇殡宫礼仪进行了概述。值得注意的是,天武天皇殡宫礼仪中,草壁皇子的突出性。天武天皇死后,皇后即后来的持统天皇即刻临朝称制③。据《日本书纪》载,当时发生了大津皇子谋反事件④。大津皇子与频繁出现在殡宫的草壁皇子虽同为天武之子,但不同母。草壁皇子是持统所生之子,天武天皇在世期间,被立为皇太子。可是,天武天皇似乎更钟爱文武双全的大津皇子,让其参与朝政⑤。对于草壁皇子及其支持者来说,大津皇子无疑是王位继承的有力竞争对手,因此天武天皇死后,消除大津皇子的势力就成为当务之急。谋反事件之后,大津皇子被赐死,其主要追随者也被流放,草壁皇子通向王位之路的一个障碍被扫清。然而,尽管挫败了大津皇子,但草壁皇子继承王位的时机似乎也未成熟。这种政治情势或许是造成天武天皇殡宫延续了两年之久的重要原因之一。当时,天武天皇虽死,但其神威犹存。例如,一般情况下,只

---

① 《白虎通》礼乐载:"歌者象德,舞者象功。"
② 新川登龟男:《仪礼の言葉と"もの"》,《日本古代の仪礼と表现—アジアの中の政治文化》,吉川弘文馆,1999 年,第 113—120 页。
③ 《日本书纪》持统称制前纪。
④ 《日本书纪》朱雀元年九月辛酉条与持统称制前纪中都有关于大津皇子谋反事件的记载,但是持统称制前纪所载的发现谋反的时间为十月,与朱雀元年九月辛酉条稍有出入。
⑤ 《日本书纪》天武十二年二月己未条载:"大津皇子,始听朝政。"

有"天皇"二字的略称往往是被用来称呼当世天皇的,可是在持统朝时期,称呼已故天武天皇时,却可以不用谥号而仍用"天皇"二字略称①。据此,在长达两年之久的殡宫礼仪持续期间,草壁皇子率众臣多次出现在殡宫,想必其中的目的之一是力图利用天武天皇的神威,树立草壁皇子王位继承人形象,确保王权平稳地向以草壁皇子为首的新政治秩序过渡。天武天皇临葬前,群臣各个枚举自己先祖仕奉朝廷历史之时,草壁皇子也在场。因此群臣的诔不仅是面向天武亡灵的,同时也可以说是面向草壁皇子的,这意味着草壁皇子的王位继承人地位已经趋向稳固。

然而天有不测风云,天武天皇葬礼结束后,期待继承王位已久的草壁皇子却因病而亡②。为了等待草壁皇子之子、年幼的轻皇子的成长,保证天武·持统直系子孙的王位继承,持统四年(690),持统天皇正式即天皇位,继续完成天武遗留下来的事业,致力于中央集权律令制国家的完成。

三 殡宫礼仪的衰退与律令制国家的王位继承

通过上述可以看出,六七世纪的大王(天皇)殡宫礼仪无论是形式或内容,还是持续时间的长短,都与当时的王权继承情势有着密切的关联。律令制形成以前,王位继承人选基本上是在前天皇(大王)死后确定的。而具有王位继承资格的王族往往又非止一人,存在复数人选,由此围绕着王位继承,各种政治势力需要重新确认、整合彼此之间的政治关系,有时,王族以及有力豪族之间的权力之争甚至会趋于白热化。在以新天皇(大王)为首的新政治秩序确立之前,殡宫礼仪不仅是哀悼前大王(天皇)的礼仪,而且还是旧政治秩序向新政治秩序的过渡时期,也就是王位继承过程中的重要一环节。

7 世纪末 8 世纪初,随着以天皇为顶点的中央集权的律令制国家确

---

① 持统五(691)年二月壬寅(一日),持统天皇诏公卿等曰:"卿等于天皇世,作佛殿经藏,行月六斋。天皇时时遣大舍人问讯。朕世亦如之。故当勤心奉佛法也。"持统所说的"天皇"是指先皇天武而非持统自己。

② 草壁皇子病亡于 689(持统三)年 4 月,与天武的葬礼仅隔 5 个月。

立,六七世纪的以殡为中心的丧礼,开始向以殡、服丧为主的丧葬礼仪演变[①]。依据现存的养老令,律令中虽没有涉及天皇的丧葬,但对生者服丧时间的长短却有明确规定。例如,臣下为君主、子女为父母必须服丧一年等[②]。根据《续日本纪》中的有关太上天皇以及天皇丧葬的记事可知,与六七世纪大王(天皇)殡宫的长时间延续相比较,自元明太上天皇以后,各代太上天皇以及天皇的殡宫礼仪的时间明显地趋于短期化,大多在 1～3 周之内;礼仪的场所也从殡宫简略为殡殿[③]。殡殿中的礼仪主要有举哀、诔、奉上谥号等仪式构成,9 世纪中叶起,殡宫(殿)礼仪中的诔与奉上谥号两仪式首先不再举行,10 世纪后半叶,殡宫(殿)礼仪自身也悄然消失了。

殡宫(殿)礼仪的衰退,表明其政治意义逐渐淡化直至丧失。究其缘由,与律令制国家时期的王位继承方法的变化有关。律令制确立后,天皇生前让位于法定王位继承人(皇太子或皇太弟)的王位继承形式,与天皇死后的王位继承形式二者并存,而且前者逐步取代后者成为王位继承方法的主流。天皇的生前让位可以使天皇的生理死亡对王位继承的影响弱化,避免因天皇的去世而造成的王位继承危机。由此,天皇死后的殡宫(殿)礼仪与王位继承的相关性也就逐渐减弱,最终成为一种单纯性的丧葬礼仪。10 世纪后半叶,日本的律令体制开始动摇并逐步走向形式化。与之相应,王位继承方法又有了新的变化,让位成为王位继承的唯一方式,天皇的死与王位继承完全脱离[④]。即使天皇在位期间亡没,也秘而不宣,以"如在之仪"让位给皇太子,皇太子践祚之后,再举行葬送[⑤]。由于天皇的"无死亡",殡宫(殿)礼仪等与天皇死相关的礼仪也就没有存在的意义了。

综上所述,在古代日本,大王(天皇)殡宫礼仪的发展不仅是礼制建设

[①] 渡部真弓:《古代丧葬仪礼の研究—奈良时代における天皇丧葬仪礼の变迁》,《神道史研究》40－2,1992 年。

[②] 《丧葬令》服纪者条。

[③] 渡部真弓:《古代丧葬仪礼の研究—奈良时代における天皇丧葬仪礼の变迁》。

[④] 堀裕:《天皇の死の历史的位置—「如在之仪」を中心に》,《史林》81－1,1998 年。

[⑤] 根据《日本纪略》长元九年四月条载,后一条天皇(1008—1036 年)在位期间病亡,其时,"暂秘丧事,以如在之仪"让位于皇太子(后朱雀天皇),5 日后,入棺椁,"出禁中",开始举行丧葬礼仪。

的一个侧面,而且还与王位继承密切相关,具有浓厚的政治色彩。同时,大王(天皇)殡宫礼仪的演变也是随着以天皇为顶点的律令体制的形成和发展而同步展开的。律令制以前,王位继承人的选定是在前大王(天皇)死后进行的。虽然前大王(天皇)可以在遗诏中表述自己的意志,但是在数个王位继承候补人中,个人的资质能力以及有力豪族(群臣)的支持是新大王能够胜出竞争对手,继承王位的主要因素①。因此,前大王(天皇)死后,以新大王(天皇)为首的政治秩序的产生及确立往往需要一定的时间甚至很长的时间。这也是殡宫礼仪时间长期化的重要原因之一。律令制以后,天皇将选定的王位继承人立为皇太子(或皇太弟),从而保证王位继承人的唯一性与特殊性,避免因天皇死而引起的王位继承的非连续性。皇太子制度的确立以及天皇让位的王位继承形式,使得律令制下的殡宫礼仪逐渐衰退,直至终焉。

（本文的核心内容曾以《六至七世纪日本大王(天皇)的殡丧礼仪与王位继承》为题发表于《历史研究》2005 年第 3 期。此次收录略有改动）

附表1　6—7 世纪日本大王(天皇)丧葬时间

大王 (天皇)名	亡日	葬日	时间间隔
钦明	钦明三十二年(571)四月	钦明三十二年九月	5 个月
敏达	敏达十四年(585)八月十五日	崇峻四年(591)四月十三日	5 年 8 个月
用明	用明二年(587)四月九日	用明二年七月二十一日	3 个月
崇峻	崇峻五年(592)十一月三日	崇峻五年十一月三日	0 天
推古	推古三十六年(638)三月七日	推古三十六年九月二十四日	6 个月
舒明	舒明十三年(641)十月九日	皇极元年(642)十二月二十一日	1 年 2 个月
孝德	白雉五年(654)十月十日	白雉五年十二月八日	2 个月
齐明	齐明七年(661)七月二十四日	天智六年(667)二月二十七日	5 年 7 个月
天智	天智十年(671)十二月三日	不明	
天武	朱雀元年(686)九月九日	持统二年(688)十一月十一日	2 年 2 个月

---

① 吉村武彦:《古代の王位継承と群臣》,《日本古代の社会と国家》,岩波书店,1996 年,第 106－111,121－122 页。

附表 2 8—9 世纪日本太上天皇·天皇的殡丧时间

名	亡 日	葬 日	时间间隔
持统太上天皇	大宝二年(702)十二月二十二日	大宝三年(703)十二月十七日	1 年
文武天皇	庆云四年(707)六月十五日	庆云四年十一月十二日	5 个月
元明太上天皇	养老五年(721)十二月七日	养老五年十二月十三日	6 天
元正太上天皇	天平二十年(748)四月二十一日	天平二十年四月二十八日	7 天
圣武太上天皇	天平胜宝八年(756)五月二日	天平胜宝八年五月十九日	17 天
称德天皇	宝龟元年(770)八月四日	宝龟元年八月十七日	13 天
光仁太上天皇	天应元年(781)十二月二十三日	天应二年(782)正月七日	14 天
桓武天皇	延历二十五年(806)三月十七日	延历二十五年四月七日	20 天
平城太上天皇	天长元年(824)七月七日	天长元年七月十二日	5 天
淳和太上天皇	承和七年(840)五月八日	承和七年五月十三日	5 天
嵯峨太上天皇	承和九年(842)七月十五日	承和九年七月十六日	1 天
仁明天皇	嘉祥三年(850)三月二十一日	嘉祥三年三月二十五日	4 天
文德天皇	天安二年(858)八月二十七日	天安二年九月六日	9 天
清和太上天皇	元庆四年(880)十二月四日	元庆四年十二月七日	3 天
光孝天皇	仁和三年(887)八月二十六日	仁和三年九月二日	6 天

吴彦

　　吴彦,女,四川广汉人,现任浙江大学人文学院历史系讲师,南开大学世界近现代史研究中心兼职研究员。1999—2009年就读于南开大学历史学院世界历史系,获历史学博士学位。曾为北京大学历史系和日本神户大学国际文化学部的访问学者。长期师承我国著名中东史学家哈全安先生,主要研究领域为中东史、伊斯兰教史和伊斯兰史学史。曾参与国家精品课程"世界上古中古史"的课程建设。现主要负责教育部人文社会科学重点研究基地重大项目"中东政治现代化进程研究"之子项目"中东现代化进程中的世俗政治与宗教政治"、马克思主义理论工程项目"外国史学史"之"拜占庭、伊斯兰史学"部分、浙江省哲学社会科学规划课题"浙江省伊斯兰教的历史和现状研究"等项目。在《西亚非洲》和《世界宗教研究》等刊物发表论文多篇,代表著作为《沙特阿拉伯政治现代化进程研究》。

沙特阿拉伯王国的宗教政治

宗教政治在国家政治领域的重要地位及其对社会领域的巨大影响力，是沙特阿拉伯王国历史的显著特色。在沙特王国宗教政治的发展史上，居于官方宗教政治地位的瓦哈比派伊斯兰教和目前仍处于民间宗教政治地位的现代伊斯兰主义无疑是最具影响的宗教政治力量。然而，如何评价沙特王国的官方宗教政治和民间宗教政治，目前尚有深入研究的空间。① 许多研究者认为，两者皆具宗教激进主义倾向，其区别是具有温和倾向的官方宗教政治给沙特王国带来了稳定和发展，具有激进倾向的民间宗教政治给沙特王国带来了动荡和倒退。然而，实际情况并非如此。官方宗教政治和民间宗教政治在历史上处于相互转化的状态，两者之间的消长和对抗在不同的历史条件下具有不同的社会性质。本文试图以沙特王国官方宗教政治与民间宗教政治的矛盾运动为切入点，结合沙特王国特定的历史背景和社会环境，分析官方宗教政治和民间宗教政治的发展形态和社会性质，探讨沙特王国现代化进程中宗教政治层面的历史模式。

---

① 国外学者莫德凯·阿贝尔、艾曼·亚辛、马达维·拉希德和达伊尔·谦莫平等对沙特阿拉伯的宗教制度有过精深的研究，但主要侧重于对伊斯兰教对沙特阿拉伯王国历史发展的影响、伊斯兰教和国家的关系等方面的探讨。而国内的研究在莫德凯·阿贝尔和艾曼·亚辛教授的研究框架中，将沙特王国的政治稳定视作评判宗教政治思潮的主要标准。国内相关研究基本观点如下：(1)瓦哈比派伊斯兰教为沙特家族提供了合法性，有利于王国的政治稳定；(2)政教合一的伊斯兰君主制度适应了王国的发展；(3)沙特王国当今的宗教激进主义运动在本质上是一种倒退。

官方宗教政治的发展形态

沙特阿拉伯王国经历了从酋长国向君主国发展的历史阶段,同时也经历了瓦哈比派伊斯兰教从民间宗教逐步获得官方宗教政治地位的历史进程。瓦哈比派伊斯兰教产生于18世纪初的阿拉伯半岛,脱胎于经济落后、社会动荡、政治混乱、信仰衰退的历史环境,最初只是一场由穆罕默德·伊本·阿卜杜勒·瓦哈卜倡导的"回归正教"的民间宗教改革运动。瓦哈卜与德拉伊叶的酋长穆罕默德·伊本·沙特建立的历史性政教联盟揭开了沙特国家产生的序幕。瓦哈卜去世后,瓦哈比派伊斯兰教教长由沙特家族政治领袖兼任,由此确立起延续至今的政教合一政治体制。沙特国家经历两度兴衰之后,沙特家族后裔阿卜杜勒·阿齐兹于1902年重建沙特家族的政权,并邀请瓦哈卜家族后裔伊本·阿卜杜勒·拉蒂夫领导国家的宗教活动。在阿卜杜勒·阿齐兹的倡导下,一场瓦哈比派宗教复兴运动应运而生。伊赫万运动以军事扩张为目的,是阿卜杜勒·阿齐兹征服当今沙特王国全部疆域的推动力。在伊赫万军队领导人与阿卜杜勒·阿齐兹发生严重分歧时,沙特国家的乌莱玛确认了阿卜杜勒·阿齐兹对伊斯兰宗教共同体的领导地位,巩固了沙特国家宗教界权威和沙特家族的联盟,维护了沙特家族统治的合法性。阿卜杜勒·阿齐兹再次确立沙特国家统治者兼任国家最高宗教领袖的政教合一政治制度,并建立统一的沙特阿拉伯王国。以瓦哈比派伊斯兰教立国和治国的政治统治模式适应了阿拉伯半岛的社会环境和历史潮流,为沙特王国政治制度的发展确定了方向。

沙特王国官方宗教政治的原则遵循沙特国家建立以来的历史传统,并在此基础上发展出一整套官方宗教政治的制度和实践。官方宗教政治在沙特王国政治统治中的主要体现是政教合一的政治制度、宗教机构的政治性,以及神职人员的官僚性。沙特王国是当今世界上最典型的实行"政教合一"制度的国家。沙特国王集国家领袖和最高宗教首领"伊玛目"于一身,伊斯兰信仰及其法律是政治、思想、社会的明确纲领,瓦哈比主义是国家的主体意识形态。沙特王国长期都以《古兰经》和逊奈作为王国的宪法,伊斯兰教法"沙里亚"是政府和国家事务的唯一章程和最终的仲裁标准。[1] 沙特王国的宗教机构是王国政治体系的有机组成部分,是国家行政机构的有益补充。王国宗教权威机构直接服务于沙特家族统治集团,其主要的使命是对内捍卫伊斯兰教瓦哈比派正统信仰,为沙特家族的统治提供政治合法性,对外传播伊斯兰教,维护沙特王国在伊斯兰世界的重要地位。沙特王国官方宗教政治的主体是王国为数众多的穆斯林神职人员。王国宗教界上层成员通称"乌莱玛",其核心力量是瓦哈卜的后裔"谢赫家族"。沙特国王作为伊玛目对乌莱玛具有领导权威,乌莱玛阶层实质上是沙特政权谋求宗教政治合法性的专职顾问,其主要任务是为沙特政府制定的内外政策提供宗教解释和说明,对政府的重大决策提供宗教咨询。据统计,20世纪80年代中期沙特乌莱玛的数量至少是10000人。[2] 沙特王国穆斯林神职人员的下层群体是穆陶威,他们依附于沙特王国的宗教机构,受命于官方乌莱玛,是沙特家族政治统治和官方乌莱玛管理国家宗教事务、捍卫沙特王权的重要工具。沙特政府通过不同层次的宗教机构及其神职人员,自上而下地建立了一个庞大而完整的宗教政治网络。

石油时代以来,宗教机构的依附化和神职人员的官僚化是沙特王国官方宗教政治发展的基本途径。沙特王国的宗教机构都直接由国家出资创建或接受国家巨额的财政资助,瓦哈比派乌莱玛的生计也完全依赖王国的财政补贴。经济的非独立地位决定了官方宗教政治对沙特家族政权的依附,高额的津贴换取了官方宗教势力以自身的宗教权威为沙特家族的政治统治服务。穆陶威以政府提供的薪金为生计,他们忠实地执行监督沙特国民的任务,没有任何自主的宗教权力。伴随着沙特王国中央集权化政策的实施,宗教机构并入国家行政体系和神职人员官僚化的历史进程正式启动。始于阿卜杜勒·阿齐兹时代的神职人员官僚化进程以及

---

[1]　Tom Pierre Najem and Martin Hetherington, *Good governance in the Middle East oil monarchies*, New York: Routledge Curzon, 2003, p. 40.

[2]　Mordechai Abir, *Saudi Arabia in the Oil Era: Regime and Elites: Conflict and Collaboration*, London: Croom Helm, 1988, p. 19.

20 世纪 30 年代镇压伊赫万叛乱的必然结果是宗教集团势力范围的缩小和独立性的丧失。沙特王国复合行政机构的逐步建立和完善导致沙特王国宗教和政府的传统关系发生根本性变化,政府控制原来由宗教势力掌管的广泛领域逐渐成为政治统治的惯例,宗教势力再也不是一个自治的权力中心。乌莱玛丧失了他们传统上享有的自主权力,成为政府公职人员,其地位和活动受到国家规章和政治目标的支配。[①] 国王费萨尔的政府行政机构改革拆分了传统上集中于乌莱玛领袖大穆夫提之手的教界权力,并在大臣会议中设立正式的部委管理司法、教育和朝觐事务,乌莱玛传统上独立控制的重要阵地逐步丧失。尽管费萨尔仍将原有和新建的宗教机构以及司法部和教育部置于教界管理之下,但宗教机构实际上成为国家行政体系的一个组成部分,管理这些领域的神职人员成为沙特王国的政府官员,教界领导亦成为由国王指定的内阁成员。沙特王国最高宗教机构"乌莱玛长老会议"的设立,"标志着沙特历史上谢赫时代的结束"[②]。国王法赫德统治时期,官方宗教政治的最高权力具有二元倾向,公共道德委员会主席和科学研究、教法宣传和指导委员会主席共同分享最高宗教权力。宗教权力的并行体制使最高宗教权力受到制约,宗教势力的影响进一步削弱。宗教机构广泛并入行政体系以及神职人员对沙特王权的普遍依附标志着沙特王国官方宗教政治的日臻成熟。

民间宗教政治的崛起道路

沙特王国官方宗教政治的膨胀在一定程度上压抑了民间宗教政治的发展。然而,伴随石油时代沙特王国现代化的迅猛发展,沙特民众由于自身经济状况和社会地位的变化,必然产生相应的政治要求和自主的思想意识。沙特民众民主平等的政治要求和独立自主意识的觉醒相结合,促

---

① Ayman Al-Yassini, *Religion and State in the Kingdom of Saudi Arabia*, Boulder: Westview Press, 1985, p. 67.

② Daryl Champion, *The paradoxical Kingdom: Saudi Arabia and the momentum of reform*, London: Hurst & Co., 2003, p. 59.

进了沙特王国民间宗教政治的兴起和发展。

20 世纪 70 年代末 80 年代初是沙特王国民间宗教政治发展的初级阶段,什叶派运动和新伊赫万运动是沙特王国民间宗教政治最初的力量源泉。沙特家族和官方宗教政治对什叶派的宗教政治的压迫最终导致什叶派与沙特政权公开对抗。1979 年 11 月,什叶派在卡提夫发起宗教政治动乱,次年又举行一系列的罢工和示威运动。什叶派猛烈抨击沙特家族的腐败及其对西方国家的依赖,要求停止对美国的石油供应并重新分配石油财富。[①] 什叶派还于 70 年代晚期建立"伊斯兰革命组织",其政治主张包括结束沙特家族的专政和引进一部伊斯兰宪法来保护民主政治,谴责沙特政权反对什叶派的宗派主义政策,维护社会公正和结束大众的贫穷,废除所有与美国签订的条约。伊斯兰革命组织甚至要求推翻沙特政权,建立一个"真正的伊斯兰共和国"。[②] 伊斯兰革命组织仅代表什叶派的宗教政治利益,其追随者十分有限。而新伊赫万运动则以沙特社会下层民众为基础。1979 年 11 月,朱海曼·伊本·穆罕默德·乌塔比领导 400 余名武装分子占领圣寺长达两周。乌塔比公开发表演说斥责沙特政权是"异教徒的权力",指责沙特家族的腐败和沙特家族与西方异教徒的亲密关系,抗议沙特社会宗教和道德的松弛,否定受沙特政权掌控的官方宗教政治,谴责官方乌莱玛对沙特家族的屈从。[③] 新伊赫万运动置疑了沙特家族的宗教政治合法性,威胁了沙特政权赖以生存的基础。它是一场有组织的民间宗教政治运动,它标志着沙特王国民间宗教政治和官方宗教政治的公开对抗。

20 世纪 80 年代是沙特王国民间宗教政治力量发展壮大的重要时期,具有现代伊斯兰主义思想的神学家以大学和清真寺为主要阵地,逐步建立起由他们领导的民间宗教政治团体。宗教学者、教师、学生、商人、行

---

① Natasha Alexander, *Saudi Arabia: country study guide*, Washington, D. C.: International Business Publications, 1999, p. 158.

② Ayman Al-Yassini, *Religion and State in the Kingdom of Saudi Arabia*, p. 123.

③ Madawi Al-Rasheed, *A history of Saudi Arabia*, New York: Cambridge University Press, 2002, p. 144.

政人员、阿美石油公司雇工和部落民等诸多社会群体都广泛参与到民间宗教政治运动中。① 真主党、穆斯林兄弟会、新伊赫万运动、伊斯兰革命党等民间宗教政治组织陆续在沙特王国建立。这些组织都要求回归伊斯兰教并且排斥沙特家族的统治，尽管他们大都秘密活动，但他们对政府的反对越来越接近一种受到民众普遍欢迎的公开抗议。海湾战争时期政府对言论控制和检查制度的暂时放松，给予民间宗教政治运动蓬勃发展的空间。萨法尔·海瓦里和赛勒曼·阿瓦达等现代伊斯兰主义神学家利用录音带和小手册作为媒介传播他们的观点和学说，在王国引起了一场关于国内国际事务的广泛讨论。② 他们直接或间接地批评沙特家族偏离了瓦哈比派伊斯兰教的原则，并且攻击政府的内外政策。他们还公开批评官方乌莱玛对沙特家族的妥协，斥责他们机械地给沙特家族的任何行为提供合法性保障。民间宗教政治在90年代进入联合协作、有组织地反对沙特政府的阶段。沙特王国的民间宗教政治势力通过宗教社团"伊斯兰复兴组织"协调他们的活动。伊斯兰复兴组织的影响逐步扩大，许多乌莱玛、伊玛目、穆陶威、大学教授和律师都加入其中，而失业的沙特年轻人则是该组织的主要社会基础。

海湾战争以后，民间宗教政治力量试图通过合法途径影响沙特王国的政治发展走向。1991年5月，400名乌莱玛、法官、大学教授和其他著名学者联合签署并呈送给国王法赫德一份《请愿书》，要求沙特政府在伊斯兰教框架下进行经济、政治、宗教等方面的改革。③ 1992年9月，100多名乌莱玛、大学教授和显要人物再次联合签名并向政府递交了一份《建议备忘录》，详细阐述《请愿书》的各项主张并提出一系列更激进的要求，号召变革王国的社会经济和政治结构。《请愿书》是沙特王国现代伊斯兰主义运动的第一份重要文件，《建议备忘录》则是沙特王国现代伊斯兰主

---

① Mordechai Abir, *Saudi Arabia：Government，society，and the Gulf crisis*，New York：Routledge，1993，p. 159.

② Mamoun Fandy, *Saudi Arabia and the Politics of Dissent*，London：Macmillan Press，1999，p. 61.

③ Mordechai Abir, *Saudi Arabia：government，society，and the Gulf crisis*，pp. 189-190.

义运动最系统、最全面的行动纲领。这两份文件全面论述了沙特王国现代伊斯兰主义者的改革要求,其宗旨是建立完全独立的具有决定沙特王国内外政策实权的协商会议、实现立法和司法的完全独立、要求社会所有成员一律平等、捍卫媒体播报真实事件和建设性批判观点的自由。① 这两份文件在沙特王国引起了轩然大波,它们将 80 年代后期发展起来的现代伊斯兰主义运动推向高潮。沙特政府立即采取强制性措施,严厉打击签名者的活动和自由。沙特政府的遏制政策未能阻止现代伊斯兰主义者的政治追求,民间宗教政治势力开始组建更为成熟的政治团体来实现其政治目标。1993 年 5 月,6 名沙特著名宗教学者宣布建立"保卫合法权利委员会",该组织的使命是"消除不公正现象、恢复人民的合法权利、保证人民自由表达自己观点的权利和在平等公正的环境中有尊严地生活的权利"②。尽管这个组织最初采用温和的基调,但沙特政府仍勒令其解散,同时解除了 6 名创建者在政府部门的职务,将其逮捕并严加审讯。后来保卫合法权利委员会分裂为两个政治组织,其主要领导人穆罕默德·马萨里在伦敦建立的沙特人权组织,赛义德·法基在阿拉伯半岛建立的伊斯兰改革运动组织成为沙特王国最具影响力的反政府力量。伴随着越来越多的民间宗教政治反对派遭到沙特政府的放逐,许多秘密团体和组织涌现出来,它们较之以前的反对派更为激进,暴力成为它们通常采取的活动手段。激进的民间宗教政治派别的典型代表是乌萨玛·本·拉登,他在伦敦建立"建议和改革委员会",公开抨击沙特家族并号召以暴力活动推翻沙特政权。他策划了多次爆炸行动,使沙特政权陷入严峻的安全危机,民间宗教政治势力日益成为沙特政权无法掌握和控制的政治力量。

---

① "Religious' Petition to King Fahd", February, 1991, in Joseph A. Kechichian, *Succession in Saudi Arabia*, New York: Palgrave, 2001, pp. 199-201.

② "Communiqué Number 3", *CDLR Yearbook* '94-'95, pp. 9-10, in Joseph A. Kechichian, *Succession in Saudi Arabia*, p. 109.

沙特王国现代化进程中宗教政治的发展模式

沙特王国建立在沙漠酋长国的历史基础之上,建立有效的中央集权政治统治,进而整合游牧社会,是沙特王国建立后面临的首要任务。完善国家机构和强化政府职能的必然结果是行政机构权限在社会领域的扩大和宗教势力控制领域的缩小。沙特家族集权政治构成了沙特王国从传统政治模式向现代政治模式过渡的中间环节,官方宗教政治则是家族集权政治的重要组成部分和实施手段。沙特王国的官方宗教政治采取教权国有的外在形式,实质上是沙特家族控制王国宗教权力的政治制度和政治实践。石油时代沙特王国的历史表现为家族政治日趋膨胀和经济社会剧烈变革的双重倾向。沙特家族着力扩充国家机构和完善政府职能,并将传统上相对独立的宗教领域和宗教权力纳入国家政府统治之下,进而强化沙特家族的集权政治。同时,沙特家族借助集权政治的手段和官方宗教政治的意识形态,致力于改造沙特国家传统的经济秩序和社会结构,在石油产业提供巨额资金的基础上,沙特王国逐步走上现代化发展的道路。传统游牧经济的衰落、资本主义经济的发展、工业化程度的提高和城市化的发展以及新兴社会阶层的迅速成长,标志着沙特王国现代化的长足进步。沙特家族改造传统经济秩序和社会结构的主观目的,在于维护沙特家族的统治和强化沙特家族的集权政治,官方宗教政治的发展是家族政治膨胀的逻辑结果。官方宗教政治与家族政治的相互依存是沙特王国政治的历史形态和主要特色,宗教色彩的统治模式是沙特王国的重要历史传统和政治统治原则。沙特王国的官方宗教政治是建立在沙特家族权力垄断的基础之上的,官方宗教政治并非官方宗教势力对国家政治权力的分享。沙特家族的权力垄断无疑是沙特王国政治制度的实质所在,官方宗教政治则是沙特家族垄断国家权力进而控制社会和驾驭民众的意识形态和舆论工具。官方宗教政治致力于为沙特家族的政治统治服务,赋予沙特家族宗教政治合法性是官方宗教政治的主要职能。

伴随着现代化的长足进步,沙特王国经历了新旧经济社会秩序消长的深刻变革,权力的争夺导致诸多社会群体间的激烈对抗。面对沙特民众分享经济政治权力、进行政治民主化改革的强烈要求,官方宗教政治成为沙特家族压制民众力量、实施专制统治的工具。沙特家族集权政治和官方宗教政治的强化导致沙特社会的矛盾对抗不断加剧。特定的政治制度决定政治运动的相应形式,特定的统治模式决定着相应的反抗模式。① 沙特王国深厚的宗教历史传统和政教合一的政治制度决定民众运动采取民间宗教政治运动为主要形式,宗教与政治密切结合的统治模式决定沙特王国政治反对派最终以宗教反对派的面目出现和发展。民间宗教政治的兴起也是经济社会变革和民众经济政治力量崛起的重要产物。官方宗教政治和民间宗教政治日渐成为沙特王国最重要的政治分野。不满沙特家族集权政治和官方宗教政治的穆斯林和宗教学者逐渐脱离官方宗教政治的领导和控制,组织或加入各种民间宗教政治团体以维护自己的信仰和权利。民间宗教政治的兴起和发展引起沙特王国宗教权力集团的恐慌,并促使官方宗教政治集团更加依赖沙特家族的集权政治,试图借助沙特家族掌控的国家权力来维持他们的既得利益和社会政治地位。官方宗教政治日益暴露出传统和保守的色彩,民间宗教政治则成为推进沙特王国政治民主化进程的重要力量。

在特定的历史条件下,宗教为民众反抗现实的苦难提供神圣的外衣,进而构成社会革命的外在形式。② 伊斯兰教素有托古改制的历史传统。"穆罕默德的宗教革命……是一种表面上的反动,是一种虚假的复古和返朴。"③穆罕默德时代的伊斯兰教以回归传统的形式促进阿拉伯半岛从蒙昧时代向文明社会的转变。18 世纪的瓦哈比派伊斯兰教无疑也是一种革命的意识形态和改造阿拉伯社会无序状态的重要武器。然而,沙特王国瓦哈比派伊斯兰教作为官方意识形态与沙特家族集权政治紧密结合,官方宗教政治遂发展成为沙特家族维护统治秩序和压制民众的精神枷锁。伴随着沙特王国现代化的发展和新旧社会力量的对抗,伊斯兰教借

---

① 参见哈全安:《伊朗现代化进程中的世俗政治与宗教政治》,载《历史研究》,2008 年第 3 期。

② 参见哈全安:《伊斯兰传统文明的基本特征与中东现代化进程的历史轨迹》,《史学理论研究》,2007 年第 1 期。

③ 参见《马克思恩格斯全集》,人民出版社,1973 年,第 28 卷,第 250 页。

助于宗教激进主义的形式经历了深刻的历史变革。伊斯兰教在沙特王国形成了官方宗教与民众信仰的明显界限,官方宗教政治的保守立场和民间宗教政治的革命倾向尖锐对立。民间宗教政治以貌似复古的宗教激进主义作为革命形式,以回归经训和先知时代作为革命口号,实则赋予伊斯兰教传统以现代的内涵,其真实目的是攻击官方宗教政治的传统理论及其所维护的传统社会秩序和政治制度。当代沙特王国民间宗教政治以现代伊斯兰主义为主要表现形式,其实质在于倡导宗教激进主义的民主思想,表达发展选举政治、议会政治和政党政治的民主要求,其最终的目标是在王国建立现代民主政治制度。现代伊斯兰主义为沙特民众的政治参与提供了重要途径,是一场深刻的现代民主主义运动。

沙特王国民间宗教政治的发展根源于经济社会发展的历史进程,呈现出从边缘到核心的演进趋势。20世纪70年代民间宗教政治的群众基础仅限于沙特王国的穆斯林少数派和逊尼派穆斯林的边缘群体,其教派运动和宗教激进主义运动的斗争形式主要局限在宗教领域的反抗,具有捍卫信仰的强烈倾向。80年代后期的民间宗教政治则以新兴的中产阶级知识分子为中坚力量,广泛发动王国各个地区各个阶层的民众积极参与,形成了全国范围内对沙特家族政治和官方宗教政治的严重挑战。90年代民间宗教政治呈现出多元化的发展趋势,民间宗教政治以政治请愿和政治暴力等多种方式广泛开展活动。沙特王国民间宗教政治从温和向激进倾向的发展是沙特王国政治统治模式的逻辑结果,同时也是民众政治参与扩大的特殊表现形式。

综观世界历史,政治稳定与政治动荡的交替出现是现代化进程中普遍的历史现象,政治动荡时期的政治发展是实现现代民主政治的必经阶段。政治发展的主要模式有政治改革和政治革命,沙特王国的政治发展即将采取何种模式尚不明晰。然而,民间宗教政治作为多元结构的社会运动和宗教形式的政治运动,否定了沙特王国传统的政治制度和统治模式。现代伊斯兰主义的发展壮大,标志着沙特王国政治现代化的发展进入崭新阶段。

(本文承蒙导师哈全安教授的指导和帮助,谨表谢忱。本文发表于《西亚非洲》2008年第6期)

陈新

　　陈新，男，1972 年生，现任浙江大学历史学系外国史学理论与史学史专业教授，主要研究领域为史学理论（历史哲学）、西方史学史、西方近代思想史、公众史学。

　　陈新于 1994 年在江西师范学院历史系获历史学学士学位；1996 年于广西师范大学政治学系获哲学硕士学位；1999 年于复旦大学历史系获历史学博士学位；1999 年 8 月至 2001 年 8 月，在中国社会科学研究院世界历史研究所从事史学理论专业博士后研究，之后留所工作，任副研究员至 2002 年 10 月调往复旦大学历史系任职，期间于 2002 年 6 月至 2002 年 8 月，到德国埃森文化科学研究所做访问学者；2007 年 4 月被聘为复旦大学史学理论与史学史专业教授，2008 年 1 月任博士生导师；2011 年 9 月任职于浙江大学历史系外国史学理论与史学史专业教授、博士生导师。

　　陈新主要代表作有《历史认识：从现代到后现代》（北京大学出版社 2010 年版），《西方历史叙述学》（社会科学文献出版社 2005 年版）；翻译出版的作品如柯林武德《历史的观念》（合译，北京大学出版社 2010 年版）、海登·怀特《元史学：19 世纪欧洲的历史想象》（译林出版社 2004 年版），《当代西方历史哲学读本》（编译，复旦大学出版社 2004 年版）。另在《史学理论研究》、《世界历史》、《世界哲学》、《思想史评论》（俄罗斯）、《史学史研究》（意大利）等刊物发表论文、学术译文等各类文章 100 余篇。

20 世纪以来中西史学理论比较史研究

　　在近现代历史学发展历程中,史学理论研究承担的任务是对历史学实践及其本质进行反思。中西史学理论比较研究承担的任务更为艰巨,它以分析中国和西方史学理论研究为基础,目的却是要在综合比较中,开拓出比较者自我史学发展的新道路。

　　中国和西方,有兴趣对中西史学进行比较的研究者,更多的来自东方,20 世纪以来,在这个领域中卓有成就的学者有梁启超、李大钊、胡适、何炳松、柳诒徵、余英时、杜维运、汪荣祖、何兆武、朱本源、刘家和等史家。西方世界对于中国史学理论的兴趣,可以说是晚近之事,最集中的表现是《历史与理论》杂志过去 10 余年来的作为。葛朗特·哈代、耶尔恩·吕森是其中的主要推动者。1996 年该刊专号《比较视野下的中国史学》和 2007 年该刊有关中西史学比较的论坛《中国和西方的历史思维》[①],代表了国际史学界对于中西史学理论比较研究的大致水平。

　　对于 20 世纪以来国内中西史学比较的综述性研究,张越撰《中西史学比较研究的开展与深化》和李勇撰《20 世纪 80 年代以来国内中西史学比较研究回顾》[②]两文所述,梳理了自 1902 年梁启超撰《新史学》以降中国史家在中西史学比较研究的主流脉络,教益丰硕。然纵览群著,严格意义与"中西史学理论比较"这一主题相吻合的作品,如类似于余英时《章实

---

　　① Axel Schneider and Susanne Weigelin-Schwiedrzik(ed.), "Chinese Historiography in Comparative Perspective", *History and Theory*, Theme Issue 35, 1996. Jörn Rüsen(ed.), "Chinese and Western Historical Thinking", *History and Theory*, Vol. 46 (2007), No. 2.

　　② 张越:《中西史学比较研究的开展与深化》;李勇:《20 世纪 80 年代以来国内中西史学比较研究回顾》,两文均载瞿林东主编:《史学理论与史学史学刊》(2006 年卷),社会科学文献出版社,2006 年。

斋与柯灵乌的历史思想——中西历史哲学的一点比较》（1957 年）[①]和刘家和《论通史》（2002 年）[②]这样的理论比较作品却不多见。尽管如此，中西比较史学研究的著述或立意别处，但立论之中常以史学理论比较为潜在根基，因而，我们从近代中国史学史中仍可以看到一部丰富的中西史学理论的比较史。

20 世纪以来的中国史学研究难以离开西方因素的影响。中国史家从悲愤走向自信，这是一部近现代中国史学发展的历史，同时也是一部学术信心重构的心理史。中西史学理论比较的历史与现实，贯穿着这一心路历程。本文尝试将这一史学理论比较的历程粗划三段：第一阶段，以西律中，反古制、求革新，重目的方法之比；第二阶段，借西释中，鉴他者、塑自我，重概念史观之比；第三阶段，求异志同，辨同异、明一多，重思维类型之比。著文当预设，证实与证伪，以史料为据。三个阶段或为三种类型，承前启后、线性延续的时间可以规范的只是作为类型代表的史家及其论述，而不能用以定位某一时间阶段中的每一个实例。因此，本文对于中西史学理论比较史表述的三个阶段将呈现为交错的时间序列，同时在第三个阶段，还试图将西方学者在这方面的研究融入进来，以示全球化跨文化交流的功绩。本文中若有不当之处，恳请方家指正。

一　以西律中，重目的方法之比

梁启超在《新史学》"史学之界说"中云："历史者，叙述进化之现象也。"[③]若学问类型合"往而不返"、"进而无极"，则称历史学。任公以空间、时间区分自然科学与历史学，自然科学如一圆圈，而历史学如一螺线，前者体全，后者体亏，据此理可知历史之真相。任公此论是以西学背景为依托而界定历史学。19 世纪以来，将自然科学与精神科学或人文科学或

---

　① 余英时：《章实斋与柯灵乌的历史思想——中西历史哲学的一点比较》，余英时：《论戴震与章学诚》，三联书店 2006 年版，第 234—282 页。

　② 刘家和：《论通史》，《史学史研究》2002 年第 4 期，第 3—10 页。

　③ 梁启超：《新史学》，梁启超：《中国历史研究法五种》，里仁书局，1982 年，第 10 页。

历史学相对而论述知识之类型,是西欧思想界之能事,其中尤以德国学人为甚。既然《新史学》在史学之范畴与范围这样的史学之根本问题上,以西学所区分之知识类型为依据,可想而知,新史学对于旧史学,实乃西方史学与中国史学之比对,而以新审旧,则是以西律中。

梁任公明言史学乃"学问之最博大而最切要者"、"国民之明镜"、"爱国心之源泉";"欧洲民族主义所以发达,列国所以日进文明,史学之功居其半"①,这是一种好的史学之效果与功效。梁任公的这一认识,也就构成了他批判中国旧史学的核心准则,而在中国倡导新史学,目的也在促进发达的民族主义,促成日进文明之中国。

如梁任公揭示中国旧史学之四弊:知有朝廷、个人、陈迹、事实,而不知有国家、群体、今务、理想。这表明历史主题之重心发生错位,必有损史学目的之实现。旧史学在历史主题上的错位导致二病,它们发生在历史写作之形式上:能铺叙而不能别裁、能因袭而不能创作。论证前者,任公以斯宾塞所驳无用之事实为宗旨;例证后者,则采取重群体而轻个人的方式,虽则旧史学有司马迁、杜佑、郑樵、司马光、袁枢、黄宗羲六人具创作之才,但数千年史家群体则以因袭为主。

事实上,在《新史学》中,以任公思维之敏锐,自然注意到无论中西史学,均存在重铺叙轻别裁的大量例证,而中西史学数千年历史,因袭之数多于创作,也是显然之事;由此,通过梁任公的论证技巧,我们就不难发现,他对中国旧史学的批判与否定,实在是以史学与国家命运的紧密关联为依托而反思国贫民弱之象的必然结果,其逻辑是:史学强则国强;中国弱,故中国之史学定为不合时宜的旧史学。换句话说,史学、民族主义、国家三个要素之间的进阶关系,是梁任公对西方史学的基本认知。近代西方国家之强多赖民族主义之盛,民族主义之盛归功于史学之效用得以发挥;中国史学未能实现此类效用,故而,中国史学较之西方史学在理论和方法上存在的差异或差距,便是导致中国之弱、文明不前的根本原因。这既是梁任公倡导史界革命之动因,也是他对西方史学多赞誉少批判、以西

① 梁启超:《新史学》,梁启超:《中国历史研究法五种》,第 3 页

律中的心理根源。

梁任公的《新史学》尽其可能用西方术语来重新界说中国史学,因此有"历史叙述人群进化之现象,求公理公例";"学问应和合客观主观"之说①。这些论述以19世纪西方实证主义史学思想为准则,在阐释史学理论的过程中,对中国史学进行判断。既然史学应仿西方而关乎群体不止于个人,则旧史学中的正统、书法之谬,均自历史所述之对象、欲见教益之对象在于个人。

至1922年,梁任公作《中国历史研究法》,与《新史学》相比,作者对过去之中国史学的态度更为中肯,其中有关中西史学理论之比较,虽仍以西律中,却已然觉出中西之异各据其理,优劣因时而变,多了一份历史性认知。如他说道:"史学在世界各国中,惟中国为最发达(二百年前,可云如此)。"②不过,旧史无法适应现实之需,因"旧史中无论何体何家,总不离贵族性,其读客皆限于少数特别阶级……故其效果,亦一如其所期,助成国民性之畸形的发达"③。可见,史之效果,即需促成国民性健康发达,养成爱国之心,这种源自认为西方史学促成了西方民族国家之发达的感悟,仍是任公用以改造旧史学的根本动因。

史学需服务于民族、国家和社会,服务于现实中的人,为此,史学的改造势在必行。当任公欲将旧史学精密化,设想可分离出"年代学"和"人谱学"时,他一方面依循了西学中奠基在自然科学思想之上的学科职业化理念;另一方面也是对旧史学若一老大帝国、大而失当的批判。由此论及天文史、音乐史、哲学史等专门史,才是新史学所必需。任公进而期望史学研究,唯求客观。在这一思想的引导下,他判定旧史学中经世、明道之史失之客观而为恶习;作史应与明德相分离,忠实收集史料、忠实叙论,使"恰如其本来"④,以史为目的而非手段。这就令我们想起德国史家兰克"如实直书"的言语。

① 梁启超:《新史学》,梁启超:《中国历史研究法五种》,第12—13页
② 梁启超:《中国历史研究法》,梁启超:《中国历史研究法五种》,第10页。
③ 梁启超:《中国历史研究法》,梁启超:《中国历史研究法五种》,第75页。
④ 梁启超:《中国历史研究法》,梁启超:《中国历史研究法五种》,第79页。

力倡史学应追求事情本来之客观与坚守史学之最终目的在于服务于今人、现实和民族国家,这在逻辑上多少是矛盾的。任公没能在学理上细致处理这对矛盾,这多少是因为他对于良史与强国之间存在的那种在他看来是不容置疑的关联,并没有做过严格意义上的理论分析和论证。正是中西国力的比较,或者说对于中西社会生活中各方面感性和经验层面的比较,间接地奠定了梁启超以西律中、评判中国史学的基本立足点。从变法维新到力主共和,效仿西方一直都是梁启超实现强国之梦的重要手段;因此,在史学研究中,我们看到他以西方为准则来改造中国史学,也就不难理解了。如此,才更容易实现他所倡导的"将过去的真事实予以新意义或新价值,以供现代人活动之资鉴"①之历史的目的。这实在是 20 世纪初中华国贫民弱的情境使然,史学家们在这种情境之中,赋予自身学术实践如此使命实属正常,我们还可以看到更多的史家以简单的西方模式来充当中国史学的批判工具。

1924 年,李大钊于《史学要论》中,在马克思主义的基础之上界定历史的内涵,指出:历史就是人类的生活并为其产物的文化;历史是整个的人类生活,是整个的社会变革。② 他给历史学规定的任务是:1、整理事实,寻找它的真确的证据;2、理解事实,寻出它的进步的真理。③ 既然按照马克思主义的理解,历史是活的、进步的、变革的,历史事实之变与对它的理解息息相关④,李大钊带着这样的眼光再来审视中国旧史观,则"中国哲学有的历史观,遂全为循环的、神权的、伟人的历史观所结晶。一部整个的中国史,迄兹以前,遂全为是等史观所支配,以潜入于人心,深固而不可拔除。时至今日,循环的、退落的、精神的、'唯心的'历史,犹有复活

---

① 梁启超:《中国历史研究法补编》,梁启超:《中国历史研究法五种》,第 184 页。
② 李守常:《史学要论》,商务印书馆,1999 年,第 76、77 页。
③ 李大钊:《史学概论》,瞿林东编:《史学要论》,河北教育出版社,2000 年,第 273 页。
④ 在历史认识论上,李大钊的认知可以说达到了 20 世纪初中国史学的高峰,他对于历史及历史事实随着理解之不同而变化的看法,也要远远超越他的同时代人,不过,李大钊的这类观点,多直接来源于他对西方史学理论的阅读和理解,中国史学更多为他提供的是反面的例子。李大钊超越同时代多数历史学家历史认识水平的这一情况,也从一个侧面证明马克思主义史学观相对于那时普遍流行的实证主义史学观之优越性。

反动的倾势。吾侪治史学于今日的中国,新史观的树立,对于旧史观的抗辩,其兴味正自深切,其责任正自重大"①。李大钊的一切活动所带着的使命重在救族群、救天下,在他看来,唯有以马克思主义为准则,才能够根除旧史观之弊端,在当下之中国引导人民完成救亡的使命,因此,以马克思主义重新建构起新的史学,当是其中一个有益的手段。

对于采用实证的方法来确定历史事实,梁启超和李大钊无异议,他们也丝毫不怀疑历史学应该是一门科学。只是科学该体现在确定历史事实的方法方面,还是体现在令史学成为一种体系,得出普遍的理法方面,梁启超从前,李大钊从后;前者遵循的是英美"science"一词的含义,即类似自然科学和实证的含义更强;后者则接受德国"Wissenschaft"一词的含义,即科学意味着一种知识的体系。不管梁、李采哪种含义来充当对中国传统史学的评判准则,准则出于西方,这都是不错的。

梁、李之外,胡适、何炳松也是在种种情形下进行过中西史学理论比较的代表人物。

对于中西史学的目的和方法之差异,胡适首先比较的是方法。在这一点上,西方的自然科学和中国的朴学,其所用治学方法是相同的,即他倡导的科学方法:尊重事实、尊重证据;大胆的假设,小心的求证。不过,胡适用他那个方法与材料的奇特辩证来说明近代中西三百年学术的不同走向:中国以文字为材料,西方以物质为材料;中国的考据不能创造证据,而西方的实验能够创造证据。据此逻辑,材料的不同最终反使得中西治学方法产生了变化。因为中国的学术丧失了功用的标准,而西方人从自然界的实物下手,造出了科学文明,然后以其余力来处理纸上的和文字的东西,如高本汉(一译珂罗倔伦[Bernhard Karlgren])以实验的方法,用几年的功夫帮中国人解决了顾炎武以来三百年未解决的音韵学难题。② 这种比较虽然不是史学对史学的比较,但在胡适心中,中西学术方法的根本差异,乃是在中国,考据的方法没有发展成实验的方法,也就无法实现学

① 李大钊:《史观》,瞿林东编:《史学要论》,第 296 页。
② 胡适:《治学的方法与材料》,《胡适文存》三集卷二,亚东图书馆,1930 年。

术之功用。

胡适批评,乾嘉以来之学问,重功力而不重理解,以至对社会的生活思想几乎全不发生影响。对于整理国故,他也借段玉裁论校书而言:要先弄明白研究对象之本来面目,再评判其是非;不辨本来面目则易诬古人,不判是非则易误今人。①因此,确定事实、评判是非,这是胡适能够接受的学术过程之完整构成。显然,中国史学的这一过程还有大大的不足。秉承着"一切创造都从模仿出来"②的原则,中国史学的出路乃是要遵循西方的科学方法、实验方法,就如同陈垣《元典章校补释例》,以其类似近代西方科学方法的校勘替代了传统中国推理式的校勘,从而令中国校勘学第一次走上了科学的道路。③其文中以西方科学方法为准则来衡量中国史学之成败的意涵也是十分明白的。

何炳松评判中西史学,重在辨析中西之异同。如其"正史"与"通史"之辨,在于防止一些对西方史学之根基不甚了解之人,以自视之西学皮毛"通史"驳"正史"之必要性。事实上,中西史学看似相异,实则西欧诸国19 世纪编辑各类史料集成,与中国正史充当史料比次之用,有相近之处。④作为鲁滨逊《新史学》的翻译者,何炳松对西方史学的了解要多于一般中国史家,或许正因为如此,何炳松的中西史学比较对于中国史学而言,倒多了几分中肯之辞。当一些史家批评中国史学不重史法之研究时,何炳松指出,西方史家对于历史研究法的探讨,也不过近二百年之事。

何炳松的比较,更重在史学方法方面,以下言辞可证其对史学理论的关注仅限于史学方法:"如法国之道诺(Daunou),德国之特罗伊生(Droysen),英国之夫里门(Freeman)辈,或高谈哲理,或讨论修词,莫不以空谈无补见讥于后世。至今西洋研究史法之名著,仅有二书。一为德国格来夫斯法尔特大学教授朋汉姆(Ernst Bernheim)之《历史研究法课

---

① 胡适:《〈国学季刊〉发刊宣言》,《胡适文存》二集卷一,亚东图书馆,1924 年。

② 胡适:《信心与反省》,《胡适论学近著》第一集,商务印书馆,1935 年,第 481 页。

③ 胡适:《校勘学方法论——序陈垣先生的〈元典章校补释例〉》,《胡适论学近著》第一集,第 135 页。

④ 何炳松:《历史研究法》序,商务印书馆,1930 年,第 3 页。

本》,出版于 1889 年。一为法国索尔蓬大学教授郎格罗亚与塞诺波(Lan-glois and Seignobos)二人合著之《历史研究法入门》,出版于 1897 年。"①这一判断明显贬德罗伊森式的史学理论为空谈之议,而更注重史学方法在指导中国近代史学研究中可能发挥的实际作用;此外,也可一瞥当时史学界受实证主义和自然科学影响之深。因为这种影响,对于中西史学理论的比较更多限于方法论和史学目的之比较,也就更容易理解了。

比较西方史学方法与中国刘知幾、章学诚论史之作,何炳松不似那种一味以西方为准则贬低中国之士,而是能够在历史中理解中国史家之局限所在。不过,中国与西方的差距仍然存在,即它论史法的只言片语根本无法与《历史研究法入门》等作品中表现出的系统性、综合性相媲美,为此需要尝试自作《历史研究法》以补缺憾。

尽管何炳松自言所作《历史研究法》,意在介绍西方史法二名著,但其用辞与实例,尽可能从本国读者熟知的国史中来,以"明中西史家之见解大体相同"②。这好比李思纯在《史学原论》译者弁言中说,刘知幾、章学诚与《史学原论》作者,"其间探讨之道,辨析之事,东西名哲,合轨符辙,无有异致"③。李思纯在译者弁言中所比较的刘、章与朗格诺瓦、瑟诺博司在史料搜集与校雠考证方面的表述相近;这些都构成了何炳松这一做法的基石。据此,何炳松的写作不断需要进行中西比较,才可能用这个西方模式将中国史学方法系统化、综合化,甚至西化,而采用中国习惯的用辞与实例,便是以易于读者认同的方式增补西学之益。从全书结构安排来看,全书绪论、结论之外八章:博采、辨伪、知人、考证与著述、明义、断事、编比、著作;章章连贯,构成了一个史学研究方法的操作流程。这个流程与《史学原论》的章节安排比较起来更是依葫芦画瓢,这就无异于使得何炳松将所有的比较都限定在了那本实证主义史学名著的形式框架内,即以实证方法为其精髓。中西史学理论的比较仍然难以跨出以西律中的

① 何炳松:《历史研究法》序,第 3—4 页。
② 何炳松:《历史研究法》序,第 6 页。
③ 李思纯:《〈史学原论〉译者弁言》,朗格诺瓦、瑟诺博司:《史学原论》,商务印书馆,1926年,译者弁言第 2 页。

限度。

学衡派主要代表柳诒徵对于中西史学理论之比较,也多表现在他对中国史学反思之中,其中往往以域外史学,尤其是西方史学作为隐含的参照。他曾在 1932 年出版的《中国文化史》中借用西方史学中的上古、中古、近世之历史分期,并强调史学最重因果,需"求人类演进之通则",由此体现出近代西方实证主义史学之影响。1948 年,他作《国史要义》①,直言"吾国之有史官乃特殊于他族",虽"吾国与他族之史皆记事也,周官释史曰:史掌官书以赞治。此为吾史专有之义"②,由此而知,"吾民族之富于政治性"造成了中国史学详于政治并异于他族。柳诒徵论"吾国"与"他族"/"他国"之史学,实则在史学皆记事、重因果、求通则的相同性之上,表达中西史学之异同,即中国史学与西方史学相比,重政治、重德治。但在近代而言,中西史学之异,是需要统筹在史学目的相同的大框架之下的,这就如他所说:"我们研究历史的最后目的,就在乎应用。"③

以上诸人对于西方史学的理解,多局限于以实证主义或实用主义为根基的那种史学,它们均以模仿自然科学方法为宗旨;唯李大钊的史学思想中,贯注了历史主义之灵魂于其中。然而,在西方视野下,包括李大钊在内的史学家们对于中国史学的反思,不外乎对于史学实践之目的和方法的关注。当他们中的一些人认为,国贫民弱的原因之一乃是中国史学没有完成类似于西方史学完成了的凝聚民族之功时,更加深了他们对于史学方法改造和西化的愿望。在 20 世纪的前半个世纪中,史学研究也无形中被一种救亡的精神包裹着,在理论上模仿西方便是第一种,也是最直接的反应。事过境迁,这种反应也在产生变化。

二 借西释中,重概念史观之比

从梁启超最初对于中国史学的否定,到胡适认可中西学术有类似科

---

① 柳诒徵:《国史要义》,中华书局,1948 年。
② 柳诒徵:《国史要义》,第 2 页。
③ 柳诒徵:《柳诒徵史学论文集》,上海古籍出版社,1991 年,第 83 页。

学方法而只是运用材料有异,再到李思纯、何炳松承认中国史学中存在着不逊于西史名家倡导的科学方法,只稍欠系统化和综合化,或被当今崇西学的后人所遗忘;在这一认识过程中,我们已经看到前辈史家在西方学术的背景下,对于中国史学的不断反思和不断定位,也给予中国史学越来越多的肯定。当这种肯定试图超越史学实践之功用与方法的范畴时,中西史学理论的比较一方面进入到了概念和史观的比较层次之上;另一方面,史家也在努力为恢复对于民族文化的自信寻获更为深层的历史根基。

在这个阶段,我们面对的首要学者,是 1957 年著有《章实斋与柯灵乌的历史思想——中西历史哲学的一点比较》一文的余英时。是年 27 岁的余英时,就读于哈佛大学,他需要肩负的使命不再是救亡中国,而是中国文化的复兴。在接触到柯林武德遗著《历史的观念》之后,余英时被其史学思想深深吸引,先于 1956 年著有《一个人文主义的历史观——介绍柯灵乌的历史哲学》[①],之后写出了《章实斋与柯灵乌的历史思想》一文,系统地比较两位分别站在中西史学理论高峰的学者,也第一次真正自觉地在概念和史观的层次上,进行了中西史学理论之比较。

余英时文章《一个人文主义的历史观》的确只是一篇对于柯林武德《历史的观念》一书的介绍文字,其正文阐述了柯林武德作品关于人性、行动、一切历史都是思想史、历史想像、历史证据等主要观点。不过,在介绍之中,我们可以看出作者对于柯林武德诸多观点的认同,其中最重要的一点是柯林武德的"科学"观念。虽然柯林武德在他的作品中也强调历史学是一门科学,但显然这个"科学"的含义是要区别于"自然科学"中"科学"的含义的。这是一种与 20 世纪上半叶中国史学家接受的"科学"观念不同的观念。余英时接受了这种思想,即科学是一种"有组织的知识体系"一说[②]。鉴于柯林武德以"人性"、"行动"、"思想"、"想像"、"证据"等这样

---

① 余英时:《一个人文主义的历史观——介绍柯灵乌的历史哲学》、《章实斋与柯灵乌的历史思想—— 中西历史哲学的一点比较》,余英时:《历史与思想》,联经出版事业公司 1976 年版。如余英时所言,两文在收入文集时,均有所修正。本文以此版本为准。另 Collingwood 除引文中仍袭用余英时译"柯灵乌"外,其它处均用目前通行译名"柯林武德"。

② 余英时:《一个人文主义的历史观》,第 236 页。

一系列的观念构成的"知识体系"来批判近代西方实证主义和实质主义史家,余英时也据此抛弃了 20 世纪上半叶中国史家推崇的那种"史学即史料学"式的史学。

正如余英时自称,对柯林武德的这种介绍,"还处处针对着近代中国史学的种种问题而加以注释"。这些注释,就构成了余英时最初的中西史学理论之比较。这种比较不再关注历史学的目的,也不再局限于简单的实证方法。对于前者,余英时遵循柯林武德之说,历史之目的在于认识人自己,这毋庸置疑,他也不会思考梁启超以史学方法与救亡中国之间的联系。对于后者,余英时说道:

> 中国近代史学方法一方面承清代汉学之旧,一方面也接受了近代西方的"科学方法"。从后一方面,我们尚可看出西方"剪贴"派史学之遗迹,说来甚为有趣。原来西方"剪贴派"史学之衰亡还是很近的事;最初介绍西方史学方法至中国的人们虽亦约略领悟到"培根式"的科学精神的重要性,根本上却未能摆脱"剪贴派"的残留影响。所以他们于史料之真伪辨之最严,于史料之搜集亦最为用力,傅孟真至有"上穷碧落下黄泉,动手动脚找东西"之口号。他们虽然扩大了史料的范围,但在史料的运用上却未能达完全科学化之境。他们仅了解旧籍真伪之辨与夫新材料之搜集为无上的重要,而不甚能通过"先验的想像"以变无用的死材料为有用的活材料。①

这段文字以柯林武德的"先验的想像"内涵为基础,对 20 世纪上半叶中国史学的西化进行了点评,同时借助于柯林武德对于西方近代史学,尤其是对于实证主义史学方法的批评,余英时更确信,近代中西史学有着同样的弊病,中国史学的革新并不是西化可以解决的,或许中国史家不需要只是充作西方史学的虔诚学生。柯林武德批判对权威的崇拜和剪贴史学,这也激发起余英时对于近代中国史学权威和史学理论的批判。一旦

---

① 余英时:《一个人文主义的历史观》,第 244—245 页。

他确认柯林武德的《历史的观念》真正是"近十年来关于历史哲学的最重要的著作之一"①,他在阅读该书时引起的种种联想,不能不令他在内心深处唤醒原已积聚的那些中国史学思想,粗略的比照为他重新审视中国史学思想,并且努力从概念和史观上比较中西史学理论提供了契机。例如,文中在谈到自然过程与历史过程时,余英时想到了中国对于"五行志"的记载;在谈到"一切历史都是思想史"时,想到了"中国史学自始重即思想,孔子著春秋之有微言大义,亦当从此种观点解释之……"②;在谈到"historical conscience"时,想到了与之近似而有别的章学诚"史德"说;在谈到历史的想像时,想到司马迁以降中国史家运用"想像"之痕迹;在谈到柯林武德对于剪贴史学的批判时,想到"孔子春秋之笔削,太史公成一家之言皆已超出剪贴派史学远矣!章实斋《文史通义》一书之论史部份,尤为集中国史学理论精华之大成"③。这是中国史家接触西方史学思想时很容易产生的联想,而余英时在通过柯林武德确认了西方史学理论水平及其发展的大致轮廓之后,也就更容易确定中国史学理论相对的位置了。

这些联想促成了一年后余英时完成《章实斋与柯灵乌的历史思想》一文。既然章学诚集中国史学理论精华之大成,柯林武德也对欧洲的"历史"观念做出了历史性总结,那么,在余英时眼中,比较章学诚与柯林武德的历史思想,实则是中西史学理论之精华的比较。

在该文中,余英时的运笔模式也很简单,即柯林武德有何精到之处,章学诚亦不例外。正是因为他有了柯林武德的历史思想作为视角,在中西史学理论的比较中,他走了一条以西释中的路。余英时的比较关注了中国史学中的三个主题,即中国史学中的人文传统、史学中言与事之合一、笔削之义与一家之言。这三个主题都应是涉及到历史学本质的问题,它们可以说构成了一种历史(学)观,换一种说法,这三个主题分别指向了柯林武德作品中的历史性质、历史事实和历史意义这三个核心要素,而在

---

① 余英时:《一个人文主义的历史观》,第223页。
② 余英时:《一个人文主义的历史观》,第243页。
③ 余英时:《一个人文主义的历史观》,第245页。

细节上,余英时关注的是,中西史学理论中围绕这些主题都分别运用了些什么样的概念。

柯林武德认为,历史是人为了求自知而有的学问;余英时指出,这一人文传统同样贯注在自孔子以降的中国传统史学中。章学诚认为《尚书》非后世之史学,"夫子叙而述之,取其疏通知远",《春秋》乃史学之开山;"疏通知远"传承的正是历史的人文主义,这个概念是"中国历史的人文主义的最扼要的说明"①。章学诚循着这种人文史观的脉络,将其推至极致,导出了史学经世论,如章学诚语:"后之言著述者舍今而求古,舍人事而言性天,则吾不得而知之矣! 学者不知斯义,不足言史学也。"余英时认为,这种人文主义精神,正契合了柯林武德评价修昔底德强调历史具有人文目的及自我展示的功能。

关于柯林武德的名言"一切历史都是思想史",余英时也从章学诚那里找到了近似说法。他认为,柯林武德所说历史事件的内在方面和外在方面,正好对应了中国古代史学中的言与事。柯林武德与章学诚都认为二者不可分,"在章氏历史思想的背后,隐藏着一种与柯灵乌非常接近的历史观——即视人类已往的业绩为一系列的'行动'(Action)所构成,在每一行动之中均包含了'言'与'事'(也就是柯氏所谓 inside 与 outside 或 thought 与 event)两面"②。在柯林武德那里,历史过程中,内在的思想是核心,这一精神比较符合中国传统史学思想,注重思想和柯氏所说的"历史的内在面"。如中国史学思想中的褒贬之可行,恰恰是因为那些事实被人们认为是自觉的行动中产生的。

章学诚的"史德"说以中国传统史学中的伦理观为基础,他认为,史学之为学问,在于撰史者在事与文之外得"史义"。

如何获得"史义",这是一个认识论和方法论的问题。在中国传统史学理论中,"义"之获得,需史家具有"别识心裁"。这个有关历史认识过程的言论在柯林武德那里对应的便是"历史重演论"。以"义"为结果,历史

---

① 余英时:《章实斋与柯灵乌的历史思想》,第 178—179 页。

② 余英时:《章实斋与柯灵乌的历史思想》,第 183 页。

认识过程中要经历的便有章氏的"笔削"和柯氏的"史料取舍工作",只是章氏的"笔削"包含了柯氏的"史料取舍"、"历史建构"、"历史批评"三个方面;章氏的"别识心裁"则与柯氏"先验的想像"是相通的;"别识心裁"需要有"阙疑"之类批评精神相佐,而"先验的想像"则需受证据的限制;章氏区别"撰述"与"记注",撰述所以成一家之言,而柯氏则区别"科学的史学"和"剪贴的史学",在科学的历史学家看来,一切权威都只是他立论的证据,他要建立起自己的权威;柯氏认为科学的历史学家应研究问题而不是时代,章氏则赞袁枢的《纪事本末》"因事命篇,不为常格",亦是问题意识的一种表现。

　　以上凡此种种,余英时做出了细致的分析和比较,给读者以启迪,并且,他还比较了两位史学理论大师各自孕育出如此杰出思想的特殊环境,以解释"章、柯两人何以地悬万里,时隔百年而运思竟能大端密合至此"[①]。总体而言,这篇文章开中西史学理论系统比较之先河,功不可没。它深入到了中西史学不同的概念系统,并注重考察各概念之间的逻辑关联,从而构成了两个史学理论系统的比较。余英时的这项研究,最明显的一个特征也在于,它是戴着柯林武德牌眼镜来整理的中国史学理论。尽管我们现在知道,只要我们想要做研究,就已经戴上了各式各样的眼镜,但是,在研究之前和研究之后,它还是不是同一副眼镜?中西史学的概念和史观在余英时的分析及评论之下,应该已经构成了余英时史学理论的雏形,因为余英时完成这项研究,其目的除了要说明他认同的柯氏史学理论不乏古代中国的同道中人之外,更想借此说明:中西史学有着某些共同的理论思维(或许这一点是受维柯的影响),它们是当今中外史学家都应该吸纳和接受的。尽管余英时以西释中,以柯林武德的思想充当了"先验的想像",但他在中国传统史学中寻求到的证据,恰恰构成了一种作者本人"自我的权威",即比较本身正是构成余英时历史研究基本理论思想的过程;而该项比较研究之"问题"所在与"经世"之功,则在于告诫20世纪50年代的史家,自然科学和社会科学都不能包办史学。"章、柯两人所最

---

① 余英时:《章实斋与柯灵乌的历史思想》,第203页。

为关怀的史学自主性是仍旧需要我们继续加以密切的注视。我个人相信,史学似乎还是应该以人为中心……我们决不应把史学降为社会科学的应用之学。"①

余英时的用心令人敬佩,这是一种典型的以他者为鉴重新反思自我、获取自信的过程。不过,从中西史学理论比较这个问题本身而言,他的研究中"求同存异"的重心在于求中西历史学"本质之同",也就是判定中西史学的性质、思维、方法相近契合,只是运用的概念和表现的方法差异甚多。这种比较的潜在的认识论基础乃是维柯式的"各民族共同性",即中西史学理论之生成虽有着不同的历史情境或背景,但它们却导向了共同的本质性内容,如对于以人为中心的倡导、对于思想的重视、对于历史自主性的关注,等等。这种共同性之存在,当然是中西史学理论比较之基础,也使得余英时以西释中成为可能,然而,证明它们的存在,是不是比较的最终目的? 如果说比较研究可以是对于"异"中之"同"与"同"中之"异"的双重阐释,那么余英时的比较只能说对于"异"中之"同"进行了局部的说明,即章学诚与柯林武德生活的情境相异,思维与史观相同,概念用辞相异此时只作为一种表现之现象,无涉历史思维之本质。如今,我们应当说,余英时开辟出了对于中西史学理论系统比较的道路,但这条道路还需要更多的学者才能够踩出来。

在余英时之后,杜维运、汪荣祖等史学家也都进行过类似的中西史学理论比较。

杜维运著有《与西方史家论中国史学》、《中西古代史学比较》②,他对于中西史学理论的比较颇具系统性,这表现在两个方面:其一,他更了解20 世纪西方史家对于中国史学的看法及其认知过程,这使得他可以根据西方史家的某些评论有的放矢,进行中西史学比较;其二,在对于中国史学求得足够自信之时,明确比较中西史学比较意在会通,从而保持一种中

---

① 余英时:《章实斋与柯灵乌的历史思想》,第 206 页。
② 杜维运:《与西方史家论中国史学》,东大图书公司,1988 年;杜维运:《中西古代史学比较》,东大图书公司,1988 年。

国史家对于西方史学的学习心态。

20世纪的许多西方史家以西方史学为参照评判中国史学,如艾尔顿认为中国古代隐藏着漠视历史的态度;卢克斯认为历史思想是属于欧洲的或西方的,西方以外显然是缺乏历史性;浦朗穆认为中国史学的发展永远没有突破通往真历史的最后障碍——希望窥探往事的真相……①可以看出,杜维运此书的主要目的,在于证明这些西方史家陈述之谬。现在我们更容易理解,西方史家的此类看法,首先是因为他们对于中国史学缺乏深入了解;其次,则是他们要么以西方中心论,要么以实证主义式的"科学历史学"作为评价的标准。杜维运针对西方学者的种种批评,一一论证,其结论如:中国文化中富有产生史学最基本的重视历史的态度与观念、中国官修正史是一极优良的史学传统、中国史学中存在纪实与求真的丰富实践、中国史家长于叙事艺术。更重要的是,杜氏的论证不仅在于中国史学有此类之长,而且其发生处处早于西方。再者,中国史学于著述"有史义立于事文之外",充满和平精神和理性主义。比较之中,杜氏同意某些西方史家对中国史学的批评,即中国史学缺乏整体性,史籍中仅是孤立之事件,缺少综合的抽象思维。② 对于西方史家抨击中国史学中过重的儒家道德观念,杜维运认为"中国两千余年来,由于儒家在思想界居于正统的地位,中国史家有意无意的将儒家思想成分,渗入了史学之中,中国今后的新史家,应当跳出儒家的圈子,去自由地独立地论历史的发展"③。据此可见,杜维运的比较在纠谬的同时,一直保持着虚怀若谷之心。对他而言,西方史学的现代成就以及由此而产生的话语系统,仍然是用以分析和解释中国史学的基本参照。

如果说《与西方史学家论中国史学》仅仅是提供了一种概观式的比较和文献征引式的综合说明,那么在《中西古代史学比较》中,杜氏工作的系统性显然是更强了。《中西古代史学比较》按中西史学的起源、史学原理

---

① 参见杜维运:《与西方史家论中国史学》第二章。
② 参见杜维运:《与西方史家论中国史学》第七章。
③ 杜维运:《与西方史家论中国史学》,第225页。

和史学著述三个方面进行比较。起源关注的是中西古代历史思想的兴起和对于过去的意识的发展；原理重在讨论纪实、阙疑、求真、怀疑精神；著述聚焦于材料、范围、内容和精神境界。①

上述比较，无论是概观式的还是系统说明，毫无疑问，近代西方史学的成就都是不可否认的。尽管杜维运能够证明中国古代史学中历史思想的源起及纪实、阙疑、求真、怀疑等精神的出现不晚于西方，甚至更早，但他也不会否认近代西方史学的成就乃是一个世界史学发展的高峰。因而，更多的比较其实并不是在杜氏的两个文本之中按以古比古的方式完成的，而是以他在文本之外承认西方近代之优势的基础上，在文本之中来体现中国古代史学之优势不逊西方古代，中国史学既然有良好的传统，当前更应在学习西方近代史学之优势的基础上，"比较两者，以求会通……中西史学界偏执固陋之习，将藉此而澄清，富世界性的新史学，将指日而可待"②。这是一个宏大目标，正如余英时曾说："我们今天所当取资于西方科学的历史学之处尚多，固不能以祖宗之光荣为满足也。"③中西比较意在学习和推进当今史学，这是比较史家不变之初衷。

杜维运在为汪荣祖《史传通说》所作之序中言："中西史学，分途发展……平心比较两者，论其异同，究其短长，为当今学术之大工作。以宽广之胸襟，会通两者，取其折衷，则世界性新史学所从出之途径。"④显然，汪荣祖是要继续杜维运所倡导的这份事业。

《史传通说》进行中西史学比较，其特色在于，作者按中国传统史学之基本概念和重要史籍的谱系建立起解释系统，在阐释、评论之时，自然融入西方史学概念、史观作为例证，以此为辅，说明中国史学概念，并同时可令读者比较中西之异同。如作者在讨论古史记事记言时说："夫人主系国家安危，不仅应记其事，亦必录其言，固非一人之私，实有关天下后世，中外并无二致。泰西虽无史官，仍有'书记'（scribes）簿录，所撰'皇家载记'

---

① 参见杜维运：《中西古代史学比较》。
② 杜维运：《与西方史家论中国史学》原序，第 7 页。
③ 余英时：《一个人文主义的历史观》，第 246 页。
④ 杜维运：《〈史传通说〉序》，汪荣祖：《史传通说》，中华书局，1989 年，第 vi 页。

(Royal annals),言事并见。"①再如论孔子春秋笔法之时言:"孔子辨王霸之别,谴诸侯争霸之恶,回想周王之美,所冀者乃往世旧制之复兴;而圣奥氏(圣奥古斯丁——引者注)辨人神之别,谴世俗之私,遥想天国之公,所望者乃未来之'帝城''永世',可谓奉神法天也。一以基督教义绳史,一以儒家伦理绳史,皆以义谛入史,名成'史观'。"②书中此类比较,俯首即拾,而被用来阐释中国古代史学概念的西方例证,也并不限于某个时代,而是取自上迄古希腊③,下至20世纪70年代西方整个的史学传统。这种以中国传统史学概念系统为中心,融中西古今史评、史法、史观为一体的比较研究,的确为中西史学理论比较研究带来了一种新的表现手法。鉴于汪氏《史传通说》的写作是针对汉语世界,此书在比较中西史学之外,更着意为读者提供一种融通中外、参验古今之法,以西为鉴、以古为鉴,重塑自我,以辟世界性新史学之道,助启盛世中国之门。

三 求异志同,重思维类型之比

20世纪下半叶,对于中国大陆史家而言,中西史学理论比较研究之可行,要较处于美国和台湾地区的史家来得晚些,如朱本源、何兆武、刘家和等人,均进行过此类尝试。与前述余英时、杜维运、汪荣祖的研究相比,大陆这几位史家或许因为他们均有中国传统史学和德国古典哲学这两方面的训练,更注重从历史思维方面入手来理解中西史学理论之异同,并容易采用"同"中之"异"和"异"中之"同"的辩证法来思考作为史学理论的一般性问题。而在西方,美国学者哈代,德国学者耶尔恩·吕森等人也在为着寻求某种跨文化的普遍性历史思维,介入了对于中西史学理论的比较。

此时,我们注意到中西史学理论比较史中的两种情形:其一,从目的(史学之功用)和方法的比较,到概念、史观的比较,再到历史思维类型的

---

① 汪荣祖:《史传通说》,第11页。
② 汪荣祖:《史传通说》,第38页。
③ 亦用古巴比伦之例,但极少,在此忽略。

比较,本身就显露出其中存在着一个从分析到综合的历史过程,这也是反思步步深入的过程;其二,不论在上述比较研究过程中的哪一个阶段,都必然是通过他者认识自我的过程,差别只在于比较者在获得这种自我文化的认知之后,各自采取怎样的态度,是贬低还是褒扬,是保守还是开明,其重塑自我之"自我"是面向过去还是面向未来。这其中的异同,或许在比较研究之始,就已经作为研究者的一种潜在的理解前结构,为比较研究确定了方向。

诚然,如杜维运在其作品中常常提到的,英国史家巴特菲尔德对于中国史学的批评是因为他对于中国史学缺乏基本的了解,然而,这种批评不仅激发了他与汪荣祖重新审视和阐释中国史学的热情,也在大陆引发了朱本源对于中西历史思维及类型的思考和比较。

朱本源在史学理论与西方史学研究方法方面有诸多积淀,在《历史学:理论与方法》一书中,他曾有专章论西方历史思维模式的演进。[①] 然而,就中西史学理论比较而言,他的贡献主要集中在以《"〈诗〉亡然后〈春秋〉作"论》为代表的几篇重要论文之中[②]。

《"〈诗〉亡然后〈春秋〉作"论》的写作,首先就是要质疑巴特菲尔德的观点,即西方之外,没有什么地方具有和西方媲美的历史思维。朱本源的做法是:"用现代西方史学的理解和概念,重新解读中国历史学资料,从而显示出自孔子到乾嘉时代的某些历史思想中的重大理论思维。"[③]毫无疑问,这也是一种借西释中的做法,意在求同,朱本源与余、杜、汪的差异在于,他针对的是中西史学中那种更为抽象的理论思维,并且,在求同之外,即证明中国传统史学和西方史学一样都具有理论思维之外,进而证明中西历史理论思维的类型存在着显著差异。

朱本源研究的起点是孟子的命题"《诗》亡然后《春秋》作"。他认为,

---

① 朱本源:《历史学:理论与方法》,人民出版社,2007 年。
② 朱本源:《"〈诗〉亡然后〈春秋〉作"论》,《史学理论研究》1992 年第 2、3 期;《孔子史学观念的现代诠释》,《史学理论研究》1994 年第 3、4 期;《孔子历史哲学发微》,《史学理论研究》1996 年第 1、2 期。
③ 朱本源:《"〈诗〉亡然后〈春秋〉作"论》,《史学理论研究》1992 年第 2 期,第 49 页。

孟子的这一表达,有着"诗"先于"史"的维柯式历史性思维。于是,由孟子而及《春秋》,论证了孔子作《春秋》开创了科学的历史,这一历史贡献堪比西方历史之父希罗多德作《历史》,他们各自完成了中西由诗性历史向理性历史的过渡。至于孔子何以能够完成这一过渡,是之前有着西周和春秋时期出现的人道主义和理性主义作为其思想的准备,并且人们开始能够用散文式的语言来写作。而对于人们关注的春秋之义,朱本源认为,"《春秋》之'义'正是来源于'《诗》教'的兴、观、群、怨"①。孔子借《春秋》之"义"赋予其作品这四种社会职能,"使中国历史学一开始就具有'训诲的作用',从而使中国的传统史学思维成为目的论的,历史事件也就被看成'意义的关系网络',看成是价值的体现者"②。由于中国传统史学以"义"为根本追求,这也就导致了其历史思维与古希腊的以及 19 世纪西方的历史思维大异其趣。

朱本源在此走了一个和余英时相反的方向,即认为中西史学的目的相同,即均服务于人文主义的旨趣,但它们的思维类型不同、实现目的的手法或手段不同,这需要进一步阐明和深入比较。这意味着,朱本源在论证了中国史学的人文主义之后,进而将服务于"人"视为中西史学不可否认的共同性和出发点,开始了更深入层次的比较,即中西史学思维类型之异同的比较,而不像在余英时那里,中西史学均有"人文主义"传统成了一种最终论证的结果。朱本源事实上便是以中西史学本身的历史性和实践性充当了柯林武德所说的那种"先验的想像",而不是以抽象的、一致的人性作为比较的前提,这样才可能完成中西历史思维类型的比较。

朱本源在《孔子史学观念的现代诠释》一文中主要根据《春秋》系统说明了孔子的历史编纂学理论,在《孔子历史哲学发微》一文中则根据《易传》阐发了孔子历史哲学的微言大义。自然,两文继承前者风格,处处体现作者汇通古今中外思想佐证、比较,以诠释孔子史学理论思想为鹄的,然而,就中西史学理论比较而言,朱本源取得了两项极为重要的突破。

---

① 朱本源:《"〈诗〉亡然后〈春秋〉作"论》(续),《史学理论研究》1992 年第 3 期,第 59 页。
② 朱本源:《"〈诗〉亡然后〈春秋〉作"论》(续),第 151 页。

其一,朱本源借助于西方哲学的概念,认为孔子的"性命之理"是他为其历史哲学建立起来的形而上学本体论,而孔子的历史哲学是一种道德形而上学:"'性命之理'的'理'与西方古代哲学的'逻各斯'在研究方法上有一个根本的差异,这一差异意味着东西哲学一开始就具有不同的取向,形成了两种不同的思维模式。这种不同主要表现在:希腊的逻各斯哲学的研究目的在求'真',孔子的'性命之理'的研究目的在求'善',这也就是说,前者是认识论的,是诉之于理论的理性的;后者是伦理学的,是诉之于实践的理性的。"[①]

朱本源据此将中西史学理论置于两种不同的思维模式之上。由于孔子的历史哲学是一种道德形而上学,其"'天人合一'的哲学研究不是为了追求认识论上的'真',而是伦理学上的'善'",它"在中国文明史上不曾导致自然科学和逻辑学的发达,而是导致道德学(身心性命之学)和历史学的发达"[②]。根据之前的论述,由于孔子奠定的中国传统史学的理论基础经过司马迁的传导而影响后世,事实上,我们可以从朱本源的论证中得出结论,即中国传统史学与近代西方史学在思维模式和类型上的差别至为根本。当然,这并不意味着朱本源认为中国和西方各自以求善与求真为其唯一的史学理论指导思想,他所要表明的,只是作为中国传统史学和近代西方史学的主流史学理论之根基的差异。我们看到,朱本源注意到了沃尔什对康德历史哲学的评价,认为它是康德道德哲学的一种派生品,由此我们更确信朱本源的认识有其精要之处:因为,西方后现代主义史学思想中以其对历史文本中伦理和道德因素的重视,批判近现代西方史家对于"客观性"和"真实"的偏执和崇信,而他们的理论资源,往往可以通过德国的历史主义、新康德主义,再上溯到康德的历史哲学思想。由此我们也可以再次明确,朱本源的中西史学理论比较,其对象更确切的乃是中国传统史学和作为近现代西方史学主流的实证主义学派。

其二,朱本源在对孔子的史学理论思想进行解释时,大量借助西方史

---

① 朱本源:《孔子历史哲学发微》(续),《史学理论研究》1996 年第 2 期,第 24 页。
② 朱本源:《孔子历史哲学发微》(续),第 26—27 页。

学、哲学的概念和思想,这在我们前述的中西史学理论比较中并不少见,
重要的是,朱本源对于自己进行研究而立足的认识论基础有着充分的自
觉,这种自觉,也令我们明白比较研究的对象和成果,实际上一开始就受
到我们自身立场的左右。朱本源说道:"在理解和解释本文时,我们不可
避免地受到当代的历史意识,特别是我们所接受的西方哲学、史学观念的
影响,所以自言不讳地把本论文的标题称之为对孔子史学观念的'现代诠
释'。我们勿需自我解嘲,因为从诠释学的方法论看,任何一个诠释者都
具有他自己的时代意识。"①朱本源的方法论来自于德国解释学和中国传
统诠释学,他将二者综合,为自己提供了上述三篇大作的认识论基础,而
对这种方法论的自我反思,更将中西史学理论比较研究带到了一个新的
高度,即比较研究作为一种文化的社会实践,从此不止于对比较对象(客
体)的关注,对于比较者(主体)的立场及其历史性,也应当得到足够的重
视,据此我们才可能更深层地分析比较者的认知与其比较研究的成果之
间紧密的关联。

朱本源说,我们接受西方的观念,勿需自我解嘲,这是一段很自信的
文字,这种自信向读者展示了当代中国学者对于西学兼容并包的态度,而
学问乃天下公器,本无中西之分,中西史学理论的比较研究目的不在于证
明孰优孰劣、孰先孰后,而是为了开辟我们认知过去、认知现实的新的道
路。何兆武亦有如此看法。

在《所谓西学与中学》一文中,何兆武认为:"从近代中西思想文化接
触的一开始,中国方面就陷入了一个形而上学的思想误区而不能自拔,即
她给学术思想划定了一条截然不可逾越的分界线,认定了有所谓中学、西
学之分。应该承认学术与思想可以有高下之分、优劣之分、正确与错误之
分,但在本质上并无所谓中西方分。"②何兆武认为,从治学之目的而言,
我们无需分中西以画地为牢,但我们要了解不同的学术思想,却可以深入

---

① 朱本源:《孔子史学观念的现代诠释》,《史学理论研究》1994 年第 4 期,第 37 页。

② 何兆武:《所谓中学与西学》,何兆武:《何兆武学术文化随笔》,中国青年出版社,1998
年,第 26 页。

到学问发生的历史性情境中去了解。不同的学问存在着时代性的差异。

何兆武在思考中西传统思维方式的异与同,他明确表示这是"根据自己今天的认识和理解去观察和评判过去"①。对于中西传统精神的历史性差异,何兆武的着眼点也是从思维类型入手,他认为:"中国传统精神所祈求、所趋向的,往往并不是一座求知之门,而是一座入德之门"②,"中国的传统思维方式总是要把人伦纲纪置诸首位,然后再把它扩大成为自然世界的普遍法则"。与此相对应的一个总结便是,大体上,中国思想的主流是主德,西方则是主智,"中西双方思想的对比,在某种意义上可以说是主德与主智的对比,是道德与知识的对比,亦即伦理与科学的对比"③。

何兆武在思维类型的差异上去把握中西史学思想,只是,他没有过多着笔比较研究中西史学理论的具体问题,而将主要精力用以追寻可以运用于现时代的历史思维、历史思想的普遍性原则;他对于这些史学理论根本问题的直接表达④,则是实践着他的理想,即无论中学、西学,皆为我现实所用,令其在现实的实践中一同书写一部知性与德性相结合的思想史和世界史。

朱本源和何兆武对于中西学术或史学思维类型的反思与自觉,可以说代表了 20 世纪最后 20 年中西史学理论比较的主要方向,在这个方向上的另一位研究者刘家和同样表现出两个鲜明的特点:一、在比较研究中对于比较者的理论立场有着自觉;二、以史学思维类型为对象考察中西之异同。

对于自身研究的立足点和理论前提进行反思,现在可以认为是史学理论研究者的一种必须的习惯。1996 年,刘家和在更大范围地展开中西

---

① 何兆武:《所谓中学与西学》,第 29 页。
② 何兆武:《中国传统思想与近代科学》,何兆武:《何兆武学术文化随笔》,第 93 页。
③ 何兆武:《中国传统思想与近代科学》,第 98 页。
④ 可参见何兆武:《对历史学的若干思考》,《史学理论研究》1996 年第 2 期;《历史学两重性片论》,《史学理论研究》1998 年第 1 期;《历史两重性片论》,《学术研究》1998 年第 2 期;《对历史学的反思》,《史学理论研究》2006 年第 4 期。

史学比较研究之前,就曾预先在《历史的比较研究与世界历史》①一文中,讨论历史比较研究的限度问题。他首先从逻辑的角度出发,认为无异之同与无同之异,均不具备比较研究的条件。比较研究首要目的在于辨异同、明一多。同中见异、异中见同,都是比较研究通过处理研究对象彼此之间的特殊性与普遍性问题而将历史研究推向深入的指导性思维方式。然而,"历史的比较研究的局限性,就在于其自身离不开有意识的角度选择。因为,既有角度的选择,就必然有视域的规定性。而规定即否定,在选定视域以外的,自然就是被忽略的。因此,如果我们不是清醒地认识这种局限性的存在,那么就必然会把自己一时比较研究所得视为绝对真理,从而陷于一种盲目自信的状态"②。由于这种局限之存在,历史比较研究者须得以历史主义的态度向未来开放,因为,随着条件的变化和发展,人们会有新的视角,而比较研究也必定获得新的发展。

在《历史比较初论:比较研究的一般逻辑》③文中,刘家和的思考循着历史主义的思路更进一步,在反思了托马斯·库恩和费耶阿本德有关不可公度性的思考之后,他梳理了比较研究的一般逻辑,并试图给予历史比较一种认识论上的说明。其结论有六:一、比较是不可公度性与可公度性的统一;二、比较研究中,如果可公度性意味着"相同"的话,不能由比较对象之间局部要素的可公度性推导出整体的可公度性;三、比较对象的可公度性与不可公度性随着比较者设定的比较范围或概念层次而变化;四、比较研究意在认识事物的本质,在这个意义上,我们甚至可以认为,没有比较就没有认识;五、由于比较范围的选择、可公度性及语言分类结构是比较者主观预构的结果,因而,事物的本质并非外在于比较者的客观存在,而有赖于比较者的理论构想;六、比较研究必须以某种认同为基础,同时意在生成新的认同,但这绝不意味着追求一种毫无差异的认同;相反,保

---

① 刘家和:《历史的比较研究与世界历史》,《北京师范大学学报》1996 年第 5 期。此文同见刘家和:《史学、经学与思想》,北京师范大学出版社 2005 年版,第 1—10 页。
② 刘家和:《历史的比较研究与世界历史》,第 51 页。
③ 刘家和、陈新:《历史比较初论:比较研究的一般逻辑》,《北京师范大学学报》2005 年第 5 期。

持差异是比较研究成为一种创造性活动的源泉。

贯穿上述两文的是刘家和日益深化的历史主义思想,在他的头脑中,历史主义思想涵盖的某些要素,作为一种历史性的存在蕴涵在古代中国史学之中,同时又获得过近代欧洲自维柯、赫德尔、德罗伊森、狄尔泰以来历史主义思潮的滋养。像柯林武德所说,"历史哲学应该包含那些思考历史的人心中普遍地和必然地产生的思想"①。对于历史比较理论的这种一般性问题的探讨,本身表明刘家和如同朱本源和何兆武那样,认识到它不是一个中学或西学的特殊性问题,而是凡比较研究者都不得不进行思考的普遍性问题,也是一个中西比较史学家都不可回避的历史哲学问题。刘家和正是在形成这样一种历史哲学的过程中,在有关历史比较理论的高度抽象的认识论分析的基础上,展开更为具体层面的中西史学理论比较研究的。

"真"与"用"、"常"与"变"、"一"与"多"、"普遍"与"特殊",等等,这些逻辑上存在的矛盾概念正是萦绕在中西史家头脑中的一般性问题。刘家和对于中西史学理论具体问题的比较研究随之展开。

在讨论史学的求真与致用问题时,刘家和以丰富的例证表明,中西古代史学均看重史学的求真与致用这一问题,但区别在于,"古希腊哲学家是以为真理只有从对象的永恒状态中来把握的,而中国古代的学者却以为真理只有在对象的运动状态中才能把握"②。在这样的思想之下,中国传统史学注重在动态过程中实现史学的求真与致用之功。另一方面,中国传统史家较之西方史家的不足之处在于,他们对于求真与致用的限度缺少深入的理论思考,以至史学对于经世致用的追求也不时以滥用的方式表现出来,而对于"真"的考索也只是流于"实录"与"直书"的简单理解。

司马迁有"通古今之变"一说,刘家和认为,这一认识表明司马迁领悟了史学之用及其限度,但未及透彻说明。"历史的过程中既有其'通',又

---

① R. G. Collingwood, *The Idea of History*, Oxford, 1993, p. 357.

② 刘家和:《史学中的求真与致用问题》,《学术月刊》1997 年第 1 期,第 113 页。

有其'变',非'通'无以见其'变',非'变'又无以成其'通'"①。刘家和通过分析"古""今"这两种"实际"之间存在的张力来说明"真"与"用"之分别作为史学之体用,即"史学作为知识系统来说,其内容为过去的实际,其目的在于求真;而史学作为价值系统来说,其功能在于为今人的实际服务,其目的在于求善。如果换一个说法,那就是,史学之体在于其为真,而史学之用则在于其为善"②。如此的判断,是刘家和对于史学之根本性质的一种见识,也正是因为有了这样一种对于史学之本质的宏观视野,他开始探索中西史学在历史中各自曾经存在的理论偏向。

刘家和对于"通"与"变"这一对中国传统史学概念的辩证理解很快将其引入到有关"变"与"常"的分析之中。司马迁承《周易》之变通思想,其"通古今之变"之"通",既有"通晓"客观历史之"通体"过程的两重含义。司马迁以历史之变说明历史之通之常。③ 如果说"通"或"常"是指的那种历史之常规,那么,以"变"来说明它,则说明中国传统史家对于历史性思维有了足够的自觉。这种认识很快又在《论通史》④一文中得到了进一步发扬,并且真正延伸为中西传统史学根本特质的概括和阐述。

刘家和比较了西方的"普世史"(universal history, general history, total history,等等)传统和中国的"通史"传统,其不同之处在于,"普世史固然必须以时间为经,但其重点却在共时性的普世的空间之纬;通史固然必须以空间为纬,但其重点却在历时性的时间之经"⑤。中西史学有着人文主义的共同特点,但它们又存在着极大的区别,即古代西方如柯林武德所分析的,其史学重实质主义,追求着获得一种静态的永恒的认知;而古代中国,其史学富有历史主义倾向,追求着变中之常,在历史运动之动态中把握真知。

同中见异,异中见同,通过对于中西史学中这些概念内涵的异同分

---

① 刘家和:《史学中的求真与致用问题》,第115页。
② 刘家和:《史学中的求真与致用问题》,第117页。
③ 参见刘家和:《论司马迁史学思想中的变与常》,《北京师范大学学报》2000年第2期。
④ 刘家和:《论通史》,《史学史研究》2002年第4期。
⑤ 刘家和:《论通史》,第6页。

析，刘家和逐步形成了他对于中西传统史学的基本认知框架。这一框架在历史思维类型上的不同表现，就是古代西方的逻辑理性与古代中国的历史理性之间存在的差异。

刘家和在《论历史理性在古代中国的发生》①一文中，论证了历史理性在古代中国得到了充分的发展，它在殷末至周初与道德理性保持了一致性；在西周后期至秦，则背离了道德理性而附合于自然理性；到汉代，历史理性与道德理性重新结合，并与自然理性兼容。对于古代西方来说，是逻辑理性而不是历史理性得到了充分发展，它同样是在与道德理性和自然理性的相互关系中发展。刘家和将中国传统史学思维的核心归于历史理性，而将西方传统史学思维的核心归于逻辑理性，这与朱本源最终将中西史学思维类型的差异定位在"求善"与"求真"的差异一说有着异曲同工之妙，他们都为我们理解中西史学提供了合乎情理且论据充分的认知框架。

无疑，将理性分解为历史理性、逻辑理性、道德理性和自然理性，并界定它们各自的内涵，分析探讨它们彼此之间的关系，这更有利于我们精确和细致地考察研究对象之间的类型差异。这种做法本身就是以我们现时代具有的逻辑理性为前提展开的研究，由于其意图在于认识不同历史情境中事物的变与常，因而它又在史学研究的实践过程中贯彻了历史理性思维。对于刘家和而言，历史理性、逻辑理性之间如何融贯，以及它们与道德理性、自然理性之间的关系如何，这些乃是当今史学理论需要思考的关键问题，也是我们现在这个全球化时代中跨文化交流的核心问题。我们在史学史与史学理论研究中进行的每一个个案分析，都可以以这样的视角加以解析，并使得我们可以从研究对象的实际与我们现实的实际之间存在的"古今之变"中，领悟历史的真谛。②

---

① 刘家和：《论历史理性在古代中国的发生》，《史学理论研究》2003 年第 2 期。

② 在以下三文中，作者进一步从个案分析中不断证实这种理论假设。它们是：刘家和、李景明、蒋重跃：《论何休〈公羊解诂〉的历史哲学》，《江海学刊》2005 年第 3 期；刘家和：《从"三代"反思看历史意识的觉醒》，《史学史研究》2007 年第 1 期；蒋重跃、刘家和：《先秦儒家历史理性的觉醒》，《学术研究》2007 年第 4 期。尤其在《先秦儒家历史理性的觉醒》之中，作者在总结孔、孟、荀有关"变"与"常"、"天"与"人"、"古"与"今"之中的历史性思想之时，还分析了"性"与"习"作为历史之常与变之根本原因的问题，从而给予先秦儒家的"人性"论一种贯穿着历史理性的阐释。

在中西史学比较研究的进程中,海外学者的介入不算晚。当年杜维运、汪荣祖所要纠正的那些西方学者对中国史学的误解,已经对这种介入的资料有一番说明。如今,朱政惠更有长文《海外学者对中国史学的研究及其思考》①,令我们得以概览海外学者对于中国史学的关注。然而就更为专门也足够深入的中西史学理论比较而言,海外学者涉足浅淡的情形直到 20 世纪 90 年代才出现转机,甚至呈现出一股小小的热潮。这多有赖《历史与理论》杂志的推动。

1994 年,葛朗特·哈代在《一位古代中国史家对现代西方理论能有所贡献吗?——论司马迁的多重叙事》②文中表明,他写作此文,或者说要进行中西史学理论比较的意图在于,或许借鉴中国,可以为那些想摆脱西方传统历史写作和思维模式的西方学者开拓出新的道路。哈代在路易斯·明克和海登·怀特的叙事理论背景下思考中国史学,他将司马迁的本纪、世家、列传、表、书视为五种视角不同的叙事形式。他认为,《史记》给西方读者最初的冲击往往是:其历史记述没有统一的叙事表达(narrative voice),没有表现出一致的融贯性和可追踪性,常常不在一个单一的叙事中记述事件,记述前后也经常不一致。③ 但这些令西方学者感觉怪异的地方,尤其是不一致的多重叙事,却是可能给传统西方历史写作带来新思维的源泉。哈代借助于威廉·福克纳和米兰·昆德拉在小说中运用多重表达(multiple voice)的笔法来类比司马迁的历史写作。他以《史记》中对于魏豹的多重表达为例证认为,司马迁的多重叙事体现出一种对于人物与事件的更为情境化的理解模式,它不追求传统西方意识上的那种客观性。这与明克与怀特所倡导的多重叙事理论近似。于是,哈代便为叙事理论在未来西方史学中运用的可能性求得一个来自中国的实践例证。此外,《史记》之"真"不像西方学者那样是力求"客观",恰恰是因为司

---

① 朱政惠:《海外学者对中国史学的研究及其思考》,《史林》2006 年第 4 期。

② Grant Hardy," Can an Ancient Chinese Historian Contribute to Modern Western Theory? The Multiple Narratives of Ssu-Ma Ch'ien",*Hisotry and Theory*, Vol. 33,February,1994,pp. 20-38.

③ Grant Hardy," Can an Ancient Chinese Historian Contribute to Modern Western Theory? The Multiple Narratives of Ssu-Ma Ch'ien",pp. 23-24.

马迁接受了儒家春秋笔法,他对史实的准确性与叙事的一致性方面的要求并不是西方传统史学理论能够解释的,这是因为司马迁认为历史是一种道德评述,过去的事件可以通过不同方式加以阐释并且没有最终定论,还有就是许多事情未知可存疑不论。

哈代借《史记》中的史学理论思想来为西方史学的后现代主义动向提供佐证,这与我们在 20 世纪初以介绍西方史学引导中国"新史学"意图是一致的。在西方后现代思潮的影响下,哈代很快注意到中西史学的差异在于历史观念和思维方式上的不同,而这样的不同又根源于我们各自在处理历史写作与道德的关系这个问题上态度不一。以历史主义为思想基石的西方后现代主义,赋予意识形态和伦理道德在历史写作中合法的地位,它隐约和刘家和所阐述的中国古代史学的历史理性传统有暗合之处,但这种理论的意义恰恰需要在实践中证明。哈代以司马迁的文本及其阐释充当证明,旨在加速后现代主义思想引导的史学实践,以一种传统的中国历史思维来丰富当代西方历史思维,以促成进一步的史学变革,而这种变革的方向对于全球跨文化交流成为现实的情境而言,很有可能就是朝向构成一种超越中学、西学的历史新思维的。

在哈代以后,我们注意到有更多的西方史家与东方史家①一道,都希望通过认识和比较不同类型的中西印(度)历史思维,追求并构成当代历史研究的新思维。这是一种超越中西传统史学思维之局限的新思维,也是在跨文化交流之中才可能形成和具有实践可能性的新思维。在《历史

---

① 除中国史家之外,日本史家佐藤正幸,印度史家 Ranjan Ghosh 也积极投入其中。

与理论》之后十余年中呈现的两组与中国史学相关的专题文章①中,我们更能够感受东方和西方学者的这种共同愿景。德国历史哲学家耶尔恩·吕森是其中主要代表。

同在 1996 年,耶尔恩·吕森像刘家和一样,将对于比较理论的反思当作深入讨论中西史学理论比较的前奏。如果说刘家和探讨的是历史比较何以可能的问题,吕森则要回答历史认识过程中的哪些内容可以纳入比较之中。

在《跨文化比较历史学的若干理论分析》中,吕森尝试为跨文化比较历史学提供一种理论的基础,以此避免在比较研究中,来自不同文化的学者赋予各自文化传统中的历史思维一种优先性。吕森认为:"通过回忆、解释、表现过去,各民族理解了他们现在的生活,并形成了对他们自己及其世界的未来的看法。在这种基本的和人类学的普遍的意义上,'历史'是某种文化对于过去的解释性回忆,它成了一种为现在的群体定向的方式。在当下为了文化定向而理解过去是一种基本的和基础的过程,说明该过程的理论是跨文化比较的起点。"②这是吕森历史哲学关注的最根本

---

① 1996 年,《历史与理论》杂志请施耐德等组织了"比较视角中的中国史学"专栏,其中包括文章有:Susanne Weigelin-Schwiedrzik, "Introduction to 'Chinese Historiography in Comparative Perspective'", Jörn Rüsen, "Some Theoretical Approaches to Intercultural Comparative Historiography", Benjamin Schwartz, "History in Chinese Culture:Some Comparative Reflections", Michael Quirin, "Scholarship, Value, Method, and Hermeneutics in Kaozheng:Some Reflections on Cui Shu (1740—1816) and the Confucian Classics", Axel Schneider, "Between Dao and History:Two Chinese Historians in Search of a Modern Identity for China", Susanne Weigelin-schwiedrzik, "On shi and lun:Toward a Typology of Historiography in the PRC", Arif Dirlik, "Chinese History and the Question of Orientalism", *History and Theory*, Theme Issue 35, December, 1996,2007. 该杂志请耶尔恩·吕森组织了"中国与西方的历史思维"专栏,其中包括文章有: Chun-Chieh Huang(黄俊杰), "The Defining Character of Chinese Historical Thinking", Jörn Rüsen, "Crossing Cultural Borders:How to Understand Historical Thinking in China and the West", F.-H. Mutschler, "Sima Qian and His Western Colleagues:On Possible Categories of Description", Q. Edward Wang(王晴佳), "Is There a Chinese Mode of Historical Thinking? A Cross-Cultural Analysis", Ranjan Ghosh, "India, itihasa, and Inter-historiographical Discourse", Masayuki Sato(佐藤正幸), "The Archetype of History in the Confucian Ecumene", *History and Theory*, Vol. 46, No. 2,May, 2007.

② Jörn Rüsen, "Some Theoretical Approaches to Intercultural Comparative Historiography", pp. 8-9. 中译文可见陈新译:《跨文化比较历史学的若干理论分析》,瞿林东主编:《史学理论与史学史学刊(2004—2005 年卷)》,社会科学文献出版社,2005。

的问题,正是在当下为了文化定向而理解过去的过程中,各文化促成了历史意识和历史思维的产生,也借此通过历史叙述令过去生成了意义。而在这个过程之中,又有许多要素是不同文化共同具有的,我们可以比较这同中之异,如在共时性上可以比较的要素有:有关历史叙述的文化实践类型,历史感知或意义的类型,历史意识的状况,历史意识的内在策略与运作,历史感知的种种传统,历史学的表现、媒介、种类及其形式,历史定向的不同功能;在历时性上可以比较的要素则与历史中的种种变化相关,如不同文化处理过去的内在合理化过程,历史认同的形成过程,等等。

吕森试图提出一种历史意义生成的普遍性理论充当历史比较的前提,尽管这种做法看起来是要抓着自己的头发脱离地球,但我们必须承认这位理想主义者的努力是有价值的。吕森明知不可为而为之,这是因为,在逻辑上这一不可为之事在现实实践之中却是必需的。假定并追求一种跨文化的普遍意义仍然是我们的理想,它同时是我们研究的起点和终点,没有它,我们就丧失了赋予现实以意义的根源。这种类似于康德认识论转折中的对于理论作为认识世界之必要前提的看法,为吕森及其同行带来了中西史学理论比较的丰富题材。例如,黄俊杰就以历史之意义生成的方式,讨论史学在构建古代中国人的世界观和生活哲学中的重要作用。他认为中国传统历史思维是一种道德思维,它具有两个特点,一是带有隐喻性质的类比性思维(analogical thinking),它常以部分代表整体(pars pro toto),并具有融贯性;二是具体性思维。中国与西方遵循的是不同的意义生成模式。[1] 吕森不这么认为。在他看来,中国和西方的传统历史思维均有着同样的逻辑,即范例式的意义生成逻辑(the logic of exemplary sense-generation)。倒是随着近代自然科学的兴起,这种范例式的意义生成逻辑开始转变成发生学式的意义生成逻辑。[2] 穆启乐在与黄俊杰的讨论中,就以吕森所言历史思维和历史编纂所提供的文化定向能力,对古代

---

[1] Chun-Chieh Huang(黄俊杰), "The Defining Character of Chinese Historical Thinking", *History and Theory*, Vol. 46, No. 2, May 2007, pp. 180-188.

[2] Jörn Rüsen, "Crossing Cultural Borders: How to Understand Historical Thinking in China and the West," *History and Theory*, Vol. 46, No. 2, May, 2007, pp. 189-193.

中国与古代罗马进行了比较；他也进一步将吕森在"范例式意义生成"中的范例分解成"作为例子（case/instance）的范例"和"作为典范（model/paragon）的范例"，古代中国和古代罗马从后者，而古代希腊从前者。[①]

自晚清以来，中西史学理论比较的历史已经超过百年。本文蜻蜓点水式的描述一定不足以令读者概览全貌。这百余年的历史也是中西文化交流最为炽烈的历史，尽管这样的印象目前更多是以中国学者的感受而言。相信中国文化的不断发展以及国力的不断强大，有关中西比较的研究才会表现出更多旨在超越中西之特殊性的普遍追求，但指向未来共同性的任何研究，都不得不立足于对历史之差异的尊重，这便是历史比较研究的依据所在。

文章修订过程中，得到刘家和先生、张越教授、彭刚教授不吝赐教，在此特表感谢。

（原载《清华大学学报》2010 年第 6 期）

---

① F.-H. Mutschler, "Sima Qian and His Western Colleagues: On Possible Categories of Description," *History and Theory*, Vol. 46, No. 2, May, 2007, pp. 194-200.

张正萍

作者简介:张正萍,1980 年生,女,史学硕士、文学博士,现任浙江大学人文学院历史系讲师,主要从事西方近代思想史及西方史学理论与史学史研究。

理解休谟经济思想的三个维度

　　1776 年 11 月 9 日,休谟逝世后不久,斯密在致威廉·斯特拉恩信件的结尾处是这样评价休谟的:"总而言之,我始终认为,无论生前死后,如同人类脆弱的本性可能允许的那样,他都接近于具有完美的睿智和德性之人的那种典范。"①作为休谟的挚友,斯密的悼词巧妙地避开了争议不断的休谟哲学,只是高度评价了休谟的人格气质,说他"和蔼可亲"、"宽大为怀"、"朴实大方"、"幽默诙谐",等等,如今看来这些赞美之词即便再多一些也不过分,但在当时,这封对休谟高度评价的信件公开发表之后却引来一轮对休谟的攻击。② 历史证明这些攻击最终烟消云散,而休谟的哲学、历史、文学、政治、经济和伦理学以及人的科学,依然位列于思想史的长廊之中。

一　休谟生平与其经济论文

　　休谟于 1711 年旧历 4 月 26 日(18 世纪旧历比新历早 11 天)出生在爱丁堡,是霍姆家(休谟原来姓氏是 Home,后改为 Hume)的次子。父母双方均系名门贵族,但不幸幼年丧父,其母独自支持家庭。由于家境并不

---

　　① *The philosophical works of David Hume*, including all the essays, and exhibiting the more important alterations and corrections, in the successive editions published by the author, in four volumes, Volume I. Thoemmes Press, 1996, XXV.

　　② "斯密在写这封信的时候根本不想伤害人们的基督教信仰,他只不过为自己喜欢的朋友说了几句好话,记录下他从朋友身上观察到的一些非凡的品质而已。但是在当时的人们听来,这些直率的话就想向对宗教信仰本身的直接挑战。"见约翰·雷:《亚当·斯密传》,周祝平、赵正吉译,华夏出版社,2008 年,第 242—243 页。

富裕,休谟的大学教育并不完整。1725 年,休谟从爱丁堡大学肄业退学,还乡自学。因其次子身份,休谟能够继承的遗产微乎其微,因而青年时代总有生计顾虑。他曾在商场上略试身手,做过会计,最终放弃这些尝试,隐居法国乡间潜心读书。其第一次学术努力因《人性论》的无声无息而以失败告终,对他打击颇大,直至 1742 年《论文》(Essay)发表才略有成功。此年,休谟 31 岁。10 年之后,休谟才算声名鹊起。1752 年出版的《政治论文集》大获成功,各种评论纷至沓来,连同以前不被关注的《人性论》及其改写也得到评论。但这 10 年之间,休谟在求职中又遭到两次打击:1744 年申请爱丁堡大学伦理学和精神哲学教授职位失败,1752 年申请格拉斯哥大学道德哲学教授职位,再次失败。最终,《英国史》的发表为休谟赢得了声名,还带来不菲的收入。然而,即便在休谟名利双收之后,反对之声依旧,甚至更多。①

1776 年 4 月 18 日,休谟预见到自己不久人世,便提笔为自己做传:对于自己的文名,他不再牵挂;对于自己的人品,他深感欣慰;对于曾经遭受的诽谤,终其一生他都未作任何辩护;他肯定自己绝非错置了这份自负之心,事实可以明鉴。② 四个月之后的 8 月 25 日,休谟平静离世。在休谟的一生中,他曾为生活逐利,也曾参与政治事务;担任过贵族家庭的私人教师,也曾担任陆军中将的随军秘书、大使秘书、国务大臣的副大臣等这些显赫高官;但其大部分时间都过着文人的生活,笔耕不辍,勤勉治学,以其深邃的哲学思维洞悉人性,以旁观者的姿态思考政治经济的历史与现在,以参与者的身份品鉴道德与审美的趣味。

从其生平来看,休谟一生算不上顺利,早年颇受挫折,成名之后陷入宗教审判的危险之中,这与他的朋友斯密的一帆风顺大不相同。然而奇怪的是,前者对待自己生活的时代充满乐观与信心,而后者在晚年则颇有

---

① *The Letters of David Hume*, No. 345, edited by J. Y. T. Greig, Volume II, Oxford at the Clarendon Press, 1932, pp. 74-75. 参见陈尘若编写《作者生平和著作年表》,休谟:《人性论》(下),关文运译,商务出版社,1980 年,776 页。1766 年,休谟"告诉杜尔阁,五十年代,反对他休谟的大书小册子可以摆满一个大房间"。这份生平和著作年表清晰地表明,对休谟的批评和质疑在他有生之年从未停止过,即便在他去世之后,各种批判也未消停。

② 参见《休谟自传》,休谟:《人类理解研究》,关文运译,商务印书馆,1957 年。

疑虑。或许,休谟个性中乐观的精神对他的思想多少有些影响;同时,英国上升的经济社会中的"进步观"也成为一股潮流——即便当时的思想家们也会谴责商业社会的腐败问题,但"进步"是无法否认的。恩格斯在《反杜林论》中评价休谟经济论文时写道:"他的经济论著之所以能影响当时的知识界,不仅是因为卓越的表达方法,而且更多地还是因为他的论著是对当时繁荣起来的工商业做了进步的和乐观的赞扬,因而他的论著自然要博得资本主义社会的'赞许'。"[1]这一评价正确,但并不完全。休谟的政治论著大受欢迎,的确如恩格斯所说"博得资本主义社会的'赞许'",但这不应该成为恩格斯批评休谟的理由。而恩格斯又就休谟的生平写道:"正如对一个苏格兰人所应当希望的那样,休谟对资产阶级赢利的羡慕,绝不是纯粹柏拉图式的。他出身贫穷,可是后来却达到每年一千镑的巨额进款……他是对'教会与国家'颂扬备至的辉格党寡头统治的热烈拥护者,为了酬谢他的这些功劳,所以他最初得到巴黎大使馆秘书的职务,后来得到更重要的、收入更多的副国务大臣的官职。"[2]如此将休谟置于既得利益者的地位,有损于休谟经济思想的理解。由于杜林指出休谟在"整个科学部门(经济学)的创造是更有见识的哲学",并被抬到很高的地位,所以很不幸,杜林对休谟的赞扬都成为恩格斯批判的借口,自然也不会给休谟什么好语气。无论如何,休谟的出身都算不上"贫穷",而他没能更长寿,没能活到谴责"资本主义"的时代。在他去世的 1776 年,《国富论》才刚出版,美洲殖民地才刚独立,法国大革命十几年之后才爆发。因而,我们需要在历史中重新审视休谟的经济思想,现在仍然有这种必要。

回到 1752 年,《政治论文集》首次出版,论文 12 篇。[3] 事实上,休谟在与詹姆斯·奥斯瓦尔德、图克(又译"塔克")等人通信讨论的基础上形成

---

① 《马克思恩格斯全集》(20),人民出版社,1956 年,第 264 页。

② 《马克思恩格斯全集》(20),264－265 页。事实上,恩格斯在《反杜林论》中对休谟关于利息、税收、货币等的论文都做了批评。这种批评现在或许应该重新看待。

③ 即:《论商业》、《论奢侈》、《论货币》、《论利息》、《论贸易平衡》、《论势均力敌》、《论赋税》、《论社会信用》、《论某些值得关注的惯例》、《论古代国家之人烟稠密》、《论新教继承》、《论完美共和国的观念》。

了这些经济论文①。他们争论的中心问题是：是否有这样的"自然的"过程，在这种过程中，国际经济会自然而然地保持平衡，如果平衡被打乱，不需要政府的广泛或有步骤的干预即可自行恢复；如果有这样的"自然的"过程，它又是如何起作用的。② 在前面第六章的论述中，休谟的确以"自然过程"为中心就商业、货币等问题做出了精彩的回答。

介绍、评论和不同译本接踵而至。同年一月，斯密据此书在格拉斯哥文学社（Literary）宣读了休谟论述商业的几篇文章。此书出版后，休谟惠赠孟德斯鸠，不久巴黎有了勒·布朗神父的法译本。苏格兰的《每月评论》（Monthly Reviews）一月号以 19 页评论《道德原理探究》，25 页评论《政治论文集》；二月号继续评论后者；阿姆斯特丹《欧洲……分类书目》以 5 页向大陆读者介绍该书；1753 年，爱尔兰根学报和哥廷根学报分别于六月号、九月号和五月号、八月号先后评论《哲学论著》和《政治论文集》。③ 由于欧洲各国的经济发展各不相同，此书所引起的争论侧重点也各不相同。

同一个文本，每个时代的经济学家都会有不同的解读。在经济学经历了非常专业化、理论化的当代，解读休谟经济论著也会有不同的维度。思想史探索的目标之一是尽量接近思想本身，进而提供一些启示。因而，探讨休谟的经济思想应该考虑更广、更深的经济思想史维度。

二 在历史经济学的视野下

在历史经济学的视野之下谈论一位 18 世纪作家的经济论著是理所

---

① 这些信件散落在不同的书信集中。参见 Istavan Hont，*The 'rich country-poor country' debate in Scottish classical political economy*，note 8；Istvan Hont，Michael Ignatieff，*Wealth and Virtue：The Shaping of Political Economy in the Scottish Enlightenment*，Cambridge：Cambridge University Press，1983，pp.275-276.

② 胡企林：《简评休谟的经济理论》，休谟：《休谟经济论文选》，商务印书馆，1984 年，第 2 页。

③ 参见陈尘若编写《作者生平和著作年表》，休谟：《人性论》（下），关文运译，商务出版社，1980 年，第 762－763 页。

应当的,却似乎是边缘的。在那场著名的方法论之争过后,理论经济学在经济学界获得了广泛的胜利,并且成为经济学研究的主流,而历史经济学在 20 世纪以来的大部分时间里都处于边缘的地位。这场方法论之争发生在大约 19 世纪 70 年代,一直延续到 20 世纪二三十年代,即奥地利学派与德国历史学派之间、英国历史经济学家与理论经济学家之间关于经济学归纳研究与演绎研究的争论。在英国,"1870 年至 1926 年间,英国历史经济学家对古典经济学和新古典经济学在理论、政策指导及学术等方面在英国的统治地位提出挑战。他们把经济史创建成一门独立的、受到学术界认可的研究领域,鼓励开展应用经济学研究,推动公共管理和企业管理的研究,推出了颇有价值的经济思想史论著,并对演绎经济学的普遍性与社会效用加以限制"①。历史经济学家尝试创建兼有经济史、应用经济学、经济思想史与经济理论的历史经济学模式,到 20 世纪初也获得了一定的成功,在各大院校的经济学教学计划中占有相当大的份额,并创办了相关杂志。但从经济学本身的发展来看,最终获得胜利的是理论经济学,虽然马歇尔、凯恩斯等人在方法论上都是综合性的,但在这场争论中,他们站到理论经济学的一边,摒弃了归纳的经济研究:马歇尔选择了更理论化的庇古接替了他的教职,凯恩斯也更倾向于抽象的演绎法。但是,马歇尔及其追随者也越来越认识到:一切经济思想和经济政策必须与特定的时间和地点相对应②。

之所以重提这段历史,并且可以将休谟的经济论著置于历史经济学的视野之下考量,主要是因为:18 世纪的经济论著,无论休谟的论文还是斯密的专著,他们在写作中并没有刻意运用归纳或演绎的方法,往往是两者兼而有之③;就休谟而言,我们从历史经济学的角度分析他的人口论、

---

① 杰拉德·M·库特:《英国历史经济学:1870—1926——经济史学科的兴起与新重商主义》,乔吉燕译,中国人民大学出版社,2010 年,第 217 页。
② 杰拉德·M·库特:《英国历史经济学:1870—1926——经济史学科的兴起与新重商主义》,222 页。
③ 这一点,参阅库特在《英国历史经济学:1870—1926》列举的历史经济学家乔治·昂温等对斯密《国富论》的研究成果即可。关于归纳和演绎的方法论之争,笔者认为不能刻意将 18 世纪作家运用的方法简单地归类。

公共信用以及国际贸易等问题会更清晰,而且也应该如此。

比如,休谟的长篇论文《论古代国家之人烟稠密》所运用的归纳方法。虽然该文中的论断早已被后来的马尔萨斯人口论证实而基本被忽视,但对于经济研究仍有方法论的启示。18 世纪,孟德斯鸠等人仍然主张当代的人口数量不及古代。休谟在这篇长文中从历史记载、从自然条件、从生理和精神等多个方面证明现代国家更利于人口增长,指出人口增长与政治经济等方面的发展密切相关。在政治环境方面,古代奴隶制、弃婴、杀婴制都不利于人类繁衍,军事和政治动荡对于人口增长也无好处;虽然现代的宗教制度也不利于人口增长,但总的说来,现代农业、制造业和商业的发展都有利于人口的自然繁衍。"人口最终不仅要受到政治因素的制约,同时也受到食物供应的制约,而食物供应又进一步受到该社会的经济组织形式的制约。"①食物供给和价格变动、居住和医疗条件和技艺改进的状况,交通运输和贸易系统,婚姻和抚养子女的条件,古今气候变化,宗教信仰,等等,这些因素都会影响到人口的增长。② 休谟在古希腊罗马作家的大量文献中挑拣他认为可信的数据,描述古代农业和工商业发展的情形,对比当时欧洲的政治经济状况,在综合比较之后得出古代人口并不如人们想象的那样多的论断。在当时的观察家看来,18 世纪的英国也存在着一些不利于人口增长的问题,比如食物骚乱③、交通不便④、教区在册的出生率和死亡率难以显示人口增长趋势⑤,等等,但相对古代来说,现代废弃了奴隶制,杀戮也不像古代那样频繁,政治自由和经济自由都有了

---

① 斯金纳:《经济学理论》,亚历山大·布罗迪主编:《苏格兰启蒙运动》,浙江大学出版社,2010 年,第 171—172 页。

② David Hume, *Of the Populousness of Ancient Nations*, see PW, Vol. III, pp. 410-493.

③ 参见 Christopher A. Whatley, *Scottish Society*, *1707—1830*: *Beyond Jacobitism, towards industrialisation*, Manchester University Press, 2000, p. 190. 以及周立红:《论 1740—1800 年英格兰食物骚乱》,《史学月刊》2005 年第 1 期。

④ 18 世纪的道路建设,基本依靠地方教区完成,但大多数道路状况都非常泥泞,即便富人出行也有很大困难,而教区与教区之间的界限也非常难以逾越。"穷人要越过教区的人为界限比军队跨过大海、翻越高山还要难。"参见 T. S. Ashton, *An Economic History of England*: *the 18ᵗʰ Century*, London: Methuen & CO. LTD, 1955, p.14.

⑤ T. S. Ashton, *An Economic History of England*: *the 18ᵗʰ Century*, London: Methuen & CO. LTD, 1955, p. 5, p. 7.

很大的改善。我们考证休谟人口论的方法以及论证他的这些论断,需要运用历史经济学的研究方法:在史料中寻找证据,从政治经济等各种社会现象中归纳出合理的论断。

同样,我们了解休谟论述公共信用的依据,需要考察 18 世纪英国银行业、物价水平、英国政府的财政政策以及同时代人对信用问题的论述。据克拉彭统计,自英格兰银行 1694 年成立直到 18 世纪末,英国金融业共经历了 9 次危机,有时候还演化为金融恐慌:1696 年、1701 年、1720 年、1745 年、1753 年、1763 年、1772—1773 年、1783 年和 1793 年。[①] 其中有 5 次金融危机发生在休谟的生活中,而 1772—1773 年的金融恐慌在休谟与斯密的通信中被特别强调。[②] 沃尔波尔和皮特当政时期的税收政策,以及 1745 年詹姆斯王党人的反叛行径对公共信用有着或大或小的影响和冲击。战争、投机行为、金融和财政政策等都会影响商业社会这一脆弱的公共品——信用这一商业社会的主题之一。如此频繁发生的金融危机,自然会引起观察家们的注意。笛福、斯威夫特、伊萨克·德·品托(Isaac de Pinto,1715—1782)等人都对信用问题发表过评论。从历史角度评价休谟的"公共信用"论,需要综合考虑各种因素。在经济史中考察信用问题,为当下的金融社会提供借鉴,这不失为一个好的研究课题。

显而易见,休谟经济论著中的很多问题都可以置于历史经济学的视野之下重新论证,而且相信在《英国史》的参照和经济史的背景之下,研究经济现象背后的政策得失,对拟定公共经济政策会有很多贡献。

三 在理论经济学的框架中

休谟的经济思想也可以在理论经济学的框架中评述,比如赋税论、利息论、货币数量论及相关的缓慢通胀理论等。关于货币数量论的研究,经

---

① Clapham, op. cit, i, chap, 7. 转引自约翰·H·伍德:《英美中央银行史》,陈晓霜译,上海财经大学出版社,2011 年,第 40 页。

② 参见《亚当·斯密通信集》,第 218 页。

济思想史著作已经说了很多,而且一直到现在仍有人在讨论[①]。通常,休谟的货币数量论被视为现代经济学中货币思想的源头,而且该理论在当代也还有着一定的影响。这里简要介绍一下休谟的货币数量论。

现在熟悉的交易方程式是 $MV \equiv PT$,即货币(M)乘以既定时间内换手的次数(V)恒等于商品贸易总量(T)乘以商品的平均价格(P)。据马克·布劳格的说法,17、18 世纪货币数量论的核心命题是强调"货币刺激贸易",休谟同样强调这一点。但休谟与洛克、约翰·劳等重商主义者不同的是,他强调自我调节的硬币流通机制。在休谟的假设下,T 和 V 对货币变化是不敏感的,M 和 P 将成比例地发生变化。只要货币只是一种价值标准和交易的媒介,这个理论命题就只是一种同义反复。[②] 事实上,休谟的确只是将货币视为交易媒介,而没有看作价值储藏。但是,如果将货币需求看作价值储藏——这也是所有货币理论辩论的关键——M 和 P 就必然不会按比例变化。布劳格指出:休谟说明了动态意义上的洛克的货币数量论观点,"在确定的和相当精确的意义上把 M 和 P 联系在一起,在那个时代被认为是对现实世界的一种可证实的和很清楚的说明"。[③]斯密在《国富论》中直接引述休谟的货币论,批判洛克等人。一般认为,直到 20 世纪 20 年代,休谟的货币理论才受到挑战[④];但在 20 世纪 80 年代,该理论又被货币学派重新阐发。

相应地,跟随货币数量变化而来的是利息率和国际、国内贸易的变化,这一点可作为该理论的补充。货币数量增加,利息率下降,有利于工商业发展和财富的增加。休谟指出,这种缓慢通胀在一定程度上是有利于经济发展的。等到货币在一个国家真正膨胀之后,休谟便寄希望于"富国—穷国"的经济协调,随着制造业的迁移,贫穷地区也会逐渐富裕起来,

---

①　参见 Arie Arnon, *Monetary Theory and Policy from Hume and Smith to Wicksell*: *Money*, *Credit*, *and the Economy*, Cambridge:Cambridge University Press, 2011.

②　马克·布劳格:《经济思想的回顾》,姚开建译校,中国人民大学出版社,2009 年,第 9 页。

③　马克·布劳格:《经济思想的回顾》,第 9 页

④　斯金纳:《经济学理论》,亚历山大·布罗迪主编:《苏格兰启蒙运动》,浙江大学出版社,2010 年,第 172 页。

最终造福于整个人类。不同地区货币数量的差异和流通,不会导致穷国更穷、富国更富,因为制造业会不断从成本高昂的地区迁移到成本低廉的地区,进而带动那个地区的发展。① 这是休谟设计的国际贸易模式,在自然的货币流通过程中,各地区的经济会渐近地得到发展。这个模式存在着巨大的弊端,即穷国只能通过低工资在国际劳动分工中分得一杯羹。② 休谟的确说过,贫穷地区的优势是低工资,因而可以吸引制造业的转移,而且,他在潜意识中认为核心技术最终会在竞争和模仿中为各地区共享。如此,在开放的、长远的国际分工中,贫穷地区也会变得富裕,进而制造业再向更贫穷的地区转移。在此过程中,一个完全自由开放的、毫无贸易壁垒的国际市场调控着各地区的物价、利息率和货币数量。这是休谟理想的自由贸易模式,但恐怕在现实中很难实现,毕竟各地区都会保护各自的利益,而不会采取完全自由放任的经济政策。有学者指出休谟货币论的缺陷时说:"每个贸易地区的货币数量和价格水平都由国际市场决定。各种自动调节的力量将会照顾到各种变化,而平衡机制不需要成为各种政策的目标。这一结论排除了对货币政策的必要担忧,而实际上造成货币政策概念无效,这是 18 世纪后半期形成货币思想的休谟式寓言。"③ 所以,休谟货币政策中的各种变量是需要根据不同情形进行调节的。货币学家们完全可以在这个基础上阐释他们的发现,在 MV≡PT 这个恒等式基础上作新的演绎。正如弗里德曼所言:"大概没有哪种经济中所能观察到的经验关系,像货币存量和价格短期实质变化之间的关系那样,在如此广泛的变化环境下发生得如此协调一致;这一个与另一个不变地连在一起,并按同一方向变化;我觉得,这种协调一致具有像形成物理学基础的

---

① 可参考洪特对休谟国际贸易模式的概括。Istavan Hont, The 'rich country-poor country' debate in Scottish classical political economy, in Istvan Hont, Michael Ignatieff(eds.), Wealth and Virtue:The Shaping of Political Economy in the Scottish Enlightenment,Cambridge: Cambridge University Press, 1983, pp.274-275. 这一概括适用于处于同一经济体系中的国际贸易,而没有考虑风俗习惯的影响,后者不在理论经济学的考察范围之内。

② Ibid., p.278.

③ Arie Arnon, Monetary Theory and Policy from Hume and Smith to Wicksell:Money, Credit, and the Economy, Cambridge:Cambridge University Press, 2011, p.25.

一致性那样的同样的条理。"①

因此,休谟的货币论是值得放在理论经济学的框架中讨论的;不止如此,相关的"国富—国穷"的讨论、利率、税收等也是理论经济学研究的对象。如果联系休谟写作时的那些讨论分析这些思想,肯定会有收获。

四　在人性科学的体系之内

在人性科学的体系内考察休谟的市民社会理论、社会哲学思想,这种研究方法并不少见。1982年,日本学者大野精三郎的论文《休谟对市民社会的系统认识》就是从人性科学出发的,他认为"作为《人性论》的出发点的人,即在原始状态下具有直接破坏社会的利己心的人,在《政治论丛》所探讨的商业社会的相互依存关系中,转化成了最符合自身本性的市民",以达到认识休谟对古典政治经济学建立所起作用的目的。② 这篇论文对《人性论》的分析过于简单,而对休谟市民社会理论更系统的研究在芬莱的专著中做到了。他在《休谟的社会哲学》一书中对市民社会和商业社会的结构关系做了精细的辨析,尤其是从情感出发对个体、群体的心理互动关系的分析,对后来者的研究有很大的启发意义。③ 从休谟本人自许而且也值得称道的"人的科学"出发,从一个完整的体系分析其政治哲学、社会思想等,不失为一种很好的思路。

在这一思路的引导下,我们需要特别看重休谟《人性论》中的"情感论",尤其看重人的某些秉性借助同情共感机制如何参与到社会秩序的构建之中,而同情秉性在这一过程中起了重要的作用。事实上,18世纪的启蒙思想家几乎同时都认识到同情机制在人类社会中的作用,但这一点基本被后来的研究者——无论是社会学家还是伦理学家——忽视了。

----

① 转引自马克·布劳格:《经济思想的回顾》,姚开建译校,中国人民大学出版社,2009年,第492页。

② 大野精三郎:《休谟对市民社会的系统认识》,胡企林译自日本《经济研究》1982年4月号,休谟:《休谟经济论文选》,商务印书馆,1984年,第173—174页。

③ Christopher J. Finlay, *Hume's Social Philosophy*:*Human Nature and Commercial Sociability in A treatise of Human Nature*, Continuum International Publishing Group, 2007.

　　这种理论的论述兼有归纳与演绎,它"预设"了人的秉性,在现象和经验中总结出论断。我们可以简要厘清一下休谟的推理。在最初的群居部落中,人的同情秉性就已经让他/她知道哪些特征会受人爱戴,令自己感到骄傲,哪些特征会遭人轻视,令自己感到自卑。个体之间最初的生理和智力差异逐渐成为不平等的起源,形成不同的层级,反过来又激发人的模仿和好胜之心,在群体中促成一种不断流动的秩序。风俗习惯、民族特性在不断累积的经验中形成,并且可以反过来影响个体或群体的情感。与此同时,对人类情感的同情共感促成了个体对社会交往的认识。看到别人的痛苦自己也会感到痛苦,看到别人的快乐自己也会感到快乐,这种最原始的同情心是人类在自然状态下最直接的交往法则①,但在文明状态中,这种交往法则变得复杂,在社会交往中常常以自己为原点,表现出自利、自爱的一面。按照卢梭的说法,人类由此堕落;但在休谟看来,人类由此开化,而同情的对象随着人类的活动而不断变化,构成历史的进程。

　　历史的进程由无数个体的行为和经验推动、累积。虽然每个个体的追求、目标在不同的时代各有不同,但从人的本性出发,他们/她们都渴望在群体中被人爱,渴望成为自己成为被爱之人,渴望从获得自尊和骄傲,获得他人的认同和被认同。哪些因素能得到群体的认同、哪些因素又会得到自己的认同,这些只能从历史经验中寻找。每种"文明"②赋予被他人认同和被自己认同的内涵的确各不相同,同情的对象也会随之不同,因而追求的目标也各不相同。休谟对同情在塑造"民族性"作用的阐释可以佐证。虽然利益化的激情持久而有力,也最容易获得自我认同,但是,只有当利益的激情最终获得一定地域范围内的社会认同时,自我认同和社会认同统为一体之后,才真正获得胜利。仅有自我认同而得不到社会认同,或仅有社会认同而没有自我认同,这类情感或多或少偏离了人类的本性。前者如宗教社会中对利益的鄙视,后者如西方文艺复兴前夜的宗教情感。在情感的自然史中,人类总在不断追寻着二者的统一,追求同时获

---

① 休谟主张仁爱论,认为人的秉性中仍有仁爱之心,或许是基于这种认识。
② 这里采用历史学家汤因比的"文明"概念。

得自我认同和社会认同的外部环境。

在休谟看来,18世纪的英国社会中,自我认同和社会认同逐渐趋于统一;而根据他的人性科学,这种趋近的统一应该随着社会的发展越来越完善。因而,在同情机制的作用下,强劲有力的利益激情获得支配性地位,有利于建立一种良性的社会秩序。这是休谟政治经济学的基础,与其说成笼统的"人性科学",不如更具体地说成"情感的人性论"。在这种"人性论"中,"勤勉"与"贪婪"不过是人类激情驱使下的行为,产权制度是人类活动的依据,立法者的良策是顺应并引导利益激情良性发展。休谟的设计是让情感主宰财富的创造,而非让财富驾驭情感的方向。这一设计是启蒙时代的遗产,不幸的是,这一遗产没有被继承下来。

休谟的思想体系庞大博杂,我们可以选择从"历史的"、"社会的"、"政治的"等角度理解他的经济思想。在《论政治与经济:休谟论说文集卷一》中我们可以看到,《人性论》中已经触及的政治原则和经济思想在此书更加清晰;将其《英国史》作为政治经济论文的注脚,为读者呈现出更加丰满的历史背景;而自"光荣革命"以来的英国当政者为解决经济问题所采取的措施,以及英国经济本身的发展状况为休谟关于赋税、利息、货币、信用等方面的理论提供了很好的素材。所谓"横看成岭侧成峰,远近高低各不同",将休谟的经济思想置于不同的理论体系之下,都会有不小的收获。

(原载《启真》第一期,浙江大学出版社,2012年6月出版)

白春晓

白春晓,男,汉族,上海人,生于1983年2月。2001年毕业于同济大学第一附属中学,同年进入复旦大学文科基地班学习。2005年本科毕业后,直升复旦大学历史学系博士研究生。攻读博士学位期间,曾于2008年夏前往哈佛大学驻希腊暑期学校进修,并于2008年9月至2009年8月获中国教育部留学基金委资助在伦敦大学国王学院古典学系接受联合培养。2010年6月获得复旦大学历史学博士学位。现在浙江大学历史学系世界历史研究所任助理研究员,并于2011年10月至2012年3月获得希腊奥纳西斯基金会的资助,前往雅典希腊国家研究基金会与纳夫普里昂哈佛大学希腊研究中心担任访问学者。主要研究领域为古希腊史和修昔底德研究。

后冷战时代我们为何阅读修昔底德？

当现代人阅读修昔底德时，或许首先令他们感到可笑的就是这位古代作家竟会一再宣称并努力证明他所叙述的战争是人类历史上最伟大的一场战争。① 事实上，在这场"最伟大的战争"爆发时，最强大的城邦雅典在她力量鼎盛之际宣布拥有总共约 32000 名士兵和 300 艘三列桨战船。② 许多现代人大概都会认为这根本算不上一支庞大的军队。而当修昔底德的文本被用作历史证据时，我们很可能只会得出这样的结论：他所记述的伯罗奔尼撒战争只是一系列很小规模的事件而已。③ 古代希腊与现代世界的差异是不言而喻的。所以，有必要先问一下为何我们今天仍需阅读修昔底德。而了解上一代的西方人对这位古代作家的看法应有益于对此问题的思考。

---

① 修昔底德：1.1.1-3.（本文所使用的修昔底德著作希腊原文据"牛津古典文本"[Oxford Classical Texts)，Henry Stuart Jones [ed.]，*Thucydidis Historiae*，revised by John Enoch Powell. 2 vols. Oxford：Oxford University Press，1942. 文中所引用希腊原文除注明外均为笔者自译。）

② 修昔底德：2.13.6-8. 修昔底德通过伯利克里之口似乎提供了一个对雅典军力在战争爆发时的精确估计：雅典人有 13000 名重装步兵，16000 名守护境内要塞与城墙的士兵，1200 名骑兵，1600 名弓箭手和 300 艘海上三列桨战船。另外，当时的雅典总计大约有 40000 名男性公民。参见 Simon Hornblower, *A Commentary on Thucydides*（以下简称 CT）. 3 vols. Oxford：Oxford University Press，1991—2008，vol. 1，pp. 255-8，尤见 p. 256.

③ 参见 Simon Hornblower, *The Greek World* 479-323 BC3. London and New York：Routledge，2002，pp. 150-1.

一

当康纳(W. Robert Connor)在三十多年后回忆起初读修昔底德的情景时,他谈起了这位古希腊史学家对他们整个一代人的吸引力:

> 我初读修昔底德是在 20 世纪 50 年代——在那个奇特的时期里我们美国人享有如此的国力和安定,却又预想灾难迫在眉睫。在冷战时代,世界被划分为两大阵营看来是显而易见的。庞大的反民主的陆上强国,苏联和所谓的"中国大陆",各自拥有"卫星国"和相互配合的征服世界的计划,似乎要与控制着海权和空中优势的"自由世界"趋向于冲突。而先前的那场争斗,伯罗奔尼撒战争——其间民主的、拥有海军的雅典对抗极权主义的、陆上的斯巴达——提供给我们的时代一个简单但绝佳的寓言。修昔底德的著作为我们的两极化世界展现了一个先例,而且我们希望,或许能够提供一种解决当代国际事务中危机情况的指导原则。1947 年国务卿乔治·马歇尔使人们注意到伯罗奔尼撒战争对于理解当代世界的重要性:"我很怀疑倘若一个人在他的脑海中还未回顾过伯罗奔尼撒战争的历史和雅典的失败,他能否有把握具备充分的智慧和坚定的信念来理解今天基本的国际事务。"他的观点得到了广泛的回应。
>
> 对于我,而且我相信对我这一代的其他许多古典学的学生而言,修昔底德具有一种符合于当前的适用性。……我们自身的历史处境充分证明他对自己写下了永久财富的断言确实不谬。……他(修昔底德)是一位直接针对我们的时代形势进行言说的作家……①

显然,修昔底德在那个时期具有举足轻重的现实作用。但是,无论一

---

① W. Robert Connor, *Thucydides*. Princeton:Princeton University Press, 1984, pp. 3-4.

个公元前 5 世纪的作家对 20 世纪 50 年代的两极化世界"直接"说了些什么,并且写作了一种"永久财富"而使之服务于 2400 年后的冷战,修昔底德却从未称斯巴达为"极权主义国家"(a totalitarian state)。① 而且,假如对美国人和他们的盟友而言,预想的迫在眉睫的灾难是"各自拥有'卫星国'和相互配合的征服世界计划"的苏联和"中国大陆",那么马歇尔国务卿就不应该将他们比作斯巴达人,因为斯巴达人是被他们的同盟者科林斯人(或许也包括其余的希腊人)视作为"最安居于家乡的人"(εὐδημοτάτους)。② 事实上,雅典人关于他们敌人的"坚定信念"和这位美国国务卿大相径庭:他们从未对斯巴达人过度恐慌,而是判定他们只对自身的事务和本地的法律才具有强大的力量。但当雅典人自己控制了海域和岛屿时,他们绝不会渡海来援助岛上的居民。因此,雅典人才能在无法用谈判方式迫使米洛斯人屈服之后立刻如此有把握地向他们进攻。③ 更何况,据修昔底德说,"在许多时候,对雅典人而言拉凯戴孟人都被证明是战争中最容易对付的人"④。或许这位对当代国际事务"具备充分智慧的人"由于误解了历史而创造出一个错误的比拟,而他这种错误的想法竟误导了整整一代人达几十年之久。

事情是否如此,我们可以重新回顾一下"自由世界"在冷战开始时为自己所设定的目标。1946 年 3 月 5 日,在密苏里的富尔顿,温斯顿·丘吉尔在他著名的《和平的力量之源》(即"铁幕演说")中发问道:"那么我们今天所应牢记的全面战略概念是什么?"由于"一层铁幕已经在欧洲大陆降下",他自己便迫不及待地给出了答案:"就是使人民免受两种劫掠:战争

---

① 虽然修昔底德记述了斯巴达人对希洛人长期的戒备政策乃至一次屠杀 2000 名希洛人的事件(4.80.3-4),还有他们开会表决时使用呼喊而非投票(1.87.2),但他绝不可能使用"极权主义"这一现代政治概念来指称斯巴达人的政体。关于修昔底德如何看待斯巴达人,参见 Paul Cartledge and Paula Debnar, "Sparta and the Spartans in Thucydides," in Antonios Rengakosand Antonis Tsakmakis (eds.), *Brill's Companion to Thucydides*. Leiden:Brill, 2006, pp. 559-587,尤见 pp. 563-569.

② 修昔底德:1.70.4.

③ 修昔底德:5.105.4, 109, 114.1.

④ 修昔底德:8.96.5.

和僭主暴政。"①但一年之后,当乔治·马歇尔刚就任美国国务卿,并于1947年2月22日在普林斯顿发表演说时,却不恰当地选择了雅典——一个完全错误的历史形象——来为他的意识形态宣传服务;更有甚者,他竟宣称这一形象是依据修昔底德而来的。

雅典的形象在修昔底德笔下到底是怎样的呢?我们可以看一下他如何描述战争爆发时的情况:"人们普遍倾向于拉凯戴孟人,尤其是因为他们宣称自己是为了解放希腊。每个人和每个城邦都热切地在言辞和行动上尽力地支持他们。人们会觉得行动在某一点上受阻是由于自己未参与其中。这就是大多数人对雅典人的愤怒态度,有的渴望摆脱他们的控制,而有的则恐惧沦入被他们统治的境地。"②而且,修昔底德不仅通过敌视雅典的科林斯人之口,还让雅典政治家们自己(伯利克里、克里昂)称他们的城邦在对外进行僭主暴政般的统治。③ 雅典人的政体在修昔底德眼中"只是名义上的民主政治,但实际上是第一公民的统治"④。这其实是"没有真正的民主"(丘吉尔就是这样指责"铁幕"降下后的东欧各国的)。⑤更为重要的是,修昔底德确实认为,"雅典人变得日益强大,以及由此引发的拉凯戴孟人的恐惧,使战争变得不可避免"⑥。这表明,新兴的强权国家雅典对原来由斯巴达领导的"国际秩序"构成了威胁才给希腊人民带来了战争的危险。如果我们真的相信修昔底德的话,那么雅典在当时大多数其余的希腊人眼中就意味着"战争和僭主暴政"。

这样看来,雅典倒是适合成为"自由世界"敌人的"绝佳象征":它作为

---

① Winston Churchill, "The Soviet Danger:'*The Iron Curtain*'", in David Cannadine (ed.), *Blood, Toil, Tears and Sweat:the Great Speeches*. London:Penguin Classics, 2007, p. 297,p. 300,p. 303.

② 修昔底德:2.8.4-5.

③ 关于伯里克利与克里昂演说中的相关内容,见修昔底德:1.122.3, 124.3;2.63.2;3.37.2.

④ 修昔底德:2.65.9. 参见 Donald Kagan, "Was Periclean Athens a Democracy?", in *Thucydides:the Reinvention of History*. New York:Penguin Group, 2009, pp.98-114. 无论卡甘如何证明雅典有着真正的民主,但无法否认修昔底德的观点正与此相反.

⑤ Winston Churchill, "The Soviet Danger:'*The Iron Curtain*'", p. 304.

⑥ 修昔底德:1.23.6.

一个对内伪装民主、对外横征暴敛的城邦，在希腊发动了一场大规模的战争，并在各地的革命之中支持平民党的领袖们来反对精英。① 这个城邦，通过一个几乎每年发出指令的财赋组织来控制其卫星国，② 欲求凭借它的意识形态来影响希腊世界（"我们整个城邦都是希腊的学校"③），并且最终取得对希腊人和蛮族人的统治权。④ 在城邦内，雅典公民很难根据个人意愿而拒绝参与政治事务（"唯独我们认为，一个人不参与政治事务，并非因其不活跃，而乃是因为他无用"⑤），必须完全为城邦去生或去死（"为了这样一个城邦，这些人已经战死了……而幸存下来的每个人还要愿意为她承受各种可能的困苦"⑥）。在国外，雅典人为了巩固霸权，肆意入侵那些不服从他们控制的卫星国的领土，有时清洗掉所有当地为首的叛乱者（如对密提林人），有时则干脆屠杀尽全部的成年男性人口（如对米洛斯人）。⑦ 所以，马歇尔国务卿到底想要美国和整个"自由世界"向修昔底德笔下的雅典学习些什么呢？我们大概可以认为，他是在"自由世界"内误置了一个偶像——对于这个偶像，"自由世界"原本是该像对待敌人那样猛烈地予以摧毁，但事实上却错误地将它当作意识形态的象征而崇奉起来。

而就在同一个时期内，我们果真可以发现有人出于另一些"符合于当前适用性"的目的而将修昔底德笔下的雅典比拟为苏联。在一本1954年出版的名为《修昔底德：政治家们的指导者》的小册子里（它原是作者于1953年11月在澳大利亚的维多利亚古典学协会发表的一次演讲），西摩

---

① 修昔底德：3.82.1. 科西拉内战后，希腊各城邦的平民党领袖们都纷纷求助于雅典人，寡头派则求助于斯巴达人。

② 波斯战争后，由于斯巴达人召回了涉嫌滥用权力的保桑尼阿斯，雅典人获得了对希腊盟邦的领导权，指定一些盟邦缴纳钱款，而另一些派出舰船。同盟的金库最初设在提洛岛上，直到公元前454年迁往雅典。此后，雅典日益强迫盟邦缴纳贡赋，并时常派出舰队去征收钱款。详见修昔底德：1.95，96.2；2.69.1；3.19.1；4.50.1，75.1.

③ 修昔底德：2.41.1. 此处引文与下面注19、20的引文均出自"伯里克利的国葬演说"。

④ 修昔底德：6.90.2-3. 亚西比德在斯巴达的演说揭示了雅典人当时"征服世界的计划"。

⑤ 修昔底德：2.40.2.

⑥ 修昔底德：2.41.5.

⑦ 见修昔底德：3.50.1；5.116.4.

尔(P. A. Seymour),当地古典学协会的理事会成员,对捷克斯洛伐克前总统贝奈斯和"捷克斯洛伐克1945年从希特勒的魔爪下获救却于1948年遭受共产主义奴役的悲剧"深表同情(在西摩尔眼中,这是"战后欧洲最令人痛心的事件之一"),①但同时他却这样批评贝奈斯:

> 在(修昔底德的)第六卷里,一位雅典的使者在卡马里那试图说服那座西西里城邦信任雅典,并使其相信雅典一贯是远方西西里的自由的捍卫者……修昔底德……让这个人讲话直率到了厚颜无耻的地步。"如果卡马里那觉得这只是僭主的观点",他让这人说道,"它也不必抱有恐惧和怀疑。"对一个僭主来说,行动的唯一原则就是利益和他自己的好处。因此,"无论对一位僭主还是对一个奉行霸权的国家而言,只要符合他的利益,凡事皆属合理,而且他也不会认为对不能完全信任的事物就无法建立起亲密的关系。他在每一个阶段都顺应时势地成为朋友或敌人"。(6.85,这句话,据西摩尔说,"原本能够把贝奈斯从他那严重的错误判断中挽救回来")……
>
> 在第五卷中所谓的"米洛斯对话"里,他(修昔底德)已经运用了这种唯利是图的僭主似的信条进行深入彻底的分析……雅典对神圣的正义没有敬畏……雅典只追随一条法则:凡能得势处必行统治……
>
> 贝奈斯总统是否从未阅读或思索过修昔底德呢?如果他读过或考虑过,那么当他在苏联边上重建自己可爱的小国时,他对苏联的慷慨信任在我看来就显得近乎不可理喻了。修昔底德所描绘的僭主般的雅典的可怖图景就在他面前,每一个特征——轻蔑地拒绝一切宗教约束,用怀疑的态度颠覆所有公认的道德价值观,除了他们自己以外完全漠视任何其他人的权利和利益,凭借残忍的暴虐行为来强行实现他们的意志——都能在精神上

---

① P. A. Seymour, *Thucydides as a Guide for Statesmen*, with a foreword by H. K. Hunt. Melbourne:Melbourne University Press, 1954, p.11.

和以往的行为中与我们今日的苏联僭主们相对应。所有这一切都在贝奈斯眼前，可是他就是视而不见……①

可见，在同一个时期雅典既可以被比拟为美国，也可以被比拟为苏联。为了使修昔底德能够指导"居于高位、足以影响国际事务决策的政治家们"，②他笔下的雅典不得不变成门神雅努斯那样的"两面派"。而且，当我们越多地了解这个时期的修昔底德研究，我们就越加想知道为何他和他的文本能够被如此直截了当又自相矛盾地应用于宣传冷战的"全面战略概念"上去。按照我们所见的这类手法，几乎所有修昔底德的句子都可以被精心挑选、灵活翻译和阐释一番，来为某些人一时的政治目的服务。③

二

我们不能无视这样的事实：修昔底德自称的"所有时代的财富"（κτῆμαἐςαἰεἰ）在文艺复兴之前被西欧人在某种程度上遗忘了好几个世纪之久。④ 且据莫米亚诺的研究，在西欧人重新发现古希腊的历史作家之后很久，波利比乌斯都比修昔底德更令人们感到兴趣，这一状况一直要到

---

① P. A. Seymour, *Thucydides as a Guide for Statesmen*, pp. 12-4.

② H. K. Hunt, foreword to P. A. Seymour, *Thucydides as a Guide for Statesmen*, p. 1.

③ 这种方法也被运用到历史学的研究之中。康纳说，美国文学研究中的新批评主义与统一派（强调修昔底德著作的基本统一性）合作，为了他们的历史观而重新建构和利用修昔底德的文本："我们希望可以从修昔底德的文献资料中提取能够和碑铭与其它材料相比较和验证的部分；从而我们可以决定他到底有多'客观'，并且利用来重新建构过去。"见 W. Robert Connor, *Thucydides*, pp. 4-5.

④ 在西欧，14 世纪前的好几个世纪里，没有人对修昔底德的文本有直接的知识。人们只能从经典拉丁作家的著作中来了解他。但在 1452 年洛伦佐·瓦拉出版了第一个拉丁文译本后，西欧人文主义者对修昔底德的讨论明显增加了。见 Marianne Pade, "Thucydides' Renaissance Readers", in *Brill's Companion to Thucydides*. Leiden: Brill, 2006, pp. 779-810, 尤见 pp. 779-780, pp. 787-791.

18 世纪后期才改变。① 这意味着历史上的人们并不总是虔敬认真地阅读修昔底德。而即便在最近的两个多世纪里修昔底德被持续研究并享有如此崇高的地位，人们对阅读他的著作能否带来实际益处仍然存在着疑问：倘若某种疾病像雅典瘟疫一样超出了人力所及的范围，则阅读修昔底德并不能给治疗提供有效的指导；②研究修昔底德未必能带来战争的胜利——连他自己也在战场上遭遇了失败；③模仿修昔底德也无法确保写出好的历史著作，因为历史事件不会完全重复它自己。④ 足见，修昔底德的著作并不显得具有很多“实用价值”。而随着冷战的结束，所谓“民主的雅典对抗极权主义的斯巴达”的意识形态宣传已显陈旧，还时常自相矛盾而令人厌倦。当那些“符合于当前的适用性”褪去之后，我们需要重新思考为何要阅读修昔底德。或许我们已经熟知了修昔底德自己所宣称的写作目的：

> 如果有谁想要清楚地审视过去发生的事情以及基于人类的
> 处境（κατὰ τὸ ανθρώπινου）将来还会以类似或相近的方式再次发

---

① 在文艺复兴时期，对人文主义者而言，波利比乌斯的主题比起伯罗奔尼撒战争要有趣味得多，也更令他们熟悉。直到 17 世纪末，波利比乌斯一直被尊为政治、外交与军事智慧的大师。在那一时期里，相比波利比乌斯，修昔底德只在少数精英们的的圈子里受到关注。而且哈利卡纳苏斯的狄奥尼修斯对修昔底德文风的批评仍具有影响。但是浪漫主义运动提升了修昔底德的地位，并使他成为带有哲学性的历史学家的典范。详见 Arnaldo Momigliano, *The Classical Foundations of Modern Historiography*. Berkeley and Los Angeles：University of California Press，1990，pp. 48-50.

② 在描述雅典瘟疫时，修昔底德强调无论医学、祈援、占卜还是其它各种方法都对治疗疾病显得无效。见修昔底德：2. 47. 4. 参见 G. E. M. de Ste. Croix, *The Origins of the Peloponnesian War*. London：Duckworth，1972，p. 32；Adam M. Parry，"The Language of Thucydides' Description of the Plague"，in *The Language of Achilles and Other Papers*. New York：Oxford University Press，1989，pp. 175-176.

③ 由于修昔底德在色雷斯地区具有相当的社会影响力，公元前 424 年雅典人任命他为将军，并派他前往塔索斯。尽管他在接到向他求救的消息后全速航行进军，但他仍未能及时援助被围困的战略要地安菲波利斯而使该城向斯巴达人投降。见修昔底德：4. 104－107.

④ 虽然修昔底德相信人性中有某些永久不变的东西，并且他希望人们能够通过他对历史的叙述来了解真相，但他"不会愚蠢到认为历史是重复发生的"。参见 Arnaldo Momigliano，*The Classical Foundations of Modern Historiography*，p. 41；G. E. M. de Ste. Croix，*The Origins of the Peloponnesian War*，p. 32.

生的事情,而判定这部书有用($\omega\varphi\epsilon\lambda\iota\mu\alpha$),那对我就足够了。①

对于这句话学者们有过充分的讨论,尤其是如何理解和阐释"$\omega\varphi\epsilon\lambda\iota\mu\alpha$"和"$\kappa\alpha\tau\grave{\alpha}\ \tau\acute{o}\ \alpha\upsilon\theta\rho\acute{\omega}\pi\iota\nu o\upsilon$"。人们被认为能够从修昔底德所记述的历史事件中学到"每个时代都相同的永恒人性",并推断出一些"人类行为中不变的模式",这是修昔底德通常被视为"最好的历史学家"的理由。② 然而,我们如何可能在阅读修昔底德之后像修昔底德一样地理解人性和人类的处境呢? 这里有必要了解一下修昔底德自己在写作时的情况:

> 当到了可以理解事物的年龄后,我(修昔底德)度过了整个
> 这场战争,并且我对其深表关注,能够使自己知晓确切的情况。
> 在安菲波里斯的指挥之后,我遭受到了放逐而离开自己的祖国
> 达二十年之久,却因此可以从参战的双方,尤其由于流放的原因
> 还能更多地从伯罗奔尼撒人那里来接触事态,而且也有闲暇来
> 更好地观察战争的情况。③

他还告诉我们他在色雷斯拥有金矿开采权,④这保证了他能在超过二十年的时间内进行写作而不必过于担心其未完成的状态。然而,在当时的条件下,他的这种工作(收集、选择和辨别材料,再用他的编年方法将

---

① 修昔底德:1.22.4.

② 康福德(Francis Macdonald Cornford)认为,修昔底德的头脑中充满了一些先入之见,能将其见证的那些事件被塑造进某种模式中去,而这些先入之见源于古老悲剧对人性的看法。修昔底德的工作只是选择和整理当时的事件填入到叙事模式中去。柯林伍德(Robin George Collingwood)与亨特(Virginia J. Hunter)有着类似的看法:修昔底德是基于某种法则或预先设定的方案来叙述具体的历史事件。见 F. M. Cornford, *Thucydides Mythistoricus*. 1907;rpt. London:Routledge & Kegan Pual, 1965, preface, 尤见 pp. ix-x;R. G. Collingwood, *The Idea of History*. Revised edition. Oxford:Oxford University Press, 1993, pp. 29-30;Virginia J. Hunter, Thucydides the Artful Reporter. Toronto:A. M. Hakkert, 1973, p. 177, pp. 183-184. 笔者认为,修昔底德要在能够考证的真实事件中来描述人性与人类的行为,他虽具有哲理性的思考,但他叙述历史并非仅为了传递某种固有的"人性观"。

③ 修昔底德:5. 26. 5.

④ 修昔底德:4.105.1.

它们编辑起来)是空前困难的。① 但修昔底德对自己的著作充满着自信，毫不怀疑它可以垂诸永久。这就是修昔底德写作时的境遇状况：一个因在战场上失利而被他的城邦判以叛国罪、遭受放逐的将军，想要凭借他自己的信息来源和方法来更清楚地理解战争中的人类处境，并希望那些也想拥有洞察力的人阅读他的书。贝奈斯总统被认为从未阅读或思考过修昔底德，所以他有着"近乎不可理喻的信任感"。马歇尔国务卿据说却能从修昔底德那里获得对国际事务的"智慧和信念"，之后两极化的世界就有了古代的"象征"。但是马歇尔国务卿是否真正理解了修昔底德呢？我们无法确定。至少，当他公开赞美修昔底德时，他的处境与修昔底德大不一样：乔治·马歇尔，一位"二战"中成功的将军，无力在中国调解和谈，却返回自己的国家被任命为国务卿，通过自己的演讲和政策来促使"自由世界"为冷战进行更充分的准备以便获取优势地位，并激励那些也渴望继续享有国家力量并恐惧灾难出现的人们来利用修昔底德。从这些事实来看，我们的怀疑并非毫无理由。冷战时期以及以往种种对修昔底德的滥用，事实上造成了我们对他理解上的障碍。德·圣·克鲁瓦批评了这类滥用修昔底德的情况，但同时他仍然坚持修昔底德著作的阅读价值：

> 如果你，修昔底德的读者，根据你所了解的全部以往类似情况中的人类行为(当然包括修昔底德提供的知识)从而真正恰当

---

① 公元前5世纪以前，希腊人大致只用区分出英雄时代和英雄以后的时代，并不需要系统的纪年。希罗多德虽然开始按时间顺序来编年纪事了，但他并没有精确的纪年方法，所以经常出现年代错乱的情况。修昔底德率先选择用严格的编年方法来进行历史写作，并按夏、冬两季交替的顺序来纪事。他的困难在于希腊每个城邦都有自己的年表和日历，也从未有过统一的纪年，所以在战争爆发时，各城邦的记录方式是不一样的："'三十年条约'签订的第十五年，也就是克律西斯在阿尔戈斯担任女祭司的第四十八年，艾内西阿斯在斯巴达担任监察官的那年，皮索多若斯在雅典仍然有两个月执政官任期的时候。"因此修昔底德说："一个人应当根据实际的年份来观察，而不要信赖以不同地方的执政官或有某种荣誉头衔的人物的名字来标识以往事件的方式，因为那样很不准确，会无从确知一件事情是发生在这段时间的开始、中间或者其他的时候。"见修昔底德：2.2.1；5.20.2. 参见 M. I. Finley, "Myth, Memory, and History", *History and Theory*, Vol. 4 (1965), p. 294; and introduction to Rex Warner (trans.) *Thucydides:History of the Peloponnesian War*. London:Penguin Books, 1972, pp. 21-22; John Marincola, *Greek Historians*(*Greece & Rome*:New Surveys in the Classics, no. 31). Oxford:Oxford Press, 2001, p. 65; *CT*, Vol. 1, pp. 237-239, Vol. 2, pp. 492-493.

地理解了你自身的具体处境,你就会知道事情将如何发展;这样之后——唯有这样之后——你将能够有效地利用你所具备的判断力和才能,或许还能改变事情的进程……修昔底德,如我们所见,并没有试图提供实际的建议:他非常了解在未来的每一个场合中都会有新要素和新特点出现,并不相同于他自己所描述的那些情况。但由于人性持久不变,你将会发现某些特征是"相同或相似于"修昔底德在《历史》中所描述的,而意识到这些特征将有助于你明智地做出自己的决定。这想必才是修昔底德所设想的他的《历史》是"有用的"和"所有时代的财富"吧——事实上也确实如此。①

我们应该可以接受德·圣·克鲁瓦的这个结论,这表明从修昔底德那里我们不仅能学到关于公元前 5 世纪在希腊发生的几十年间的具体事件,而且还可能理解某些普遍但也有用的东西。② 修昔底德当然不能对现代人提供实际的建议,但他所叙述的人类处境能使后代的读者们也感受到自身的情况。他传递的应是人类行为中的某种相似性。

现在我们能够更好地回到起初的那个问题了:修昔底德明确将他当时的那场战争视作为"最伟大的战争",因此,也是"最值得记述的"。对现代人而言,这种看法是"显然错误的"。③ 即使在伯罗奔尼撒战争前夕"希腊的财富力量达到了空前的高度"④,但古代城邦之间的战争规模现在看来仍过于微小,不具备指导"居于高位的政治家们"处理当代国际事务的

---

① G. E. M. de Ste. Croix, *The Origins of the Peloponnesian War*, pp. 32-33. 高默认为,欧洲当时的状况(从"一战"到"二战"期间)可以印证修昔底德对自己著作对未来有用的判断。见 *HCT*, vol. 1, pp. 149-150.

② 亚里士多德认为,相比诗歌,历史只记述具体事件,而不具有普遍性。见亚里士多德:《诗学》,1451a36-b11. 但修昔底德相信人类的处境具有某种相似性,而这只有在可以考证的历史事件中才能清楚地呈现,所以他希望通过记述具体的历史事件来教育读者理解普遍性。

③ A. W. Gomme, "The Greatest War in Greek History," in *Essays in Greek History and Literature.* Oxford:Basil Blackwell, 1937, p. 116.

④ A. W. Gomme, A. Andrewes, and K. J. Dover, *A Historical Commentary on Thucydides*(以下简称 *HCT*), 5 vols. Oxford:Oxford University Press, 1945—1981, Vol. 1, p. 89.

"实用价值"。而雅典人和斯巴达人之间的那些具体斗争如果没有马歇尔们所赋予的意识形态宣传上的象征意义，那么它们还将告诉现代读者们怎样普遍相似的处境呢？现代人不得不追问"最伟大战争"的涵义何在。这也成了我们现在面对修昔底德文本时首要的也是最大的困惑。倘若修昔底德确实非常清楚未来的时代会有新要素和新特点出现，那么他也应该知道以后的战争将不同于他所记述的战争，并能预见未来会有"更伟大的战争"爆发。但他坚称——而且我们也相信——他所叙述的战争体现了人类的基本处境和持久不变的人性，那意味着未来若有新战争能被称作"伟大的战争"，并非因其有理所当然要产生的新要素和新特点，而是它们有类似于伯罗奔尼撒战争中的伟大情境出现。因此，我们思考的焦点现在集中到了这样一个问题：修昔底德在何种意义上称他所记述的当时那场战争为"最伟大的战争"，即他如何定义人类处境中的伟大之处。

三

20 世纪 70 年代以来，西方学者们已逐渐接受了这样的观点：修昔底德绝非一名仅报道客观情况的事实记录员，而是一位追求高度修辞的"后现代主义者"。① 沃德曼（A. J. Woodman）就试图使我们相信关于"最伟大战争"的表述实际上是修昔底德的修辞手法——修昔底德为了要与荷马和希罗多德竞争，便强调了他所处时代的这场战争，夸大了他的叙事主题：

> 正如希罗多德曾强调他所提出的主题是伟大的那样，修昔底德也是如此……所以修昔底德远非置身事外或纯然客观，却是为了证明自己的作品和主题均优于希罗多德而采用了标准的

---

① 参见 W. Robert Connor，"A Post Modernist Thucydides?"，*The Classical Journal*，vol. 72，no. 4（1977），pp. 289-298，尤见 p. 289；P. J. Rhodes，introduction to Martin Hammond（trans.）*Thucydides*：*The Peloponnesian War*. New York：Oxford University Press，2009，pp. XXXVI-XXXVII.

修辞性的夸张手法……修昔底德在追随荷马的创作手法……他
这么做便表明他自己其实是荷马真正的继承者，并且正如他的
传记作者马尔克里努斯（Marcellinus）所观察到的，是一位竞
争者。①

诚然，古希腊人都热衷于竞争。荷马史诗和希罗多德的《历史》在那
样一个口头社会能够流行就要部分归功于振奋人心并带有竞争性的吟诵
和表演。洛埃德（G. E. R. Lloyd）认为，大约从公元前 5 世纪中期起，政
治集会、法庭辩论和职业化修辞术的发展共同改变了希腊人写作的风格，
公然挑战以往的权威在当时成为了风尚。希腊人践行了话语（λόγος）的
力量，用以说服听众、批评对手。② 虽然修昔底德的写作风格一般被认为
是古怪而独特的，③或许他还反对时俗的观念，但他同时也受到了当时那
种崇尚竞争的文化风尚的影响。所以，伯罗奔尼撒战争中的众多军事行
动可以被修昔底德看作是"一种品达式的、运动竞技般的对抗"④，而使用

---

① A. J. Woodman, *Rhetoric in Classical Historiography：Four Studies*. Portland, Oregon：Areopagitica Press，1988，pp. 6-7，29. 参见 Marcellinus, *The Life of Thucydides*，chs. 35，37.

② 洛埃德认为，普通公民们参与进政治生活使得用讨论问题的方式在政治会议与法庭上说服听众的能力变得有价值且重要起来。因此，大约从公元前 5 世纪中期起，尤其在雅典，职业化的演说术得到了发展。这一时期也出现了对希腊人传统信仰的激烈批判。有几位智术师既属于教授修辞术的先驱，又享有能批评成见的声誉。任何明显的特权和权威都公开受到挑战。说服听众与批评对手的技艺在这种竞争的环境下产生了。而且这种竞争不仅发生在政治事务中，也在其它领域（诸如哲学、历史学和医学）中出现。详见 G. E. R. Lloyd, *Magic, Reason and Experience：Studies in the Origin and Development of Greek Science*. Cambridge：Cambridge University Press，1979，pp. 15-6，pp. 79-86，pp. 259-260.

③ 见 Dionysius of Halicarnassus, *On Thucydides*，尤见 chs. 24，29，33，35，46，48，49. 参见 Rosalind Thomas, *Literacy and Orality in Ancient Greece*. Cambridge：Cambridge University Press，1992，pp. 103-104.

④ Simon Hornblower, *Thucydides and Pindar：Historical Narrative and the World of Epinikian Poetry*. New York：Oxford University Press，2004，p. 4.

比较级和最高级来夸大主题还似乎成了他的一种写作习惯。[1]

但即便我们将"最伟大战争"的称法视作是修昔底德的一种修辞技巧,[2]却仍有进一步的问题存在:既然特洛伊远征和波斯战争在当时的希腊人中间均被看作是伟大的战争,那么到底在哪一点上修昔底德认为他自己所记述的战争比起荷马和希罗多德的战争更伟大和更值得记忆呢?我们必须澄清几点。首先,在修昔底德眼中,最伟大的战争未必等同于最多军队参与的战争。根据修昔底德自己的估算,阿伽门农远征特洛伊的规模是 1200 艘舰船和 102000 名士兵[3],远多于被称为伯罗奔尼撒战争中"花费最多和最为壮丽的军事行动"(公元前 415 至 413 年雅典人对西西里的远征)的规模。[4] 另外,既然修昔底德也承认波斯战争是以往历史中最伟大的事件,那么他一定听闻过薛西斯大军的惊人数量。即使我们设想修昔底德考虑的是当时整个希腊的军队,他们仍然无法与波斯人的大

---

[1] 艾莉森(June W. Allison)对修昔底德语法上的术语和句法,尤其是他的比较级和最高级用法,做了细致的研究。她得出结论说,考虑到著作的文字量,修昔底德使用比较级的比例多于任何其他的希腊古典散文作家,而且修昔底德在一般人习惯见到比较级的地方倾向于使用最高级。他在开篇就自称写作了"古往今来的时代中最值得记录下来的战争",将其视作"希腊人中间最大规模的运动"。这种对比较级和最高级的使用时常出现于他的文本之中,可以视作为他的一种写作习惯,也反映了他强烈的对比和竞争的意识。见 June W. Allison, *Word and Concept in Thucydides*. Atlanta:Scholars Press, 1997, pp. 133-135.

[2] μεγιστος 是 μεγας 的最高级,本意为"最大的",但含义较广,是修昔底德最常用的词汇之一,形容"战争"或"荣耀"等概念时,应理解为"最伟大的"。参见 *CT*, vol. 1, p. 6, p. 339.

[3] 修昔底德:1.10.4. 在《伊利亚特》第二卷的"船表"中,实际上有 1186 艘船。即使那些是"海盗式的旧船",并且数字存在着一些诗歌中常见的夸张,但正如高默(A. W. Gomme)所说,就算保守估计大约也有 70000 到 80000 名士兵——那还是"远比任何在伯罗奔尼撒战争中航行出征的人数要多"。见 *HCT*, vol. 1, p. 114;参见 A. W. Gomme, "The Greatest War in Greek History", p. 119.

[4] 修昔底德:6. 31.1. 公元前 415 年,出征西西里的第一批雅典远征军的规模是 134 艘三列桨战船,5100 名重装步兵,480 名弓箭手,700 名投石手,120 名轻装武器人员和 30 名骑兵。另外还有 30 艘货运船、100 艘小船和一些志愿随军的商船提供运输。公元前 413 年,由德谟斯蒂尼和欧律墨冬率领的增援部队包括约 73 艘战船,5000 名重装步兵以及不少的标枪手、投石手和弓箭手。关于雅典人和他们的盟友参加西西里远征的军队情况,详见修昔底德,6. 31.2, 43-44.1;7. 16.2, 20.2, 31.5, 35.1, 42.1, 57; *Cambridge Ancient History*(以下简称 CAH), vol. 5. Cambridge:Cambridge University Press, 1992, p. 450, p. 459. N. G. L. 哈蒙德(N. G. L. Hammond)估算了雅典在鼎盛时的军事实力:至少有 225 艘海上战船和 45000 名各类人员在为城邦服役。见 N. G. L. Hammond, *A History of Greece to 322 B. C.* New York:Oxford University Press, 1986, p. 396.

军相提并论。① 其次，最伟大的战争在修昔底德的理解里也并非金钱上耗资最多的战争。无论如何，他不会不意识到这样一个事实：那就是雅典领导的提洛同盟的财政基础和军费支出能力显然是远不足以与波斯帝国相比较的。② 从雅典财政中给参加西西里远征的每一名水手每天提供一德拉克玛固然不是一笔小的支出，③但这笔钱若与支持薛西斯前往希腊作战的 2000 塔兰特白银和 4000000 达列科斯·斯塔铁尔的黄金相比，④却算不上庞大的数目。第三，修昔底德并非从任何有根据的"迹象"（$\sigma\eta\mu\varepsilon\acute{\iota}o\upsilon$）、"证据"（$\tau\varepsilon\kappa\mu\acute{\eta}\rho\iota o\upsilon$）或"证明"（$\mu\alpha\rho\tau\acute{\upsilon}\rho\iota o\upsilon$）中，⑤而是从"许多人都曾预言过的神谕"中来试图让人们相信这场战争持续了 27 年之久（"它必定要延续三个九年"）。⑥ 然而为何我们不能说"在这个时期内有许多发生在陆上

---

① 关于薛西斯远征希腊的大军人数，希罗多德提供的数据（5283220 人）当然是不可信的。现代学者们则有一个较为合理的估计：在出征前波斯帝国在陆上约征集了 220000 名士兵和22000 名运输辎重的人员，而在海上约有 408000 人在战舰与运输船上服务。进入欧洲后薛西斯又增加了人员到他的大军中去。所以波斯大军至少有 650000 人的规模。见希罗多德，7. 60-99；*CAH*，vol. 4. Cambridge：Cambridge University Press，1988，pp. 532-534.

② 伯利克里在战前统计了雅典人能够用于战争的经济储备：各同盟国每年缴纳的贡款为600 塔兰特白银，在卫城上有 6000 塔兰特的银币，还有 500 塔兰特的其他各种金银，以及万不得已时可以使用的雅典娜女神像上 40 塔兰特的黄金。见修昔底德，2. 13. 3－5. 相比之下，每年从大流士 20 个亚细亚和阿非利加行省缴纳的贡赋却高达 14560 塔兰特，这还不包括爱琴海诸岛屿和在欧罗巴的新拓居地所提供的税收和捐献。见希罗多德，3. 89－97；关于波斯帝国的税收与贡赋情况，参见 *CAH*，vol. 4，pp. 87-91，pp. 96-99.

③ 修昔底德：6. 31. 3.

④ 希罗多德：7. 28－29. 现代读者或许会对披提欧斯捐献给薛西斯的财富数量感到怀疑，但庞大的波斯军队肯定需要惊人的费用才能提供足够的食物和后备资源。参见 *CAH*，vol. 4²，pp. 534-535.

⑤ 修昔底德时常使用"$\sigma\eta\mu\varepsilon\iota o\upsilon\delta\varepsilon$"、"$\tau\varepsilon\kappa\mu\acute{\eta}\rho\iota o\upsilon\delta\varepsilon$"、"$\mu\alpha\rho\tau\acute{\upsilon}\rho\iota o\upsilon\delta\varepsilon$"，霍恩伯劳尔认为它们都仅表示"我有证据说……"。修昔底德喜爱使用这种准法律性质的词汇来表明自己的权威性，这也是他重要的修辞方法。见 Simon Hornblower，*Thucydides*. London：Duckworth，1987，pp. 100-6；*CT*，vol. 1，p. 25.

⑥ 修昔底德：5. 26. 4.

或海上的战役"呢?① 即使我们在战争时间的长度上同意了他的观点,那是否就意味着它是希腊历史上最长的一场战争呢? 希腊人在公元前 470年代到公元前 430 年代经历了许多战役和骚乱,而首先记载这些"五十年时期"内事件的正是修昔底德自己。我们为何不能认为那 40 多年的时期是希腊历史上更长的一场战争呢? 或将雅典人和伯罗奔尼撒人之间的战争追溯到公元前 460 年,而非公元前 431 年(所谓的"第一场伯罗奔尼撒战争"爆发于公元前 460 年②)? 并且,就算这场战争可以被认作是希腊世界内最长的一场战争,它为何一定就是最伟大的战争呢? 还是让我们来重新体会一下修昔底德自己的判断吧:

> 这场战争不仅历时长久(注意:并非"最久"),而且在同样长度的时间内它给希腊带来苦难($\pi\alpha\theta\acute{\eta}\mu\alpha\tau\alpha$)的数量可以说是前所未有的。从未有如此众多的城市被攻陷或荒弃,有的是蛮族人所为,而有的是希腊人自己互相攻伐时所为(有一些城市在被攻占后甚至改换了居民);也从未有如此众多的人遭到放逐或杀戮——有一些杀戮是因为战争,而另一些则是因为城邦里的内战。以往有些只是口耳相传却较少被事实确证的描述,如今都变得可信了。例如,广大地区都遭受了极强烈的地震;日蚀,根据我们的记忆过去也从未如此频繁地发生过;一些地方出现了巨大的干旱以及随之而来的饥馑;还有造成最大损失的致命的疾病:瘟疫。所有这一切都随着这场战争降临到希腊人中间了。③

---

① 路特(N. K. Rutter)在他评注修昔底德第 5 卷第 25 章至第 26 章时说:"这种观点,即认为有一场总共持续了 27 年的伯罗奔尼撒战争,是修昔底德成功地加给从他那时起的历史学家们的。"但事实上,"雅典人和伯罗奔尼撒人进行了一场 27 年的战争"的观点并没有被修昔底德当时的人们所普遍接受。而且修昔底德自己何时得到这个结论更是有争议的。第 5 卷第 24 章第二句暗示修昔底德原先很可能以为尼西阿斯和平使战争告一段落了。他希望人们将他叙述的战争看作一个整体,而不是许多相连续的事件,如阿基达马斯战争,尼西阿斯和平,曼丁尼亚人和埃庇达鲁人的战争,西西里远征,伊奥尼亚战争等。霍恩布劳尔认为,修昔底德从这个意义上讲是"创造了伯罗奔尼撒战争"。见 N. K. Rutter, *Thucydides: Books Ⅲ-Ⅴ, A Companion to the Penguin Translation of Rex Warner*. London: Bristol Classical Press, 1996, p. 62;W. Robert Connor, *Thucydides*, p. 143;Simon Hornblower, *The Greek World 479-323 BC*, pp. 151-152.

② 修昔底德:1.105—6;参见 Simon Hornblower, *The Greek World 479-323 BC*, pp. 26-38.

③ 修昔底德:1.23.1—3.

看来，修昔底德所谓的"最伟大的战争"并非仅指旷日持久的军事行动，更是意味着最多的灾难和痛苦。帕里（Adam Milman Parry）曾极好地分析过这一观念。他解释了修昔底德是如何运用希腊传统的"话语/行动"（λóγος/'ερyου）对照的思想来进行写作的：人类存在着"话语/行动"的区分。伟大的行动是值得通过话语言说而在人类世界被记忆的，而且伟大的行动和值得记忆的话语往往发生在战争之中。修昔底德在一开始就宣布他的话语（λóγος）——有关伯罗奔尼撒人和雅典人之间的战争——是最值得记述的（αξιοηογώτατου），并解释了它在何种意义上比起特洛伊远征和波斯战争更重要。他预料到人们总是倾向于将他们正在进行的战争判断为最伟大的战争，而当战争结束之后又转而惊叹于古代的事迹。但他强调只要人们从事实本身来观察，就会清楚他当时的这场战争比以往的那些战争都更重要。① 在他眼里，特洛伊远征是名不符实的，因为阿伽门农的军队由于缺乏财物使得相当一部分人在许多时候并不在作战，而是通过抢劫或种地来维持给养。但他承认波斯战争是以往历史中最伟大的行动，不过他指出它仅在两次海战和两次陆战后便迅速有了结果。② 所以苦难都并非很大。而人类历史上更伟大的行动发生在当代的希腊人中间了，苦难比过去任何时期都显得更大、降临得更频繁，有时破坏剧烈，残酷异常。不仅人类的行为（战争、内战、流亡、屠杀，等等），而且自然现象（地震、日蚀、干旱、饥馑、瘟疫，等等）都在这场战争中表现出了极端的情况，较之以往足以被更全面和深刻地记录下来。为了超越前人，修昔底德努力使自己的话语更清晰地反映出这些事件，摒弃掉传奇的成分。他预料到这难以取悦于人们，但他确信他的读者能够从他记述的这场战争中清楚地了解众多人类的苦难。③ 帕里认为，这是严格意义上的修昔底

---

① 修昔底德：1.21.2.
② 修昔底德：1.11.1—2, 23.1.
③ 修昔底德：1.22.4.

德所谓的"最伟大的战争"①。施特拉斯布格（Hermann Strasburger）也赞成这种见解；他还认为修昔底德判断伟大的标准就是人类的苦难。② 所以，"最伟大的战争"不仅取决于参战军队的规模、军费支出的数额和战争时间的跨度（当然，它们是重要的），更事关人所承受的灾难范围和痛苦程度。③

我们可以嘲笑修昔底德夸张的修辞习惯，并且将许多关于古代人和他们战争的记忆轻蔑地遗弃在忘川之中。但每当我们自己也遭受到了某些灾难或痛苦之时，我们就会回想起修昔底德的著作和他那深沉苦痛的笔调所揭示出来的真相：

> 瘟疫：（雅典瘟疫时）城里由于多了从乡下搬进来的人口而变得拥挤不堪，这更加重了人们已有的困苦，尤其对那些新搬来的人而言。由于没有住房提供给他们，他们只能住在天热时会让人感到气闷的简陋的棚屋内，这使死亡的情况也变得混乱无序——刚死的尸体被互相叠放在一起，而半死的人们就在大街上踉跄地走着，他们围到每个井边去渴求着水喝。

> 内战：所有致人死亡的形式都出现了，在这种情况下（指内战）可能发生的情况无不降临，有时甚至会更糟——有父亲杀死他们儿子的，有从神庙中被人强行拖出后杀死于附近的，还有被墙封堵在狄奥尼索斯神庙内就死在那里的。…… 随着内战，城邦遭受了许多残酷之事……

> 屠杀：色雷斯人冲入密卡勒索斯（波奥提亚地区一城邦），劫

---

① Adam M. Parry, *"Logos" and "Ergon" in Thucydides*, PhD. dissertation(Harvard). 1957; published in 1981, New York:Arno Press, pp. 7-10,pp. 114-120; and "Thucydides' Historical Perspective", in *The Language of Achilles and Other Papers*, pp. 288-295. 参见 *CT*, Vol. 1,pp. 62-64.

② Hermann Strasburger, "Die Wesensbestimmung der Geschichte durch die antike Geschichtsschreibung", in *Studien zur Alten Geschichte* Ⅱ. Hildesheim and New York:Georg Olms，1982, p. 989.

③ 见 *HCT*, vol. 1, pp. 89-91；参见 A. W. Gomme, "The Greatest War in Greek History", pp. 120-122.

掠屋舍与神庙,屠戮居民。凡所遭遇,无论老幼,他们一概不恕,妇孺均未得幸免,乃至被他们看到的负重牲畜和一切其他活物,都一一被诛杀。因为色雷斯人种,正如一切蛮族,当他们自信无畏时,是极其嗜血的。当时城内一片大乱,各种惨景比比皆是。灾祸还降临到了当地最大的一所学校:正当孩子们进入这所学校时,色雷斯人将他们全部杀死了。这是全城所遭受过的最大的一次灾祸,突发性和可怕性都达到了前所未有的程度。

虐囚:在起初的日子里叙拉古人粗暴地对待他们(雅典远征军的战俘),将他们安排到采石场里去。许多人挤在一处又深又窄的空间里,在无遮挡的情况下阳光和酷热已先使他们饱受折磨,接着又有与白昼相反的寒冷的秋夜出现,这样的温差变化给他们带来了疾病。由于空间狭小,他们要在同一个地方做所有的事。加之,有人因伤或温差变化或诸如此类的原因死亡了,他们的尸体被互相叠放在一处,气味让人难以忍受。同时他们还得挨饿受渴(在八个月里叙拉古人只给他们每人每天一杯水和两杯谷物),至于其它各类在这种地方可能遭受到的痛苦,也没有一样不降临到他们身上的。[①]

有时候现代人会对这些语句感到震惊,因为它们仿佛在提醒我们不能忘记自己处境中的类似情况:致命的疾病、战争和内战中的暴行、大屠杀、集中营,等等。

20世纪的两次世界大战和冷战的过程让现代人多次回想起修昔底德,更为现实的是,这一切并没有随着冷战的结束而彻底结束。各类灾难和痛苦仍是现代人所必须面对的。修昔底德所叙述的希腊人在伯罗奔尼撒战争中的苦难经历仿佛成为了一种经典性的警示。所以对于现代人而言,阅读修昔底德与其说是为了获得如何处理具体的国际事务的指导,不如说是能够体认人类可能遭遇到的种种苦难处境。这或许才是我们今天

---

① 修昔底德:2.52.1—2；3.81.5, 82.2；7.29.4—5, 87.1—2.

应当阅读修昔底德的真正原因。

（该文的基本内容笔者曾于 2010 年 12 月 17 日举办的"浙江大学历史系世界历史研究所青年教师学术沙龙"中进行过报告，主要部分已发表于 2010 年第 6 期的《复旦学报》（社科版）。英文稿经修订后于 2012 年 3 月 23 日在哈佛大学驻纳夫普里昂的希腊研究中心进行过报告。该文在写作和修改过程中得到不少师友的指正与帮助，尤其是笔者在复旦大学历史系的两位导师黄洋教授与张巍教授，伦敦大学国王学院古典学系的导师 Dr. Hugh Bowden，哈佛大学希腊研究中心的合作导师 Prof. Ioannis Petropoulos，以及加州大学河滨分校比较文学与外语系的 Prof. Lisa Raphals，罗格斯大学古典学系的 Dr. Emily Allen Hornblower，伦敦大学国王学院古典学系的 Prof. Dominic Rathbone，南京大学历史系的熊莹博士、莱顿大学古代史专业博士候选人王忠孝等都提出过许多有益的修改意见，在此表示衷心的感谢）

图书在版编目(CIP)数据

浙大史学精粹. 世界史卷 / 刘国柱主编. —杭州：
浙江大学出版社,2013.12
ISBN 978-7-308-12434-8

Ⅰ.①浙… Ⅱ.①刘… Ⅲ.①世界史—文集
Ⅳ.①K0-53②K107-53

中国版本图书馆 CIP 数据核字(2013)第 255634 号

浙大史学精粹——世界史卷

刘国柱　主编

责任编辑	谢　焕
封面设计	项梦怡
出版发行	浙江大学出版社
	(杭州市天目山路148号　邮政编码310007)
	(网址:http://www.zjupress.com)
排　　版	浙江时代出版服务有限公司
印　　刷	杭州日报报业集团盛元印务有限公司
开　　本	710mm×1000mm　1/16
印　　张	21.5
字　　数	330 千
版印次	2013 年 12 月第 1 版　2013 年 12 月第 1 次印刷
书　　号	ISBN 978-7-308-12434-8
定　　价	48.00 元